U0933883

珍藏本
纪念版

汉译世界学术名著丛书

现代经济周期理论

〔美〕罗伯特·巴罗 编

方松英 译

商务印书馆
SINCE 1897 The Commercial Press

2017年·北京

Robert J. Barro Edited

MODERN BUSINESS CYCLE THEORY

汉译世界学术名著丛书
（120年纪念版·珍藏本）
出版说明

2017年2月11日，商务印书馆迎来120岁的生日。120年前，商务印书馆前贤怀揣文化救国的理想，抱持“昌明教育，开启民智”的使命，立足本土，放眼寰宇，以出版为津梁，沟通中西，为中国、为世界提供最富智慧的思想文化成果。无论世事白云苍狗，潮流左右激荡，甚至战火硝烟弥漫，始终践行学术报国之志，无改初心。

迻译世界各国学术名著，即其一端。早在20世纪初年便出版《原富》《天演论》等影响至今的代表性著作，1950年代后更致力于外国哲学和社会科学经典的译介，及至1980年代，辑为“汉译世界学术名著丛书”，汇涓为流，蔚为大观。丛书自1981年开始出版，历时三十余年，迄今已推出七百种，是我国现代出版史上规模最大、最为重要的学术翻译工程。

丛书所选之书，立场观点不囿于一派，学科领域不限于一门，皆为文明开启以来，各时代、各国家、各民族的思想与文化精粹，代表着人类已经到达过的精神境界。丛书系统译介世界学术经典，引领时代思想，为本土原创学术的发展提供丰富的文化滋养，为推动中国现代学术和现代化进程做出了突出的贡献。

为纪念商务印书馆成立120周年，我们整体推出“汉译世界学术名著丛书”120年纪念版的珍藏本，寄望既利于文化积累，又便于研读查考，同时向长期支持丛书出版的译者、编者和读者致以敬意。

两甲子后的今天，商务印书馆又站在了一个新的历史时间节点上。我们不仅要铭记先辈的身影和足迹，更须让我们的步伐充满新的时代精神。这是商务人代代相传的事业，更是与国家和民族的命运始终紧密相连的事业。我们责无旁贷，必须做好我们这代人的传承与创造，让我们的努力和成果不仅凝聚成民族文化的记忆，还能成为后来人可以接续的事业。唯此，才能不负前贤，无愧来者。

商务印书馆编辑部

2017年10月

中译本序言

吴易风　方松英

第二次世界大战结束以后的二十多年时间里，凯恩斯主义一直是西方宏观经济学的正统，也是西方国家赖以提出宏观经济政策的依据。这种情况到20世纪70年代初发生了变化。凯恩斯主义因无法对当时西方世界普遍出现的滞胀现象做出理论上的解释和政策上的建议而受到其他学派的抨击和责难，开始失去其无可争议的统治地位。在同凯恩斯主义的论战过程中，一个新的学派脱颖而出，其影响力日益增大，极大地改变了西方宏观经济学的面貌。它就是新古典宏观经济学。

提到新古典宏观经济学，人们容易把它和货币政策无效性命题、意料之外的货币冲击产生实际影响等观点联系起来。的确，这些正是该学派早期代表人物罗伯特·卢卡斯、托马斯·萨金特、尼尔·华莱士等的主要理论观点。但是，进入20世纪80年代以来，新古典宏观经济学有了新的发展。一批学者自称新古典宏观经济学第二代，向卢卡斯的货币经济周期理论提出了挑战，试图用实际因素解释经济波动的根源。此外他们还对财政政策、政策的时间一致性等问题进行了研究。第二代的代表人物有罗伯特·巴罗、爱德华·普雷斯科特和芬恩·基德兰德。目前，这批学者以其与众不同的周期理论和令人眼花缭乱的统计检验技术，活跃于西方宏观经济学界。

实际经济周期理论的提出同新古典宏观经济学的发展有着密切的联系。第二代学者既作为新古典宏观经济学派的成员，参加了对凯恩斯主义的批判；又作为新生力量，在新古典宏观经济学内部对货币经济周期理论及其政策主张作了否定的回答。为此，在考察新古典宏观经济学的新动向之前，有必要回顾一下该学派在70年代的发展。

一

20世纪70年代初，凯恩斯主义的失败源于两方面的原因。

首先，凯恩斯主义受到经验上的批判。70年代初仍占据统治地位的凯恩斯主义是新古典综合的宏观经济学体系。这种传统的宏观经济学主要是由IS曲线、LM曲线和菲利普斯曲线构成的。原来表示工资增长率和失业率之间的关系的菲利普斯曲线被新古典综合派用来表示通货膨胀率和失业率之间的替换关系：失业率高时，通货膨胀率下降；失业率低时，通货膨胀率上升。可是，70年代出现的滞胀意味着高失业和高通货膨胀并存。这就从根本上动摇了菲利普斯曲线，从而动摇了新古典综合的宏观经济学体系。因此，滞胀的现实从经验上批判了占统治地位的凯恩斯主义，使新古典宏观经济学得到了发展的机会。"就像30年代大萧条推动了凯恩斯主义的发展一样，70年代的滞胀也有助于促进新古典经济学的形成。"[1]

其次，凯恩斯主义在理论上受到致命打击。在新古典宏观经济学出现以前,货币学派和其他一些非主流学派就已经对凯恩斯主义的一些方面进行了理论批判。但是,真正动摇了凯恩斯主义宏观经济学大厦根基的是新古典宏观经济学派。他们宣称凯恩斯主义宏观经济学缺乏微观基础,是个矛盾的体系,应彻底抛弃。例如,在凯恩斯主义模型中,经济当事人不以追求最大化为目标;同一经济人在不同函数或方程中具有不同的行为;评价政策的标准是就业和价格水平而不是个人福利状况。这些都违背了西方微观经济学的基本假设。新古典宏观经济学派着重批判了凯恩斯主义关于预期的观点,认为它违背了经济当事人是“理性人”的假设。凯恩斯主义宏观经济学模型采用的是适应性预期机制,即经济当事人是根据他们以前的预期的误差来修正本期的预期的。比如,对 t 时刻的价格所作的适应性预期是:

$$P_t^e = P_{t-1}^e + \lambda(P_{t-1} - P_{t-1}^e),$$

其中($0 \leqslant \lambda \leqslant 1$)决定了预期对过去的误差进行调整的程度。新古典宏观经济学派认为上述机制是特定的或任意的,并没有以“理性人”是行为最大化者为依据。照他们看来,利益最大化者在进行预测时,不仅会利用所测变量的过去值,而且会利用一切相关信息作理性预期。比如,在预测价格水平时,会利用过去的产量信息。这样,对价格的理性预期行为可表示为:$P_t^e = E(P_t/I_{t-1})$,其中,I_{t-1}表示在 $t-1$ 时期所能获得的信息。所以预期的价格水平是给定信息集 I_{t-1}的条件下价格的数学期望。

新古典宏观经济学派在抨击凯恩斯主义的过程中建立起了自己的声望,并引导了为宏观经济学寻找微观基础的潮流。由于他们特别强调理性预期的概念,一度被称为理性预期学派。但是理性预期的概念逐渐为其他学派(包括新凯恩斯主义学派)所接受,不能再用来突出卢卡斯等人的理论特色,因此进入 20 世纪 80 年代以来,该学派被称作新古典宏观经济学,在英语中是 new classical economics。

新古典宏观经济学简称新古典经济学。注意这个称谓同也曾译作新古典经济学的 neoclassical economics 的区别。后者在西方经济文献中主要指马歇尔等人的经济理论。以下我们用“新古典经济学”指新古典宏观经济学,用“‘古典’经济学”指马歇尔经济学。

新古典经济学同“古典”经济学有着极为密切的联系。除了新加上的理性预期假设外,它全盘接受了市场连续出清这一古典假设。在某种意义上,它退回到了凯恩斯以前的经济学。理性预期和市场出清这两点构成了新古典经济学的基础。在这个基础上,卢卡斯试图解释宏观经济波动,其结果便是货币经济周期理论。

卢卡斯的周期模型试图阐明两个问题:经济波动的初始根源是什么;波动的传导机制又是什么。

关于第一个问题,卢卡斯认为:货币对产量和其他经济变量有重要影响,货币因素是波动的初始根源,货币供给的冲击引起经济波动。波动的传导机制是信息障碍。由于经济当事人不能获得完全信息,所以不能准确判断价格变化的实际情况,从而导致产量的波动。具体过程是这样的:一次意外的货币冲击使得价格总水平上涨,但各种商品的相对价格水平没有变化。厂商由于不了解市场的全部情况,误把自己产品的价格上涨看作相对价格的提高,是对它的产品的需求增加的信号。在此情况下,厂商自然会增加供给。当所有厂商都这样行动时，实际产量就会超出正常水平。货币冲击产生的这种影响虽然在长期中会消失，但在短期中会引起经济波动。另一方面，如果货币冲击是意料之内的，则不会产生任何影响，因为此时不存在信息障碍，经济当事人不会产生错觉。

在货币经济周期理论被提出以后，西方学者做了一些检验。有一些证据支持该理论，但也存在一些疑问。首先，信息障碍问题在实际中并非那么重要，如果真的重要的话，人们不必花很大代价就能很快获得关于货币和价格的信息。因此，用信息障碍解释经济波动很勉强。此外，意外货币冲击产生实际影响的结论对模型的假设过于敏感。对模型的深入分析可以得到完全不同的结论：意外的冲击也不能改变产量和就业。更极端的看法是，货币不但不能影响实际经济变量，甚至它本身的变化也是由经济内生的。对第二次世界大战后美国经济的实证研究也不能找到支持货币冲击→价格上涨→实际产量变化这一机制的证据。[2]

由于理论上的缺陷和实践上的缺乏支持，自 20 世纪 80 年代以来，新古典经济学派学者们转向实际因素，用实际因素去解释宏观经济波动。第二代新古典经济学就是以实际经济周期理论闻名的。

二

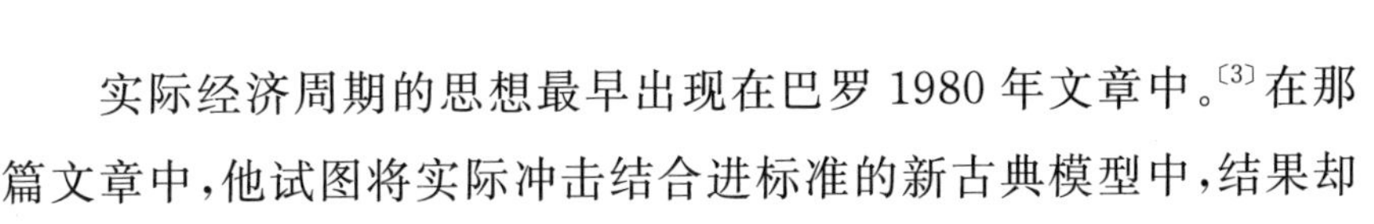

实际经济周期的思想最早出现在巴罗 1980 年文章中。[3]在那篇文章中，他试图将实际冲击结合进标准的新古典模型中，结果却开辟了偏离新古典教条的新路。尔后陆续出现了一系列属于实际经济周期理论的文章，文章的作者包括：霍尔（1980），巴罗（1981），基德兰德和普雷斯科特（1982），朗和普洛塞（1983），金和里贝罗（1986），格林伍德、赫尔科威茨和赫尔普曼（1988）等。[4]

实际经济周期理论认为波动的根源是实际因素，其中特别值得注意的是技术冲击。至于传导机制并不唯一这一点我们将在后面介绍。所有的实际经济周期模型本质上继承了新古典主义特色：波动被描绘成竞争性的均衡现象，所有市场都是出清的；经济人的代表是具有无限期界的、追求利益最大化的家庭；生产函数是古典的，受到随机的技术冲击。实际经济周期模型的支持者们声称他们原则上不排除货币对产量的影响，但这种影响小得可以忽略，因而他们的模型往往不涉及货币因素。典型的实际经济周期模型导出的结果是帕累托最优的，因而该理论的支持者们认为经济波动本身不足以构成政府干预的理由。基本模型可以进一步扩展，以包括公共物品和税收等外部施加的影响，这样做的结果不再能得到帕累托最优。但实际经济周期理论认为这类扭曲仍是古典式的，即涉及的是社会效益的损失，而不是凯恩斯式的缺口，因而需要的政策也不同于传统宏观经济学。

实际经济周期模型的倡导者们特别强调对模型的统计检验。如果在他们看来模型的一些结果不符合实际情况，那就修改模型的假设，或增加一些条件。下面首先介绍实际经济周期的基本模型。

假设一个经济由大量相同的、具有无限期界的家庭组成，每个家庭试图在时间 t 最大化：

$$(1)\qquad E_t=\left[\sum_{j=0}^{\infty}\beta^j u(c_{t+j},I_{t+j})\right],$$

其中，c_t 和 I_t 代表家庭的消费和闲暇，$\beta(0<\beta<1)$是贴现因子，表明比起未来的消费-闲暇组合来，经济人更偏好当前组合。算子 $E_t(\cdot)$产生的是基于当前和过去完全信息的数学期望。设 N_t 是家庭在时间 t 提供的劳动，则经过适当的单位转换可得到闲暇 $I_t=1-n_t$。效用函数 u 对两个变量来说都是增函数，可微，具有标准的形态，使得：$u_i>0, u_{ii}<0, u_i(0)=\infty, u_i(\infty)=0$。

每个家庭面临的生产函数形式是：

(2) $$y_t=z_tf(n_t^d,k_t^d),$$

其中，n_t^d 和 k_t^d 是在家庭生产中投入的劳动和资本量，y_t 是家庭的某种产出。随机变量 z_t 代表时间 t 的技术状况。f 是一阶齐次函数，具有正的递减边际产品。家庭的产出可被消费或储存，储存的部分就加入到了家庭的资本存量中。每期资本以 δ 的比例折旧。

假设劳动和资本市场是完全竞争的，工资率和租赁率分别是 w_t 和 q_t。典型家庭在时间 t 面临的预算约束是：

(3) $$c_t+k_{t+1}=zf(n_t^d,k_t^d)+(1-\delta)k_t-w_t(n_t^d-n_t)-q_t(k_t^d-k_t).$$

在时间 t，每个家庭在一系列形似(3)式的约束下最大化(1)式。在此过程中得到一系列一阶条件，经分析可知在时间 t 的经济状态完全由 k_tz_t 所定义，因而可以得到如下形式的解：

(4) $$k_{t+1}=k(k_t,z_t),$$

(5) $$c_t=c(k_t,z_t),$$

(6) $$n_t=n(k_t,z_t).$$

可以在上述模型中加入政府购买 g_t(每个家庭摊到的数量)。解的形式大致如(4)至(6)式，只是 g_t 将作为第三个变量。

上述模型的困难之处在于只有很少的 u 和 f 的函数形式，能允许模型得出简洁的封闭解。有一组函数常见于一些文章中，能解得理想形式的解。一个是对数形式的效用函数，一个是科布-道格拉斯生产函数：

(7) $u(c_t, 1-n_t)=\theta\log c_t+(1-\theta)\log(1-n_t),$

(8) $z_t f(n_t, k_t)=z_t n_t^{a} k_t^{1-a}.$

把函数代入模型，并令资本的折旧在一期内完成($\delta=1$)解得的结果显示这样一种性质，即：如果技术冲击 z_t 有下述形式的一阶自回归〔AR(1)〕过程：

(9) $\log z_t=\rho\log z_{t-1}+\varepsilon_t,$

则 k_{t+1} 消费 c_t 和产量 y_t 的对数形式，都表示出二阶自回归(AR(2)〕过程。也就是说，t 时刻的资本、消费和产量的波动受到前两期波动情况的影响。这里涉及了经济中主要变量序列相关的问题。据称上述结论符合美国经济的情况，美国各季的系列统计数据能很好地用二阶自回归模型拟合。

这个简单模型虽然能对实际情况作些解释，但也在一些重要方面没有很好地拟合数据。为了使之更有说服力，需要改变关于折旧的假设，使 $\delta<1$，这样做的代价是得不到明确的解，但据说通过模拟的方法得到了一些重要结论，比如投资波动幅度(以偏离趋势的百分比来计)数倍于消费波动。因而实际经济周期论者认为上述的基本模型已能在几个重要方面提供与实际情况相符的结论。

基德兰德和普雷斯科特在《构造和汇总波动的时间》(1982)中提出的模型可说是最早最有名的一个，对以后的所有模型来说是一个范例。它给上述简单模型增加了几点假设。

基–普模型虽然在波动的初始根源这一问题上同卢卡斯模型存在分歧，但两者有一个重要的共同点，即都认为关于冲击的信息是不完全的，当冲击来临时经济当事人必须以某种方式从噪音中选择信号，而且正是由于他们不能完全做到这一点而引起了周期波动。此外，类似于卢卡斯模型，基–普模型假设技术冲击既包括暂时性的，也包括永久性的分量，且它们的组合方式难以为当事人所分辨。基–普模型甚至还从卢卡斯那里借用了具有高度跨时闲暇替代弹性的劳动者效用函数，因而暂时的冲击具有重大影响。基–普模型的一个新颖假设是：从投资到资本品的产出需要一段时间，在这段时间里需要连续投资。

在基–普模型中周期以下述方式产生。假设存在正的技术冲击。这个冲击增加产量，提高劳动需求和实际工资。经济当事人（劳动者或生产者）必须判断这一冲击有多少是暂时性的，有多少是永久性的。这取决于技术冲击序列相关的程度。经济当事人面临一个信号筛选的问题。假定一种极端的情况，劳动者估计这一冲击是暂时性的，现时的实际工资相对于未来是高的。劳动者为了利用这一时机，将推迟对闲暇的享受，提供更多的劳动，于是产量和就业量均上升。假定另一种极端情况，劳动者估计这一冲击是永久性的，这对他们的劳动供给可能不产生影响。但生产者将进行新的资本投资以便在将来增加生产。技术冲击是序列相关的，这造成了产量波动的持续性。它鼓励生产者不仅在冲击开始时，而且在初始冲击过后的一段时间里进行新的资本投资。资本的扩大需要一定时日，因此产量在初始冲击的相当长的时间中增加，并且在一系列序列相关的冲击后的一段长时间中继续增加，直到冲击消失。如果不存在对于技术的进一步冲击，生产者会发现，同保持稳定状态的增长所需要的资本相比，他们持有了太多的资本。此时，最优计划将促使他们减慢投资速度，直到资本折旧使经济恢复到稳定增长的路径。在这一过程中，产量和就业会同资本一起波动。可见，跨时闲暇替代特别是资本形成需要一定时日成为波动的传导机制。

基德兰德和普雷斯科特后来又对基-普模型做了几次改进，能较好地拟合实际的就业波动，并且使模型中为产生波动所需的技术冲击不致过大。但是对这个模型的批评也是尖锐的。人们很难相信深刻的衰退及其带来的种种社会危机竟然产生于人们对实际工资变化的最优反应。即使跨时闲暇替代弹性很高，人们也从经验上不能接受这种传导机制。基-普模型的另一重要假设，即资本扩大需要一定时日，被认为仅仅来自常识，经不起对实际情况的推敲。

为了克服基-普模型的缺陷，加里·汉森(1985)、朗和普洛塞(1983)、金和普洛塞(1984)都提出了假设不同的模型。但是，各种实际周期模型面临一些共同的难题。一个重要的问题是：在模型中为了产生经济波动所需的技术冲击的规模是否可信。普雷斯科特计算了实际中的冲击大小，认为它符合模型所需规模。但其他一些学者认为他过高地估计了实际冲击。另一个需要解释的重要问题是：技术冲击的实质是什么。如果是指投入-产出技术关系的变化，则它导致宏观经济波动的可能性很小。因为在现代社会里各行各业所需要的技术和设备都很不相同，任何具体的技术革新都只能影响到少数几种产品的生产函数。有一种来自供给方面的重要冲击有可能影响到各个行业，即进口原材料（特别是能源）价格的变化，它会移动总生产函数。但是在实际中这类价格变化是可以得知的，因而把它当作引起技术变革的未知力量并不理想。还有其他的种种假设，都没有获得一致意见。

实际经济周期模型的构造也有严重缺陷，它们既没有考虑政府部门的作用，也完全忽略了货币对经济的影响。这两点都脱离了实际情形。尽管存在上述种种问题，西方学者一般认为实际经济周期理论为宏观经济分析提供了新的思路和技术工具。它提醒人们，波动可能是由不可避免的实际经济冲击引起的，而不是像过去许多经济学家所认为的那样源于政府的货币政策。

三

新古典经济学中一个不变的主题是反对政府对经济的干预，为此他们努力证明宏观经济政策是无效的，甚至是有害的。卢卡斯等人从不完全信息模型出发，得出了货币政策无论在短期还是在长期都无效的命题，因为据说理性预期的经济当事人能够利用他们所拥有的关于货币当局政策规则的知识，形成对于未来价格的准确预期，从而使政府改变产量的努力失败。但是，卢卡斯还是赞成规则型的货币政策。这类政策使得政府对经济形势的反应符合事先约定的某种规则，而不是斟酌行事。这样公众更容易做出正确的预期，减少经济波动。因为按卢卡斯的模型，经济波动源自公众的预期错误。

新一代新古典主义者并不满足于货币政策无效性命题，他们进而将新古典主义研究方法应用于财政政策分析，得出财政政策也无效的结论。他们认为，政府支出的增加、各种税率的提高都会产生减少私人投资、降低社会资本存量、导致人们"永久性财富"减少的后果。仅就这些结论，还不足以构成新古典经济学的特色。巴罗特别研究了所谓"李嘉图等价"的问题，彻底否定了用预算赤字影响经济需求水平的财政决策。

传统的宏观经济学认为，政府可以用向公众借债的方法筹措资金，然后把这笔资金以政府支出的形式注入经济。其结果可以直接增加总需求，并通过乘数作用使社会总的就业和收入水平提高。在这一机制里隐含一种假设，即个人不认为他们的财富因政府的债务而减少，因此他们的消费决策不受政府借债行为的影响。巴罗不同意这种推断，他复兴了李嘉图曾经提出的一个命题。

李嘉图在19世纪初提出，在某些情况下，赋税和债务融资（发行债券）是政府筹措资金的相同的方法。这就是被后人称作"李嘉图等价"的命题。表面看来，以税收筹资和以债务筹资不相同。政府的税收减少了一个人的财富，但是出售相当于赋税价值的债券给同一个人，然后在以后连同利息偿还，似乎没有改变这个人的财富。但是，政府在后来为了支付带有利息的债券，将不得不提高税收。因此，预见到这一事实的纳税人定会把他们的财富中相等于税收的一部分积蓄起来。他的可支配的财富正好同当初对他征税时所剩余的财富相同：在理论上，赋税和债务融资是等价的。

李嘉图本人并不认为该等价在实践中成立，因为它需要一系列假设条件。但是，巴罗在20世纪70年代复兴丁这一观点，并且在他后来的一系列文章中，试图对各种反对意见做出回答。巴罗认为在给定政府支出路径的条件下，有两方面的考虑可使“李嘉图等价”成立。第一，每期的政府预算约束表明预算赤字仅改变了征税的时间，而没有改变税收的贴现值。这是因为政府或迟或早要为它的支出付账，不存在“免费午餐”。第二，每个家庭在做出消费、劳动供给等决策时，关心的只是税收的贴现值，而不是赋税的时间安排。这两点结合在一起产生“李嘉图等价”。因为预算赤字正是通过改变消费、劳动供给来影响利率和产出等变量的，既然每个家庭已注意到政府债券仅改变了税收的征收时间，而没有减少税收量，它们自然会“未雨绸缪”，把一部分钱储蓄起来，以备将来纳税。各个家庭多储蓄的部分恰好抵消了政府扩大的支出，使整个经济的投资和储蓄状况不变。巴罗考察了用以反对该命题的主要理由：有限的寿命、不完全的私人借贷市场、未来税收的不确定性、不同的赋税时间带来的收入效应等。巴罗认为，虽然在每种情形下都不可能再得到精确的“李嘉图等价”形式，但是偏离本身并不意味着财政政策是有利的。这时的预算赤字仍不一定如所希望的那样减少国民储蓄或提高实际利率。总之，巴罗得出结论：个人的跨时最优化消费决策会完全抵消政府赤字财政的影响，因而传统的财政政策无效。

除了财政政策分析，普雷斯科特、基德兰德和巴罗等人还在一般的意义上讨论了政府的决策行为。他们认为在新古典主义早期模型中存在着令人讨厌的不对称性：组成公众的经济当事人是具有理性预期的最优化者，而政策制定者却只能在斟酌或规则类的政策中做简单选择，没有唯一最优选择。这些学者认为，作为政策制定者也有目标和偏好，并且受其应变能力的约束，他们完全可以同个体经济人一样自由决策。于是一个很自然的想法就是扩展新古典主义原理，将政策制定者也作为最大化其目标函数的经济当事人纳入模型。

在传统的完全竞争模型中，每一个经济当事人是如此之小的参与者，以致他只能采取其他参与者所采取的行动。而当政府作为经济当事人参与到模型中时，上述假设不再成立，因为它的行动影响所有的参与者。特别重要的是，政府所关心的是整个社会的福利情况，而公众所关心的只是个体的利益，两者之间往往存在冲突。这样，对策论就被引入新古典主义模型。

最早将对策论应用到宏观经济学中的是基德兰德和普雷斯科特。他们用这种方法分析了政策的时间不一致性问题。所谓时间不一致，大意是说，在制定政策的时刻看来是最优的政策，到了真正实施的时候就不再是最优的了。此时，除非有某种机制捆住政府的手脚，否则最优化的政府很可能改变最初的承诺，使公众上当受骗。普雷斯科特等人认为，产生时间不一致问题的根源是经济当事人之间的利益冲突，包括政府和私人、私人和私人之间的冲突。定量地研究这类问题的对策论便被引入宏观经济分析。后来，巴罗和戈登也做了类似的研究。据说，“当新古典主义原理被足够大地向前推进时，它们似乎自然会导向对策论的分析。”[5]

四

新古典主义宏观经济学是现代西方经济学中一种值得重视的

学说，它的影响不可低估。同传统的宏观经济学相比，新古典宏观经济学的吸引力在于它保持了微观经济学和宏观经济学的一致性。正是在这一点上，它动摇了凯恩斯主义的统治地位，开拓了西方学者研究宏观经济问题的新思路。在 20 世纪 60 年代，西方学者一般认为宏观经济的主要问题已由凯恩斯理论得到了很好的解释，剩下的不过是些枝节问题。新古典宏观经济学的创始人卢卡斯承认，他的早期工作的出发点并不是向凯恩斯主义提出挑战，而恰恰是试图完善凯恩斯主义正统理论，为有关工资-价格的计量经济学模型提供微观基础。[6]但是他随后的研究成果却大大偏离了初衷，给凯恩斯理论以致命一击。虽然新古典宏观经济学对凯恩斯主义的系统批判既不是自觉的，也没有超出西方经济学基本教条，但还是有积极意义的，它破除了凯恩斯主义处方可以祛除西方经济百病的神话。

新古典宏观经济学在其早期的发展中便显示了三方面的特色。一是在基本理论中强调理性预期的概念；二是在政策分析中试图证明政策无效；三是在分析手段上大量采用计量经济学方法。所谓第二代新古典宏观经济学无非是把这三点发展到了极致。

在实际经济周期理论里，新一代新古典宏观经济学者用实际因素来解释宏观经济波动，的确使它不同于以往的周期理论。但是它们的区别仅此而已。实际经济周期理论仍局限于对流通领域供给和需求的分析，完全不涉及对生产领域生产关系的研究，这就决定了他们不可能得到科学的结论。他们的研究甚至进一步粉饰了资本主义：经济周期乃是技术变动引起的，是任何社会不可避免的；若没有外部影响，冲击的结果仍是帕累托最优的。这种观点更表明了新古典宏观经济学是“在凯恩斯《通论》以前曾经是经济学家共同财产的古典经济学的翻版”[7]。

在政策分析上,第二代新古典经济学者比卢卡斯等人走得更远。后者从其不完全信息模型中,导出了货币政策无效性命题,但是还暗示一项温和的货币政策有可能消除经济波动。巴罗、普雷斯科特等人则不但试图证明财政政策无效,还反对政策选择机制本身。他们一反传统上把政府决策当作外生变量的做法,把政策作为内生变量纳入模型中,要解出最优决策路径。表面上看,把对策论引进宏观经济模型,似乎是新古典主义原理的自然扩展。但是在把政策制定者的行为简化为一个定义清楚的模型的解时,他们也消除了政策制定者的选择权,甚至连西方传统的规范经济学和实证经济学之间的区别也被消除了。这种观点是极端脱离现实的。西方发达资本主义国家的现实是政府规模的日益扩大,和它对社会经济生活的日益介入。在这种条件下,难以想象西方政府会放弃对经济的决策权力。所以,不难理解为什么新古典宏观经济学的影响主要在学术方面,而不是在政策方面。

再从分析手段上看,西方学者普遍认为,实际经济周期理论所热衷使用的统计检验方法为宏观经济分析提供了新式工具,将产生深远影响。但是这种研究思路,正如一位西方学者所指出的那样,忽视了经济学的社会性,用方差和相关系数代替了对衰退和萧条的研究。但是仅就相关系数本身而言,是不是因其具有某种技术性,其说明的结论便具有客观性呢?实际上,西方经济学家“不得不做出许多辅助性的假定以建立对一种理论的计量经济学验证,以致似乎对一方来说总是有发现另一方验证错误的根据”。[8]

由此可见,西方学者自己也承认,在使用统计方法的过程中往往要加入个人的主观判断和倾向,因而得出的结论自然不可能是客观的。

目前新古典宏观经济学还在热热闹闹地发展着,吸引的学者很多。但是,它的理论走向是不难捉摸的:用现代数学工具复活“古典”理论和政策主张。

注　释

〔1〕〔美〕K.E.凯斯、R.C.费尔:《宏观经济学原理》,普伦蒂斯-霍尔出版公司 1989 年版,第 476 页。

〔2〕〔美〕R.J.巴罗编:《现代经济周期理论》,哈佛大学出版社 1989 年版,第 3 页。

〔3〕〔美〕E.S.费尔普斯:《宏观经济思想的七个学派》,克拉伦敦出版社 1990 年版,第 42 页。

〔4〕同上书,第 83 页。

〔5〕〔美〕胡佛:《新古典主义宏观经济学》,中国经济出版社 1991 年版,第 108 页。

〔6〕〔美〕R.E.卢卡斯:《经济周期理论研究》,麻省理工学院出版社 1987 年版,第 2 页。

〔7〕〔美〕W.C.比文:《谁扼杀了凯恩斯》,道・琼斯-欧文出版公司 1989 年版,第 189 页。

〔8〕〔美〕卡特、麦道克:《理性预期:八十年代的宏观经济学》,上海译文出版社 1988 年版,第 6 页。

目　录

引　言

罗伯特·巴罗

新古典宏观经济学出现于20世纪70年代初，它有时也被称 1
为理性预期的宏观经济学，或者宏观经济学的均衡方法。虽然它的很多方法和结论仍然是有争议的，但是其一般方法——特别是它对预期的模型化——至今已对宏观经济学家们从事其研究的方式带来了重大而持久的（并且我认为是有利的）变化。很自然地，新古典宏观经济学也成了为经济学专业学生开设的核心课程的一部分。但是自始以来，由于缺少条理清晰、易于理解的学习材料，这门课的讲授遇到了困难。现在，新古典宏观经济学研究文献的一些主要作者们就该理论的不同方面提供了全面的报告，并且把重点放在了该理论80年代的发展上。这些论文便构成了本书的内容，它们是特别为研究生一年级和本科生高年级的经济学课程设计的。

新古典宏观经济学在70年代初一出现，便把经济人是在它们的环境中理性行事的假设当作它的指导原则。这一假设暗示人们以一种有效的方式搜集和使用信息。虽然新古典宏观经济学方法强调了构造完美的均衡理论，但它的分析旨在解释现实世界的周期波动。它的基本观点是：用容易纠正的市场失灵来“解释”这些波动——如现行的凯恩斯主义模型所设想的那样——是不能令人满意的。波动必定反映了实际的或货币的冲击，这些因素的动态经济影响依赖于获得信息的成本、调整成本等。

2 对新古典主义方法的最大挑战是解释货币为什么是非中性的，特别是，为什么货币冲击在经济周期中扮演主要角色。这类问题之所以具有挑战性源于两方面的原因：第一，它似乎在经验上很重要；第二，具有灵活价格的均衡框架十分倾向于产生出接近货币中性的结果(我这里抽掉了通货膨胀税、改变价格的管理费用等因素造成的无摆脱损失，因为这些因素在数量上对于经济波动似乎无关紧要)。

如我在早先的综述文章中所描述的那样(巴罗，1981a)，这个理论最初似乎获得了引人注目的成功。在理论上，货币冲击的短期实际影响可以来自有关货币以及一般价格水平的不完全信息(卢卡斯，1972、1973；萨金特，1973 以及巴罗，1976)。促使一般价格水平与其同向运动的货币冲击，有可能被暂时看作是相对价格变化，这种误解导致了劳动和其他商品的供给调整。这些实际影响虽然在长期中会消失，但由于存在信息滞后和要素投入量的调整成本，它们会持续一个短时期。相反，预期的货币变化——包括系统的货币政策——则不会产生什么影响，因为它们不带来信息混淆(见萨金特和华莱士，1975，另外请参考韦斯，1980 以及金 1982a)。

在经验上，一些证据似乎支持新古典宏观经济学。货币冲击似乎是经济波动的主要根源，并且还有一些证据表明与实际变量有关的主要是货币运动中未预期到的或出乎意料的部分(见萨金特，1976；巴罗，1981b；阿特菲尔德和杜克，1983 以及科曼第和梅格瓦，1984）。这一理论也符合在实际经济运行水平与货币（或价格）增长率之间缺乏实质性长期关系——也就是说，缺乏长期的菲利普斯曲线型的关系——的事实。

但一经深入思考便会对这些成功提出疑问。第一，在观察货币和一般价格水平的过程中出现的信息滞后似乎不是非常重要（如桑福德·格罗斯曼在第三章所指出的那样）。如果关于货币和一般价格水平的信息对经济决策的确非常重要，那么人们不必花费太多就能很快得知有关货币和价格的情况。

第二，被认定的意外货币对产出和就业的正面影响，对假设条件的变化非常敏感。虽然，意识到当前价格或工资暂时较高对于 3
商品和劳动的供给者意味着一个看得见的获利机会，但是它对于需求者却意味着一个对应的不利局面。因此，一个标准的对称模型将表明货币和价格的意外变化——即使由于不完全信息其规模相当大——也不能改变产出和就业（见巴罗和金，1984）。

第三，该理论强调，对货币的冲击造成了价格水平的意外变化从而影响了实际变量。但是价格冲击与产出或就业之间的关系（它是菲利普斯曲线的另一种形式）在第二次世界大战后的美国表现得很弱或根本就不存在（萨金特，1976；费尔，1979）。也就是说，货币总量在“解释”产出方面比价格水平做得更好。

第四，有数据显示，包括金融媒介物在内的广义货币总量（如 M1 或 M2）比一个狭义货币总量（如货币基础或现金）与产出联系更为紧密。由于金融媒介物对于经济活动而言是内生的，因此上述发现提示我们，也许正如金和普洛塞（1984）所声称的那样，重要的是(货币和产出之间)相反的因果关系。我们观察到的货币和产出之间正的相关关系,可能主要反映了经济活动对货币量的影响,而不是相反。[1]在某些形式的货币政策下——比如在中央银行以名义利率为目标(这正是中央银行经常声称要做的事情)的情形下——即便基础货币和产出之间具有正相关关系,也能反映货币的内生性反应(见巴罗,1989)。

最后,货币周期理论对其他一些宏观经济变量的描述是矛盾的。由于该理论依赖较高的预期实际收益率来刺激繁荣时期的劳动供给,它很难再现投资的强顺周期行为(投资在实际利率升高时是倾向于下降的)。金(1982b)扩展了该理论框架,允许和投资决策有关的实际收益率与和劳动供给有关的实际收益率有所不同,以使模型有可能与观察到的投资行为保持一致。货币周期理论也很难解释为什么消费和闲暇在经济周期中是朝着相反方向运动的,即为什么消费量和工作量都是顺周期的(见格罗斯曼,1973 以及巴罗和金,1984)。为了能够解释观察到的模式,货币周期模型需要实际工资率表现出显著的顺周期运动:如果实际工资在繁荣时期是上升的,那么随着消费量的上升,工作量也将上升。但这一理论无法仅仅依靠货币冲击得出实际工资的这种反应,它还得借
4 助某些影响劳动生产率的供给冲击。要求实际工资表现出顺周期运动是很尴尬的,因为有数据显示,即使最乐观地看,这种模式也表现得很弱(见吉尔里和凯南,1982)。

根据上面的论述,新古典主义方法没能很好地解释货币在经济波动中的重要作用。但这一失败可能并不那么严重,因为有关货币在经济波动中的作用的经验证据也似乎被人们夸大了。换句

话说，新古典主义方法把解释货币重要的短期非中性作为优先考虑的对象是错误的。前面提到的某些证据支持这一看法——比如，实际经济活动与广义货币供给之间的相关关系比它与货币基础或价格水平之间的相关关系来得密切的观察。这一模式启示我们，也许货币的内生性反应能够解释货币和实际经济活动之间的大部分相关关系。

结果，在过去的5至10年中，新古典主义方法的大多数支持者们从强调货币冲击的分析转向了把实际冲击作为经济波动根源的分析。正如贝内特·麦卡勒姆在第一章所指出的，这些模型强调对技术的冲击是核心的驱动力量，但也允许那些影响冲击的传导方式的动态因素发挥重要作用。模型在风格上是“均衡”的，它刻画了出清的、竞争性市场，追求最优化的经济人（被模型化为无限期界的典型家庭），以及受到随机干扰的新古典生产函数。虽然模型认为货币冲击不重要，但有关传导机制的分析既适用于实际模型也适用于货币模型。在实际经济周期（RBC）框架中，产出和货币之间任何正的相关关系都反映了货币总量的内生性反应。

一些学者对这类模型的几种形式做了模拟。为了与从部门间比较研究中得到的结论保持一致，模型中涉及偏好和技术的参数都作了调整。模拟的结果在很多方面与观察到经济周期的特征相符。比如，实际经济周期模型的扩展形式能够精确地预测消费、投资、资本存量和工作时数之间的相对方差，并能够解释这些变量的顺周期行为。但是该模型倾向于夸大工作时数、生产率、实际利率 5
和实际工资率的顺周期模式。此外，为了解释产出增长的标准差，模型所要求的技术变动的标准差可能有些过分。但迄今为止，这

些判断仅是自省的结果。

典型的实际经济周期模型导出的结果是帕累托最优的，它们说明，在总量经济活动中观察到的波动现象不足以构成支持政府以稳定政策的形式干预经济的理由。这些模型经过扩展也可以包括外部效应，比如那些由公共物品和税收带来的效应。在这些扩展模型中，结果通常不是帕累托最优的。但扭曲是古典的、额外负担一类，而不属于凯恩斯主义类型——也就是说，它们牵涉到的是三角形而不是缺口。因此，适合这类模型的政策更多地来自公共财政理论，而不是来自传统的宏观经济学。

总之，从实际经济周期方法中产生了很多有助于构造宏观经济模型的新观念和新技术。但是，究竟这些模型对于理解现实的经济周期或者对于形成有用的政府政策作出了多大贡献，我们还不十分清楚。

宏观经济学家们还为经济增长理论以及增长和波动之间的相互关系提供了一些新方法。保罗·罗默在第二章写道："本章的主要论点之一是：增长理论迄今所作的实质性贡献相当小，但是其方法论的影响是深远而带有根本性的。……这里提出的第二个论点是：分析工具已被发展到了这样一个阶段，以致增长理论就要对增长问题发表一些有意思的见解了。"

罗默总结了一个有用的增长理论应该能够模拟的一些经验事
6 实，包括产出和人均资本的持续增长——虽然增长的比率在不同国家之间可能差别很大。要素投入的增长率显然不足以解释产出增长，也就是说，增长统计发现了一个重要的"剩余"。此外，各个国家的工人人均产出没有表现出趋于一致的迹象，并且熟练工人和非熟练工人都倾向于向高收入地区转移。其他的事实涉及增长和贸易之间的关系、人口增长的趋势以及要素份额和要素收入的模式。

罗默是围绕库恩-塔克定理讨论方法论的贡献的（“所有增长理论都可以看作是这个定理在一些特定模型中的应用，这些模型具有易于处理的关于偏好和技术的函数形式。”），他在均衡为帕累托最优的情形下，说明了如何处理横截性条件和处理离散的或连续的时间。然后他将这些方法应用到拉姆齐-索洛-卡斯-库普曼类型的简单增长模型中，讨论了动态和稳态的问题。他还讨论了带有外部性因而其均衡不是帕累托最优的模型，所举的例子包括扭曲性税收、知识积累带来的溢出效应以及规模收益递增模型中的不完全竞争。

罗默认为，与知识有关的收益递增对于理解技术进步（从而经济增长）是很关键的。他讨论了阿罗对边干边学的分析，然后回顾了他个人对实证技术变化理论所做的发展。罗默还概述了卢卡斯的相关理论，该理论集中讨论了与人力资本积累有关的外部效应。在卢卡斯的模型中，不同国家的实物资本收益可以被拉平，而不能消除的工资差异则促使人们从欠发达地区转移到较为发达的地区。

这些经济增长理论强调了能够反映知识的溢出或分工带来的收益的外部效应。这些模型中的分散均衡所具有的次优性质，也许能令政府的“工业政策”发挥一定作用。而次优之间的相互作用有可能带来如下的意外结果，即各国能够从劳动或原材料的短缺中，或者从对国际贸易的某些限制中获益。

正在开展的另一项研究（与金和雷贝罗以及贝克尔和我本人的工作有关）表明，当个人的生产活动受到规模收益不变的条件限制时，稳态增长可以在没有外部影响的情况下内生出来。如果允许对人力资本投资，并且允许（在家庭范围内）通过选择人口增长率来增加人口，那么缺少规模收益递减假设便是合理的。这些模型要求政府政策是“非干涉性”的，因而模型不会带来自相矛盾的、次优的结果。

目前还不清楚两种内生增长理论究竟哪个更有道理，但可以肯定的是，增长理论已经成了一个热门的研究领域。这个领域表
7 明，它可以增进我们对各种力量的理解，包括对可以影响经济的长期运行水平的政府政策的理解。考虑到这一问题的重要性，其新近的发展和承诺是非常喜人的。

近15年来的很多宏观经济理论都使用了理性预期的概念，桑福德·格罗斯曼在第三章探讨了这个概念的基础。如果人们有效地利用了他们手中掌握的信息，那么他们的预期就是理性的。所谓的信息，包括某人直接得到的（如有关一个企业生产率的情况的）任何私人情报，以及包含在公开观察得到的价格中的信息。因此，格罗斯曼在描述理性预期的“微观基础”时指出，一个均衡点是考虑市场价格传递给交易者的信息的。在一个理性预期均衡上，如果需求是在现行价格上产生出来的，并且受到这些市场出清价格中隐含的信息的约束，那么超额需求为零。在这个意义上，一个理性预期均衡是瓦尔拉斯系统在信息不完全情形下的扩展，或更一般地讲，是它在信息分散于市场参与者中间的情形下的扩展。

格罗斯曼说明了市场如何能够汇集到信息：均衡价格引导每

个人的行为，使他就像能够直接获得每个人的私人信息一样地行事。当存在一个完全的投机市场集合时——也就是说，当存在其收益与经济状况联系在一起的一组完全的阿罗-德布鲁证券时，便得到上述结果。更一般地讲，这一结果要求人们观察到的独立信号（市场价格）数量至少等于与市场有关的独立私人信息量。在这些条件下，分散经济的结果是帕累托最优的。因此，一个直接观察着每个人的私人信息的社会计划者，不能在帕累托意义上提高分配。根据哈耶克（1945）提出的观点，市场具有一种信息有效性。

当个人搜集信息的成本很高时，结果通常不是帕累托最优的。也就是说，如果一个计划者可以不现实地免费获得所有信息，那么他会比个人做得更好。此时，在均衡价格中包含着足够的噪声，使得那些在信息的获取上投了资的人们从这一行动中获得相当不错的私人收益。

格罗斯曼继而将理性预期理论应用到了宏观经济问题中。他认为，20 世纪 70 年代初那些假定有关货币和一般价格水平的信息不完全的模型，并没有触及不完全信息的重要方面。不过，他从厂商掌握着有关生产率冲击的私人信息的隐含合同模型中，得到 8
了一些有意思的结果。由于存在信息的这种不对称性，这些模型中的就业波动部分地起到了屏蔽机制的作用，限制厂商误导性地透露自己的信息。在这些模型中，就业波动得更为频繁，并且就业水平比全部信息都是公开的情形要低。

正如鲍勃·霍尔在第四章所指出的，没有哪个研究领域比对消费的研究更多地受到理性预期革命的影响。对消费行为的研究在 20 世纪 50 年代提出永久收入模型和生命周期模型以后，直至

70 年代末基本上处于停滞状态。此后，理性预期理论的应用表明了消费路径如何与其他变量——如收入的变动、对风险和时间偏好的态度以及预期的实际收益率——联系在一起。在某些条件下（包括常数预期实际利率），消费的变化是不可预测的——霍尔 1978 年提出的著名的随机走动消费模型指出了这一点。消费变化和收入变化之间的关系取决于收入过程的特性。该理论隐含地拒绝将消费函数当作一种结构性关系——这一结论注解了卢卡斯对政策评价的著名批判。该理论还推测，当预期实际利率变化时，预期实际利率和消费增长率之间呈现一种正的相关关系。但是，支配这一关系的系数将跨时替代参数与对待风险的态度结合在了一起。

有关消费的理论进展激发了大量经验研究，这些研究使用了时间序列数据和横截面数据。所得到的结论从它们与理论假说的关系来看是含糊的。随机走动这一基本思想虽然抓住了现实的很多特征，但作为一种精确预测则可能遭到拒绝。对该理论的某些偏离可以用流动性约束或消费品的耐用性加以解释，并且后一种解释被认为更好一些。但是对于实际利率和消费路径之间的经验关系，我们仍然所知甚少。

随着巨额预算赤字自 80 年代初以来出现在美国，财政政策就一直是公众辩论的焦点。值得庆幸的是，正如我在第五章所讨论的，新古典主义方法也为宏观经济学中的财政政策问题提供了相当多的新的研究成果。我这一章总结了这一领域在理论和经验上的进展。

9 第五章始于一个基本模型，该模型分析了一个典型家庭在无限期界条件下对消费和储蓄的选择。竞争性厂商用新古典生产函数生产一种商品，政府则购买商品为家庭和企业提供一定的公共服务。政府支出和转移支付都是依靠收入税或其他类型的税收（包括通货膨胀税）提供资金的。其后，模型引入了政府借款，因而政府得以用预算赤字代替征税。

我从政府购买的永久性变化或临时性变化中推导出了对利率、产出和其他变量的影响。有关结果取决于所征税收的种类，例如，取决于是对劳动收入或资本收入征收的税，还是总额税。

我还在模型中引入了公债，并推导了李嘉图等价定理的条件——即税收和预算赤字对经济产生相同影响的条件。对于一个既定的政府支出路径（这里不考虑利息支付问题），李嘉图等价结果源于两个基本考虑。第一，政府每一期的预算约束意味着预算赤字只是改变了征税时间，而没有改变税收的贴现总值。这一结果说的是不存在免费午餐：政府必须（在现值的意义上）为它的支出付账，这或许是在今天，或许是在以后，但绝对不可以逃避。第二，家庭在决定它们的消费路径、劳动供给或其他事情的时候，关心的是税收的贴现值，而不是征税的时机。上述两点合在一起产生了李嘉图等价结果。由于预算赤字正是通过消费者需求等方面的变化影响利率和产出等其他变量的，所以由这一模型得到的结论是，税收和赤字之间的转换对经济没有影响。或等价地说，由赤字维持的减税导致私人储蓄增加，其幅度刚好抵消公共储蓄的下降，因而国民储蓄水平没有变化。

这一章的分析也考虑了从理论上对李嘉图等价提出的几种主要反对意见：有限的生命、不完全的私人借贷市场、未来税收的不

确定性，以及非总额税征收时间的变化带来的替代效应。在每一种情形下，严格的李嘉图等价可能不再成立，但所发生的偏离也并不一定就像标准的财政政策理论所认为的那样。特别是，预算赤字不一定减少想要的国民储蓄，也不一定提高实际利率，或者导致经常账户赤字。

10 我还探讨了由（比如收入税）征税时机的变动带来的替代效应提供了一个有用的实证财政政策理论的观点，即预算赤字平滑税收的观点。然后，在最后一部分总结了有关预算赤字对利率和消费的影响的经验证据。

正如肯尼思·罗戈夫在第六章所说，宏观经济学近年来最激动人心的一个进展是对策论在政府政策分析中的应用。这篇文章首先介绍了一些研究成果，它们表明，斟酌类政策——即政府不对其未来选择作出有约束力的承诺的政策——导致的结果，可能劣于在强制执行的规则下达到的结果。比如，就货币政策而言，斟酌类行为倾向于造成过度的通货膨胀，反映出政府想使通货膨胀以高于人们预期的比率上升的动机。但是，在理性预期条件下这个目的是不可能达到的，决策者们最终不过是引发了更高的实际通货膨胀和预期通货膨胀。于是，高通货膨胀的成本产生了，而未预期的高通货膨胀可能带来的收益却没有出现。根据基德兰德和普雷斯科特的提法，这种结果有时被描述为时间一致但非最优的结果，而更受欢迎的低通货膨胀行为则被说成是时间不一致的（当政府有偏离路径的动机并且这一动机可被人们预见到时，时间不一致的行为就会出现，于是该路径便不可能成为一个均衡路径）。

罗戈夫探索了信誉力量作为获得有利结果的机制能在多大程

度上替代正式规则的问题。从有利方面看，信誉可能非常起作用，因为现实世界的大多数情形涉及的是决策者和个体经济人之间反复的相互作用，而不是一次性关系。进一步讲，正式规则或协议可能不如信誉，后者因能够避免一一列举所有可能结果而比较“灵活”。

另一方面，如果信誉均衡确实存在，它们往往是多重解的。在某些情况下，可以根据对行为不端的决策者实施“惩罚”的时间长度将多重均衡解排序；而在另一些情况下，则可以根据惩罚的严厉程度排序。在某些环境中，惩罚仅是(可信的)威胁，它并不在均衡中实际出现。在另一些环境中——比如，在政策制定者拥有经济人不能直接加以证实的独家经济信息的环境中——随着人们的预期(通过一个触发策略机制)回到斟酌类政策导致的水平，惩罚时常成为现实。多个可能解给我们出了难题，因为有关经济如何协 11
调到其中一个可能均衡上的理论目前还是欠缺的。具有最佳运行特性的解最有吸引力，但能否协调到这样一个状态并没有保障。

在其他一些情形下存在唯一解，但解的性质对有关信息的假设非常敏感。比如，罗戈夫假设公众不清楚决策者的目标或决策者违背承诺的成本。在这种情况下，均衡可能是各种各样的，因为此时“不诚实的”决策者要暂时伪装成“诚实的”决策者。但是，可以根据不同的参数值将均衡分类，因为诚实的决策者有动力在一开始就采取不诚实的决策者不会愿意模仿的激烈行动。换句话说，诚实的决策者愿意采取立即可以显示其类型的高成本政策。

虽然对策模型还有很多未解决的问题，但是它们已经激发出了有关政府政策形成过程的很有意义的见解。特别是，由于决策者的动机和行动是模型的一部分，所以有可能建立能够从经验上加以验证的实证政策理论（如何验证一个纯规范性的政府政策模型，我们仍然是不清楚的）。正如罗戈夫所指出的：“将政府看作一个黑箱对于某些现象的研究而言可能是建设性的；但作为研究宏观经济政策设计的框架，它就远远不够了。”

在第七章，V. V. 查里、帕特里克·基欧和爱德华·普雷斯科特也研究了有关政府政策制定者和一组个体经济人之间对策性关系的模型。但他们的主要目的是为时间一致性问题提供新的视角，而不是概述有关这一问题的文献。

第七章的开头将政策描述为一种规则，这种规则把政府采取的行动定义为经济状况的函数。要想对不同政策作出评价，首先得建立一个能够刻画出个人如何对不同政策作出反应的经济模型，其次要描述政策规则的选择过程，第三要说明提供给政策制定者的“承诺方法”。最后这一点正是时间一致性问题的关键。

承诺均衡是指在政策制定者一开始就能使自己受制于某种特定规则时产生的均衡。此时，假定个人对这些政策作出最优反应，那么政策选择问题就变为使社会福利函数（或其他一些目标）最大
12 化。在缺少这样一种承诺方法时，政策规则必须是序列理性的。也就是说，在个体经济人都最优行事的条件下，该政策规则在每个时期都使一个具体目标最大化。进一步讲，个体经济人明白政策将满足这种序列理性，他们依据这种认识作相应的预测。当承诺均衡和序列理性均衡不一致的时候，时间一致性问题便出现了。

这篇论文的作者们在他们研究的一系列模型中表明，仅当个体经济人之间或私营部门与政府之间存在某种冲突时，才会产生时间一致性问题。有一类例子刻画了竞争性个体经济人和一个试图使典型经济人的效用函数最大化的政府。在这类环境中,外部影响是可能引发时间一致性问题的一种冲突来源。比如,政府也许被迫用扭曲性税收支持公共支出。如果能够对资本征税,政府就有施加资本税的动机,这种税在投资已经发生的情况下是非扭曲性的。但是,对这种税收的预期会事先阻碍人们投资,因而得出的结果倾向于劣于由一个有效的约定方法促成的结果——在后一种情况下,政府提供了一个有约束力的承诺,声明它不会在以后征收资本税。同样的结果也适用于公债,因为此时政府也有在事后赖债的动机。

查里、基欧和普雷斯科特总结说,一个社会不能在承诺均衡和时间一致均衡之间进行选择,因为承诺方法类似生产函数,并非可供选择的目标。其他学者则认为,社会可以通过对制度(包括法律体系)投资,确实改变承诺方法。要解决这些不同观点之间的分歧,很重要的是弄清楚在一个经济中政策选择究竟意味着什么。

在最后一章,尼尔·华莱士研究了一些典型的一般均衡模型,这些模型中的货币需求——从而货币价值——(或多或少地)是从一些基本原理中引申出来的。这些模型假设风险特性与货币相同的有价证券(比如政府债券)在收益率方面优于货币。因此,货币需求的存在依赖于某种非金融性的与货币有关的服务。华莱士以三种方式构造了这些机制:带货币的效用函数、预付约束以及法律规定。由这三种方式得到的有关公开政策的结论基本相似,只是有些结论取决于消费者的行为是来自一个无限期界模型,还是来自一个交叠世代模型。通常,货币行为上的变化意味着财政上的

13 某种调整,这种调整相当于一般的通货膨胀税。因此,(有关公开市场操作的)结果还取决于伴随货币变化的是什么类型的财政调整。

华莱士发现各种模型都没能充分体现下面这一观点,即交换的发生存在着一定困难,因而从某种意义上讲,货币是为了有助于解决这个问题而产生的。此外,各个模型共同的假设是,政府或中央银行在纸币的发行上拥有垄断权力。实际上,可以通过将交换过程更令人满意地模型化而将这一假设推导出来。不管怎样,华莱士发现,在他所考察的模型中公开市场操作都表现出显著的非中性。因此,他反对视这类操作近似中性的通行做法。

新古典主义方法在 20 世纪 70 年代初被人们迅速接受以后,在 80 年代得到了进一步的拓展,涵盖了宏观经济学的方方面面。本书总结了新古典宏观经济学这第二阶段的主要发展。我希望本书中的文章能够向学生们展示这些发展,并为今后的研究提供一个基础。

注　释

〔1〕 弗里德曼和施瓦兹(1963)在他们所著的《美国货币史》一书中清楚地意识到了这种可能性。但他们认为,他们有表明货币与收入(或价格)之间的关系在不同的货币供给政策下相似的证据。因此,他们称他们的方法分离出的主要是从货币到经济的作用方向,而不是相反。但是尚不清楚这个结论能否经受住对构成证据的各个时期所进行的仔细检验。比如,在 1929—1933 年的大萧条中,广义货币总量的下降反映的是金融媒介物的内生性崩溃(货币基础在这一时期实际上是上升的)。信用过程的这种崩溃本身会带来严重的实际后果〔如伯南克(1983)所称〕,但是,这种效应与纯粹的实际模型也是一致的。也就是说,信用过程的中断并不等同于纯粹的名义冲击(如

由公开市场操作带来的基础货币量的下降)。1936—1937 年间联邦储备制度准备金要求的提高看起来更像政策的一次外生性动作,它导致了广义货币总量的下降。但是,准备金要求是对金融媒介物的一种税收,因而也会在纯粹的实际模型中带来实际影响。对这类证据的进一步分析,见巴罗(1987,第 15 和 16 章)。

参考文献 14

Attfield, C. L. F., and N. W. Duck. 1983. The Influence of Unanticipated Money Growth on Real Output: Some Cross-Country Estimates. *Journal of Money, Credit, and Banking* 15(November): 442 – 454.

Barro, R. J. 1976. Rational Expectations and the Role of Monetary Policy. *Journal of Monetary Economics* 2(January): 1 – 32.

——1981a. The Equilibrium Approach to Business Cycles. *In* R. J. Barro, *Money, Expectations, and Business Cycles*. New York: Academic Press.

——1981b. Unanticipated Money and Economic Activity in the United States. *In* R. J. Barro, *Money, Expectations, and Business Cycles*. New York: Academic Press.

——1987. *Macroeconomics*, 2nd ed. New York: John Wiley & Sons.

——1989. Interest Rate Targeting. *Journal of Monetary Economics* 23(January).

Barro, R. J., and R. G. King. 1984. Time-Separable Preferences and Intertemporal-Substitution Models of Business Cycles. *Quarterly Journal of Economics* 99(October): 817 – 839.

Bernanke, B. S. 1983. Non-Monetary Effects of the Einancial Collapse in the Propagation of the Great Depression. *American Economic Review* 73 (June): 257 – 276.

Fair, R. C. 1979. An Analysis of the Accuracy of Four Macroeconometric Models. *Journal of Political Economy* 87(August): 701 – 718.

Friedman, M., and A. J. Schwartz. 1963. *A Monetary History of the United States, 1867—1960*. Princeton: Princeton University Press.

Geary, P. T. , and J. Kennan. 1982. The Employment-Real Wage Relationship: An International Study. *Journal of Political Economy* 90 (August): 854 – 871.

Grossman, H. I. 1973. Aggregate Demand, Job Search, and Employment. *Journal of Political Economy* 81(November/December): 1353 – 1369.

Hayek, F. A. 1945. The Use of Knowledge in Society. *American Economic Review* 35(September): 519 – 530.

King, R. G. 1982a. Monetary Policy and the Information Gontent of Prices. *Journal of Political Economy* 90(April): 247 – 279.

——1982b. Investment, Imperfect Information, and Equilibrium Business Cycle Theory. Unpublished paper, University of Rochester.

King, R. G. , and C. I. Plosser. 1984. Money, Credit, and Prices in a Real Business Cycle. *American Economic Review* 74(June): 363 – 380.

Kormendi, R. C. , and P. G. Meguire. 1984. Cross-Regime Evidence of Macroeconomic Rationality. *Journal of Political Economy* 92(October): 875 – 908.

Lucas, R. E. 1972. Expectations and the Neutrality of Money. *Journal of Economic Theory* 4(April): 103 – 124.

——1973. Some International Evidence on Output-Inflation Tradeoffs. *American Economic Review* 63(June): 326 – 334.

15 Sargent, T. J. 1973. Rational Expectations, the Real Rate of Interest, and the Natural Rate of Unemployment. *Brookings Papers on Economic Activity* 1973, no. 2, 429 – 472.

——1976. A Classical Macroeconometric Model for the United States. *Journal of Political Economy* 84(April): 207 – 237.

Sargent, T. J. , and N. Wallace. 1975. Rational Expectations, the Optimal Monetary Instrument, and the Optimal Money Supply Rule. *Journal of Political Economy* 83(April): 241 – 254.

Weiss, L. 1980. The Role for Active Monetary Policy in a Rational Expectations Model. *Journal of Political Economy* 88(April): 221 – 233.

第一章 实际经济周期模型 16

贝内特·T.麦卡勒姆

20世纪80年代初宏观经济学最引人注目的发展之一是出现了大量的致力于用“实际经济周期”方法分析宏观经济波动的文献。最具有代表性的一些论文来自基德兰德和普雷斯科特(1982)、朗和普洛塞(1983)以及金和普洛塞(1984)。当然,还有很多其他令人感兴趣的文章,[1]同时也有一些持批评态度或表示怀疑的文章出现。[2]隐含在实际周期论文中的观点是始自卢卡斯(1972、1973、1975)后经巴罗(1976、1981)拓展的均衡周期分析方法的产物,但是它在两个关键的方面与早期理论有所不同。第一,与早期的均衡理论文献相比,实际周期模型给予波边的传导机制(即冲击的影响随时间扩散的机制)更多的重视。第二,顾名思义,实际经济周期模型强调引起周期波动的冲击根源是实际的而非“货币的”。特别是,周期的主要驱动力量被认为是对技术的冲击,[3]而不是在早期的均衡分析中强调的货币政策和财政政策干扰。

我们将注意到,实际经济周期方法的上述两个特征从它们与不同经济周期理论的关系来看是很不一样的。具体说,实际周期模型的传导机制分析与均衡思路的卢卡斯-巴罗货币错觉分析是

完全相容的，并且可以被合乎逻辑地看作是对卢卡斯-巴罗模型的细化和提高。实际上，如果我们注意到实际周期分析所强调的传导现象即使在假设了名义工资粘性和/或价格粘性的非均衡模型[4]中也是存在的并且很重要，那么这种认识还可以得到进一步加强。

17 相比之下，关于引起波动的冲击的性质，实际经济周期理论的观点更多地反映了它与其他理论的分歧。就这一问题，我们有必要区别两种观点。较为温和的观点认为，从定量角度看，技术冲击作为经济周期运动的驱动者比货币冲击更为重要；较为激进的观点认为，货币冲击的后果根本是可以忽略的。前一个立场与均衡理论的货币错觉模型相容，因为两者都没有否定供给冲击的作用。但是，较为激进的实际周期观点——即认为货币冲击是一个无足轻重的周期波动根源的观点——则明显与大多数其他理论不一致。在这一形式上，实际周期方法向主流宏观经济分析提出了极大的挑战。[5]

在下面的讨论中，我们将隐含地把大部分注意力放在实际周期假说的温和形式上，因为它更确切地代表实际周期论者在公开发表的文章中所持的观点。但出于两方面的原因，较为激进的形式也将受到某些关注。其中的根本原因是，虽然眼前的主要考察对象是实际周期理论本身，但还有一个次要问题需要加以讨论，即实际周期模型与依赖货币冲击的理论的比较。显然，激进的实际周期假说所提供的鲜明对比，对于后一问题的说明而言更为自然和方便。此外，也正是这一更激进的假说赋予实际周期方法一个鲜明的特征。由于均衡理论的货币错觉模型并不否认供给冲击或传导机制的存在，我们很难想象实际周期方法如何不依赖更激进的假说而与均衡分析更一般的形式相区别。显然，激进的假说构成了实际周期方法区别于其他方法的特征。

本章是以下述方式组织的。在 1.1 节，我们通过一个简单的原型模型介绍了实际周期方法的主要特征。虽然此处的讨论也触及了模型的某些定性特征以及它们与实际美国数据的关系，但是理论和证据之间的主要定量比较出现在 1.2 节。1.2 节给出了模型更精确的形式，并且对基德兰德和普雷斯科特（1982、1986）所强调的证据类型做了更详细的考察。其他类型的证据和几个引起争议的问题则在 1.3 节得到了讨论。最后，我试着在 1.4 节给出一些结论。

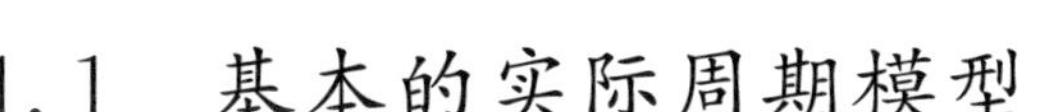

1.1　基本的实际周期模型 18

这一节的目的是描述一个能够体现实际周期文献所刻画模型主要特征的简单模型。在这一过程中，我们所要做的是从直觉出发概述这一模型的运行情况，而不是开发数学方法或为相关的命题提供正式的证明。因此，下面的讨论将是不严格的。但其中也会涉及一些参考文献，以便引导读者去阅读包括了正式的证明以及对相关数学概念和方法做更完整叙述的资料。[6]

假设一个经济由大量相似的、无限寿命家庭构成，每一个家庭试图在时刻 t 使下式最大化：

$$(1.1)\qquad E_t\left[\sum_{j=0}^{\infty}\beta^j u(c_{t+j},l_{t+j})\right],$$

其中，c_t 和 l_t 代表家庭在 t 时期的消费和闲暇，而 $\beta(0<\beta<1)$ 是一个贴现因子，它反映消费者更偏好当前的而不是未来的消费-闲暇组合。由算子 $E_t(\cdot)$ 得到的是指定变量基于 t 时期以及 t 时期之前的完全信息的数学期望。闲暇是没有投入到劳动中的时间，因此，对单位的一个恰当选择意味着 $l_t=1-n_t$，其中 n_t 是家庭在 t 时期提供的劳动。假设函数 u 对两个变量而言都是递增、可微并且“变化正常”的，那么，对于 $i=1,2$，我们有：$u_i>0$，$u_{ii}<0$，$u_i(0)=\infty$，$u_i(\infty)=0$.

每个假定的家庭都面临如下形式的生产函数：

$$(1.2)\quad y_t=z_tf(n_t^d,k_t^d),$$

其中，y_t 是经济在 t 时期生产的唯一一种产品的产量，n_t^d 和 k_t^d 代表家庭在 t 时期使用的劳动和资本数量。变量 z_t 是反映着技术状况的一个随机变量在 t 时期的实现。产生 z_t 的过程被假设为是平稳马尔可夫过程——z_t 的分布只取决于 z_{t-1} 或不随时间变化。函数 f 被认为是一阶齐次的并且变化正常，具有正的然而递减的边际产品。家庭的产出可以被消费或储存，储存下来的部分
19 就在下一期加入到了家庭的资本存量中。在每一个时期，现存资本的 δ 部分经折旧消失。

最后，假设我们讨论的经济拥有竞争性劳动和资本服务市场——两种市场的工资率和租赁率分别是 w_t 和 q_t。[7] 因此，典型家庭在 t 时期面临的预算约束是：[8]

$$(1.3)\quad c_t+k_{t+1}=z_tf(n_t^d,k_t^d)+(1-\delta)k_t-w_t(n_t^d-n_t)-q_t(k_t^d-k_t).$$

于是，在时刻 t，每个家庭在一系列形似(1.3)式的约束下寻求(1.1)式的最大化。函数 u 和 f 被特别加以定义，以避开隅角解。那么，下面的一阶条件是取得最大值的必要条件：[9]

(1.4a)　$E_t u_1(c_{t+j}, 1-n_{t+j}) - E_t\lambda_{t+j} = 0,$

(1.4b)　$E_t u_2(c_{t+j}, 1-n_{t+j}) - E_t\lambda_{t+j} w_{t+j} = 0,$

(1.4c)　$E_t z_{t+j} f_1(n_{t+j}^d, k_{t+j}^d) - E_t w_{t+j} = 0,$

(1.4d)　$E_t z_{t+j} f_2(n_{t+j}^d, k_{t+j}^d) - E_t q_{t+j} = 0,$

(1.4e)　$-E_t\lambda_{t+j} + E_t\beta\lambda_{t+j+1}[Z_{t+j+1} f_2(n_{t+j+1}^d, k_{t+j+1}^d)$
$+1-\delta] = 0.$

其中 λ_{t+j} 是一个拉格朗日乘子。如果我们从效用的角度看待最大化，那么该乘子就是以效用度量的经济中一单位商品在 $t+j$ 时期的影子价格。在条件(1.4)之外，还有一个关于家庭的长期计划的横截性条件，[10]它可以被写为：

(1.5)　$\lim_{j\to\infty} E_t\beta^{j-1}\lambda_{t+j}k_{t+j+1} = 0.$

条件(1.3)、(1.4)和(1.5)合在一起，是得到最优解的充分必要条件。因此，它们刻画了一个典型家庭在考虑了 w_t 和 q_t 的现值、自己对未来的预期以及自己的资本存量 k_t 之后，在时刻 t 对 c_t、n_t、n_t^d、k_t^d 和 k_{t+1} 的选择。

现在考虑市场均衡的问题。要想促成这样一个状态，必须有 $\sum n_t = \sum n_t^d$ 和 $\sum k_t = \sum k_t^d$，该总和是覆盖了所有家庭的。但由于这些家庭都是相似的，并且都经历了相同规模的冲击 z_t，所以上述等式意味着 $n_t = n_t^d$ 以及 $k_t = k_t^d$。此外，预期被假设为是理性

20 的，该假设在此处意味着(1.4)式的条件数学期望所依赖的概率分布与(模型所代表的)经济的结构所隐含的分布一致。于是，市场均衡可以由下面一组在 $t=1,2,\cdots$ 的时期都成立的等式所刻画：

$$(1.6)\quad c_t+k_{t+1}=z_tf(n_t,k_t)+(1-\delta)k_t,$$

$$(1.7)\quad u_1(c_t,1-n_t)-\lambda_t=0,$$

$$(1.8)\quad u_2(c_t,1-n_t)=\lambda_tz_tf_1(n_t,k_t),$$

$$(1.9)\quad \lambda_t=E_t\beta\lambda_{t+1}[z_{t+1}f_2(n_{t+1},k_{t+1})+1-\delta].$$

给定 k_1 的一个初始值，这四个方程决定了经济中每个家庭 c_t、k_t、n_t 和 λ_t 值的时间路径。存在多个这种路径，但是将只有一个路径满足家庭最优化所必须的横截性条件(1.5)。[11]

在继续推导以前，我们有必要注意到，如果我们把每个家庭简单地看作是一个不必要区分 n_t 和 n_t^d 以及 k_t 和 k_t^d 的孤立的“鲁宾逊·克鲁索”类型的单位，那么我们可以得到完全相同的一组关系式。这一发现说明了这样一点，即克鲁索式的分析在某些情形下可以被解释为与竞争性市场经济中的数量变量的行为有关。但要使这种等价成立，所有家庭必须是相似的，而且必须不存在外部性。再者，如果存在一个政府部门，那么模型必须经细化体现这种情况，因此克鲁索式的分析不是普遍适用的。[12]

现在考虑方程组(1.6)至(1.9)的解。对这些方程的分析，加上对眼前这一经济的性质的考察，使我们得出系统在 t 时刻的状态完全由是 k_t 和 z_t 的当前值定义的结论。[13] 于是，(1.6)至(1.9)的解将具有如下形式：

$$(1.10)\quad k_{t+1}=k(k_t,z_t),$$

$$(1.11)\quad c_t=c(k_t,z_t),$$

(1.12)　$n_t=n(k_t,z_t)$，

(1.13)　$\lambda_t=\lambda(k_t,z_t)$，

其中，k、c、n和λ都是连续函数。注意，这一结论不仅对序列不 21
相关的技术冲击成立，只要这些冲击是由一个平稳的马尔可夫过程产生的，它就成立。该结论之所以在后一种情况下成立，是因为z_t为$t+1$时刻出现的变量的概率分布提供了所有相关信息。

值得附带注意的是，政府购买（以g_t表示每个家庭分得的数量）可以被结合进我们讨论的模型结构中，其方法是给方程组增加一个反映政府预算约束的方程，并且修改家庭的预算约束来反映税收（如果g_t对生产函数和效用函数有影响的话，其影响也可以被体现出来）。如果税收是总额税类型，那么(1.4)的方程组将保持不变，但如果税收是针对一些生产性活动的，那么这些方程将被有所变化。不管怎样，如果政府购买遵循一种将g_t与g_{t-1}、k_t和z_t联系在一起的政策规则，那么解的表达式将类似(1.10)至(1.13)式，只是g_t将作为第三个变量被包括在其中。

方程(1.10)至(1.13)在形式上很简单，但这种简洁性从下述意义上看可能具有欺骗性：只有很少几种u和f的函数形式，能够允许我们从中解得关于k_{t+1}、c_t和n_t的显式封闭解。但是，有一对相当有吸引力的组合能够做到这一点，因此它们在不少论文中得到了应用[14]。这一组合涉及效用函数u的一个对数线性形式，以及f的一个科布-道格拉斯形式，即：

(1.14)　$u(c_t,1-n_t)=\theta\log c_t+(1-\theta)\log(1-n_t)$，

(1.15)　$z_tf(n_t,k_t)=z_tn_t^{\alpha}k_t^{1-\alpha}$.

此外，这一特殊情形要求资本在一期内的完全折旧，也就是说，要求 $\delta=1$。[15]

为了使讨论更具体，我们现在分析一下上述情形提供的例子。在函数形如(1.14)式和(1.15)式并且 $\delta=1$ 的条件下，(1.6)至(1.9)式的方程组转化为：

(1.6′) $c_t+k_{t+1}=z_t n_t^{\alpha}k_t^{1-\alpha}$,

(1.7′) $\theta/c_t=\lambda_t$,

(1.8′) $(1-\theta)/(1-n_t)=\alpha\lambda_t z_t n_t^{\alpha-1}k_t^{1-\alpha}$,

(1.9′) $\lambda_t=(1-\alpha)\beta E_t\lambda_{t+1}[z_{t+1}n_{t+1}^{\alpha}k_{t+1}^{-\alpha}]$.

22 为了获得这一特殊方程组类似(1.10)至(1.13)式的解，我们首先注意到在效用函数形如(1.14)式以及完全折旧的条件下，工资率变化的收入效应和替代效应恰好互相抵消，使得闲暇选择未受影响(金、普洛塞和里贝罗，1987)。于是，我们有理由设想 n_t 在解中是常数，也就是说，$n_t=n$。而 z_t 和 k_t 进入生产函数的方式，促使我们进一步设想 c_t 和 k_{t+1} 与乘积 $z_t k_t^{1-\alpha}$ 是成比例的。因此我们的任务减轻为从下面两式中估计 π_{10} 和 π_{20}：

(1.16) $c_t=\pi_{10}z_t k_t^{1-\alpha}$,

(1.17) $k_{t+1}=\pi_{20}z_t k_t^{1-\alpha}$.

为了进行估计，我们首先利用(1.7′)式消掉(1.9′)式中的 λ_t 和 λ_{t+1}，然后将该式代入(1.16)和(1.17)式，得到：

(1.18) $$\frac{\theta}{\pi_{10}z_t k_t^{1-\alpha}}=(1-\alpha)\beta E_t\left[\frac{\theta z_{t+1}n^{\alpha}k_{t+1}^{-\alpha}}{\pi_{10}z_{t+1}k_{t+1}^{1-\alpha}}\right]$$

$$=\frac{(1-\alpha)\beta\theta n^{\alpha}}{\pi_{10}(\pi_{20}z_t k_t^{1-\alpha})}$$

然后从上式中消掉 $\theta/\pi_{10}z_tk_t^{1-\alpha}$，得到 $\pi_{20}=(1-\alpha)\beta n^\alpha$。

接着，通过将(1.16)和(1.17)式代入(1.6′)式并且消掉 $z_tk_t^{1-\alpha}$，我们得到 $\pi_{10}+\pi_{20}=n^\alpha$，根据此式并利用上面得到的 π_{20} 的表达式，我们得到 $\pi_{10}=[1-(1-\alpha)\beta]n^\alpha$。最后，将这两个表达式代入由(1.7′)和(1.8′)式去掉 λ_t 构成的关系式得到下述 n 值：

$$(1.19)\quad n=\frac{\alpha\theta}{\alpha\theta+(1-\theta)[1-\beta(1-\alpha)]}.$$

因此，我们对 n_t 的设想得到了证实，并且可以得出如下结论，即在眼前这一特例中，每个家庭的消费和资本是按照下述方式随时间波动的：[16]

$$(1.20)\quad c_t=[1-(1-\alpha)\beta]n^\alpha z_tk_t^{1-\alpha},$$

$$(1.21)\quad k_{t+1}=(1-\alpha)\beta n^\alpha z_tk_t^{1-\alpha}.$$

现在，我们可以立即从(1.21)式中发现 k_t 的对数服从如下形式的随机过程：

$$(1.22)\quad \log k_{t+1}=\phi_0+(1-\alpha)\log k_t+\log z_t.$$

此外，由于 $|1-\alpha|<1$，k_t 的过程是动态稳定的。再者，它刻画了正 23
的序列相关性：如果 $\log k_t$ 高于正常水平，那么在 $\log z_t$ 的过程序列不相关的假设下，$\log k_{t+1}$ 的预期值也将超过正常水平。而如果 z_t 的过程式具有如下的一阶自回归形式[即 AR(1)]：

$$(1.23)\quad \log z_t=\rho\log z_{t-1}+\varepsilon_t,$$

其中的 ε_t 是白噪声，那么，$\log k_t$ 将是二阶自回归的[AR(2)]：

$$(1.24)\quad \log k_{t+1}=\phi_0(1-\rho)+(1-\alpha+\rho)\log k_t-(1-\alpha)$$

$\rho \log k_{t-1} + \varepsilon_t$.

进一步讲，在这一例子中，二阶自回归结构也适用于包括 $\log c_t$ 和 $\log y_t$ 在内的其他重要数量变量。为说明这一点，让我们将(1.20)式重新写为 $\log c_t = \phi_1 + (1-\alpha)\log k_t + \log z_t$。而由(1.22)式，$\log k_t = [1-(1-\alpha)L]^{-1}[\phi_0 + \log z_{t-1}]$(其中的 L 是对数算子)，所以，经替代和整理，得出：

$$(1.25)\quad \begin{aligned}&[1-(1-\alpha)L]\log c_t = \\ &(1-\alpha)\phi_0 + \alpha\phi_1 + [1-(1-\alpha)L]\log z_t + (1-\alpha)\log z_{t-1},\end{aligned}$$

利用 $\log z_t = (1-\rho L)^{-1}\varepsilon_t$；上式可以简化为：

$$(1.26)\quad \log c_t = (1-\alpha+\rho)\log c_{t-1} - (1-\alpha)\rho\log c_{t-2} + \alpha(1-\rho)\phi_1 + (1-\alpha)(1-\rho)\phi_0 + \varepsilon_t.$$

因此，这一特殊情形下的简单实际周期模型告诉我们，在 AR(1)技术冲击下，重要的数量变量将表现出二阶 AR 过程的时间序列性质。这个结论很使人感兴趣，因为由各种总量数据的对数构成的美国季度数据序列在抽掉长期趋势[17]以后，实际上能够用 AR(2)模型很好地描述出来。[18]

关于这一特殊情形下的模型，(1.20)和(1.21)式还总结出了它另一个令人感兴趣的性质，即平均劳动产量与总产量水平正相关。当然，这一性质可以直接导自模型的不变就业量假设。但它仍然算得上是一个重要性质，因为在实际的美国季度数据中，平均劳动产量表现出明显的顺周期性。而某些居主导地位的正统理论称，如果生产函数在形式上近似科布—道格拉斯函数，那么边际劳动产量——从而平均产量将表现出逆周期性。[19]

尽管如此，即使在定性层次上，这一特殊情形模型也有一些突 24
出的地方未能拟合现实美国时间序列数据的一些重要方面。其中之一是我们在上面提到的不变就业假设，另一个是模型关于消费波动和投资波动具有相同规模的结论。[20]但这两个定性缺陷都可以通过资本一期内的非完全折旧假设加以克服。经这一变动，得到显解的可能性失去了，因而无法定量地证实我们的结论。[21]但是加里·汉森(1985，表 1.1)报告的模拟结果与我们讨论的情形一致，并且这些结果中包括严重程度数倍于消费波动的就业变动和投资波动(它们是以偏离趋势的百分比标准差衡量的)。可见，即便在对效用函数和生产函数作了(1.14)和(1.15)式那样的特殊假设的情况下，原型实际周期模型也能为经济周期的实际数据提供相当符合其重要特征的描述。现在是我们转向这些描述的定量方面的时候了。

1.2　实际周期模型的定量方面

最强有力地激发了实际周期模型分析的一个事件，可能是基德兰德和普雷斯科特(1982)的开创性论文“置备资本的时间和总量波动”的发表。这篇论文首次表明，有可能在实际周期模型的结论和现实的经济周期波动之间找到一个不错的定量匹配关系。由基德兰德和普雷斯科特开发和模拟的模型，基本上属于我们上一节描述的类型，只是包含了几个旨在提高模型的模拟能力——即模型与美国战后数据的周期特性匹配的程度——的额外性质。四个额外性质是：

1. 每期(即每季)的闲暇“服务”是由当前和以往闲暇时间的滞后分布体现的。

2. 始于 t 期的投资项目要求在 $t+1$、$t+2$ 和 $t+3$ 期有进一步的投入,以便它在 $t+4$ 期具备生产能力。

3. 生产者保留着最终产品的库存,该库存构成了额外的一种生产要素。

4. 技术冲击 z_t 由暂时性的分量和高度持续的分量构成,这两者不能被生产者和消费者直接分辨出来。

25 不用说,由这些性质和不完全折旧假设,基德兰德-普雷斯科特模型不能得出一个解析解。但通过指定参数值并进行模拟,可以得到近似解。基德兰德和普雷斯科特采用的正是这一思路,他们用多次随机模拟的平均结果刻画了模型的周期特性。类似的过程也可以应用到前一节($\delta<1$)的基本模型中,或者应用到属于同一类型的其他模型中。

为了考察基本模型和基德兰德-普雷斯科特模型如何模拟现实的美国周期波动,我们首先观察一下表 1.1 中的数据。表中的第一列报告了多个重要数量变量在美国 1955.3—1984.1 期间实际季度数据中表现出的周期波动规模。这些规模即季度数据相对于趋势值的标准差,并且对趋势的偏离是以百分比形式表示的。趋势值本身是按照霍德里克和普雷斯科特提出的步骤(1980),[22]通过平滑原始序列获得的。从第一列中显而易见的是,(从百分比角度看)现实的消费波动小于总产出波动,而投资波动远大于总产出波动。此外,用于生产中的总人时数(被记为“工作时数”)的波动规模几乎与总产出的波动规模相同。

表 1.1　对趋势的百分比偏离的标准差 26

变量	实际美国经济[a]	基本模型[b]	基-普模型[c]	汉森模型[b]
产出	1.76	1.76[d]	1.76[d]	1.76[d]
消费	1.29[e]	0.55	0.44	0.51
投资	8.60[f]	5.53	5.40	5.71
资本存量	0.63	0.47	0.46	0.47
工作时数	1.66	0.91	1.21	1.35
生产率	1.18	0.89	0.70	0.50

a. 1955.3—1984.1 期间的季度数据，作了季节性调整。数据来自汉森(1985)。
b. 数据来自汉森(1985)。
c. 数据来自普雷斯科特(1986)。
d. 为了使产出方差与实际数据区配，冲击方差是特别设定的。
e. 这一数字涉及的是 GNP 账户上包括了耐用品支出的消费支出。对于非耐用品支出和服务支出，该数字分别是 1.2 和 0.6 左右。因此，可供我们比较的数字是 0.9 左右。
f. 对于固定投资来说，该数字接近 5.3。

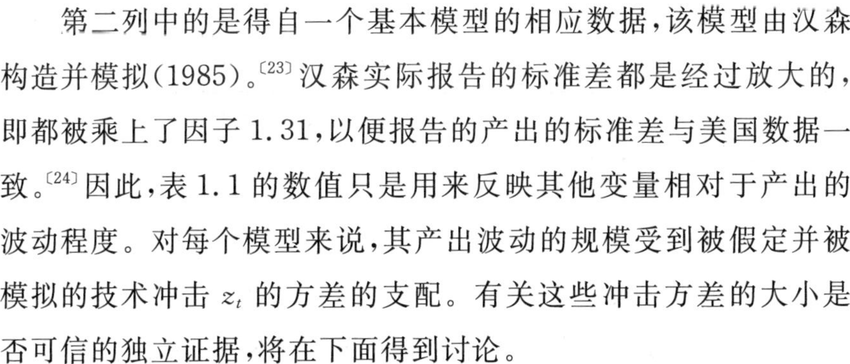

第二列中的是得自一个基本模型的相应数据，该模型由汉森构造并模拟(1985)。[23]汉森实际报告的标准差都是经过放大的，即都被乘上了因子 1.31，以便报告的产出的标准差与美国数据一致。[24]因此，表 1.1 的数值只是用来反映其他变量相对于产出的波动程度。对每个模型来说，其产出波动的规模受到被假定并被模拟的技术冲击 z_t 的方差的支配。有关这些冲击方差的大小是否可信的独立证据，将在下面得到讨论。

从第二列的数据中我们可以清楚看到，由汉森的基本模型导出的波动具有一些与美国实际数据相符的重要特征。特别是，消费变动比产出变动小，而投资变动比产出变动大。但是在模型描述的经济中，消费波动的相对规模还是有些小了，而工作时数（就业）变量则在更大的程度上存在类似问题。

另外，表 1.2 中的统计数据也很重要，它们是关于其他变量与产出的同期相关关系的——仍然以它们对趋势的百分比偏离表示。我们在这里看到，尽管工作时数变量和生产率（即每小时产出）变量与产出的相关关系在模型中表现得比在现实中更为密切，但是基本模型对现实数据的匹配还是很不错的，甚至达到了确凿的程度。

27 **表 1.2　与产出的同期相关关系（以对趋势的百分比偏离表示）**

变量	实际美国经济[a]	基本模型[b]	基-普模型[c]	汉森模型[b]
消费	0.85	0.89	0.85	0.87
投资	0.92	0.99	0.88	0.99
资本存量	0.04	0.06	0.02	0.05
工作时数	0.76	0.98	0.95	0.98
生产率	0.42	0.98	0.86	0.87

a. 1955.3—1984.1 期间的季度数据，做了季节性调整。数据来自汉森（1985）。
b. 数据来自汉森（1985）。
c. 数据来自普雷斯科特（1985）。

在表 1.1 和表 1.2 的第三列中报告了基德兰德和普雷斯科特的实际周期模型（该模型包含了上面提到的额外假设）的模拟数据。我们从中看到，额外假设使工作时数的可变性得到了很大提高，虽然还不足以与实际数据完全匹配。至于其他变量，额外的假设比起基本模型来似乎没有给它们增加什么。[25]

表 1.1 和 1.2 的第四列给出了汉森(1985)提出的另一个模型的结果[26]。该模型与基本模型类似,只是每个工人受到要么工作全日要么不工作的约束。也就是说,汉森的不可分劳动假定偏离了基本模型:“这里引入的新的商品即厂商和家庭之间的一个契约,它约定家庭以概率 α_t 工作 h_0 小时(全天)。契约本身是可以被买卖的,因此,不管家庭是否工作它都能得到支付。结果,厂商给工人们提供了完全的失业保险。由于所有家庭都是相似的,因此它们都将选择同样的……α_t。但是,虽然家庭在事前都是相似的,但是在事后将有所不同,这取决于随机结果:占总数的 α_t 部分的家庭将工作,其余的家庭将不工作。”(汉森,1985,P. 316)

从表 1.1 中明显看到,比起基本模型来,这一模型给以人一时衡量的就业带来了(相对于产出的)大得多的可变性——不过,这是以生产率拟合程度变差为代价的。表中不明显的一点是,为引起相当于美国经济实际情况的产出可变性所需要的 z_t 的方差,在此处比在基本模型中要小。具体说,第四列所需要的 z_t 的标准差只是第二列的 0.767 倍。[27]

基德兰德(1984)以及基德兰德和普雷斯科特(1986)还研究了其他几个意在提高模型与现实之间拟合程度的改进模型。基德兰德(1984)假设存在两类劳动,它们在生产中的效率是不同的。他发现这一修正提高了工作时数相对于产出的可变性。基德兰德和普雷斯科特(1986)在模型中结合进了一个可变的资本利用率,并且表明,在这一假设下只需较小的 z_t 方差就可以产生出符合实际的产出可变性。在上述两种情形下,模型改善的幅度是 20% 左右,同时在每种情形下,总体的相关关系都没有发生大的改变。

需要强调的是，在所有这些定量分析中，模型的参数值并不是
28 以最适合季度时间序列数据的方式得到的。相反，类似 1.1 节被指定的 α、β、δ、θ 和 ρ 值，这里的参数值也是被指定的，以便与对单个家庭所做的分类研究保持一致，或与有关劳动在国民收入中所占份额（意味着 $\alpha = 0.64$）以及投入到市场劳动的时间比例（$\theta = 0.33$）的公认事实保持一致。[28] 这样的处理保证了模型的某些特性在模型构造者看来是“合理的”——如果参数是通过更正规的方式估计出来的，就可能得不到这种合理性。由此，注意到基德兰德-普雷斯科特和汉森选择数值 0.95 作为对应于参数 ρ 的数值，就显得很重要了。在他们的模型中隐含的技术冲击的高度序列相关性，倾向于给就业和产出这样的内生变量施加高度的序列相关性。[29]

本文关心的一个重要问题是：实际周期模型所需要的技术冲击规模是否可信，或者说，能够引起如表 1.1 中所报告的那样规模的波动所需要的 z_t 的方差，应用于现实的总量技术冲击是否可信。[30] 普雷斯科特（1986）讨论了这个问题，他最初将 ε_t（而非 z_t）作为符合一阶差分形式的来自一个总量科布-道格拉斯生产函数的参差的样本方差做了估计。[31] 然后，普雷斯科特试图通过考虑进劳动要素序列的测量误差，将这一直接的估计做向下的调整。他对标准差所做的最后估计是 0.00763，这一数值接近不同模型为引发与美国经济情况相符的产出波动（如表 1.1 所示）所需要的大小。根据汉森的（1985）结果，基本模型需要的数值是 0.0093，[32] 而他的不可分劳动模型需要的数值仅是 0.00712。如前面提到的，在基德兰德-普雷斯科特模型中存在两种技术冲击。

但是，纯粹暂时性的冲击的贡献非常小，因此我们可以集中注意力于具有高度持续性的冲击。据基德兰德和普雷斯科特(1986)报告，这种冲击的标准差是 0.0091。给定 $z_t = 0.95z_{t-1} + \varepsilon_t$ 这一关系式，最后这一数字意味着 z_t 的标准差是 0.0291。

这些定量结果也许被看做对下述观点提供了一些支持，该观点即现实中的技术冲击大得足以引起战后美国经济经历过的那样规模的周期波动。但是，仍然存在一些理由让我们对此表示怀疑。其中第一条是有关被普雷斯科特用来估计冲击方差的步骤的。他
的步骤在某种程度上是建立在索洛(1957)提出的方法之上的，极 29
大地依赖了当前的资本和劳动是唯一相关的投入要素这样的假设。但如果实际上存在调整成本，因而先前的(比如)劳动使用水平对当前的产出有影响，那么索洛-普雷斯科特过程很可能过高地估计冲击方差。[33]有关这一点我们有必要注意到，继索洛 1957 年的发展以后出现的有关技术进步的文章指出，除非采取措施纠正某些被忽略的影响，技术变化的规模可能被索洛的方法极大地过高估计。比如，乔根森和格里利切斯(1967)总结了他们对 1945 年至 1965 年间美国经济的研究发现："最初，(总的要素)投入的增长率解释了产出增长率的 52.4%。在去掉了总量误差，并且修正了劳动和资本存量的利用率变化以后，投入的增长率解释了产出增长率的 96.7%；而总要素生产率的变化解释了其余的部分"(P. 272)。因此，在这个例子中，乔根森-格里利切斯的调整使剩余部分对增长的平均贡献减少到索洛方法最初估计的 7%。[34]最后，我们应该不带偏见地注意到，普雷斯科特的方法实际上与索洛的方法不完全一样。具体讲，普雷斯科特方法在每个时期使用了相同

的劳动份额参数，而索洛方法把劳动份额当作一个变量。因此，普雷斯科特方法对现象的拟合可能更不贴切，留下更多供剩余部分解释的变动性，从而造成（也许是恰当的）对其方差的更大估计。

第二个问题涉及被实际周期文献称为“技术冲击”的不可观察到的随机分量的性质。如果按其字面上的意思这一术语指的是与知识水平有关的投入和产出之间的技术关系，那么似乎很难存在任何大的总量可变动性。因为不同行业所使用的是涉及完全不同类型的机器（和其他资本种类）的高度专业化的技术——甚至对于任何同一行业中的不同商品来说情况也是如此。相应地，任何特定的技术发明只能对少数产品的生产函数施加影响。按照这一观点，实际周期模型的构造必须反映这样一个事实，即存在很多不同的生产部门，它们的技术冲击应该被假定是接近独立的。如果对各行业取平均，那么，波及整个经济的技术冲击将具有小于各个行
30 业的冲击方差的方差——类似容量为 n 的随机样本的均值，具有大小为各个观测变量的方差的 $1/n$ 的方差。[35]

有一种特殊的“供给”冲击会给相当广泛的行业施加影响，它就是必须支付给进口原材料——特别是能量的实际价格的变化。1974、1979 和 1986 年的石油价格冲击，显然在总量水平上对美国经济产生了重大影响（汉密尔顿，1983）。而由于基德兰德-普雷斯科特以及汉森的模型没有国外部分，这种影响在他们的分析中被处理为“剩余”——生产函数的移动。[36] 实际上，可以避免这类处理，因为这些价格变化有可能被观察到，并被记录在基础性的总量数据资料中。而将投入价格变化与生产函数的移动混在一起，会模糊一个重要区别，因从分析的角度看也是不能令人满意的。也

许未来的实际周期研究将把这些贸易条件的影响明确地构造进模型中，从而降低它们对不可观察的技术冲击的依赖。

为数不少的相关研究是由莉莲(1982)的贡献激发出来的，她指出：如果产出的部门性组成发生非同寻常的大变动，就会使不寻常的大的就业再分配成为必要，这种再分配由于代价高昂，倾向于减少总就业量和产出。虽然莉莲强调相对需求的变动是部门间非平衡的来源，但单个部门的技术冲击同样会带来再分配。莉莲(1982)提供了一些支持部门间移动假说的证据，表明：就业增长在几十个行业中的分散程度的计算，对总失业率有相当大的解释能力。但随后进行的两项研究——巴罗(1986)对其作了简要描述——却在很大程度上不支持莉莲的假设。特别是，亚伯拉罕和卡茨(1986)发现了与下述隐含假设——工作空缺率与就业增长的分散程度正相关——不一致的证据。而劳恩甘尼(1986，P. 536)则发现“一旦考虑了由石油冲击带来的就业增长的分散情况，其余的分散对失业就没有什么解释能力了。”近来，戴维斯(1987)(在对用于空缺问题的存量—流量概念作了区别以后)对亚伯拉罕-卡茨的结论提出了疑问，并发展了一个再分配时机假说，强调了伴随部门性再分配的失业成本的周期性变化。此外，戴维斯(1987)还拿出了各种证据，支持部门间移动和再分配时机是总失业的重要决 31
定因素的思路；大井(1987)也提供了一些有用的报告和见解。这一思路究竟对实际周期模型的研究有多大意义，现在似乎还无法得出结论。

当人们对有关(a)技术冲击(b)工作时数相对于产出的可变性的文章投入相当大的注意力时，基德兰德-普雷斯科特结果的其他

一些重要方面却被忽略了。其中一例是模型中隐含的生产率和产出之间过强的相关性。被基德兰德和普雷斯科特(1982,P. 1366)注意到的与此相关的一个潜在重要问题是,生产率和产出在各种超前和滞后的时间关系上表现出的相关性。为说明这一问题,表1.3 把由基德兰德-普雷斯科特模型得出的这类相关关系,与有关的美国实际数据做了比较。显然,模型中隐含的模式与实际存在的情形有显著差别——在模型中生产率与过去的产出是正相关的,而在现实中它们是负相关的。由于实际模式更可能存在于产出和生产率的二维关系被外生(需求引致?)的产出运动和"劳动囤积"所主宰[37]的条件下,因此这一分歧几乎肯定会引起实际周期模型的支持者和批评者们的特别关注。

被主要的实际周期文献所忽略的另一重要问题是相对价格变量(包括实际工资和实际利率)的周期性行为。基德兰德和普雷斯科特(1982、1986)报告了他们的模型对实际利率的描述,但是没有针对美国数据提供相应的统计数据。出现这种遗漏的原因也许是:虽然事前实际利率也是相关的变量,但是只有事后值才是可直
32 接观察的。不过,汉密尔顿(1985)和米什金(1981)还是作了估计事前实际利率的努力。我们从观察他们的图表中得到的印象是,事前实际利率远不具有基德兰德-普雷斯科特模型所暗示的那种强顺周期性。[38]但是这一点还有待于数量分析的证实。

而对于实际工资,基德兰德和普雷斯科特既没有提供实际经济的结论也没有提供模型导出的结论。但是对于本质上属于科布-道格拉斯类型的生产函数来说,边际劳动产品将紧随平均劳动产品(即表1.1 至1.3 中出现的"生产率"变量)的波动而波动。包

表 1.3　t 时期的产出与表中所列时期的劳动生产率（两者都是偏离趋势的值）之间的相关关系

时期	美国数据	基德兰德-普雷斯科特模型
$t-2$	0.60	0.37
$t-1$	0.51	0.68
t	0.34	0.90
$t+1$	−0.04	0.59
$t+2$	−0.28	0.44

资料来源：基德兰德和普雷斯科特(1986)。

括比尔斯(1985)以及吉尔里和凯南(1982、1984)在内的很多研究者发现，实际工资与产出正相关。但是它们的同期相关度在这些研究中表现得相当小，远低于基德兰德-普雷斯科特模型和汉森模型所得出的 0.86—0.98 的数值。[39]

我们现在转向由其他的经验方法得到的相关证据。一些学者采用了相当不同于基德兰德-普雷斯科特以及汉森所使用的方法的计量经济学方法，研究了其假设与实际周期模型相容的一些不完整模型。其中最引人注目的是，有几篇论文使用总量时间序列观测值估计了类似(1.6)至(1.9)式的家庭最优化条件——不过，这些论文假定典型家庭面临着由市场决定的工资和利率，而不是操作着自己的生产设备。这一类研究中的突出的例子由拉斯·汉森和辛格尔顿(1982)，艾肯鲍姆、汉森和辛格尔顿(1986)，以及曼昆、罗腾博格和萨默斯(1985)提供。

由于这些研究的初衷是将模型应用在没有对生产部门详加说

明的环境中,因而不可能从中得到对基德兰德和普雷斯科特所强调的那类波动的说明。尽管如此,仍得到了某些与实际周期模型有关系的结论。特别是,这些模型的假设(包括理性预期假设)意味着某些变量应该和仪器变量(或“矩量法”)估计过程中涉及的复合“冲击”正交。这一正交性反过来又意味着在模型表述完备的假定下,汉森(1982)提出的某些检验统计量具有已知自由度的渐进 x^2 分布。于是,在该假定下不可能出现的计算值,将构成反对所考察的模型的正式证据。在艾肯鲍姆、汉森和辛格尔顿(1986)最
33 近所作的研究中,针对一个模型计算的 6 个这类统计量中,有 5 个是由类似(1.6)至(1.9)[40]的方程构成的,它们被拒绝的显著性水平低于 0.01。[41]此外,艾肯鲍姆、汉森和辛格尔顿报告说“主要参数的估计值显著不同于在多个研究中假设的数值”——这里是指基德兰德和普雷斯科特所做的研究。尽管这些证据显然不支持基德兰德-普雷斯科特模型,但是现在还不清楚,这些结果是否在一般的意义上对实际周期模型不利。

最后,必须提到由阿尔特戈(1985)所进行的雄心勃勃的研究,她得到了一个在构造上相当接近基德兰德和普雷斯科特(1982)模型的模型的极大相似估计。阿尔特戈并没有报告任何一个有关基德兰德-普雷斯科特参数值的检验统计量,但是从她的各种图表中得到的印象是,模型与数据的拟合并不很好。此外,阿尔特戈估计出来的模型所具有的一些性质,在多个方面与实际情形不符。比如,由模型导出的单个时间序列的谱的形状相当不同于对这些谱所作的无约束估计。

人们可以争辩说,由正式的计量经济学检验得到的结果对于

我们眼前的问题而言价值不大，这一问题即判断基德兰德-普雷斯科特(1982)类型的模型是否很好地拟合了实际数据。任何一个既易于操作又在理论上逻辑一致的模型，必定简单得不足以在所有方面都与数据很好匹配；因此，在能够得到一些季度观测值的情况下，这类模型将不可避免地在针对更一般模型的正式检验中在较低的显著性水平上遭到拒绝。上述观点作为一般性结论在我看来是很有道理的。但是尚不清楚，按照模型构造者的标准，表 1.1 至 1.3 涉及的特殊模型是否为数据提供了很好的匹配。模型的不足在一定程度上也许源于它目前的简单性，而不是源于实际周期理论在思路上的根本缺陷。今后有关实际周期理论的研究应该考虑到这一点。

1.3　其他问题

关于实际周期理论还有很多有争议的问题——既有理论本身的又有方法论的——可供我们讨论。其中较为重要的一些将在这一节得到讨论。

首先一个问题是有关社会最优性的。基德兰德和普雷斯科特 34
(1982、1986)模型以及汉森(1985)模型，从构造上就排除了外部性、税收、政府消费或者货币变量。此外，所有家庭都是相似的，并且每个家庭都有无限寿命。结果，这些特定模型中的竞争性均衡具有帕累托最优的性质。[42]这个结果传递给我们的一个信息是，不能仅仅因为存在周期性波动就得出干预主义政府政策合理的结论。但是另一方面，模型也没有提供任何理由使我们相信现实经济促成的解决办法是帕累托最优的。要推翻这种论断只需举一个例子,即在美国经济中,大约20%的总产出是由政府购买吸收的。因此,除非政府提供的服务是经过了精确选择反映个人偏好的,否则必定产生对帕累托最优性的一定偏离。此外,为这些政府购买提供资金的税收,很可能会带来扭曲性的分配效应。由于我们讨论的这些实际周期模型都没有考虑存在政府行为的事实,它们对这些问题全然没有发言权。

另一个被十分明显地忽略了的因素是货币。但是,正如艾肯鲍姆和辛格尔顿(1986)所指出的那样,如果据此认为实际周期模型在暗示货币是多余的,那也是不正确的。实际上,实际周期模型的倡导者们是否打算进一步发展如下的命题很值得怀疑,该命题即:即便不存在交易媒介——也就是说,即便所有交易都是通过原始的或复杂的物物交换来完成的,在美国(利用现有资本存量)生产出来的产量也不会减少。但是模型确实暗示,在相当接近实际的程度上,由政策引致的货币变量的波动对表1.1中列出的实际变量没有影响——至少对于美国在第二次世界大战后经历的波动规模而言情况是如此的。当然,实际周期模型的倡导者们并不否认在货币变量和实际变量之间存在相关关系,但是他们声称,这些关系反映的是货币系统对由技术冲击引起的波动的反应——按照金和普洛塞的说法(1984),这是所谓的"逆向因果关系"。

有点讽刺意味的是,逆向因果关系的论点竟然出现在从货币错觉类型的均衡周期模型中直接发展而来的一系列分析当中。对于卢卡斯在其创立这一类模型的论文(1972、1973)中试图解决的问题而言,首要的是构造一个包含了菲利普斯类型的货币到收入

的关系式的竞争性均衡模型——虽然，生活在模型经济中的是理 35
性经济人，即毫无货币幻觉和预期上的非理性的经济人。按照卢卡斯的说法，他在《经济理论》杂志上发表的论文意在为如下经济构造一个模型——“在该经济中，均衡价格和均衡数量显示出可能是现代经济周期的核心特征的性质：名义价格的变化率和实际产出水平之间存在系统的关系。”(卢卡斯，1972，P.103)[43]

于是，很有必要回顾一下均衡周期分析转化为货币冲击在其中不起重要作用的分析的过程。在这一过程中，既有理论上的也有经验上的重要发现。这里没有必要对前者再说什么，因为，对货币错觉模型的基本反对意见已广为人们所了解。[44]这里必须加以补充的是经验上的发现。

从时间上看，西姆斯(1980、1982)提供了第一个重要的经验发现。他表明，当一个名义利率变量也被包括在一个小型 VAR 系统中时，其中的货币存量变化便对产出波动没有什么解释力。[45]西姆斯对此的解释是，货币存量变化代表货币当局——即联储*——的意外政策行动，因此上述发现意味着货币政策行动的无效性。但是这一解释很容易遭到反驳。假设货币当局在逐季或逐月的基础上，通过操纵名义利率来实施它的政策。于是，名义利率变化将反映货币政策意外，而货币存量变化则代表困扰着货币需求、储蓄—投资、产出关系以及政策行为的一系列干扰的线性组合。在这种情形下，利率变化比货币存量变化更好地反映了货币政策意外。实际上，在整个战后时期(甚至在1979—1982年期间)

* 联储(Fed)即联邦储备委员会。——译者

美国货币政策确实是通过利率工具得到实施的。[46]因此,货币存量变化对产出运动或就业运动不能提供什么解释,根本不能说明货币政策是不重要的。[47]相反,利率变化在西姆斯的研究中所显示的巨大解释能力,恰恰说明了相反的情况。

此外,从模拟的角度看,假设的货币基础的运动精确地反映了美国货币政策行为是不正确的。虽然只要联储愿意它就可以将货币基础作为其操作的工具,但实际上联储从来不这样做。因此,把
36 货币基础当作联储工具的经验分析,犯了一个严重的假设性错误,我们在解释它们的结论时必须考虑到这一点。

牵涉到货币当局的运作过程的这些特殊难题,原则上可以得到部分回避——如果我们注意到:在包括了所有对经济人来讲重要的宏观经济变量的系统中,产出、就业和其他实际变量对所有名义变量(比如价格、利率以及货币总量)而言完全是外生的。于是,实际周期模型所具有的这一特点似乎可以被用做统计检验的基础:如果实际周期假设是正确的,那么产出、就业等变量不应该由任何名义变量引出格兰杰因果关系。[48]不幸的是,进一步的分析表明,在检验中出现从名义变量到实际变量的格兰杰因果关系,对于拒绝实际周期假说而言既不是必要的也不是充分的。之所以不是必要的,是因为一个卢卡斯类型的货币错觉模型——在该模型中,只有未预期的货币政策行为才能影响产出——也不意味着从名义变量到实际变量的格兰杰因果关系。[49]反之,发现这种因果关系对于拒绝实际周期假说而言也不是充分的——如果计量经济学家没有观察到对个体经济人来说重要的变量。正如利特曼和韦斯(1985)、金(1986)以及艾肯鲍姆和辛格尔顿(1986)所表明的,在

这类情形中，货币变量能够以一种对实际变量具有确定含义的方式对实际冲击做出反应，即使实际变量在包含着它们这些(实际上不可观测的)变量的更广大的系统中完全是外生的。

此外，我们尚不清楚，在可获得的数据中是否存在显著的名义变量到实际变量的格兰杰因果关系。一些研究报告了对非因果关系假设表示了强拒绝的检验统计量(参见吉尔里和凯南，1984，表2，或利特曼和韦斯，1985，表 VII 第 18 行)。但是艾肯鲍姆和辛格尔顿(1986)发现，当时间序列数据在事先经过了一阶差分(而不是去掉决定性趋势分量)的处理而呈现平稳状态时，名义变量到实际变量的因果关系倾向于变得不显著。可见，虽然近来有了很多研究，但它们的结论如此多样，以致我们不十分清楚关于因果关系的存在性究竟应该得出什么样的结论。[50]

一阶差分的话题很自然地使人联想起与此有关的由纳尔逊和普洛塞(1982)提出的一项研究，它近来受到了广泛关注。这一研究从假定货币冲击对产出(或就业)的趋势分量不产生影响出发，37
称在实际中产出波动是受趋势(而不是周期)运动主导的。它最后的结论是，产出运动起初必定是由实际的而不是货币的冲击引起的——这一观点显然与实际周期假说有联系。

纳尔逊和普洛塞的研究与数据的一阶差分有关，因为其产出波动由趋势主导的观点主要依赖对产出(以及其他变量)数据所作的分析——这些数据经一阶差分去掉了非平稳趋势分量。对大多数美国总量数据序列来说，经过差分留下的可供研究的变动性(或称“周期性”)，比去掉决定性趋势分量后留下的要少得多。

关于纳尔逊-普洛塞的研究思路，麦卡勒姆(1986)反对说，经验证据并不保证一阶差分作为使序列平稳化的方法是恰当的(或者去掉决定性趋势的方法是不恰当的)。如果有关的序列数据由ARMA 过程产生,并且其中的 AR 多项式有一个恰好等于 1.0 的根,那么使用一阶差分是恰当的。也就是说,如果变量 y_t 的过程可以表示为:

$$(1.27)\quad y_t = \frac{\theta(L)}{\Psi(L)}\varepsilon_t = \frac{\theta_0 + \theta_1 L + \cdots \theta_q L^q}{\Psi_0 + \Psi_1 L \cdots + \Psi_p L^p}\varepsilon_t,$$

其中的 ε_t 是白噪声变化;并且如果方程 $\Psi_0 + \Psi_1 z + \Psi_2 z^2 + \cdots \Psi_p z^p = 0$ 的解包括一个恰好等于 1.0 的根,那么差分将是必要的。但是纳尔逊-普洛塞的证据只是表明,不能在通常的显著水平上拒绝存在这样一个根的假设。而这样的检验结果与这个根接近而非恰好等于单位值的可能性也是完全相容的,它作为反对其他假说——比如真实值等于 0.98 或 0.96 的假说——的理由极为不充分。因此,变量的 ARMA 过程所具有形式,很可能使得抽掉决定性趋势完全是恰当的。

前述的对纳尔逊-普洛塞观点的反对意见,并不意味着它们认为产出(就业以及其他)序列能够确定地表现出趋势平稳性,而是说纳尔逊-普洛塞检验不足以支持他们自己的观点——数据序列的特性使得用差分方法获得平稳性成为必要。而没有了这一观点,纳尔逊-普洛塞的证据就不能为实际周期假说提供支持。[51]

38 这一节最后要提及的话题是有关经济周期和经济增长之间联系的。当然,在传统上,宏观经济分析是在这两种现象可以被分开来研究而不会带来严重错误的假设下进行的,因为据说,经济增长在本质上涉及的是资本积累和技术进步,而经济周期关注的是现有资本和劳动在多大程度上能够得到利用的问题。但是近来，人们越来越支持如下的观点，即如果确实像实际周期理论所假定的那样技术冲击是周期运动的主要驱动力量，那么两类现象可能只是同一基本过程的两种表现而已。

也许是部分地出于上述原因，普雷斯科特(1986，PP. 12—13)强调了同时解释增长和周期的有利之处。但实际上，基德兰德和普雷斯科特(1982、1986)的研究既没有在理论层次上也没有在经验层次上提供这样一种结合。因此，他们的理论模型涉及的是一个在总量和人均意义上都没有增长的经济。[52]基德兰德-普雷斯科特的经验研究涉及预先去掉数据序列中的趋势的步骤，这使得经济增长在周期研究开始之前就被抽象掉了。基德兰德-普雷斯科特做法的这后一方面遭到了辛格尔顿的批评(1986)，后者强调最大化行为意味着某种与不同变量的趋势或增长分量有关的约束。当这类约束被忽视时，参数估计将是无效的，并且会失去一些检验模型的机会。

目前这种将增长分析和周期分析结合起来的倡议，有可能是错误的或是过分的——这取决于技术进步在多大程度上可被恰当地看作是外生的。因为，如果技术进步是外生的，那么即使实际周期观点正确，在增长规模和周期波动规模之间也不会存在什么必然联系，因为它们取决于技术进步过程的两个不同方面。具体说，如果 z_t 的随机过程是 $\log z_t = \gamma_0 + \gamma_1 t + \gamma_2 \log z_{t-1} + \varepsilon_t$(其中 $|\gamma_2| < 1$)，那么增长将取决于 γ_1，而周期特性将与独立参数 σ_ε^2 有关；[53]如果 $\gamma_1 = 0$，那么在该系统中将只有周期运动而没有增长。[54]在这种情况下，基德兰德-普雷斯科特的做法——与人们的批评相

反——基本上是恰当的。

另一方面，增长可能并非来自外生的技术进步，而是来自内生
39 的驱动力。不久之前，金和里贝罗(1986)沿着罗默(1986)提供的某些思路，开始了对如下论点的考察，即：增长可能是人力资本积累这一内在决定因素的产物。在金、普洛塞和里贝罗(1987)描述的特例中，经济的人均稳定增长率取决于人力资本对实物资本的比率，以及投入到人力资本形成和维持当中的资源比例，它们都是内生地决定的。在这一模型中，没有类似前面的 γ_1 的参数——这类参数的一个特殊取值能够在不影响到周期特性的条件下暗示零增长。因此，增长和周期之间的联系更为密切。

某些形式的内生增长模型，其构造方式可能使读者以为稳定状态增长——它是相对增长率不断上升的增长和增长率不断下降的增长而言的——只会出现在人力资本的生产函数具有极为特殊的形式的情形下。但是，金、普洛塞和里贝罗(1987)表明。这些模型所要求的条件与标准的竞争性增长模型所要求的基本相似：稳定增长要求规模收益不变的生产函数、提高生产率的技术进步和某种类型的效用函数。稳定增长所要求的这些条件适用范围相当广，因此基于这一点的批评是站不住脚的。

金、普洛塞和里贝罗(1987)的讨论表明，内生增长理论能够解释自回归单位根出现在资本存量以及其他实际变量的单变量时间序列过程中的问题。但是，虽然他们的分析在这一方面是有希望的，它却也明白表示：当生产函数恰好为一阶齐次时，根会精确地等于单位值。很多学者视规模收益不变为一个恰当的近似，但是它对自回归根而言仅仅意味着能够取到接近于单位值的值。

1.4　结束语

实际周期分析成为一个独立的研究领域还只是近几年的事情。因此，要从中得出任何可靠的结论可能为时尚早。但是我们可以对上述论点作个总结，并试着给出一些评论。当然，后者应被看作是初步性的并更多地具有预言性质的意见，而不应被当作是最终结论。

我们从以上的讨论中看到，一般地，如果在一个竞争性市场经
济模型中，一个总体性技术冲击影响由资本和劳动投入生产出来 40
的产量，那么该模型经济将在人均消费、投资和总产出上经历波动。在对偏好和技术作了**最实用**的假设以后，就业量也将波动，而且投资的可变性将超过消费的可变性。如果技术冲击过程是强自回归的——即接近一个随机走动——那么模型的数量变量也将是强自回归的；而这些变量之间的同期相关关系，将在好几个方面十分接近美国经济战后的季度数据在抽掉趋势以后呈现的情况。此外，如果技术冲击的标准差是其均值的3%左右——其中的1%左右是属于这一冲击的意外分量的——那么该模型的产出波动规模将与第二次世界大战后实际国民生产总值的季度值相符，而模型对其他主要变量的可变性也有比较恰当的描述。

当然，在有些方面模型的随机特性与实际数据也不十分相符。比如，劳动时间内的产出和生产率之间的相关关系，在模型中比在实际中要高得多；而生产率和滞后产出之间的相关关系，更是与实际严重不符。但是这类分歧也可能仅仅源于模型的简单性，而不

是源于实际周期方法的任何根本性缺陷。关于这一点，在出现能够令人信服地分辨出波动根源的研究以前，态度严谨的学者们可能保持截然相反的观点。实际周期分析中的一处重要空白，是对假想的总量冲击变量的性质所作的清楚而令人信服的说明。如果这个冲击变量实际上代表模型省略掉的可观测变量——比如，财政政策和/或进口价格——那么由模型得到的解释和结论将相当不同于在假设冲击具有严格的技术性质的情况下得到的那些结论。

而对于货币政策的不规则性(至少在第二次世界大战后时期)是一个不重要的产出波动来源的观点，目前要得出任何确定的结论为时尚早。实际周期的支持者们指出了有利于这一假说的经验证据，但是在迄今提出的证据中存在严重问题。

看起来确实无可争议的一点是，实际周期文献提供了大量的具有革新意义和建设性的技术发展，它们将对宏观经济分析产生持久而有益的影响。特别是，基德兰德和普雷斯科特的例子
41 (1982)为建立可以被用来进行定量宏观经济分析的具有最优化经济人的动态均衡模型提供了一条思路。应该强调的是，这里使用的模型并不要求人们假定经济的运行是社会最优的。此外，实际周期文献激发了人们对几个纯方法论问题的兴趣，包括探索非线性一般均衡模型的动态性质以及抽掉时间序列数据的趋势的不同方法。有关格兰杰因果检验的现实可靠性问题，也因实际周期分析引起的争论受到了关注。

从实质性的方面看，实际周期研究也给了我们一个有益的提示：在现实经济中观察到的相当一部分产出和就业的波动，可能是由各种不可避免的冲击——即并非由变化无常的货币政策或财政政策制定者们造成的冲击——引起的。因此，如今不会有太多的学者赞成所有或大多数战后美国产出波动可归因于公开市场委员会的行动的观点。至于是不是有相当一部分可归于此类，则仍然是一个令人感兴趣而重要的话题。

致　谢

我谨向马丁·艾肯鲍姆、马文·古德弗兰德、罗伯特·金、芬恩·基德兰德、阿伦·梅尔策、肯尼斯·辛格尔顿表示感谢，与他们的讨论使我受益匪浅。此外，我还从罗彻斯特的实际周期理论十人研究小组和下述个人提供的大量评论中获益，他们是：罗伯特·巴罗、威廉·布洛克、拉里·克利斯蒂亚诺、约翰·凯南以及爱德华·普雷斯科特。部分研究资金由国家科学基金提供。

注　释

〔1〕 下面是有关其他一些值得注意的论文的不完整清单：布莱克(1982)、基德兰德和普雷斯科特(1980、1986)、基德兰德(1984)、金(1986)，金、普洛塞和里贝罗(1987)，金、普洛塞、斯托克和沃森(1987)，汉森(1985)以及普雷斯科特(1986)。

〔2〕 迄今为止的批评性文章包括：费希尔(1987)、麦卡勒姆(1986)以及萨默斯(1986)。此外，基本赞同但存有疑问的探讨性文章包括：巴罗(1986)、艾肯鲍姆和辛格尔顿(1986)、多特西和金(1987)、卢卡斯(1987)以及曼丘夫(1986)。真野惠里(1986)提出了普雷斯科特-萨默斯交换的原则，而拉什(1987)和沃尔什(1986)则提供了解释性文章。

〔3〕 显然，实际冲击原则上也与个人偏好有关，但这些文献实际只强调 42

了技术冲击。

〔4〕 这里的均衡是灵活价格均衡这一更准确的术语的简略说法。麦卡勒姆(1982)认为,不存在妨碍均衡模型容纳缓慢的价格调整的根本原因。

〔5〕 金和普洛塞(1984,P. 363)在提到"另一种假说"时曾表示"我们有很正当的理由对现行的宏观经济理论表示不满意"。从中我们可以看出,实际周期分析的一些传导者们有意提出这样一个挑战。

〔6〕 这一方面的一个基本参考文献是布罗克和米尔曼(1972)的文章,该论文在一个相关的随机增长模型中对社会计划者问题作了正式分析。布罗克(1972)指出,数学工具经重新解释可以构造出一个关于拥有大量相似家庭的竞争性经济的描述性模型。经重新解释的布罗克-米尔曼模型与我们这里使用的模型之间的唯一重要区别是前者对闲暇的否认——这一区别对于证明的设计而言丝毫不重要——以及前者的序列独立技术冲击假设。唐纳森和梅拉(1983)去掉了这后一限制。

〔7〕 我们也可以作另外一种假设,即存在一个单期的债券市场而不是资本服务市场。假设在 t 时期以 $1/(1+r_t)$ 的价格购进的一单位债券意味着对 $t+1$ 时期一单位产品的债权。于是家庭在 t 时期在债券上的净支出可被记为 $(1+r_t)^{-1}b_{t+1}-b_t$,其中的 b_{t+1} 是在 t 时期购买的证券数量。价格 $(1+r_t)^{-1}$ 将由隐含在所有家庭的相似性之中的市场出清条件 $b_{t+1}=0$ 决定。c_t、n_t 和 k_{t+1} 的均衡值将恰好等于由(1.3)式描述的市场结构得出的值。

〔8〕 显然,(1.3)式中的等式应该被更严格地写为不等式"≤"。但是我们所做的假设可以使等式成立。我们在随后的讨论中也将广泛使用这一类表述上的简略形式。

〔9〕 如果忽略这一模型有关可变闲暇的部分,那么在布罗克(1982)以及唐纳森和梅拉(1983)的论文中可以找到证明。

〔10〕 由于 λ_{t+j} 是在 $t+j$ 时期获得的一单位资本的效用价值,所以 $\beta^{j-1}\lambda_{t+j}k_{t+j+1}$ 是家庭在 $t+j$ 时期末持有的资本在 t 时期的现值。条件(1.5)的作用是排除家庭永久性地以一个过分的速率积累资本的可能性——(1.4)中的任何条件都没能排除这一点。

〔11〕 关于这一点,参见布罗克(1982)。

〔12〕 有些读者反对我们这里描述最优分析的方式,认为应该用很多重

要的实际周期论文都使用了的帕累托最优和竞争性均衡之间的等价性描述最优分析。而我是有意地选择以该种方式进行分析的，为的是避免以过分受到限制的方式刻画实际周期分析。帕累托最优这一只能应用于经济问题的 43
方法其使用价值相当有限，不过，对实际周期模型而言却并不如此。后面这一观点金、普洛塞和里贝罗(1987)作了说明。

〔13〕　更完备的讨论见卢卡斯(1987)。严格地讲，我们的叙述假定利率被限制在状态变量的极小集中，这一限制排除了“泡影”。但由于在我们当前的模型中任何泡影路径都与横截性条件(1.5)不一致，所以这一限制并不重要。

〔14〕　其中包括朗和普洛塞(1985)。

〔15〕　就在最近，赫尔科威茨和桑普森(1986)提出了另一种特殊情形，它不要求完全折旧但仍然可以产生出刻画了可变就业量的显式对数线性解。这些有吸引力的性质的获得是以采用我们不熟悉的效用函数和折旧函数形式为代价的。具体说，单期效用函数为 $u(c_t, 1-n_t)=\log(c_t-an_t^{\gamma})$，其中，$a>0, \gamma>1$。这一形式使得消费和闲暇之间的边际替代率独立于 c_t。现在，忽略赫尔科威茨和桑普森强调的涉及人力资本的情形的复杂性，令技术仍然如(1.15)式那样为 $y_t=z_t n_t^{\alpha} k_t^{1-\alpha}$，并且保留通常的总投资概念：$i_t=y_t-c_t$。至于折旧，假设 $k_{t+1}=k_t^{1-\delta} i_t^{\phi}$，其中，$\phi>0$ 并且 $1>\delta>0$。我们既可以像卢卡斯和普雷斯科特(1971)那样，认为这一对数线性表达式因存在调整成本而不同于普通的线性形式，也可以认为它是出于分析上的方便而使用的一种近似形式。不管怎样，根据这一形式，模型产生出了如下形式的解：$c_t=\phi_{11} z_t^{\phi 12} k_t^{\phi 13}$，$n_t=\phi_{21} z_t^{\phi 22}, k_t^{\phi 23}, k_{t+1}=\phi_{31} z_t^{\phi 32} k_t^{\phi 33}$。

〔16〕　显然，影子价格 λ_t 服从 $\lambda_t=\theta[1-(1-\alpha)\beta]^{-1} n^{-\alpha} z_t^{-1} k_t^{\alpha-1}$。

〔17〕　使用抽掉长期趋势的数据是否合适这一个重要问题将在 1.3 节得到简单讨论。

〔18〕　这一点对产出成立是我们早已知道的。对消费来讲，关系式是：$\log c_t=0.06+1.21 \quad \log c_{t-1}-0.24 \quad \log c_{t-1}+0.00024t, \sigma=0.07, DW=2.08$。

〔19〕　在这些模型中，正的需求冲击导致高产出，因为它们对应的低实际工资促成了高就业。

〔20〕 要获得这一结论，请注意在 $\delta=1$ 时，t 期内的投资与 k_{t+1} 完全相等。再回忆一下，k_t 和 c_t 的随机过程具有相同的自回归分量，并具有相同的驱动变量 ε_t。

〔21〕 更准确地说，这一结论的证实不能不求助于某种逼近过程。金、普洛塞和里贝罗(1987)利用这样一种过程表明，在没有劳动—闲暇决策的模型中，消费的变动性大于投资的变动性。

〔22〕 用来衡量各种序列的趋势分量的平滑方法多少有些不标准。如
44 果 x_t 是要被平滑的变量，而 s_t 是平滑以后的 t 时期值，那么该方法要求将 $T^{-1}\sum_{t=1}^{T}(x_t-s_t)^2$ 和 $\mu T^{-1}\sum_{t=2}^{T}[(s_{t+1}-s_t)-(s_t-s_{t-1})]^2$ 最小化，其中的 μ 是一个权重因子，代表所希望的平滑程度。这种抽掉趋势的特殊方法的使用迄今没有引来太多的讨论或批评，但是金、普洛塞和里贝罗(1987)对材料的考察显示，交叉变量相关关系可能对该方法很敏感。涉及(任何一种)抽掉趋势的方法的一些问题将在 1.3 节得到简单讨论。

〔23〕 汉森使用的参数值是 $\theta=0.33$、$\alpha=0.64$、$\beta=0.99$ 和 $\delta=0.025$。此外，对于 ρ 的对应值是 0.95。之所以说"ρ 的对应值"而不说 ρ 值本身，是因为汉森的假设(与基德兰德和普雷斯科特的假设一样)采取了 $z_t=0.95z_{t-1}+\zeta_t$ 的形式(ζ_t 具有对数正态分布)而不是 $z_t=\rho\log z_{t-1}+\varepsilon_t$ 的形式。

〔24〕 由于模型对于变量的对数而言不是线性的，这一放大严格地讲是不合理的。技术冲击方差的增大，将只在一个很小的程度上改变相对标准差。但我认为，在眼下这一问题中这种效应是可以忽略的。

〔25〕 但是，序列相关的性质是有可能被加强的。汉森(1985)没有报告有关这一方面情况的统计数据。

〔26〕 正如汉森(1985)所强调，他的模型是建立在罗杰森(1985)最早发展的理论分析基础之上的。

〔27〕 这一规模(由于被忽略的非线性)仍只是近似值。正确的说法是：在汉森的模拟中，当两个模型都使用了相同的 z_t 方差时，由基本模型得出的产出可变性只是不可分劳动模型的 0.134/0.176=0.767 倍。

〔28〕 正如我们在前面提到的，其他典型数值是 $\beta=0.99$ 和 $\delta=0.025$(季度数据)。当然，对于这些数值的大小还可以进行争论。特别是，萨默斯(1986)对基德兰德-普雷斯科特-汉森所选的 β(该值意味着稳定状态的实际

收益率为每年4%)以及 θ(它意味着典型家庭几乎把1/3的时间花在就业上)提出了疑问。萨默斯注意到，θ 的实际值接近1/6，这是从艾肯鲍姆、汉森和辛格尔顿(1986)获得的估计中得出的。

〔29〕 克利斯蒂亚诺(1987a，P.341)提到了这一类敏感性。金、普洛塞和里贝罗(1987)提到了有关的一些事实。

〔30〕 提到了这一问题的人中有巴罗(1986)、卢卡斯(1987)和萨默斯(1986)。

〔31〕 因此这一估计假设 $\rho=1$。虽然该值与基德兰德和普雷斯科特(1982、1986)所使用的0.95不一致，但是这一点对于目前的问题(即估计 ε_t 的方差)来说可能影响不大。普雷斯科特的步骤涉及一个加权的人-时序列，并且施加了 $\alpha=0.75$ 的限制。

〔32〕 实际上，此处的这一数字是利用注〔27〕描述的方法从汉森报告的 45
产出波动水平中推得的。

〔33〕 由于没有考虑逐季度的动态，该方法把本来可以被恰当地归于这一动态来源的波动(如果调整成本假说是对的)，都算在了剩余中。也可以认为，这一问题涉及的是对(动态)生产-就业关系的错误定义，而不是测量误差。对相关滞后变量的省略只是有可能(而非一定)造成对冲击方差的过高估计，因为这一方法将要素份额当作参数，而不是将后者从一个被设计来产生出 Δz_t 的残差的回归方程中估计出来。

〔34〕 确切地讲，这一计算与生产率变化的平均水平有关，而不是与其方差有关。

〔35〕 朗和普洛塞(1983)引出了关于多部门实际周期框架的一个令人感兴趣的讨论。从他们的图3中看来，总量波动可能会显得小于单个部门波动，但是有关这一特定问题的统计数字并没有包括在其中。当然，如果包括进更多部门(朗和普洛塞的例子只包括了6个)，部门波动和总量波动之间的差距还会拉大。

〔36〕 进口原材料价格的上涨，将导致它们的使用量相对于国内要素有所下降。这将减少由任何既定的国内要素使用量中生产出来的产量，也就是说，这将使刻画着产出和国内要素之间关系的生产曲线向下移动。

〔37〕 萨默斯(1986)提到了劳动囤积的问题。我对这一术语的理解是：

雇用和解雇成本的存在，使得厂商比在没有这种成本的情况下更缓慢地调整它们的劳动力。为说明滞后关系很容易表现出所称的模式，考虑下述情形：假设 $y_t = by_{t-1} + e_t$，并且 $n_t = \alpha y_t + (1-\alpha)y_{t-1}$，其中，$y_t$ 和 n_t 代表产出和工作时数的对数，那么生产率的对数是 $x_t = y_t - n_t$。于是很容易表明，当 $Ey_tx_{t-1}>0$，并且 $Ey_tx_t>0$ 时，$Ey_tx_{t+1}<0$。夏皮罗(1987)最近做了一个令人感兴趣的尝试，试图识别究竟是供给冲击假说正确还是劳动囤积假说正确。他的结果对前者表示了支持。夏皮罗得出的一些结果与其他的工资-生产率研究明显不一致，这可能与他使用了年度数据有关。

〔38〕 由基德兰德-普雷斯科特模型得出的类似表 1.3 的与产出有关的相关系数是：0.46、0.68、0.84、0.56、0.42。

〔39〕 例如在吉尔里和凯南(1984)的研究中，美国的相关系数是 0.20。

〔40〕 由于这一模型允许当前效用受到闲暇时间的滞后分布的影响，所以它的限制性小于(1.6)至(1.9)式的模型。

〔41〕 艾肯鲍姆、汉森和辛格尔顿(1986)提出证据表明，模型受到拒绝主要是因为它不能满足单期内最优性条件，而不是因为它不能满足跨时最优性条件。

46 〔42〕 实际上，在这些论文中，竞争性均衡是通过求解一个假想的社会计划者的帕累托最优问题得到的。

〔43〕 从文中可知，显然，卢卡斯假设了从货币到收入的因果关系。

〔44〕 该反对意见即：在实际经济中，有关货币总量的信息非常容易得到，以致很难把现实与卢卡斯-巴罗模型中经济人不能得知当期货币量的关键假设统一起来。在由反对意见构成的文献中，金(1981)指出了关键的一点，即上述问题不能用对“真实”总量数据的测量误差来回避。

〔45〕 这一结论有关战后美国(季度和月度)数据。

〔46〕 对 1979—1982 年间情形的有关讨论见麦卡勒姆(1985)。

〔47〕 对这一问题的详细讨论，见麦卡勒姆(1986)以及该文的参考文献。

〔48〕 x_t 完全的外生性当然意味着 x_t 不能由任何不包含在向量 x 中的变量引出格兰杰因果关系。

〔49〕 见萨金特(1976)以及《政治经济学》杂志 1979 年 4 月号上对这篇

论文的评论。

〔50〕　克利斯蒂亚诺(1987b)提供的一些模拟结果(并非十分肯定地)提示我们,对于这一特殊问题,由未差分的数据得到的结果可能更可靠。另一方面,人们可能注意到,只有很小一部分的推动产出运动的确定力量可以归到名义变量名下——即使在那些对非因果关系假说表示了强拒绝的研究中也是如此。大部分的解释力存在于产出本身以往的运动中。但是,这一类发现如此经常地出现在对其他完全不相干的问题所做的格兰杰因果关系检验中,以致我们不得不怀疑基本方法本身在某些方面——也许涉及测量误差——存在着至今未得到正式讨论的严重缺陷。

〔51〕　科克雷恩(1986)、沃森(1986)和埃文斯(1986)最近所作的一些令人感兴趣的研究,对前述论点提供了某些支持。相反的一种观点则出现于坎贝尔和曼丘夫(1986)引人注目的论文中。

〔52〕　当然,外生的技术进步可以被加入到模型中,但这一做法算不上一个大的结合。

〔53〕　这一事实并不因增长规模和周期波动规模都依赖 γ_2 而受到损害。

〔54〕　如果 $\log z_t$ 过程是一个带有位移的随机走动,那么"周期"的定义将成问题。但是,说零位移意味着留有波动余地的零增长,则仍然是有道理的。

参考文献

Abraham, K. G., and L. F. Katz. 1986. Cyclical Unemployment: Sectoral Shifts or Aggregate Disturbances? *Journal of Political Economy* 94 (November): 507 – 522.

Altug, S. G. 1 985. Essays in the Equilibrium Approach to Aggregate Fluctua- 47
tions and Asset Pricing. Unpublished doctoral dissertation, Carnegie Mellon University.

Barro, R. J. 1976. Rational Expectations and the Role of Monetary Policy. *Journal of Monetary Economics* 2 (January): 1 – 32.

——1981. The Equilibrium Approach to Business Cycles. In *Money, Expec-*

tations, and Business Cycles. New York: Academic Press.

——1986. Comments. *NBER Macroeconomics Annual* 1986. Cambridge, Massachusetts: MIT Press.

Bils, M. J. 1985. Real Wages over the Business Cycle: Evidence from Panel Data. *Journal of Political Economy* 93(August): 666 – 689.

Black, F. 1982. General Equilibrium and Business Cycles. Working paper 950, National Bureau of Economic Research.

Brock, W. A. 1974. Comments. *In* M. D. Intriligator and D. A. Kendrick (eds.), *Frontiers of Quantitative Economics*, Vol. II. Amsterdam: North-Holland.

——1982. Asset Prices in a Production Economy. *In* J. J. McCall (ed.), *The Economics of Information and Uncertainty*. Chicago: The University of Chicago Press.

Brock, W. A., and L. J. Mirman. 1972. Optimal Economic Growth and Uncertainty: The Discounted Case. *Journal of Economic Theory* 4: 479 – 515.

Campbell, J. Y., and N. G. Mankiw. 1986. Are Output Fluctuations Transitory? Working paper 1916, National Bureau of Economic Research.

Christiano, L. J. 1987a. Is Consumption Insufficiently Sensitive to Innovations in Income? *American Economic Review* 77(May): 337 – 341.

——1987b. Money Does Granger-Cause Output in the Bivariate Output-Money Relation, Working paper, Federal Reserve Bank of Minneapolis.

Cochrane, J. H. 1986. How Big Is the Random Walk in GNP? Working paper, University of Chicago.

Davis, S. J. 1987. Fluctuations in the Pace of Labor Reallocation. *Garnegie-Rochester Conference Series on Public Policy* 27: 335 – 402.

Donaldson, J. B., and R. Mehra. 1983 Stochastic Growth with Correlated Production Shocks. *Journal of Economic Theory* 29: 282 – 312.

Dotsey, M., and R. G. King. 1987. Business Cycles. *The New Palgrave: A Dictionary of Economits*. New York: Stockton Press.

Eichenbaum, M. S., L. P. Hansen, and K. J. Singleton. 1981. A Time Series

Analysis of Representative Agent Models of Consumption and Leisure Choice under Uncertdinty. Working paper 1981, National Bureau of Economic Research.

Eichenbaum, M. , and K. J. Singleton. 1986. Do Equilibrium Real Business Cycle Theories Explain Postwar U. S. Business Cycles? *NBER Macroeconomics Annual* 1986. Cambridge, Massachusetts: MIT Press.

Evans. G. W. 1986. Output and Unemployment Dynamics in the United States: 1950 – 1985. Working paper, Stanford University.

Fischer, S. 1987. New Classical Macroeconomics. *The New Palgrave: A Dictionary of Economics*. New York: Stockton Press.

Geary, P. T. , and J. Kennan. 1982. The Employment-Real Wage Relationship: 48
An International Study. *Journal of Political Economy* 90(August): 854 – 871.

——1984. Intertemporal Substitution and the Phillips Curve: International Evidence. Working paper 84 – 35. University of Iowa.

Hansen, G. D. 1985. Indivisible Labor and the Business Cycle. *Journal of Monetary Economics* 16(November): 309 – 327.

Hansen, L. P. 1982. Large Sample Properties of Generalized Method of Moments Estimators. *Econometrica* 50(July): 1029 – 1054.

Hansen, L. P. , and K. J. Singleton. 1982. Generalized Instrumental Variables Estimation of Nonlinear Rational Expectations Models. *Econometrica* 50 (September): 1269 – 1286.

Hamilton, J. D. 1983. Oil and the Macroeconomy since World War II. *Journal of Political Economy* 91(April): 228 – 248.

——1985. Uncovering Financial Markel Expectations of Inflation. *Journal of Political Economy* 93(December): 1224 – 1241.

Hercowitz, Z. , and M. Sampson. 1986. Growth and Emplovment Fluctuations. Working paper.

Hodrick, R. J. , and E. C. Prescott. 1980. Post-War U. S. Business Cycles: An Empirical Investigation. Working paper, Carnegie Mellon University.

Jorgenson, D. W., and Z. Griliches. 1967. The Explanation of Productivity Change. *Review of Economic Studies* 34(April): 249 – 283.

King, R. G. 1981. Monetary Information and Monetary Neutrality. *Journal of Monetary Economics* 7(March): 195 – 206.

——1986. Money and Business Cycles: Comments on Bernanke and Related Literature. *Carnegie-Rochester Conferencc Series on Public Policy* 25: 101 – 116.

King, R. G., and C. I. Plosser. 1984. Money, Credit, and Prices in a Real Business Cycle. *American Economic Review* 74(June): 363 – 380.

King, R. G., C. I. Plosser, and S. T. Rebelo. 1987. Production, Growth, and Business Cycles. Working paper, University of Rochester.

King, R., C. Plosser, J. Stock, and M. Watson, 1987. Stochastic Trends and Economic Fluctuations. Working paper 2229, National Bureau of Economic Research.

King, R. G., and S. T. Rebelo. 1986. Business Cycles with Endogenous Growth. Working paper, University of Rochester.

Kydland, F. E. 1984. Labor Force Heterogeneity and the Business Cycle. *Carnegie-Rochester Conference Series on Public Policy* 21 (Autumn): 173 – 208.

Kydland, F. E., and E. C. Prescott. 1980. A Competitive Theory of Fluctuations and the Feasibility and Desirability of Stabilization Policy. *In* S. Fischer (ed.), *Rational Expectations and Economic Policy*. Chicago: The University of Chicago Press.

——1982. Time to Build and Aggregate Fluctuations. *Econometrica* 50 (November): 1345 – 1370.

——1986. The Workweek of Capital and Its Cyclical Implications. Working paper, Federal Reserve Bank of Minneapolis.

49 Lilien, D. M, 1982. Sectoral Shifts and Cyclical Unemployment. *Journal of Political Economy* 90(August): 777 – 793.

Litterman, R. B., and L. Weiss. 1985. Money, Real Interest Rates, and Output:A Reinterpretation of Postwar U. S. Data. *Econometrica* 53(January):129 − 156.

Long. J. B. ,and C. I. Plosser. 1983. Real Business Cycles. *Journal of Political Economy* 91(February):39 − 69.

Loungani,P. 1986. Oil Price Shocks and the Dispersion Hypothesis. *Review of Economics and Statistics* 68(August):536 − 539.

Lucas,R. E. ,Jr. 1972. Expectations and the Neutrality of Money. *Journal of Economic Theory* 4(April):103 − 124.

——1973. Some International Evidence on Output-Inflation Tradeoffs. *American Economic Review* 63(June):326 − 334.

——1975. An Equilibrium Model of the Business Cycle. *Journal of Political Economy* 83(December):1113 − 1144.

——1987. *Models of Business Cycles*. Oxford:Basil Blackwell.

Lucas,R. E,,Jr. , and E. C. Prescott. 1971. Investment under Uncertainty. *Econometrica* 39(September):659 − 682.

Mankiw. N. G. 1986. Comments. *NBER Macroeconomics Annual 1986*. Cambridge,Massachusetts:MIT Press.

Mankiw,N. G. , J. J. Rotemberg, and L. H. Summers. 1985. Intertemporal Substitution in Macroeconomics. *Quarterly Journal of Economics* 100(February):225 − 251.

Manuelli,R. E. 1986. Modern Business Cycle Analysis:A Guide to the Prescott-Summers Debate. Federal Reserve Bank of Minneapolis *Quarterly Review* 10(Fall):3 − 8.

McCallum,B. T. 1982. Macroeconomics after a Decade of Rational Expectations:Some Critical Issues. Federal Reserve Bank of Richmond *Economic Review* 68:3 − 12.

——1985. On Consequences and Criticisms of Monetary Targeting. *Journal of Money,Credit,and Banking* 17(November,Part 2):570 − 597.

——1986. On'Real'and'Sticky Price'Theories of the Business Cycle. *Journal of Money,Credit,and Banking* 18(November):397 − 414.

Mishkin, F. S. 1981. The Real Intcrest Rate: An Empirical Investigation. *Carnegie-Rochester Conference Series on Public Policy* 15 (Autumn): 151 – 200.

Nelson, C. R., and C. I. Plosser. 1982. Trends and Random Walks in Macroeconomic Time Series. *Journal of Monetary Economics* 10(September): 139 – 162.

Oi, W. Y. 1987. Comment on the Relation between Unemployment and Sectoral Shifts. *Carnegie-Rochester Conference Series on Public Policy* 27 (Autumn): 403 – 420.

Prescott, E. C. 1986. Theory Ahead of Business Cycle Measurement. *CarnegieRochester Conference Series on Public Policy* 25(Autumn): 11 – 44.

Rogerson, R. D. 1985. Indivisible Labor, Lotteries, and Equilibrium. Working paper, University of Rochester.

50 Romer, P. M. 1986. Increasing Returns and Long-Run Growth. *Journal of Political Economy* 94(October): 1002 – 1037.

Rush, M. 1987. Real Business Cycles. Federal Reserve Bank of Kansas Citv *Economic Review* 72(February): 20 – 32.

Sargent, T. J. 1976. The Observational Equivalence of Natural and Unnatural Rate Theories of Macroeconomics. *Journal of Political Economy* 84 (August): 631 – 640.

Shapiro, M. D. 1987. Are Cyclical Fluctuations in Productivity Due More to Supply Shocks or Demand Shocks? Working paper 2147. National Bureau of Economic Research.

Sims, C. A. 1980. Comparison of Interwar and Postwar Business Cycles: Monetarism Reconsidered. *American Economic Review* 70(May): 250 – 257.

——1982. Policy Analysis with Econometric Models. *Brookings Papers on Economic Activity*, No. 1: 107 – 152.

Singleton, K. J. 1986. Econometric Issues in the Analysis of Equilibrium Business Cycle Models. Working paper, Carnegie Mellon University.

Solow, R. M. 1957. Technical Change and the Aggregate Production Function.

Review of Economics and Statistics 39(May):312 – 320.

Summers, L. H. 1986. Some Skeptical Observations on Real Business Cycle Theory. Federal Reserve Bank of Minneapolis *Quarterly Review* 10 (Fall):23 – 27.

Walsh, C. E. 1986. New Views of the Business Cycle: Has the Past Empbasis on Money Been Misplaced? Federal Reserve Bank of Philadelphia *Business Review*(January-February):3 – 13.

Watson, M. W. 1986. Univariate Detrending Methods with Stochastic Trends. *Journal of Monetary Economics* 18 (July):49 – 75.

51 第二章　长期增长理论中的资本积累

保罗·M.罗默

经过十多年的沉寂，增长理论可能正在再次进入一个活跃时期。到 20 世纪 60 年代末，人们对增长理论的基本问题达成了广泛一致，并且这一理论构成了增长核算中大量经验研究的基础。不过，这种一致状态的达成是以缩小增长理论试图解决的问题的范围为代价的。从古典经济学家的角度看，两个最令人感兴趣的增长问题在当时被搁置在了一边。如何才能将人均收入的非凡而持续的增长与收入递减的论点统一起来？是什么决定了人口的增长率？——现在，人们的注意力再次转向了这些问题。

对这些令人头疼的问题，60 年代达成的一致意见是给每个问题指派一个外生的、指数趋势项。如此一来，有关经济的其他方面的分析就可以进行下去了。从一个实用的角度看，将内生人均收入增长和内生人口增长问题作上述处理是很有用的。人们在理解动态模型方面之所以取得了重要理论进展，正是因为有关增长的最复杂的问题被撇在了一边。但同时，由于增长理论忽略了根本性问题，并把注意力放在了抽象化和形式化方面，它越来越被看作是一种枯燥的练习。从政策建议的角度看，增长理论没什么可提供的。在具有外生技术变化和外生人口增长的模型中，不管政府做了什么，都没有实质性影响。部分地为打破这种状况，发展理论脱离了出来，成了一个独立的研究领域，目的在于提供增长理论不能提供的直接的政策建议。

对于增长理论陷入的坏名声具有讽刺意味的是，很多经济学 52
家忽略了理论的自我参考性质。像任何其他学科一样，经济学由两个部门构成。从其中一个部门生产出来的经济学最终产品，乃是对非经济学家们关心的问题的正确答案。而从另一个投资部门生产出来的智力资本，是对最终产品部门的关键性投入。发展理论在绝大程度上采用了 20 世纪 60 年代最优秀的智力资本，并且自那以来不断据此生产出政策建议。相比之下，增长理论放弃了对一个政策制定者可能关心的问题说点什么的任何企图，而致力于智力资本的积累。

这一资本积累如今表现出将产生重大回报的迹象。本章讨论的主要论点之一就是：增长理论迄今所作的实质性贡献相当小，但是其方法论的影响是深远和带有根本性的。方法论的进展在宏观经济学中发挥了它们最大的影响，我们完全可以说它们使惯常做法发生了革命性变化。我们这里只举一个来自本书其他章节的例子——在 1970—1980 年间，有关总消费理论的讨论，从不宜提到欧拉方程的状态，转到了没有欧拉方程就无法将讨论进行下去的状态。方法论的这种影响本身值得我们长期关注这一领域的发展，但现在很可能是转向增长理论的一个特别适宜的时期。本章要阐明的第二个论点是：工具已经被发展到了这样一个地步，以致增长理论将要对增长问题发表一些有意思的见解了。

在所有与增长有关的政策问题中，最根本的问题是：是否存在能够被一个无所不知的、具有无上权威的、仁慈的社会计划制定者用来提高经济中所有个体的福利的政策。毫无疑问，对这一问题的肯定回答是合理化现实政府的干预行为的一个必要条件（但不是一个充分条件）。该问题的正式表达是：均衡是不是帕累托最优的。如果经济学家们试图认真地对待这一问题，就必须能够得到具有帕累托最优均衡的模型和具有帕累托次优均衡的模型。给定这样一系列模型，对上述问题的回答便简化为选择最恰当地描述了数据的模型。

直到不久以前，几乎所有的增长模型都有帕累托最优解［交叠世代模型——如戴蒙德（1965）使用的那种——是个例外，但它与
53 增长理论的关系是值得怀疑的。由这些模型得到的结论是：一个均衡可能因资本存量太高而成为次优均衡］。最近几年，在动态模型分析中出现的最重要的技术发展是人们如下的认识：构造带有多种扭曲性的动态均衡模型几乎和构造人们更为熟悉的、具有所有完全竞争条件的模型一样简单。实际上，所有的动态模型分析都基于对一个最大化问题的分析，只是该最大化问题并不一定是一个最优社会计划问题。

由于上面这一点是最近不断出现的各类增长模型的根本特征，所以本章将用很多篇幅对最大化问题和均衡之间的关系作详细讨论。这一讨论，在某种程度上也可以看作是对应用于动态模型研究中的工具的一个完备介绍。此前的一些有关增长理论的文章，曾在适当的地方插入了对方法的描述，但我呈现在这里的，是一个综合性的而不是综述性的分析。[1]这一分析沾了事后智慧的光,可以借助凸分析数学理论的一个成熟结果——抽象的库恩-塔克定理——说明动态模型的分析方法。

这一章的计划如下。2.1 节描述了有关经济增长的一些基本数据,从而引出了本章的分析。这些数据很自然地提示了一个增长理论应该能够解释的特定问题:国际贸易影响增长吗？如何解释收入增长和人口增长之间的负相关关系？如何解释观察到的不同国家之间增长率的差异？欠发达国家是否正在有条不紊地赶上发达国家？为什么一直存在着从低收入国家向高收入国家移民的压力？增长的步伐正在放慢吗？2.2 节是本章最长的一节,描述了可被用来研究上述问题的工具。其中包括了解决动态最大化问题的一些标准方法,侧重点是那些最便于转化成带有扭曲性的模型的方法。2.3 节以对最近一些模型的讨论结束了本章,这些模型利用了 2.2 节说明的工具,并触及了一个或多个上述的特定问题。

2.1　数据

在尼古拉斯·卡尔多写于 1961 年的有关增长问题的论文中,表达了这样一种观点,即一个理论家首先应该总结与他感兴趣的问题相关的事实。他主张这些事实应该是经过“筛选的”,能够反 54
映出一般的趋势。然后人们才可能构造假说去解释这些公认的事实。在一个理论的形成阶段,对数据的这类非正式处理可能相当有益处;因为如果没有事实作为目标,理论家们将无从着手。当卡尔多写作这篇论文时,什么是一个增长理论的基本要素的问题似乎成了英格兰的剑桥和马萨诸塞州的剑桥之间正在进行的一场越来越激烈的辩论的焦点，而他提出的事实则成了两边的经济学家都加以攻击的目标。

如果正如引言中所称，对增长的研究正在进入与上面相似的一个阶段——即有关增长的基本问题再次受到关注的一个阶段，那么，回顾并更新卡尔多列出的事实也许是有益的。在这样做的时候，为了不使结果有偏差，我们不仅要保证所举的事实与测得的数据有一定关系，而且还要保证所列出的事实尽可能地详细。不同的理论通常能够解释不同的一些事实。比如，根据考察的不同国家组合，我们既可能得出不同国家的人均收入迅速趋于一致的结论，也可能得出目前还没有趋于一致的迹象的结论（我们将在下面对这一点做更详细的讨论）。另一个例子是：索洛（1970）相信他的增长模型能够解释卡尔多描述的6条事实中的5条，但承认第6条事实——各国的增长率有很大差异——对他的模型来说多少是个问题。在他之后的新古典主义模型的支持者们，有时就没那么坦率了，他们往往只列出5条需要一个增长模型加以解释的事实。

下面是卡尔多列出的6条公认事实：

1. 每个工人的产出显示出持续的增长，并且“生产率的增长率没有表现出下降的趋势”；

2. 每个工人的资本显示出持续的增长；

3. 资本的收益率是稳定的；

4. 资本－产出比是稳定的；

5. 劳动和资本取得了总收入中恒定的份额；

6. 各国的生产率的增长率有很大差异。

我们很容易发现，这几点并不都是独立的。假设 Y、K 和 L 分别代表总产出、资本和劳动，r 代表资本的收益。如果 Y/L 是增长的，而 Y/K 不变，那么 K/L 也必须增长。因此，事实 2 可以源自事实 1 和 4。如果 Y/K 不变，并且 rK/Y 也不变，那么 r 也必须是不变的。因此，4 和 5 中隐含着 3。所以我们可以集中注意力于 55
事实 1、4、5 和 6，而不损害到一般性。由下面列举的数据来看，甚至事实 1、4 和 6 也有可能很好地刻画数据的特征。另一方面，有一些证据表明要素份额中存在一个长期趋势。

下面列出的是数据的其他 5 个显著特征：

7. 在横截面数据中，平均增长率并不随人均收入水平的变化而变化；

8. 贸易量的增长与产出的增长呈正相关；

9. 人口增长率与收入水平呈负相关；

10. 要素投入的增长率并没有大得足以解释产出的增长率；也就是说，在增长核算中总能发现一个剩余；

11. 不管是熟练工人还是非熟练工人，都倾向于向高收入国家移民。

事实 7 可以从我们现在有可能得到的更为丰富的数据中得到证实。事实 8 在出口导向型发展的讨论中被提及，而事实 9 是人口统计学家们所进行的大量研究的焦点。但是，由于正式的增长理论直到最近仍然对人口增长的决定性因素和国际贸易的决定性因素提不出任何见解，所以上述几个事实没有被看作是增长理论试图解决的问题的一部分。事实 10 描述了被广泛注意到的得自增长核算研究的结论。事实 11 关系到移民问题，似乎与收入增长理论没有什么直接联系；但是，罗伯特·卢卡斯最近所作的研究显示，它可能是区别基于规模收益不变假设的增长理论和基于规模收益递增假设的增长理论的重要证据。

表 2.1 和 2.2 中涉及的是卡尔多的第一点观察。毫无疑问，从长期的角度看，每个工人的产出的累积增长确实是惊人的，并且增长率的上升已经持续了较长一段时间。表 2.1 来自麦迪逊(1982)，它在不同历史时期都挑出了每工时劳动产出水平最高的国家，并且估计了该国家生产率的增长率。趋势是清楚的，但数值的大小可能需要一些放大。2 的自然对数是 0.69，因此，所观测到的美国每年 2.3%的生产率增长率，促使每个工人的产出每 30 年增加一倍。从表 2.2 中可知，美国的这一增长率并不是独有的。该表列出了 16 个发达国家的每工时产出在 1870 年至 1979 年间提高的倍数。这些数字本身很说明问题(表 2.2 还引入了将被用在以后的图中区别不同国家的代号)。

56 **表 2.1　领先国家的生产率增长率**

领先国家	时期	GDP 的人时年平均增长率(%)
荷兰	1700—1785	-0.07
英国	1785—1820	0.5
英国	1820—1890	1.4
美国	1890—1970	2.3

资料来源：麦迪逊(1982)。

图 2.1 和 2.2 更详细地描述了美国劳动生产率的变化情况，使我们得出增长率是下降的而不是上升的印象。图 2.1 描绘了私

营企业部门的人-时产出在战后时期的年变化率。仔细观察该图就会发现，劳动生产率的平均增长率在1969年以后变小了。生产率增长率的这一下降引起了极大的忧虑和关注，它暗示着一些促使人们担心增长率放慢了的证据。由于这些数据对经济周期的变化很敏感，而后者似乎对两部分样本施加了不同影响，所以尚不清楚我们是否应该从中得出有关真实趋势的明确推论。

图2.2中刻画的数据表现了劳动生产率的长期行为。[2] 出于 57

表2.2　人-时产出的增长

国家	代号[a]	人-时产出		
		1870年	1979年	比率
澳大利亚	A	1.30	6.5	5
奥地利	T	0.43	5.9	14
比利时	B	0.74	7.3	10
加拿大	C	0.64	7.0	11
丹麦	D	0.44	5.3	12
芬兰	L	0.29	5.3	18
法国	F	0.42	7.1	17
德国	G	0.43	6.9	16
意大利	I	0.44	5.8	13
日本	J	0.17	4.4	26
荷兰	N	0.74	7.5	10
挪威	W	0.40	6.7	17
瑞典	S	0.31	6.7	22
瑞士	Z	0.55	5.1	9
英国	K	0.80	5.5	7
美国	E	0.70	8.3	12

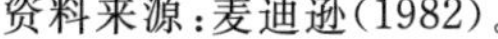

资料来源：麦迪逊(1982)。

注：a.图2.3和2.7使用了上述国家代号。

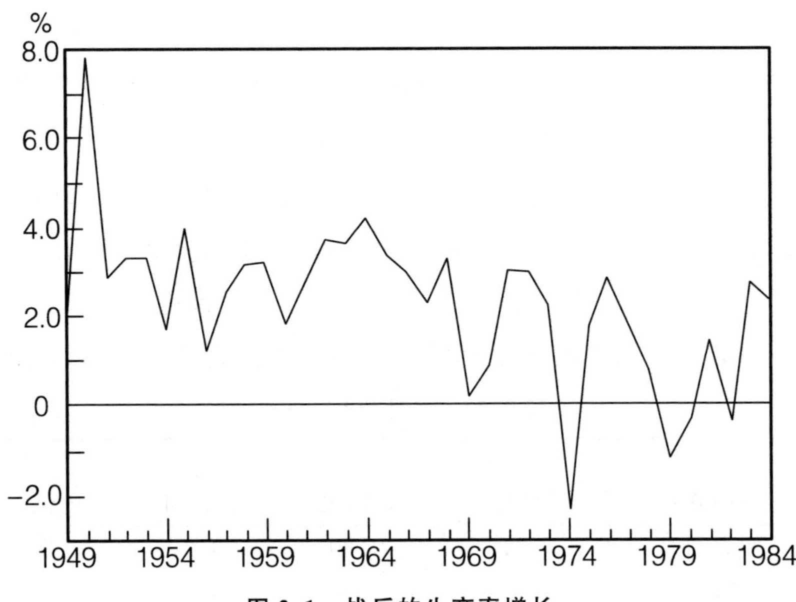

图 2.1　战后的生产率增长

注:数据来自劳动部发表在《劳动评论月刊》上的统计数字。

比较的目的,图中还描述了人均收入的行为。通过取 20 年的平均值,逐年变动被平滑掉了。1919—1939 年间的每工时产出显示出了相当强劲的增长,掩盖了大萧条期间就业和工作时数的下降。类似地,样本末期生产率增长的下降掩盖了人口中受雇比例可观的提高。在使用这两个序列时,我们必须把生产率新近的下降放在其一般的上升趋势下加以判断。从数据中有关可变性的证据来看,我们还不能说这一趋势本身被永久性地逆转了。

上述印象在考察其他发达国家情况时得到了加强。第二次世界大战之后出现的前所未有的增长趋势,是长期数据中存在的一个突出特点。与 20 世纪 50 年代和 60 年代相比,增长在最近有所放慢,但是以历史上的标准衡量,下降之后的水平仍然是较高的。

58

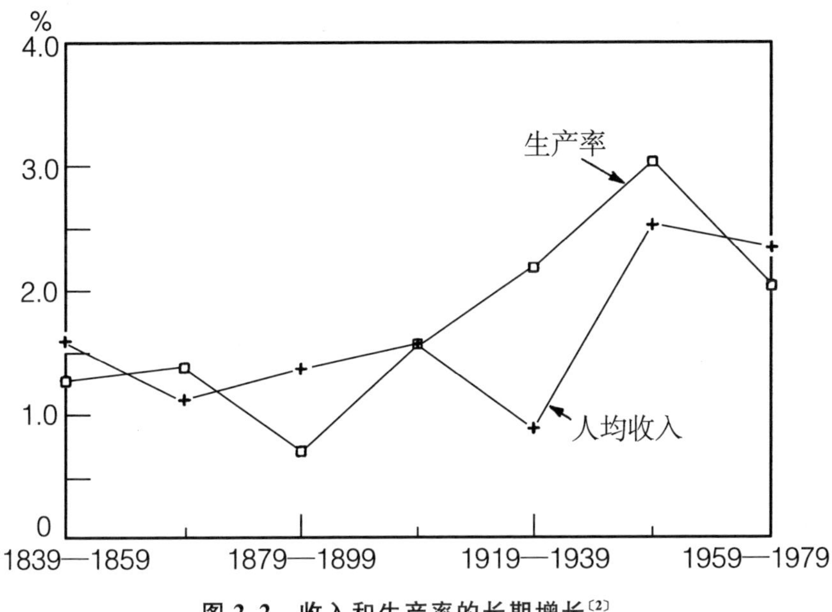

图 2.2　收入和生产率的长期增长〔2〕

其结果，在罗默(1986)对 11 个发达国家的人均收入变化趋势所作的检验中，得自每个国家的证据都支持了一个正的增长趋势；并且在大多数情况下，可以在一个普通的显著性水平上拒绝无趋势假说。

总之，数据对卡尔多的第一条事实提供了比较有力的支持。所以，没有理由要求一个增长理论关注下降的增长率和滞胀，除非谁想依据从噪声较大的时间序列数据中得出的几点新发现做非常强的推论，称这些发现意味着历史趋势的逆转。

图 2.3 涉及资本产出比的恒定性。该图利用麦迪逊(1982)的 59
数据，报告了 7 个国家在三个阶段的每工时资本增长率和每工时产出增长率。每个国家用表 2.2 中给出的字母代表。图中的数字

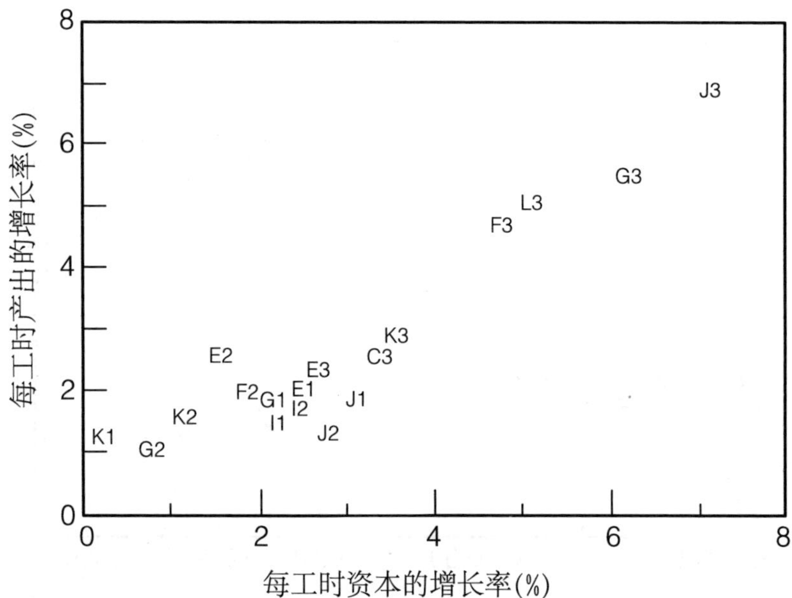

图 2.3 每工时产出和每工时资本

注:数据来自麦迪逊(1982)。

代表不同时期:1 代表 1980—1913 年,2 代表 1913—1950 年,3 代表 1950—1979 年(和这里报告的另一数据一样,这一样本中包括了所有其数据有确定来源的国家和时期。麦迪逊的研究覆盖了 16 个国家,但是他只报告了这 7 个国家在这些特定时期的资本存量数据)。要使资本-产出比保持不变,资本和产出必须以相同的比率增长,因此这两种增长率的散点图应该分布在 45 度线附近。如果从每一对数值中扣除一个常数——工作时数的增长率,那么每一对数就都应该留在 45 度线上。在图 2.3 中,它们以很不一般的水平凑在这条线的附近。

表 2.3　投资、GDP 增长和资本-产出比

60

国家	投资份额(%)	GDP 增长(%)	资本-产出比/折旧率 $\delta=0.03$	资本-产出比/折旧率 $\delta=0.04$
日本	31	7.4	3.0	2.8
德国	28	4.7	3.7	3.3
加拿大	28	4.2	3.9	3.4
意大利	26	4.4	3.6	3.1
法国	25	4.2	3.5	3.1
美国	24	3.0	3.9	3.4
英国	17	2.1	3.4	2.8

数据来源：萨默斯和赫斯顿(1984)。

还可以提供有关这一结果的进一步的证据。以 i 表示总收入中用于投资的部分，以 δ 表示资本的折旧率。于是，资本存量的变动方程是 $\dot{K}=iY-\delta K$。令 g 为产出增长率，$g=\dot{Y}/Y$。如果 g，i 和 δ 是常数，那么资本-产出比将收敛于：

$$\frac{K}{Y}=\frac{i}{\delta+g},$$

其动态特征与 $e^{-(g+\delta)t}$ 相似。表 2.3 利用图 2.3 中的 7 个国家在 1950 至 1981 年期间的国民收入核算数据，报告了 i 和 g 的平均值。这里使用的数据来自萨默斯和赫斯顿(1984)[3]，所覆盖的期限比麦迪逊的稍长。估计 δ 的大小的思路如下：麦迪逊(1987)报告说，在由工业化国家组成的一个类似样本中，总折旧 D 对收入 Y 的比率处于 11%至 12%之间。利用 D/Y 的这一数值，我们可

以从下式中解得 δ：

$$\delta=\frac{D}{Y}\frac{Y}{K}=\frac{D}{Y}\frac{g+\delta}{i}.$$

当我们用表 2.3 所报告的国家的 g 值和 i 值计算上式时，得到的 δ 值是 3%或 4%。在这一基础上，该表报告了资本产出比的估计值。对于这些 δ 值，以及 3%或 4%的 g 值，K/Y 朝着其稳定状态收敛到半程所需要的时间约为 10 年；而对于该表所覆盖的 31 年的期限来说，这一近似的稳定状态不算太离谱。

表 2.3 中的数据有一个令人感兴趣的特征，即稳定状态的资
61 本-产出比较小。投资份额 i 和增长率 g 的变动幅度较大，但是在各个国家的 K/Y 估计值中却不存在系统的变动。注意，这一结果比由图 2.3 得到结果更强——后者是说，对于给定的国家和时期，K 和 Y 以大致相同的比例上升。Y 和 K 的同比例上升，可能出现在产出外生性地变化而投资率不变的情况下，但是表 2.3 显示，投资份额紧随增长率变化。于是这些数据提出了一个问题：为什么投资份额和产出增长率以这种方式共同运动，以致资本-产出比几乎不表现出系统性变化？

我们必须对上述论断有所保留，因为如果大大增加被考察的国家的样本数目，所得的结果就变弱了。我们的常识是，发展中国家的数据并没有显示在增长和用于投资的产出份额之间存在很强的相关关系。图 2.4 说明了原因。它利用萨默斯和赫斯顿(1984)的数据，绘出了被他们(在较宽松的意义上)归为市场经济的所有 115 个国家的平均投资份额和平均产出增长率。对于其中的 50 个国家(在图中以×记)，我们只能得到 1960 至 1981 年 20 年间的

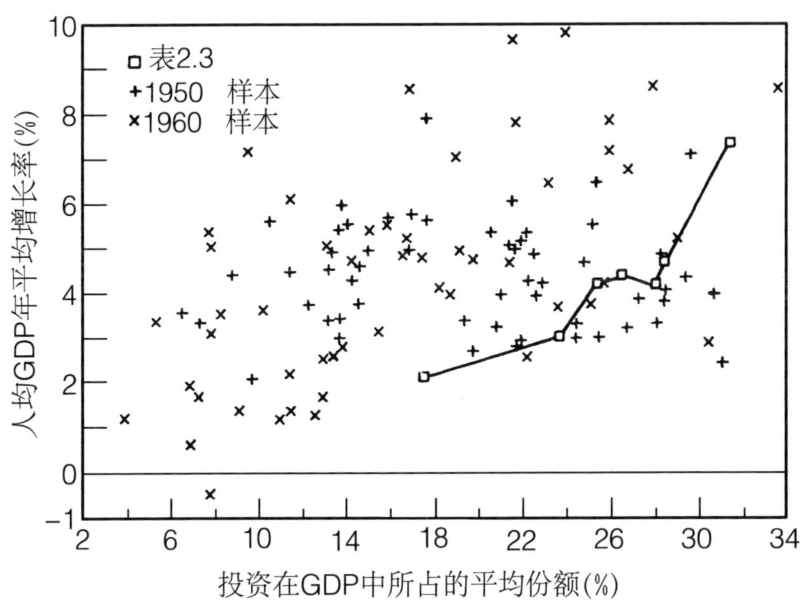

图 2.4　投资份额和 GNP 增长

注：数据来自萨默斯和赫斯顿(1984)。

数据。对于另外 65 个国家，数据覆盖了 1950 到 1981 年期间的时 62
期。其中的 7 个国家(即图 2.3 和表 2.3 中的那些国家)，按它们在表 2.3 中出现的顺序从右至左以方块标记在图中。为清楚起见，用一条线把它们连在了一起。除此之外的 58 个具备 1950 至 1981 年期间数据的国家，以加号作为标记。增长率是以国际价格计算的(连续复利计算的)国内总产出的年平均增长率。所衡量的投资中既包括私人部门的投资也包括政府部门的投资。

如果仅考察以加号标记的国家，我们找不到投资与增长正相关的证据。把以×标记的(只有 1960 年以后的数据的)国家包括进去以后，正相关关系再次出现了，但这一关系不像在用线段联系起来的7个发达国家身上发现的关系那么密切。此外，不管是×类国家还是+类国家都倾向于系统性地分布在发达国家所处位置的左侧。这一模式提示我们，要么发展中国家的发展过程在根本上不同于发达国家，要么在欠发达国家投资倾向于被系统低估，要么稳定状态假设用在这里具有误导性。比如，那些资本存量在最近有大幅增加的国家，它们的折旧量可能低于近似稳定状态所要求的水平。在这种情况下，总投资可能较小，但净投资比得上有类似增长率的发达国家的水平。总的来看，卡尔多的第4条事实——稳定的资本-产出比——仍可看作是一个值得增长理论关注的问题，但同样应受到关注的是图2.4中显示的低收入国家对这一倾向的显著偏离。

卡尔多的第5条事实——资本在总收入中的份额是保持不变的——引起了越来越多的争议。当我们以前后一贯的方法衡量这一份额在不同时期的情况时，倾向于得出资本份额随时间下降的结论。图2.4报告了麦迪逊(1987)收集的估计值——它们来自对不同国家所作的研究。在决定哪些因素构成资本收入时，有几个需要加以判断的问题必须先得到解决。对于如何处理这些问题，学者们是持有不同看法的；因此，对不同国家的估计和不同学者的估计是无法加以比较的。仅从各国内部情况来看，资本份额表现出从0.4下降到0.3的趋势。当然，这些估计的真实标准误差可能与这一下降处于同一数量级。使不确定性增加的一个因素是，自雇工人以及单一业主(对于这些人来说，将资本收益从劳动收益中分开来显得特别困难)的比例随着时间发生了系统性的且较大

表 2.4　对资本在总收入中所占份额的估计[a]　63

国家	时期	资本份额(%)	参考文献
日本	1913—1938	40	大川和罗索夫斯基(1973)
	1954—1964	31	
英国	1856—1873	41	马修斯、范斯坦和奥德灵-斯米(1982)
	1873—1913	43	
	1913—1951	33	
	1951—1973	27	
美国	1899—1919	35	肯德里克(1961)
	1919—1953	25	
	1929—1953	29	肯德里克(1973)

注:a. 上述结果收集在麦迪逊(1987)。

规模的下降。不确定性的另一来源是有些任意的计算公司部门以外的房产等资本带来的收益的方法。存在这些不确定性的情况下,麦迪逊认为:对于某些研究目的而言,将相同的份额应用于不同国家并假设份额不随时间发生变化,并不会太严重地歪曲数据。尽管如此,在承认存在不确定性以后,我们必须给予资本份额下降的论断某些关注。

卡尔多的事实 6——各国的增长率有很大差异——以及附加的事实 7——增长率并不随收入水平发生系统性的变化——都清楚地体现在图 2.5 中。该图描绘了萨默斯和赫斯顿提到的 115 个市场经济国家的数据。横轴衡量的是某个国家的人均收入与美国的人均收入的比率,两个收入衡量的都是 1960 年的情况。萨默斯、赫斯顿和克拉维斯的主要贡献之一是用对购买力平价的偏离矫正官方汇率，这一做法使得上述比较有了意义。纵轴衡量了每个国家的人均收入在 1960 至 1981 年期间的增长率。

64

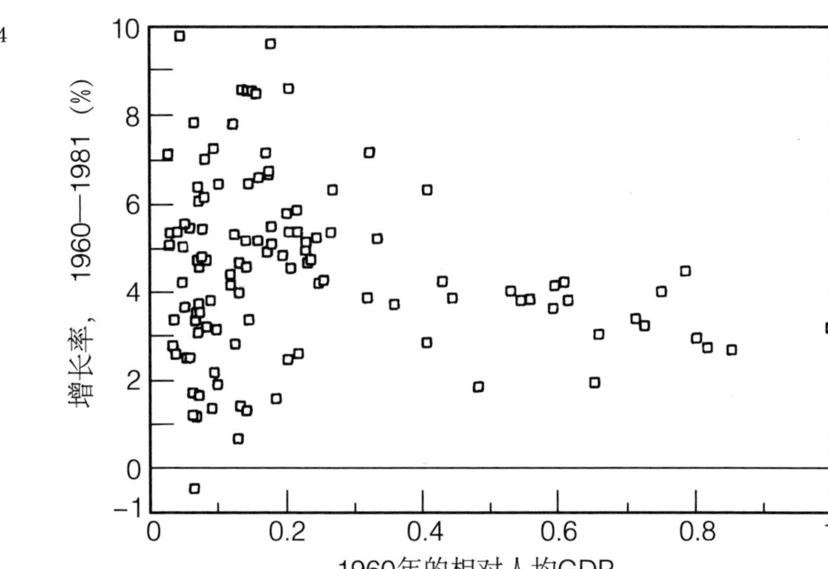

图 2.5　增长与人均 GDP 排序的对照(1960 年样本)

注：数据来自萨默斯和赫斯顿(1984)。

从图中得到的主要结果是，增长率没有表现出随收入水平系统变动的迹象。不管初始收入水平是多少，各个国家的平均增长率都处于 3％到 4％之间。方差倒似乎是系统变动的，与人均收入一起迅速下降，但这可能至少在一定程度上反映了低收入国家的样本远远多于高收入国家的样本的事实。从任意分布中取得的样本，其最小值和最大值之差将随样本容量单调递增。

也许我们应该强调一下，超过 10％的增长率是相当大的。仅仅在 21 年的时间里，增长最快的国家的人均收入与增长最慢的国家的人均收入之比提高了两倍多。在增长率的这一变化中，即使只有十分之一源于政府政策能够影响的力量，那么更好的政策带来的潜在的长期收益就相当大了。

在上面的散点图中没有出现任何负的斜率，这一点对低收入国家倾向于比高收入国家增长得更快因而人均收入正在趋于收敛的论断提出了反证。[4]当然，我们也可以选出人均收入正在收敛的一组国家。图 2.6 使用的是 1950—1981 年间的数据，人们特别宣称在这段时期里发生了相当程度的收敛。总之，从这一组包括了 65 个国家 1950 年以来的数据的较小样本中，人们找到了与图 2.5 中更大的样本相同的模式——一个大致对称于某一水平线的三角形。该图中还有两条线相交于对应着意大利的点。这些线可以使我们在时期初和时期末进行收入比较。垂直线将样本分为处于右边的国家（它们 1950 年度的人均收入高于意大利）和处于左边的 65
国家（它们 1950 年度的人均收入低于意大利）。向下倾斜的线则基于时期末的收入比较将各个国家作了划分。处于这条线以上的国家，其 1981 年度的人均收入高于意大利的同期水平。该线之所以向下倾斜，是因为一个国家有两种方法使自己在末期比意大利富裕。如果它初时比意大利贫穷，那么它必须增长得快些；如果它初时比意大利富裕，那么它可以增长得慢些。

虽然，一个基于时期末人均收入水平的选择标准，对于检验向下倾斜的曲线而言似乎是值得怀疑的，但它确实是人们在选取现在被看作是工业化国家的样本时隐含地使用的标准。处于向下倾斜的曲线以上的国家，与麦迪逊（1982）研究的国家和鲍莫尔（1986）在随后的收敛研究中涉及的国家几乎完全一样。唯一不同的地方是，新西兰、卢森堡和冰岛 1981 年的收入水平与意大利相 66

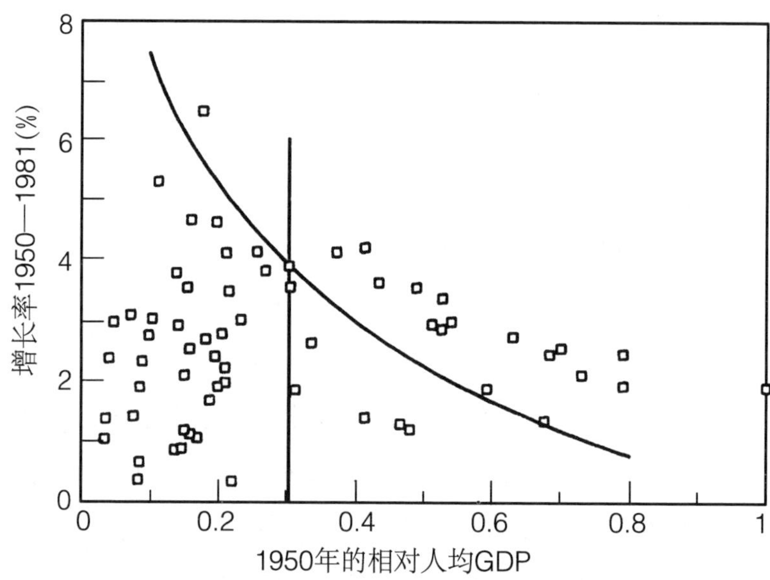

图 2.6 增长与人均 GDP 排序的对照(1950 年样本)

注:数据来自萨默斯和赫斯顿(1984)。

同,但它们在麦迪逊的研究中被略掉了,这很可能是它们太小了。如果人们选择的是 1950 年的发达国家,那么日本将不出现在其中,而阿根廷会在里面。

在事后,人们总能找出理由解释为什么日本应该被包括在里面,而阿根廷则不应该,但这一做法似乎是有风险的。仅从图 2.5 和图 2.6 来看,人们找不到明显的理由称某些国家是如此不同于其他国家,以致必须把它们从收敛等问题的分析中排除出去。即便我们确实认为对样本作某些截取是有必要的——比如出于对数据可靠性的考虑——在截取样本时也应该使用收入的初始水平而不是最终水平,这样才不会影响到推理的正确性。不管选择了什么样的初始收入水平(也就是说,不管把垂直线画在哪里),剩下的点将不会具有明显的负斜率。[5]

有关发达国家的增长和贸易之间相关关系的事实8，由图2.7中的三幅图作了总结。在不同时期的不同国家，收入的增长和贸易的增长是正相关的，其中贸易的增长比收入的增长变化幅度更大。数据来自麦迪逊(1982)。每一幅图代表一个不同时期。不同的国家在某一特定时期存在的差异，提示了我们当前的贸易争端涉及的问题——即一些国家的贸易增长，可能或多或少地以牺牲其他国家的增长为代价提高本国的增长率。相比之下，贸易随时间变化的情况表明，从增长率的角度看，贸易可能不是一个零和对策。所有国家的增长率都可能与世界贸易的增长率正相关。

事实9说的是人均收入和人口增长之间的负相关关系。图2.8描绘了这一关系的散点图，用的是萨默斯和赫斯顿提供的1960至1981年的数据。要想更好地检验人均收入对个体决策的影响，就应该考虑进入口出生率，它能校准人口的年龄结构并排除死亡和移民带来的影响。但图中显示的总体相关关系，几乎肯定能经受住任何此类修正。

人口增长率的横截面变动有一个对应的时间序列，称作人口转变。所有发达国家都经历了从高出生率和高死亡率到低出生率和低死亡率的转变。这一转变要么可以解释为出生率对外生性死亡率变化的反映，要么可以解释为死亡率和出生率对收入增长的寻常反映，或者可以说两种情况都有。对上图中描述的人口增长率的横截面变动，有时也作上述解释。我们可以说它反映了令出生率来不及作出反应的死亡率新近的、迅速的外生性下降，也可以说它体现了一种不伴随收入的增长的死亡率的下降。

67

1870—1913
年GDP增长
年出口增长(%)
8
6
4
2
0
−4
−2
0
2
4
6
8
10
12
14
16
E
C
A
S
T
D
G
J
W
N
Z
B
I
F

1913—1950
年GDP增长
年出口增长(%)
8
6
4
2
0
−4
−2
0
2
4
6
8
10
12
14
16
E
W
C
N
L
D
S
Z
A
J
G
H
B
I
F
T

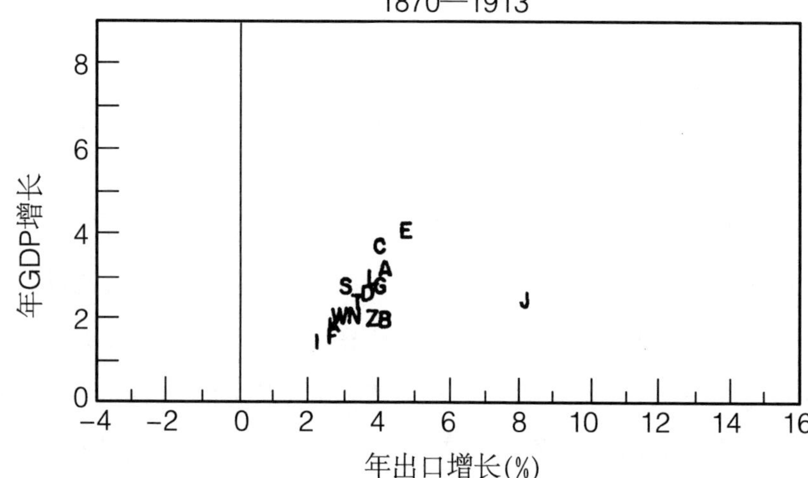

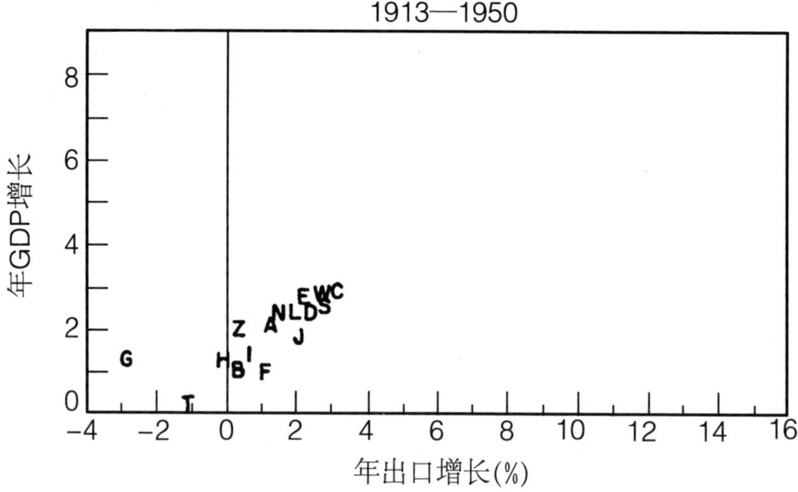

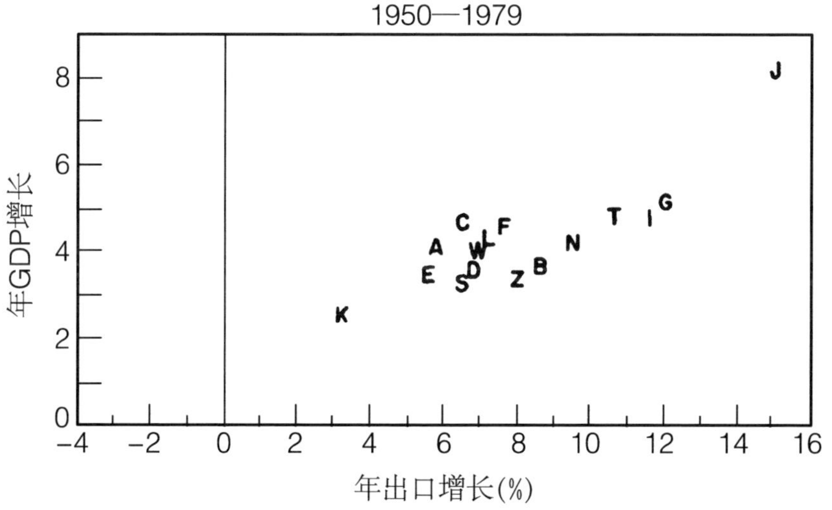

图 2.7　GDP 增长和出口增长

注:数据来自麦迪逊(1982)。

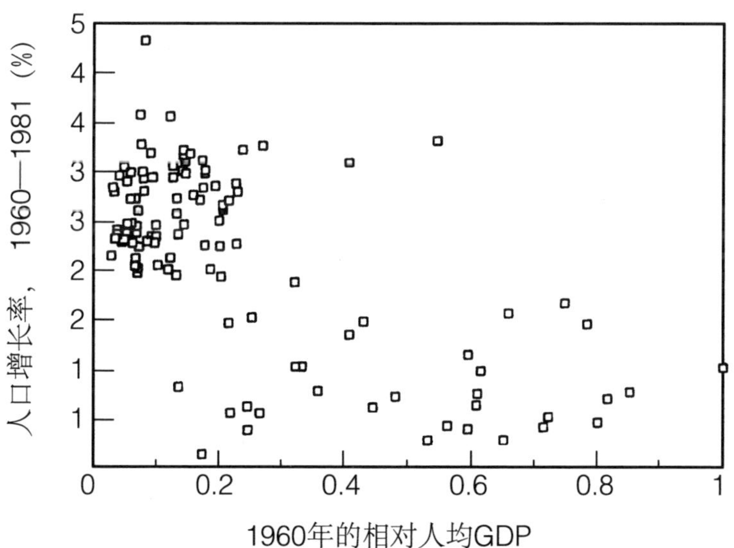

图 2.8　人口增长与人均 GDP 的对照

注:数据来自萨默斯和赫斯顿(1984)。

事实 10 是对增长核算文献作出的一个判定。这些文献的数量非常庞大，我们无法在这里加以总结。诺斯沃西（1984）对这一领域三位重要人物——爱德华·丹尼森、戴尔·乔根森以及约翰·肯德里克——的研究成果作了很好的概括，麦迪逊（1987）最近给出了核算方法一个特别清晰的应用。我们可以从图 2.3 中看出在增长核算中持续发现一个剩余的根本原因。令 $Y=F(K,L)$ 代表得自一个关于总资本和总工时的规模收益不变的生产函数的产出。令 $y=Y/L$ 和 $k=K/L$ 代表每工时产出和每工时使用的资
69 本。如果对时间求导，并利用竞争市场假设使 $r=f'(k)$，我们就有：

$$\frac{\dot{y}}{y}=\frac{rK}{Y}\frac{\dot{k}}{k}.$$

对于大小为 0.3 甚至 0.4 的资本份额，rK/L 来说，没有办法使之与图 2.3 中的数据相符。将关于 $\dot{k}/k$ 的 $\dot{y}/y$ 的回归线应用于这一数据，所得的 $\dot{k}/k$ 的系数非常接近 1。对于像日本这样的资本增长率和产出增长率都超过 7% 的国家来说，即便要素的收入份额为 0.4，也意味着在近 30 年的时间里，每年有 4% 以上的增长率是无法加以解释的。

这一分析还对下述的简单论点提出了疑问，即新古典主义模型中的资本深化能够解释像日本和德国这样的低资本国家能够更快地增长并赶上领先国家的原因。这一解释被特别视为该模型取得的许多辉煌成就中的一个，但有关的数据却并不支持这一看法。如果在工人人均资本的增长率方面，德国比美国高出 4 个百分点，那么模型预测德国的经济增长率高出美国 4 个百分点的 0.3 倍或 0.4 倍，或说高出不到 2%。而实际上，高出的增长率同样是 4 个

百分点。这两个数字之间的差距当然也在日本身上得到了体现。人们可以就什么造成了这一差距展开争论。顽固的新古典主义者可以宣称，外生的技术变化率在德国和日本这样的国家中较高，但是这一论点把新古典主义模型从一个理论降格为对数据的一种描述。发展迅速的国家的确是那些技术的外生增长率很高的国家。不管它是什么，反正某种不同于新古典主义实物资本积累的事件发生了。

一种可能情形是，技术和教育——也就是人力资本——的积累与实物资本的积累并存。如果发生了这类积累，衡量劳动投入的正确方法不再是简单的工作时数，而是对由更好的教育或更丰富的工作经验带来的素质变化作了相应调整的工作时数。人们可以利用某个国家工资、教育和经验的横截面变动，加上对劳动大军的平均经验和平均教育程度的时间序列估计，建立起对经素质调整的劳动投入增长的一个估计。至于如何具体进行这一估计，各
人有很大的自由度，相应地，对无法解释的剩余所做的估计也有很 70
大的不同。达成一致的观点似乎是：在美国的长期数据中，仍然有一个相当大的增长分量（大小为 1％或更多）不能用资本的增长或经素质调整的劳动投入的增长加以解释。除非图 2.4 中的增长迅速的国家——如日本、德国、法国和意大利——在教育水平和经验方面拥有比美国快得多的增长率，否则它们的剩余将更大。

事实 11 牵涉到移民的流入问题，有关证据极大地受到对这些流入所施加的约束的影响。历史上的证据告诉我们，在未受约束的情况下，流入工业化国家的移民数目可能相当大。格林伍德和麦克道尔（1986）报告说，在 20 世纪 60 年代末和 70 年代初，对流

入美国的移民所施加的限制有利于技术工人和专业人员的移民。于是，人们很自然地把注意力集中在人才流失问题上。最近，政策向有利于难民身份或在美国有亲属的申请人的方向发生了转变，加上有关非法移民的立法争论，使人们把注意力集中在非技术移民身上。来自任何一种渠道的潜在移民数目显然都很大。

2.2 库恩-塔克定理和动态均衡理论

增长是一个一般均衡过程。经济中的所有市场和所有参与者都影响增长，同时也受到增长的影响。因此，一个增长理论家必须构造动态的一般均衡模型，为此他首先要给出偏好和技术的一个详细定义并明确均衡的概念。如果增长理论家除了保证存在某些均衡解，还想对模型的性质发表点意见，他就必须能够明确地解得模型或至少给出解的一个定性描述。

库恩-塔克定理是人们在刻画动态的竞争性均衡模型时使用的核心工具——不管这种使用是显而易见的还是隐含着的。它提供了将竞争性均衡解的计算问题简化为最大化问题的求解问题的一般步骤。所有增长理论都可以理解为是这一定理在特定模型——这些模型具有关于偏好和技术的易于操作的函数形式——中的应用。要展开这一论点，最好是从只有有限个选择变量并被假定具有完全市场的简单的欧文·费希尔类型的经济入手。然
71 后，将这一研究完全市场均衡的方法扩展到无限期界最大化问题中的无限维空间上去，使该方法能够涵盖离散时间情形和连续时间情形。作为本节的收尾部分，2.2.4 节说明了如何才能把这些

方法扩展到不能满足所有完全竞争假设的均衡上去。

2.2.1　R^n 上的库恩-塔克定理

回忆一下，我们称一个函数 $f: R^n \rightarrow R$ 是凹的，如果连接曲线 f 上任何两点的弦就处于曲线 f 上或处于 f 之下。凹函数对于最大化理论至关重要，因为它们使最大化问题的解得到了完备的描述。比如，如果函数 $f: R \rightarrow R$ 是可微的，那么当且仅当 $f'(x)=0$ 时，$x \in R$ 能够解得在全部的 R 上使 $f(x)$ 达到最大的问题。也就是说，$f'(x)=0$ 是 x 成为一个解的充分必要条件。由于 x 可以取自 R 上任意一点，所以这是一个无约束最大化问题。库恩-塔克定理(1951)将这一完备的描述推广到约束了 x 的可能取值的凹最大化问题中。作为一个凹最大化问题，其目标函数必须是凹的，而约束集却必须是凸的。

考虑下面这个一般的约束最大化问题 P：

P　$\max f_0(x)$

　s. t.　$x \in \Omega; f_1(x) \geqslant 0, f_1(x) \geqslant 0, \ldots, f_m(x) \geqslant 0.$

为使上述问题成为凹问题，假设 $f_0, f_1, \ldots, f_m$ 是定义在一个凸定义 $\Omega \subset R^n$ 上的可微凹实值函数。还有一个进一步的假设在下面的分析中很关键，为方便起见需要给它起个名称：我们称问题 P 满足斯莱特条件，如果在 Ω 的内部有一个点 $\bar{x}$ 对于所有的 $i=1, \ldots, m$，都满足 $f_i(\bar{x})>0$。这是内部性条件的一个例子。它的意思是：在可行点集合内部至少有一个点。

我可以用下述规则定义与问题 P 有关的一个函数：$L: \Omega \times R_+^m \rightarrow R$：

$$L(x,\lambda)=f_0(x)+\sum_{i=1}^{m}\lambda_i f_i(x).$$

这一函数通常被称作拉格朗日函数。在对 L 的描述中，R_+^m 代表
72 R^m 中的非负象限，因而 $L(x,\lambda)$定义的向量 λ 不能具有负的分量。等于零的分量是允许的。这一函数的主要特征是：它是凹-凸函数。当 λ 被固定时，把 x 送入 $L(x,\lambda)$中的函数 $L_\lambda(x)$是一个凹函数；当 x 被固定时，把 λ 送入 $L(x,\lambda)$中的函数 $L_x(\lambda)$是一个凸函数。[6]（回忆一下，如果 $-g$ 是凹的，那么函数 g 就是凸的。）凹-凸函数有时也被称作是鞍式函数。如果下面的不等式成立，称点$(\hat{x},\hat{\lambda})$是 L 的一个鞍点（或最大-最小点）：

$$L(x,\hat{\lambda})\leqslant L(\hat{x},\hat{\lambda})\leqslant L(\hat{x},\lambda).$$

这一表达式是说，对于固定的 $\hat{\lambda}$，$\hat{x}$ 使 $L_{\hat{\lambda}}(x)$最大化；对于固定的 $\hat{x}$，$\hat{\lambda}$ 使 $L_{\hat{x}}(\lambda)$最小化。

对于这一类问题，我们可以列出相当于说点$(\hat{x},\hat{\lambda})$是 L 的一个鞍点并且 $\hat{x}$ 处于 Ω 的内部的三个简单条件：[7]

(C1) $\quad Df_0(\hat{x})+\sum_{i=1}^{m}\lambda_i Df_i(\hat{x})=0;$

(C2) $\quad f_i(\hat{x})\geqslant 0,\quad \hat{\lambda}_i\geqslant 0\quad i=1,\ldots,m;$

(C3) $\quad \sum_{i=1}^{m}\hat{\lambda}_i f_i(\hat{x})=0.$

如果 $\hat{x}$ 处于 Ω 的边界，条件 C1 中的可导性条件可能就不成立了，需要代之以一个稍微一般化的条件。这一点在实际中不构成什么问题。如果 Ω 对 x 的选择施加了起作用的约束，那么最好是用额外的约束函数 $f_{m+1}(x)\geqslant 0$ 描述该约束，使之显性化，并给出它自己的乘子。库恩-塔克定理的整个目的是令所有起作用的

约束与拉格朗日函数中的乘子发生联系，以便我们能够像在 C1 中那样求导。

条件 C1 意味着 $\hat{x}$ 使 $L_{\hat{\lambda}}(\cdot)$最大化。条件 C2 保证 $\hat{x}$ 满足约束并且 $\hat{\lambda}$ 是非负的。条件 C3 意味着 $\hat{\lambda}$ 使 $L_{\hat{x}}(\cdot)$最小化。由于 λ_i 和 $f_i(x)$都必须是非负的，因而涉及 λ 的求和所能取得的最小值是 0。条件 C3 保证这一最小化是能够达到的。给定 C2 的非负性约束，条件 C3 也可以写成：

(C3′)　对于 $i=1,\ldots,m$，有 $\hat{\lambda}_i f_i(\hat{x})=0.$

以上述形式表示以后，这些条件有时也被称作互补松弛性条件。 73

这些条件是人们在求解类似 P 的问题时实际使用的条件，但在经济理论中，直接使用鞍点的概念更方便。库恩-塔克定理的要旨是：L 的鞍点等价于 P 的解。

(库恩-塔克)定理　假设 $f_0, f_1, \ldots, f_m$ 是从 $\Omega \subset R^n$ 到 R 的凹连续函数。[8]假设问题 P 和函数 $L: \Omega \times R^m_+ \rightarrow R$ 的定义同上。

(i)最优性的充分条件：如果$(\hat{x},\hat{\lambda}) \in \Omega \times R^m_+$ 是 L 的一个鞍点，那么 $\hat{x}$ 是问题 P 的一个解。

(ii)最优性的必要条件：假设斯莱特条件成立。此时，如果 $\hat{x} \in \Omega$ 是问题 P 的一个解，那么存在一个 $\hat{\lambda} \in R^m_+$，使得$(\hat{x},\hat{\lambda})$是 L 的一个鞍点。

上面表述的定理是一个能够被一般化的结果的一个特例。用一个较弱的斯莱特条件给出的证明，见洛卡菲勒(1970)文中的定理 28.2 和 28.3。

$\hat{\lambda}$ 的分量被称作拉格朗日乘子，或被更富有启发性地称为约束的影子价格。价格这一提法在这里相当准确，因为最大化问题 P 和使 $L_{\hat{\lambda}}(x)$ 在 x 上达到最大的问题之间的差别，就是一个社会计划者面临的问题和一个竞争性的价格接受者面临的问题之间的差别。在问题 P 以及一个社会计划问题中，最大化问题必须明确考虑进对选择变量施加的资源约束。与之相比，我们通常假设一个竞争性经济人在面临市场价格时，就像它有可能购买到所有物品的无限数量似地行事。类似地，求解问题 P 的人在价格 λ 上可以自由行事，仿佛他在使 $L_{\hat{\lambda}}(x)$ 在 x 上达到最大时可以不顾 f_1 到 f_m 的约束似的。在每种情形下，影子价格将一个有约束最大化问题转化成了一个无约束问题，但价格是被另外决定的。这种相似性暗示，在拉格朗日函数的鞍点和竞争性系统的均衡之间存在远为深刻的联系。正式地说，两者是等价的。这里，一个构成了下面介绍的所有增长模型的基础的简单例子，就足以说明这种等价性。对于一般情形，推理基本类似。

74 考虑一个两期经济，其中有一个典型消费者。为了便于和下面的动态模型作比较，令 $U:\mathrm{R}^2_{++}\to\mathrm{R}$ 采取加性可分的贴现形式：$U(c_1,c_2)=u(c_1)+\beta u(c_2)$。函数 u 被假定为是凹的。[9] 令 $e>0$ 代表此经济在时期 1 的初始财产，并且令 $f:\mathrm{R}_+\to\mathrm{R}$ 是一个凹生产函数，它将时期 1 放弃的消费转化为时期 2 的消费。我们如下定义这个经济的总量最大化问题（把这一问题标为 P1 是因为它是一系列类似问题中的第一个）：

P1 $\quad \max u(c_1)+\beta u(c_2)$

$$\text{s.t. } e-c_1-k\geqslant 0,\ f(k)-c_2\geqslant 0,$$

$c_1, c_2 > 0, k \geqslant 0.$

这一问题可以通过下述方式被纳入一般问题 P 中：令选择向量 x 是一个三元组$(x_1, x_2, x_3) = (c_1, c_2, k)$，令 Ω 是 R3 中的域 $R^2_{++} \times R_+$，令 $f_0(x) = u(x_1) + \beta u(x_2)$，$f_1(x) = e - x_1 - x_3$，并且令 $f_2(x) = f(x_3) - x_2$。为了与问题的序号保持一致，以记 $L_1: \Omega \times R^n \to R$ 记与 P1 有关的拉格朗日函数：

$$L1(x, \lambda) = u(x_1) + \beta u(x_2) + \lambda_1(e - x_1 - x_3) + \lambda_2[f(x_3) - x_2].$$

与总量最大化问题 P1 联系着的是作为价格接受者的消费者的最大化问题和作为价格接受者的厂商的最大化问题。以 PF(p)表示这个经济中的厂商在面对既定价格 $p \in R^2_+$ 时遇到的最大化问题，令 $\Pi(p)$代表它获得的利润：

$$\text{PF}(p) \quad \Pi(p) = \max_{k \in R_+} \quad p_2 f(k) - p_1 k.$$

以 PC(p, π)表示价格接受者的消费者的最大化问题，该消费者同时还把因拥有企业而获得的利润 π 当作是既定的。

$$\text{PC}(p, \pi) \quad \max_{c \in R^2_+} \quad u(c_1) + \beta u(c_2)$$

$$\text{s.t.}\ \pi + p_1(e - c_1) - p_2 c_2 \geqslant 0.$$

我将称$(\hat{x}, \hat{p})$是一个竞争性均衡解，如果 $\hat{x}_3$，能够解得 PF$(\hat{p})$、当 $\pi = \Pi(\hat{p})$时$(\hat{x}_1, \hat{x}_2)$能够解得 PC$(\hat{p}, \pi)$，并且如果供给大于需求：$e \geqslant \hat{x}_1 + \hat{x}_3$，$f(\hat{x}_3) \geqslant \hat{x}_2$.

这是假定所有交易都发生在初始时期时的一种均衡。此时，厂商和消费者的问题被描述成似乎他们是在时期 1 碰面并安排所有交易的。作这种假设只是为了让理论家们感到方便，实际上，可 75

以用人们每天使用的现货价格和证券收益对均衡作一种等价的描述。比如，这一两期例子中的利率可以仅仅是指定日期上的商品价格比，即 $r=p_1/p_2$。在整个这一章，所有均衡都将被描述成似乎所有交易都是在 0 时刻发生的，但我们应该清楚，这些均衡可以被转化成用现货价格和足够多种证券收益描述的均衡。

下面一个定理表明：如果斯莱特条件成立（它在这里等价于假定 f 具有生产力并且 e 大于零），那么 $L1$ 的鞍点等价于竞争性均衡。与往常一样，竞争性价格只取决于一个非负的比例因子。

命题 2.1 假设 u 和 f 是连续的、严格递增的凹函数。假设 $e>0$ 并且 $f(0)=(0)$。如果$(\hat{x},\hat{p})$是一个竞争性均衡，那么对于一些非负的比例参数 $\hat{\gamma}$ 来说，$(\hat{x},\hat{\gamma}\hat{p})$是拉格朗日函数 $L1$ 的一个鞍点。反之，如果$(\hat{x},\hat{p})$是 $L1$ 的一个鞍点，那么$(\hat{x},\hat{p})$是一个竞争性均衡。

证明这一定理的关键是将库恩-塔克定理应用到 P1、PC 和 PF 所有这三个问题中。最大化问题 P1 的必要条件，实际是最大化问题 PC 和 PF 的充分条件，反之亦然。使用相同的符号所做的详细证明见附录。

为具体起见，命题的表述和证明都针对一个特定的经济，但是它们都很容易被扩展到一个更一般的环境中。在偏好可以用凹效用函数表达这一温和假设下，上述证明可以经一般化应用于任何其均衡是帕累托最优的经济中。如果存在一个以上的经济人，目标函数就是个体效用函数的加权和，而最大化问题被转化为求出很多可能的帕累托最优解中的一个解的问题。

从鞍点和竞争性均衡等价的角度出发，我们可以重新解释库恩-塔克定理。定理的充分条件体现了第一福利定理：竞争性均衡是帕累托最优的。必要条件体现了第二福利定理：对于任何帕累托最优数量，存在将这些数量分解为一个竞争性均衡的价格。

2.2.2　库恩-塔克定理的离散时间扩展形式 76

在这类过程的动态应用中，出现无限期界的可能性似乎挪走了关键的上端点。根据时间是离散的还是连续的，由跨时替代的可能性造成的不同时期之间的联系，以差分方程或微分方程的形式出现在一阶条件中。在一个有限期界模型中，上端点在建立这些方程的边界条件时起到了特殊作用。

为了看到这些问题如何在一个简单的模型中发生，我们不妨考察问题 P1 描述的增长模型的一个多期扩展形式。不过，我们假定均衡数量是由外部因素决定的，这样就不需要定义偏好的形式。假设技术与两期模型中的相同，只是被扩展到了更多的时期。为表达上的简便，令初始财产 k_0 是以资本存量的形式给出的，则可供使用的初始资源是 $f(k_0)$。于是通过下式，所有 $t \geqslant 0$ 期的消费都与资本存量发生了联系：

$$f(k_t) - c_t - k_{t+1} \geqslant 0.$$

k_t 的变化也受到了限制，即在所有时期 t 上它都必须是非负的。虽然这一约束经常被忽略，但以后我们将看到这一约束具有重要的经济含义。

首先考虑一个有限期界问题，其中的 t 从 0 变化到 T。令第 1 期到第 T 期的消费量 $\bar{c}_1, \bar{c}_2, \ldots, \bar{c}_T$ 是由外部因素决定的，然后考虑在下列约束下使 0 时刻的消费最大化的问题：

P2　max c_0

s. t.　对于$t=0,1,\ldots,T$，有 $f(k_t)-c_t-k_{t+1}\geqslant 0$

对于 $t=1,\ldots,T+1$，有 $k_t\geqslant 0$

对于 $t=1,\ldots,T$，有 $c_t\geqslant \bar{c}_t$，

$k_0=\bar{k}$.

我们感兴趣的并不是从上述问题中解出具体数量。上述模型的意
77 义在于：关于价格它能告诉我们什么。由于上述问题符合一般性问题 P 的形式，其拉格朗日函数可以直接借用 P 的拉格朗日函数。我们现在以粗体字母表示序列：令$\mathbf{c}=\{c_t\}_{t=0}^{T}$和$\mathbf{k}=\{k\}_{t=1}^{T+1}$分别是必须被选择的数量的向量。在一个 T 期问题中，c_T 的约束与 k_{T+1}有关，后者本身也必须被定义。资本的非负性条件正是在这一约束中起作用的。假设$\boldsymbol{\lambda}=\{\lambda_t\}_{t=0}^{T}$是联系着各个时期的约束的乘子构成的向量，而$\boldsymbol{\gamma}=\{\gamma_t\}_{t=1}^{T+1}$和$\boldsymbol{\omega}=\{\omega_t\}_{t=1}^{T}$代表非负约束的乘子。于是 L_2 有了如下的形式：

$$L_2(\mathbf{c},\mathbf{k},\boldsymbol{\lambda},\boldsymbol{\gamma},\boldsymbol{\omega})=c_0+\lambda_0[f(k_0)-c_0-k_1]$$

$$+\sum_{T=1}^{t}\{\lambda_t[f(k_t)-c_t-k_{t+1}]+r_tk_t+\omega_t(c_t-\bar{c}_t)\}+\gamma_{T+1}k_{T+1}.$$

这一问题的一阶条件是很直截了当的。首先，固定影子价格，并求 L_2 在数量 c 和 k 上的最大化。对 c_0 求导，得 $\lambda_0=1$；对 c_t 求导，得 $\omega_t=\lambda_t$。对 k_t 求导 $t\in\{1,2,\ldots T\}$，得：

(2.1)　$\lambda_{t-1}=f'(k_t)\lambda_t+\gamma_t.$

对 k_{T+1}求导，得：

$$\lambda_t=\gamma_{t+1}.$$

接下来考虑在λ，γ和ω上使L最小化的互补松弛性条件。如果我假设$f(0)=0$，并且对于所有t，有$\bar{c}_t>0$；那么，对于所有$t=1,\cdots,T$，k_t，必须为正。于是互补松弛性条件意味着：对于t的同样范围，有$\gamma_t=0$。如果假设$f'(k)$对于所有k都为正，那么初始条件$\lambda_0=1$与λ的差分方程合在一起，意味着对于所有t，λ_t都是正的。于是与λ_t有关的互补松弛性条件要求k_{t+1}必须等于产出减去消费：

(2.2)　$k_{t+1}=f(k_t)-c_t.$

由于λ_t等于ω_t，所有c_t必须等于$\bar{c}_t$。最后，等式$\gamma_{T+1}=\lambda_T$与互补松弛性条件$\gamma_{T+1}k_{T+1}=0$合在一起，意味着：

$$\lambda_T k_{T+1}=0.$$

关于λ和k的方程是唯一具有经济意义的部分。影子价格γ和ω是多余的。方程(2.1)和(2.2)构成了一对耦合的一阶差分
方程。通常，这一类方程组需要两个边界条件来确定所有值，它们 78
是：给定的初始k_0值，以及终点条件$\lambda_T k_{T+1}=0$。前一个是普通的初始条件，后一个出于不甚清楚的原因被称作横截性条件。对于眼前的问题，我们还需要一个额外的条件来确定c_0，这个条件是$\lambda_0=1$。把这些条件和差分方程合在一起，正好足以为所有t确定λ_t和k_t值。

很显然，在这一特定问题中，通过令$k_{T+1}=0$，$\lambda_T k_{T+1}=0$的条件得到了满足。没有理由在人们去世以后还留下什么东西。在更一般的问题中（比如，在资本品还原为消费品需要较高成本的问题中）$\lambda_T=0$和是$k_{T+1}>0$的情形也会出现。价格为零的原因很清楚：如果资本无论如何是要被放弃的，那么更多地拥有它们是没有意义的。

这一类分析没有为求解数量提供一个吸引人的理论，而是基于各种数量确定了均衡价格 $\hat{\lambda}_t$。通过将此处的价格（也就是 0 时刻的价格）转化为个人在现货市场上所使用的价格，可以直截了当地表明在时期 t 出售的单期债券的总收益率为：

$$R_t = \frac{\hat{\lambda}_t}{\hat{\lambda}_{t+1}} = f'(k_{t+1}).$$

这一类问题可以很自然地被推广到无限期界中。无限期界遇到的问题是：时间上限的缺乏，首先有可能使边界条件 $\hat{\lambda}_T \hat{k}_{T+1} = 0$ 不复存在。由于各个时期之间的联系是隐含在差分方程中的，因此失去其中一个边界条件意味着不能确定任何一种数量或价格。但这种不确定性（它有时也被称作哈恩难题）只是表面上的。仅当我们没有考虑到 k 的非负性条件时，它才会出现。在我们这里使用的完全市场均衡概念中，还有第二个边界条件，并且所有价格和数量都可以得到确定。

我们可以通过下述方法看到这一点，即当时间上限 T 被去掉时，把 P3 看作是问题 P2 的扩展，让 t 从 0 变化到 ∞。要想精确描述拉格朗日函数在一个无限维空间上的定义，并证明一种适用于这一环境的库思-塔克定理形式，我们需要使用一些复杂的数学工具。但得到的结果在直观上很有吸引力。[10] 在内部性条件或斯莱
79 特条件的约束下，库思-塔克定理仍然表明最大化问题的解等价于拉格朗日函数的鞍点。在这种情形下，拉格朗日函数具如下形式：

$$L3(c,k,\lambda,\gamma,\omega) = c_0 + \lambda_0[f(k_0) - c_0 - k_1]$$

$$\sum_{t=1}^{\infty}\{\lambda_t[f(k_t) - c_t - k_{t+1}] + \gamma_t k_t + \omega_t(c_t - \bar{c}_t)\}.$$

从这一拉格朗日函数中得到的 k 和 λ 的差分方程，恰好是从有限期界问题中得到的那些。初始条件仍然由 k_0 给出。

如果 $f(0)=0$，并且对于所有 t 都有 $\bar{c}_t>0$，那么 k_t 对于所有 t 都必须严格为正。这一发现似乎使得 k_t 的非负性约束永远不会是紧的，因而可以不予考虑。实际上却并非如此。的确，对于所有 t，都有 $\gamma_t=0$。对于任何有限的 T，k_t 的非负性约束在 1 和 T 之间的所有 t 上都可被放弃，但这并不意味着整个无限序列约束都可被放弃。假设对于某些常数 r 和正负皆可的 k 值，$f(k)$ 采取了 $f(k)=rk$ 的形式，那么我们就可以看到不能放弃所有约束的原因。上述假设仿佛银行以利率 r 接受储蓄和提供贷款。在这种情形下，如果所有的非负性约束都被放弃，那么通过令 k_t 取趋于 $-\infty$ 的负值，c_0 的初始值可以变得任意大。

从某种意义上说，非负性约束在无限期界上起作用。与这一约束对应，在无限期界上有一个互补松弛性条件：

$$\lim_{t\to\infty} \hat{\lambda}_t \hat{k}_{t+1}=0.$$

这是无限期界上的横截性条件，是这一问题的第二个边界条件。直观上，它就是有限期界问题的横截性条件 $\hat{\lambda}_T\hat{k}_{T+1}=0$ 的极限。我们可以看到，它是库思-塔克充分必要条件的一部分，就像 $\hat{\lambda}_T\hat{k}_{T+1}=0$ 在有限期界问题中是这些条件的一部分一样。在一个满足斯莱特条件的问题中，这一条件对任何鞍点 $(\hat{k},\hat{\lambda})$ 都成立。[11] 如果有一对数值满足这一条件以及 k 和 λ 的差分方程，那么它就是 L3 的鞍点。

在前面所有假设[比如 $f'(k)>0$ 以及斯莱特条件成立的假 80
设]基础上，这一结果表明，对于特定的技术和始于 0 时刻的一系列总消费量而言，存在使得一个有效分配成为一个完全市场竞争性均衡的价格。从构造上讲，在将随后各期消费当作已知的条件下，这一分配使 0 时刻的消费达到了最大。如我们前面提到的，某些类似戴蒙德(1965)模型的交叠世代模型，其均衡不是有效率的。这些均衡的计算就不能用这里描述的方法，而且在这些模型中，无限期界上的横截性条件(与有限期界上的横截性条件)的相似性不再成立。

最为人们所熟悉的包含着外生数量的增长理论，是与索洛和斯旺的名字联系在一起的模型(索洛，1956；斯旺，1956)。在其人口为恒定的最为简单的形式中，两个模型都假设了连续时间，并假定人均资本 k 按照下述方程变化：

$$\dot{k}(t) = sf(k(t)) - \delta k(t),$$

其中，s 是储蓄率，δ 是一个指数的折旧率，而 $f(k)$ 代表允许折旧以前每个工人的人均产出 $f(k) = F(k,1)$。假定函数 $F(\cdot)$ 具有规模收益不变的技术。消费是如下的剩余部分：

$$c(t) = (1 - s)f(k(t)).$$

在关于 f 和 F 的标准假设下，k 的微分方程具有静态稳定状态。正如我们已经相当熟悉的，外生的人口增长可以被加入到模型中，在人均收入不变的情况下带来总收入的增长。外生的技术变化也可以被加入到模型中，带来人均收入的增长。

在对数量变化作了以上描述以后，对价格的分析就与前面对离散模型所作的分析完全一样了。值得一提的是，我们现在可以对 $f'(k(t))$ 为什么是 t 时刻的瞬时利率的问题给出一个严谨的解释了。以上的分析没有充分地刻画偏好，从这一角度看它是不完全的；但是从它对数量的描述来看，它又是一个十分合理的一般均衡模型，一个能够很方便地代入数据的模型。

索洛－斯旺分析的重要贡献之一，是它给简单总量模型的应用以及拉姆齐(1928)引发的研究带来了新的活力。一旦拉姆齐的 81
方法被看作是一个有力的工具，那么接受他的偏好就是很自然的。这里的主要障碍似乎是他关于贴现的主张。拉姆齐在他的论文的第一页，将贴现斥责为“在道义上站不住脚”，然后却在他的分析中最令人感兴趣的部分使用了贴现方法。萨缪尔森和索洛(1956)重新构造和扩展了拉姆齐分析，但是听从了拉姆齐不要贴现的劝告，结果他们的最优增长分析没有得到太多的肯定。一般认为，在使贴现合法化并将增长分析从处理未贴现模型的技巧和特殊情形中解放出来的过程中，库普曼(1965)和卡斯(1965)起到了关键作用。

在拉姆齐对贴现的矛盾心情下隐藏着的是他如下的思考，即这类问题中的目标函数应该反映经济中个体偏好以外的偏好。在可称作其实证分析的部分，拉姆齐允许贴现存在，而且他在此处谈及的是一个无限期界的家庭。但在他的心目中，显然有一个独立的福利分析，该分析并不尊重这类家庭的偏好。即使在贴现成了基础牢固的实践以后，60 年代的很多论文似乎仍然坚持目标函数只有一个规范基础的观点。这些工具在宏观经济学上的应用，在促使经济学家们放弃对拉姆齐模型的规范解释，并将这些模型构造为实证的均衡模型方面起到了关键作用。[12]

库恩-塔克定理的另一应用，是对带有贴现拉姆齐偏好的模型作数学处理。我们可以在离散时间情形中看到这一点，方法是将贴现拉姆齐偏好加入到问题 P3 中。于是这个经济的总量最大化问题是：

$$\text{P4} \quad \max \sum_{t=0}^{\infty} \beta^t u(c_t)$$

$$\text{s.t. } f(k_t) - k_{t+1} - c_t \geqslant 0, t = 0,1,2,\ldots$$

$$k_t \geqslant 0, t = 1,2,\ldots$$

这一问题的拉格朗日函数恰好是我们所希望的：[13]

$$L4(k,c,\lambda,\gamma) = \sum_{t=0}^{\infty} \beta^t u(c_t) + \lambda_t [f(k_t) - k_{t+1} - c_t] + \gamma_t k_t.$$

如果 $u(\cdot)$和 $f(\cdot)$的构造是合理的，那么 k_t 的非负性约束对任
82 何有限的 t 都不起作用。在这种情形下，乘子 γ_t 对于所有 t 都等于零，因此可以被忽略掉。只是我们心里要明白，非负性约束在无限期界上仍然是起作用的，它给出了无限期界的横截性条件。固定影子价格λ，在c 上求 L 的最大化，其结果 c_t 成λ_t 和 t 的函数，即 $c(\lambda_t,t) = u^{t-1}(\lambda_t/\beta^t)$。如果 $u(\cdot)$是递增的，λ_t 必须为正。于是，互补松弛性条件 $\lambda_t[f(k_t) - k_{t+1} - c_t] = 0$ 便以 λ_t 和 k_t 的形式给出了 k_{t+1}。令 L 对 k_t 求导，得到联系着相邻时期的影子价格的等式——类似从问题 P2 和 P3 中推得的式子。将这两个等式——一个有关 k，一个有关 λ——合在一起，构成了关于两个变量的一阶差分方程组：

(2.3) $\lambda_t = \lambda_{t-1}/f'(k_t)$,

(2.4) $k_t = f(k_{t-1}) - c(\lambda_{t-1}, t-1)$.

比较之下，这一方程组表明了为什么具有固定储蓄的索洛模型更为简单。在索洛模型中，这些方程具有一种三角结构。第二个方程并不依赖第一个方程，因为 c 是由 k 外生决定的。它可以被单独求解。如果 $f(k)$是线性的，因而 $f'(k)$是常数，类似的情形

也会出现在这里。于是，不必求解 k 的路径就可以得到 λ 的路径。这些方程的边界条件即 k_0 的初始值以及无限期界上的横截性条件，

$$(2.5)\quad \lim_{t\to\infty}\lambda_t k_{t+1}=0.$$

这一领域的术语规定得不十分恰当。方程(2.3)和(2.4)既被称为拉格朗日方程，也被称作汉密尔顿方程。在目前的使用中，欧拉方程这一术语最经常被用来指这些方程的转化形式。从方程(2.4)中求解以 k_t 和 k_{t-1} 的形式表示的 λ_t，然后把它代入(2.3)式，得到关于 k_t 的一个二阶差分方程：

$$(2.6)\quad \beta U'(f(k_t)-k_{t+1})f'(k_t)=U'(f(k_{t-1})-k_t).$$

假设 k_t 的变动方程以等式成立，然后把它代入目标函数，并对 k_t 求微分，就可以直接得到欧拉方程(2.6)。以这种方式处理，使人觉得似乎所有约束都可以被转化掉，该问题可以成为一个无约束的最大化问题似的——也就是说，没有约束或乘数非常明显。对于 k 具有固定初值和终值的有限期界问题——即特别为物理学 83
家们所关注的那类问题——来说，向无约束问题的这种转化是可能的。因此，对动态最大化问题的很多研究，都是从求解无约束最大化问题的技术的角度描述求解方法的——它们径直令所有导数都等于零。但是对于无限期界问题，不能用替代的方法去掉在无限期界上对资本起作用的非负性约束。要想充分理解与这一约束有关的无限期界上的横截性条件，关键是要能够将库思-塔克定理完整地应用到有约束最大化问题中。从有约束最大化问题的角度看，该横截性条件显然是互补松弛性条件的一般化结果。

要实际证明横截性条件(2.5)是问题 P4 的一个必要条件，需

要审察库思-塔克定理的假设是否得到了满足。特别要审察无限维形式的斯莱特内部性条件是否成立。在不带贴现的模型中,这一条件可能不成立,因此这样的模型可以被用来构造无限期界上的横截性条件的反例。在大多数带贴现的模型中,该条件是成立的。比如,如果效用函数 $u(\cdot)$有下界,或它趋于 $-\infty$ 的速度不如 c 变为负值的速度,并且如果沿资本的任何一个可能路径都有 $\lim_{t\to\infty}\beta^t k_{t+1}=0$,那么斯莱特内部性条件将成立。[14]

2.2.3 库思-塔克定理的连续时间扩展形式

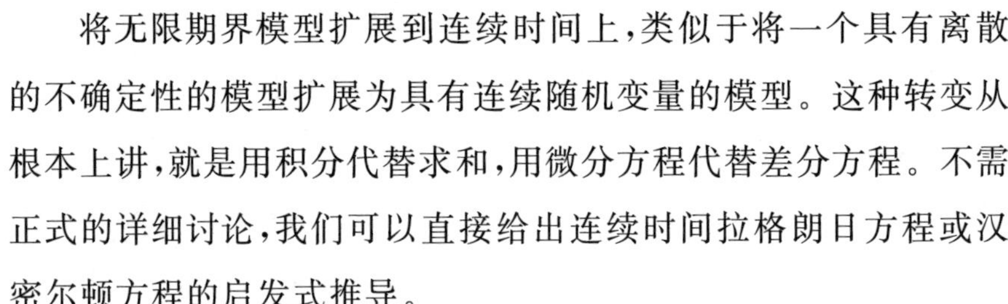

将无限期界模型扩展到连续时间上,类似于将一个具有离散的不确定性的模型扩展为具有连续随机变量的模型。这种转变从根本上讲,就是用积分代替求和,用微分方程代替差分方程。不需正式的详细讨论,我们可以直接给出连续时间拉格朗日方程或汉密尔顿方程的启发式推导。

将连续时间最大化问题写为:

$$\text{P5}\quad \max\int_0^\infty U\,(c(t))e^{-\rho t}dt$$

s.t. 对于所有 $t\geqslant 0$,有 $\dot{k}(t)=f(k(t))-c(t)$,

对于所有 $t\geqslant 0$,有 $k(t)\geqslant 0$.

84 请注意,生产函数 f 的定义有一定的灵活性。上式似乎表明不存在折旧,但我们可以很方便地将 $g(k)$定义为折旧前的产出,然后令 $f(k)=g(k)-k\delta$ 代表折旧后的净产出。

令粗体字母$\mathbf{c}$,$\mathbf{k}$,$\boldsymbol{\lambda}$ 和$\boldsymbol{\gamma}$ 在此处代表定义在[0,∞]上的函数,并且用 $c(t)$、$k(t)$、$\lambda(t)$和 $\gamma(t)$或 c、k、λ 和 γ 代表它们在某个时点

上的值。于是拉格朗日函数 $L5$ 具有如下形式：

$$L5(c,k,\lambda,\gamma)$$

$$=\int_0^{\infty}\{U(c(t))e^{-\rho t}+\lambda(t)[f(k(t))-c(t)-\dot{k}(t)]$$

$$+\gamma(t)k(t)\}dt.$$

如同在离散时间问题中一样，在任何一个合理的模型中，$\gamma(t)$ 对于所有有限的 t 都为零，因此 $\gamma(t)k(t)$ 项将被忽略掉。对于固定的影子价格 λ，在 c 上使 $L5$ 最大化的运算可以交给积分，因而最大化将对每个 t 逐点进行下去。于是有必要为积分内部除 $\lambda(t)\dot{k}(t)$ 以外的项定义一个新函数 $H:R_+^3\to R$：

$$H(k,\lambda,t)=\max U(c)e^{-\rho t}+\lambda(f(k))-c).$$

因此，

$$\max L5(c,k,\lambda)=\int_0^{\infty}[H(k(t),\lambda(t),(t)-\lambda(t)\dot{k}(t)]dt.$$

为了完成对 $L5$ 的鞍点的计算，还需要在 k 上使 $L5$ 达到最大。由于 H 取决于 k 和 $\dot{k}$，我们不能像对待 c 一样只是逐点进行最大化。在每一个点上，我们必须权衡提高 k 的效果和提高它的变化率 $\dot{k}$ 的效果，后者才是提高水平的唯一途径。为了实现这种最大化，并使上述权衡明确，我们需要使用变分方法。这里需要的基本结果，是使积分 $\int M(k(t),\dot{k}(t),t)dt$ 在路径 $k(t)$ 上达到最大的一阶条件。这一结果是以微分方程的形式给出的：[15]

$$D_1M(k(t),\dot{k}(t),t)-\frac{d}{dt}[D_2M(k(t),\dot{k}(t),t)]=0.$$

为了应用这一结果，定义 M 为：

$$M(k,\dot{k},t)=[H(k,\lambda(t),t)-\lambda(t)\dot{k}].$$

85 M 的时间依赖，对应于 H 对 $\lambda(t)$ 和指数贴现的依赖。M 对 $\dot{k}$ 的偏微分就是 $-\lambda(t)$。于是微分方程变为：

(2.7)　$\dot{\lambda}(t)=-D_1H(k(t),\lambda(t),t).$

为了推导另一个微分方程，注意到，在 H 的定义中有关其在 c 上实现最大化的一阶条件是：

(2.8)$U'(c)e^{-\rho t}=\lambda,$

它类似于从离散时间模型中推导出的 c 的表达式。这一表达式隐含地将 c 定义为 λ 和 t 的函数，我们可以将它记为 $\hat{c}(\lambda,t)$。将这一函数代入 H 的定义，然后对 λ 求微分并利用一阶条件(2.8)，我们得到：

$$D_2H(k(t),\lambda(t),t)=f(k(t)-c(\lambda(t),t)).$$

如果 $u(\cdot)$ 是严格递增的，方程(2.8)意味着 $\lambda(t)$ 是正的。于是互补松弛性条件 $\lambda(t)[f(k(t))-c(t)-\dot{k}]=0$ 意味着：

(2.9)　$\dot{k}=D_2H(k(t),\lambda(t),t).$

方程(2.7)和(2.9)构成了一阶微分方程组。函数 H 被称为汉密尔顿函数，而方程被称为汉密尔顿方程。后者与离散问题中的差分方程相似，它们都需要两个边界条件来完整地确定解。和在离散情形中一样，其中一个条件是零时刻对 k 的约束，另一个条件是无限期界上的横截性条件：$\lim_{t\to\infty}\hat{\lambda}(t)\hat{k}(t)=0$。

与在概念上更为简单且更容易加入不确定性的离散时间情形相比，连续时间情形只是因为更容易用几何方法刻画非线性微分方程组而受到某些偏爱。在眼前这一形式中，k 和 λ 的方程是非自控的——也就是说，它们明显地依赖于时间。但通过变量代换，它们可被转化为没有明显时间依赖性的自控方程组,并可用图形对其加以研究。

为实现变量的代换,令 $\theta(t)=e^{\rho t}\lambda(t)$,并定义一个新的汉密尔顿函数 $\widetilde{H}$:

$$\widetilde{H}(k,\lambda)=\max_{c} u(c)+\theta(f(k)-c).$$

变量 θ 被称作当前值影子价格,以区别于 λ,后者是现值影子价格。86
$\widetilde{H}$ 被称作当前价值形式的汉密尔顿函数,以区别于现值形式的汉密尔顿函数 H。$\widetilde{H}$ 没有明显的时间依赖性。将当前价值形式和现值形式联系起来的方程是:

$$H(k(t),\lambda(t),t)=e^{-\rho t}\widetilde{H}(k(t),\theta(t)).$$

H 和 λ 像是 $\widetilde{H}$ 和 θ 的贴现形式。

通过变量代换公式和一个简单替代,我们可以将汉密尔顿方程以当前价值形式重新写为:

$$\dot{\theta}(t)=\rho\theta(t)-D_1\widetilde{H}(k(t),\theta(t)),$$

$$\dot{k}(t)=D_2\widetilde{H}(k(t),\theta(t)).$$

这一自控方程组可以用平面上的一个图形表示。在物理学家们的语言中,它被称为相位平面。想象一下,在 $k-\theta$ 平面上的每个点上都有一个箭头指出满足这些方程的点的方向和速度。这一箭头将具有 $\dot{k}$ 和 $\dot{\theta}$ 两个分量。

为刻画所有不同点上的所有这些箭头,有必要识别被称为等斜线的两条不同曲线。第一条等斜线是满足 $\dot{\theta}=0$ 的点的轨迹;第二条是满足 $\dot{k}=0$ 的点的轨迹。如果 k 处于横轴,如图 2.9 中所示,那么 $\dot{k}=0$ 的等斜线将代表其轨迹在平面上具有一个垂直切线或斜率的点。$\dot{\theta}=0$ 的等斜线代表其轨迹具有一个水平切线的点。

如果它们有交点，那么该交点是一个平稳点。

为说明上述理论如何得到应用，有必要描述一下卡斯(1965)对问题 P5 所作的分析。假设 $f(k)$ 和 $u(c)$ 都满足埃纳达条件：$u'(0)=f'(0)=\infty$，$u'(\infty)=f'(\infty)=0$。由 $\widetilde{H}$ 在 c 上实现最大化所需的一阶条件，得到 $u'(c)=\theta$，经对其逆运算又可得到 $c(\theta)$。而由 u 的性质可知，$c(\theta)$ 随 θ 趋于无限而趋于零，反之亦然。将这一性质应用到 $\dot{k}=f(k)-c(\theta)$ 中可知，$\dot{k}=0$ 的等斜线是平面上一个向下倾斜的曲线，该曲线把两个轴都当作渐近线。$\dot{\theta}=0$ 的等斜线由满足 $f'(k)=\rho$ 的唯一 k 值所确定。根据这些性质，两个曲线必须在唯一一个平稳点上相交，如图 2.9 所示。箭头为平面上的轨迹指出了可能方向。比如，从 $\dot{k}=0$ 的等斜线上的一点出发，在保
87 持 θ 不变的情况下提高 k，将促使 $\dot{k}$ 为正。因此。这一轨迹右边的水平箭头指出的是提高 k 的方向，左边的箭头指出的是降低 k 的方向。

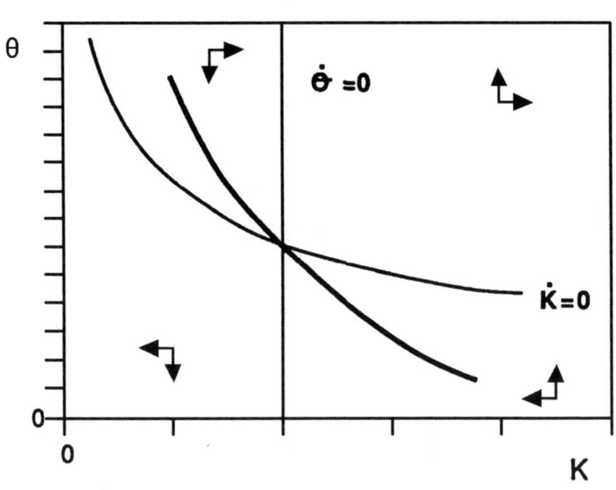

图 2.9　卡斯模型的相位平面

从箭头的情况来看，显然将有两条路径收敛于平稳点，同时将有两条路径从平稳点发散。两条收敛的路径有时被称为稳定流形的分支，它们包含着有经济意义的点。对于 k 的任意初始值，存在唯一的 θ 值，使得 (k,θ) 处于稳定流形。这一点决定了初始值 $\theta(0)=\lambda(0)$。沿着这一轨迹，$k(t)$ 和 $\theta(t)$ 受到界定，因而 $e^{-\rho t}k(t)\theta(t)=k(t)\lambda(t)$ 将收敛于零。由于无限期界上的横截性条件、汉密尔顿方程以及初始条件刻画了拉格朗日函数 $L5$ 的一个鞍点，因此稳定流形既描述了最优数量又描述了竞争性均衡的数量。

构成 $L5$ 的鞍点的是时间函数 $k,\lambda:[0,\infty]\rightarrow \mathrm{R}$，但是从另一方面讲，$\dot{\theta}$ 和 $\dot{k}$ 都等于零的平稳点 $(k^*,\theta^*)\in \mathrm{R}^2$ 本身是一个鞍点。这一点附近的动态被称作鞍点动态，因为它们使人联想起了一个大理石沿着马鞍形表面滚下去时的动态。正式地说，通过线性化平稳点附近的微分方程，我们可以捕捉这一动态。一个两变量的

线性微分方程组，如果它的特征根一个为正、一个为负（这些性质 88
很容易在此方程组中得到验证），那么它就有我们这里指出的那种鞍点动态。

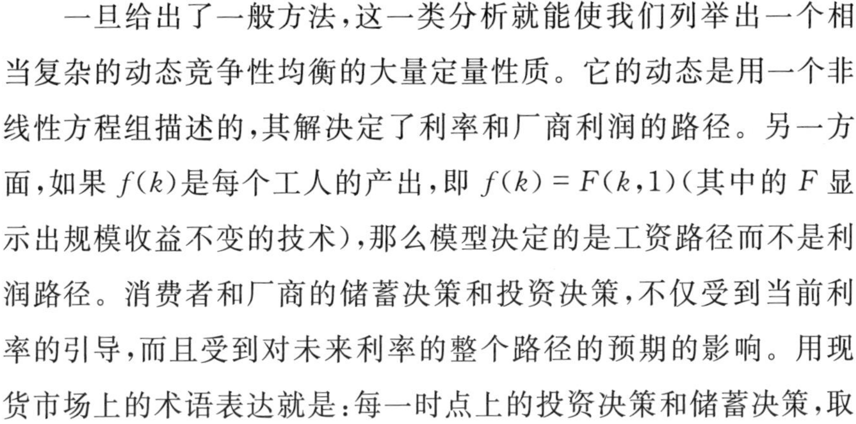

一旦给出了一般方法，这一类分析就能使我们列举出一个相当复杂的动态竞争性均衡的大量定量性质。它的动态是用一个非线性方程组描述的，其解决定了利率和厂商利润的路径。另一方面，如果 $f(k)$ 是每个工人的产出，即 $f(k)=F(k,1)$（其中的 F 显示出规模收益不变的技术），那么模型决定的是工资路径而不是利润路径。消费者和厂商的储蓄决策和投资决策，不仅受到当前利率的引导，而且受到对未来利率的整个路径的预期的影响。用现货市场上的术语表达就是：每一时点上的投资决策和储蓄决策，取

决于该时点上的整个收益曲线。此外，整个收益曲线都是随时间变化的。如果谁想通过令储蓄和投资的某种需求曲线和供给曲线在每个时点上相等来计算这一类方程组，那似乎是一个毫无希望的艰巨任务。这里牵涉到一点微积分和代数，即便模型变复杂了也是如此。比如，作为简单（而富有启发性的）练习，我们可以研究一下，当消费的跨时替代程度发生了变化，或当厂商面临调整成本因而 $\dot{k}$ 是被放弃的消费的非线性函数时，动态是如何演化的。另一个有用的练习是考察如下做法的后果：在 0 时刻宣布资本存量在未来某个时刻 T 将有一个外生性增长（即这一增长由经济的外部因素引致）。当这一信息被宣布时，价格 $\theta(0)$ 会跃升，但要略迟一些，它不能具预先的不连贯性。利用这一点，我们可以推知收益曲线是倾斜的，其近期到期的收益上升，长期到期的收益下降。其净影响是：相对于宣布以前的投资，当前投资有所下降。

2.2.4 次优均衡

如果前几节描述的方法只适用完全信息的帕累托最优均衡，那么它的价值是有限的。实际上，这种方法或某种非常接近它的方法，可以被应用到完全市场假设遭到了某种破坏因而均衡为次优的情形中。即便次优均衡也能最大化某些目标。如果我们能给
89 总量问题添加一些约束，或以恰当的方式改变目标，那么修改后的问题的解也许会带来我们在均衡中观察到的结果。

由多个不同的经济学问题都可推得这一结论。在经济人具有独家信息的情形中，添加的约束以动机相容性约束的形式出现。很多采用了这一方法的研究，关注的是契约或机制，但它们对于价

格接受者来说并非竞争性均衡；而普雷斯科特和汤森(1984)表明，如果我们把模型中出现的商品集合扩大，那么这一类有约束最大化问题的解可以被分解成一个价格接受均衡。哈特(1980)发现，在存在商品差异的模型中，均衡或许不能提供各种商品的正确数量；但如果将生产出来的商品集合当作给定约束，那么均衡将给出所生产的每一种商品的最优数量。在这种情况下，如果我们知道了在均衡中即将被生产出来的商品集合，就可以建立起受到给定的可被生产和消费的商品集合约束的福利最大化模型，并计算均衡数量。在动态模型中，阿罗(1962)隐含地将这一类分析应用到了具有外部性的模型中，而布罗克(1975)将其应用到了具有货币需求和通货膨胀(它就像是对货币的持有征收的税)的模型中。布罗克(1977)还考察了一个带有污染造成的外部性的增长模型。毫无疑问，还能举出其他这一类例子。

上述发现的重要性在于它是可操作的。它描述了可被用来实际求解均衡的一个过程，这一过程与上一节描述的相位平面分析一样简单，并且能够最终构成经验研究的基础。为说明这一点，有必要再次从一个简单模型出发，这个模型与阿尔弗雷德·马歇尔(1961)最先提出来的提高单个厂商的外部收入的问题有些关系。

现在将两期模型 P1 加以扩展，包括进与资本积累有关的外部性。令经济中相似厂商的总数目为 N，且 N 被假设为很大。令 kj 是厂商 j 拥有的资本数，K 是总的资本存量：[16]

$$K = \sum_{j=1}^{N} k_j .$$

为了解总资本对厂商 j 的生产可能性产生的外部影响，将生产函 90

数写为 $f(k_j,\mathrm{K})$。定义这样一个形式的依据是知识的公共物品性质。假设新的实物资本和新的知识或存货是以固定比例生产出来的，于是 K 不仅代表总实物资本存量，而且代表任何厂商都可以加以复制和利用的总公共知识存量。由于每个厂商只是总经济中可以忽略的一小部分，所以它把总存量 K 当作已知，选择 k_j 使利润最大化。

与以往一样，这一经济的带有外部性的竞争性均衡，能够用典型消费者面临的问题和典型厂商面临的问题加以描述。消费者的问题与我们前面的问题 PC(p,π)完全一样：

$$\mathrm{PC}(p,\pi)\quad \max_{c\in \mathrm{R}_+^2} u(c_1)+\beta u(c_2)$$

$$\text{s. t.}\quad \pi+p_1(e-c_1)-p_2c_2\geqslant 0.$$

厂商的问题则不一样。现在，PF(p,K)，取决于总存量 K 和价格

p 这两个参数：

$$\mathrm{PF}(p,\mathrm{K})\ \Pi(p,\mathrm{K})=\max_{k\in R_+}\quad p_2 f(k,\mathrm{K})-p_1k.$$

为了表达上的方便，我将一直使用消费者(和工人)的人数与厂商的个数相等的假设。在这一假设下，商品 1 和商品 2 的市场出清条件是：$e-c_1-k\geqslant 0, f(k,\mathrm{K})-c_2\geqslant 0$，其中的 e 代表时期 1 上的人均初始财富量。利润的均衡表达式是 $\pi=\Pi(p,\mathrm{K})$。在上述条件之外，再加上 $\mathrm{K}=\sum_{j=1}^{N}k_j$ 的均衡条件。正式地说，一个带有外部性的竞争性均衡是一个价格-数量对；给定价格和总变量 K，该数量能够解得最大化问题，并使所有均衡条件得到满足。

在描述上述均衡时，我们把厂商集合当作已知，并假定厂商能够挣得利润。这种假设简化了我们的说明，但不是必需的。生产

函数 $f(k,\mathrm{K})$ 可以代表一个企业每个工人的产出，该企业具有形如 $F(K,L,\mathrm{K})$ 的生产技术，在保持 K 不变的条件下该函数对变量 K 和 L 规模收益是不变的。于是利润可以被重新解释为对工人的支付，此外企业被允许自由出入市场。由于厂商的规模和数目是不确定的，所以假设厂商的数目等于工人的数目，并假设它们都 91
以相同的规模生产，没有什么不妥。在这种解释下，K 仍然代表经济中的总资本存量。

在这一节开头描述的机制基础上，我们考虑一个总量最大化问题，它受到给定的总资本（和知识）水平 K 的约束。K 的每一个假定水平，都定义了一个不同的问题，因此总量问题与消费者和厂商问题一样，实际是涉及一系列参数的问题：

$$\mathrm{P6(K)} \quad \max_{c_1,c_2,k} \quad u(c_1)+\beta u(c_2)$$

$$\text{s. t. } e-c_1-k\geqslant 0,\ f(k,\mathrm{K})-c_2\geqslant 0.$$

对应 P6(K) 存在一个拉格朗日函数 $L6_{\mathrm{K}}$。和前面一样，x 仍然代表三元组 $x=(c_1,c_2,k)$，于是得到下式：

$$L6_K(x,\lambda)=u(c_1)+\beta u(c_2)+\lambda_1(e-c_1-k)+$$
$$\lambda_2(f(k,\mathrm{K})-c_2).$$

只要对于每一个固定的 K，f 都是关于其第一个变量的凹函数，那么这就是一个凹问题，且库恩-塔克定理将适用于它。根据与命题 2.1 完全相同的理由，P6(K) 的任意解 $\hat{x}$ 将与它的价格 $\hat{\lambda}$ 联系在一起，使得 $(\hat{x},\hat{\lambda})$ 是 $L6_{\mathrm{K}}$ 的一个鞍点，从而在价格 $\hat{\lambda}$ 上能够解得消费者问题和厂商问题。这个解不能保证它是该经济的一个带有外部性的竞争性均衡解，因为均衡条件 $N_k=\mathrm{K}$ 可能不被满足。但是，很容易选择一个 K 值使这个条件也成立。

为了解其中的原因，考虑如下的条件 C1、C2、C3，它们刻画了与问题 P6(K)有关的拉格朗日函数的鞍点：

(C1) (i)$u'(x_1)=\lambda_1$，

(ii)$\beta u'(x_2)=\lambda_2$，

(iii)$\lambda_1=\lambda_2 D_1 f(x_3,\mathrm{K})$；

(C2) $\lambda_i \geqslant 0$，$e-c_1-k\geqslant 0$，$f(k,\mathrm{K})-c_2\geqslant 0$，

(C3) $\lambda_i(e-c_1-k)=0$，$\lambda_2(f(k,\mathrm{K})-c_2)=0$.

如果假定效用函数 $u(\cdot)$是严格递增的，那么乘数 $\hat{\lambda}_i$ 将是正的。于是，对数量的约束必须是起作用约束，并因此可被代入(C1,i)中得出：

$$\frac{u'(e-k)}{\beta u'(f(k,\mathrm{K}))}=D_1 f(k,\mathrm{K}).$$

92 在这一点上，可以通过一个简单替代将均衡条件 $\mathrm{K}=Nk$ 加入其中。剩下的工作就是找到一个能够解得下述方程的 $\hat{k}$ 值：

$$(2.10)\quad \frac{u'(e-k)}{\beta u'(f(k,Nk))}=D_1 f(k,Nk).$$

由 $\hat{k}$ 的解倒推，很容易得到数量 $\hat{c}_1$、$\hat{c}_2$ 和 $\mathrm{K}=N\hat{k}$ 以及价格 $\hat{\lambda}_1$ 和 $\hat{\lambda}_2$。

从方程(2.10)中可清楚看到，上述解没有给出社会最优数量。社会最优解意味着各期之间的实际边际转移率为 $D_1 f(k,Nk)+ND_2 f(k,Nk)$。而在上述均衡上，每个厂商都没有动力去考虑第二期的情况。这反映了它的资本和知识积累会对所有其他厂商的生产可能性带来正面影响的事实。

以上的分析告诉我们，作为求解次优均衡的一般步骤，首先要建立起参数形式的有约束总量最大化问题。其中的参数也许是在

均衡上内生决定的变量，但对于均衡的计算来说，在求一阶导数时它们必须被当作是固定的。如果对于固定的参数值该问题是凹的，那么库恩—塔克定理将适用于它。从定理中可以导出描述数量和影子价格的条件，然后以内生数量的形式把它代入该问题的参数表达式中。这里的顺序很关键：我们必须首先求导，然后再替代参数。根据命题 1，能够解得由此得出的方程的数量和价格，将构成次优竞争性均衡。

将均衡条件代入一阶条件然后求解数量的思路，是静态税收分析中的一个老办法。这种分析不寻常的地方是，即使 f 不是一个凹函数，它也适用。比如，f 可以是一个收益递增函数：$f(k,\mathrm{K})=k^{\alpha}\mathrm{K}^{\eta}(\alpha+\eta>1)$，那么此时所需要的，不过是 $\alpha\leqslant 1$。更令人惊异的是，这种做法在无限期界动态模型中和在静态模型中一样简单。

为证实这一点，不妨考察一下问题 P7，它是带有生产外部性的卡斯模型的一个扩展形式。假设 N 个厂商中的每个厂商，都具有一个形如 $F(K,L,\mathrm{K})$ 的生产函数。在总资本 K 既定的条件下，F 对自己的资本 K 和劳动 L 显示出规模收益不变的性质。通过
L，把该生产函数作普通的标准化，于是每个工人的产出被定义为 93
$f(k,\mathrm{K})=F(k,1,\mathrm{K})$。为方便起见，假设厂商个数等于工人人数（而工人人数就等于消费者人数，并且保持不变）。令 $\mathrm{K}:[0,\infty]\rightarrow R$ 代表资本和知识总量的路径，然后将有约束社会计划问题定义为：

$$\text{P7(K)}\quad \max\int_{0}^{\infty}u(c(t))e^{-\rho t}dt$$

$$\text{s.t. 对于所有 } t\geqslant 0\text{，有 } \dot{k}(t)=f(k(t),\mathrm{K}(t))-c(t)$$

$$\text{对于所有 } t\geqslant 0\text{，有 } k(t)\geqslant 0.$$

这里的分析与对两期模型所作的分析完全一样。鞍点条件是汉密尔顿方程。利用其当前价值形式，我们定义：

$$\widetilde{H}(k,\theta,\mathrm{K})=\max_{c} u(c)-\theta(f(k,\mathrm{K})-c).$$

于是微分方程为：

$$\dot{\theta}(t)=\rho\theta-D_1\widetilde{H}(k(t),\theta(t),\mathrm{K}(t))$$

$$\dot{k}(t)=D_2\widetilde{H}(k(t),\theta(t),\mathrm{K}(t)).$$

这一方程组还不是我们能够在相位平面上加以研究的一个自控系统，因为它依赖外生路径 $\mathrm{K}(t)$。但是在用 $Nk(t)$代替了 $\mathrm{K}(t)$以后，它是自控的。[17] 对于特定的函数形式，其相位平面可以立即得到描述。

最容易处理的效用形式仍是 $u(c)=\ln(c)$，因为在这种情形下，使当前价值形式的汉密尔顿函数在 c 上实现最大化，可以得出一阶条件 $1/c=\theta$。令 F 具有对数线性形式 $F(K,L,\mathrm{K})=K^{\alpha}L^{l-\alpha}\mathrm{K}^{\eta}$，于是 f 变为 $f(k,\mathrm{K})=k^{\alpha}\mathrm{K}^{\eta}$。将它们代入汉密尔顿函数求微分，得到 k 和 θ 的微分方程。然后将 $\mathrm{K}(t)=Nk(t)$代进去，得出：

$$\frac{\dot{\theta}}{\theta}=\rho-\alpha N^{\eta}k^{\alpha+\eta-1},$$

$$\dot{k}=N^{\eta}k^{\alpha+\eta}-\frac{1}{\theta}.$$

如果 $\alpha+\eta$ 小于 1，这一方程组便具有与卡斯模型相同的鞍点动态。同前面一样，当资本的私人边际生产率等于贴现率时，增长便停止：$D_1f(k,Nk)=\rho$ 是 $\dot{\theta}=0$ 的等斜线的方程，后者类似不带外
94 部性的模型中的 $f'(k)=\rho$。这一结果表明，由 $F(K,L,Nk)=K^{\alpha}L^{1-\alpha}(Nk)^{\eta}$ 的形式带来的递增收益本身不足以维持持续的增

长。此外，当 k 增长时，私人边际产品 $D_1 f(k,\mathrm{K})$ 绝对不能下降得太快。当 $\alpha+\eta$ 等于 1 时，动态将发生相应变化。此时，如果 αN^{η} 大于 ρ，这一经济将表现出无休止的增长。在相位平面上，没有 $\dot{\theta}=0$ 的等斜线，因而不存在平稳点。

实际上，我们有可能明确地求解这一模型的方程并表明增长是以常数速率发生的。由于 $-\dot{\theta}/\theta>0$ 等于常数 $g=\alpha N^{\eta}-\rho$，我们可以写出 $\theta(t)=\theta(0)e^{-gt}$。于是 c 的表达式为 $c(t)=\theta(0)^{-1}e^{gt}$，而 k 的方程是：

$$\dot{k}=N^{\eta}k-\theta(0)^{-1}e^{gt}.$$

由于这是一个线性微分方程，它的解可以在任何一本教科书中找到。利用 $k(0)$ 为已知的条件，其解为：

$$k(t)=[\theta(0)(N^{\eta}-g)]^{-1}e^{gt}+\{k(0)-[\theta(0)(N^{\eta}-g)]^{-1}\}e^{(N^{\eta})t}.$$

上式中的待定数值 $\theta(0)$，由无限期界上的横截性条件 $\lim_{t\to\infty}e^{-\rho t}\theta(t)k(t)=0$ 决定。由于 $\theta(t)$ 的增长方式类似 e^{-gt}，因此 $e^{-\rho t}\theta(t)$ 与 k 的表达式的第一项的乘积，对于任意的 $\theta(0)$ 值都为零。由于 $g-\rho=\alpha N^{\eta}$，因此只当下式成立时，第二项才为零：

$$\theta(0)=[k(0)(N^{\eta}-g)]^{-1}.$$

结果，k 和 c 都以速率 $g=D_1 f(k,Nk)-\rho=\alpha N^{\eta}-\rho$ 增长。

在由该解代表的均衡中，利率是恒定的：$r=D_1 f(k,N_k)=\rho+g$。如果我们将初始资本标准化，使得 $\mathrm{K}(0)=1$，那么 K 的指数增长意味着单个厂商的生产可能性在每个时点上都具有 $e^{gt}K^{\alpha}L^{1-\alpha}$ 的形式。工资率以速率 g 增长，而劳动和资本获得了国民收入的一个常数份额 $1-\alpha$。如果产出中决定于私人选择的部

分 $K^{\alpha}L^{1-\alpha}$ 被不变弹性生产函数代替，那么资本的份额有可能下降，而劳动的份额有可能上升。

从直观上看，这一经济似乎等价于具有常数外生技术变化率 g 的经济，但是两者对干预的反应是不一样的。上述经济最好被看作是内生技术变化模型，这样，技术变化率会受到任何干预的影
95 响。如果给模型引入一个针对产出的比例税 τ，那么它将改变人们投资的愿望，降低 $k(t)$ 以及总路径 $\mathrm{K}(t)$。在外生技术变化模型中，$\mathrm{K}(t)$ 是外生的，因而不会对税收做出反应。而此处的联合效果是，增长率从 $\alpha N^{\eta}-\rho$ 下降到 $(1-\tau)\alpha N^{\eta}-\rho$。如果税率足够大，增长甚至会停下来或反向发生。

在这一非正式的分析中，没有明确考虑税收收入——它好像被干脆抛到了一边。如果实施的是将收入返还消费者的较为明智的平衡预算税，其结果也是一样的。此时只要求在有约束总量最大化问题中加入一个额外的参数。假设下述的问题 P8(K，T)，依赖于外生的总资本路径 $\mathrm{K}(t)$ 和消费者获得的人均转移的路径 $T(t)$：

$$\mathrm{P8}(\mathrm{K},T)\quad \max\int_{0}^{\infty}u(c(t)+T(t))e^{-\rho t}dt$$

$$\text{s. t. 对于所有 } t\geqslant 0\text{，有}$$

$$\dot{k}(t)=(1-\tau)f(k(t),\mathrm{K}(t))-c(t)$$

$$\text{对于所有 } t\geqslant 0\text{，有 } k(t)\geqslant 0.$$

除了前面的均衡条件 $\mathrm{K}(t)=Nk(t)$ 以外，这一问题还要求平衡预算条件 $\tau f(k(t),Nk(t))=T(t)$。与前面一样，定义一个当前价值形式的汉密尔顿函数，并对其求导从而获得如下的微分方程：

$$\frac{\dot{\theta}}{\theta}=\rho-\alpha(1-\tau)k^{\alpha-1}\mathrm{K}^{\eta}(t),$$

$$\dot{k} = (1-\tau)k^{\alpha}\mathrm{K}^{\eta} - \frac{1}{\theta} + T(t).$$

在加上均衡条件以后，我们发现增长率是 $\alpha(1-\tau)N^{\eta}-\rho$，这和前面是一样的。

外生技术变化和内生技术变化之间的区别不仅是一个在学术上令人感兴趣的问题。比如，针对外生技术变化模型进行的关于1986年税收改革法案的一项研究表明，家庭部门和企业部门之间的税收扭曲的减少，以及短期资本和长期资本之间的税收扭曲的减少，可给年均 GNP 带来 1%左右的效率收益（乔根森，1987）。由于这个模型中的增长是外生的，因此取消投资税信贷并提高资本收益税，对促使劳动生产率提高的技术进步不产生任何影响，后 96

者的增长率估计每年达 2%左右。因此，税收改革对资本的增长率没有长期影响。为比较起见，假设技术的增长率是内生的，于是投资税信贷或资本收益率的立法变化将带来研究和发展上的变化，从而危及资本可获得性——这一点促使技术增长率下降 0.1%，从每年的 2%下降到每年的 1.9%。在实际利率为 5%、总 GNP 以每年 3%的比率增长[18]（乔根森使用的数据大致如此）的均衡中，未来 GNP 的现值是 1/0.020 = 50 乘以当前 GNP。由税收扭曲的减少带来的 GNP 在所有未来时期的 1%的增长，使得财富变为 1.01/0.020 = 50.5 乘以改革前的 GNP，增加的部分相当于半年的 GNP。但在改革前的利率水平上，当产出增长率从 3.0%下降到 2.9%时，未来 GNP 的现值减少为 1.01/0.021 = 48.1 乘以改革前的 GNP，与税收改革前的情形相比，损失了将近两年的 GNP 价值。正如我们所怀疑的，即使增长率只有很小的下降，也会有很大一部分财富增长被吞没。

从经济角度看，增长率0.1%的下降是相当严重的，但如果与从数据中观察到的各国产出增长率的差异程度相比，它显得相当小——即使对于非常相似的工业化国家之间的情况而言也是如此。作为例子，我们可以拿战后的英国与日本作比较，或甚至与法国作比较（见表2.3和图2.4）。某种原因引起了这些差异，并且如果政策选择能够对即使是很小一部分的差异作出解释，那么政策对增长率的间接影响也会完全超过人们在一个外生增长模型中能够量化出来政策的直接影响。

人们可以对这一特定的内生技术模型的很多假设有不同意见，但这里的主要目的是说明方法的重要性。它为利率和工资提供了价格路径；允许厂商和消费者基于它们对未来的预期或可观察到的所有证券收益，作出它们在每一点上的投资决策和储蓄决策；令看似外生的技术变化率实际依赖于内生的投资决策，并假设个体能够了解这一依赖性是如何起作用的；描述了一个非帕累托最优因而不是一个简单帕累托最优问题的解的均衡；为马歇尔的
97 有关外部收益增长的一个例子提供了简洁的动态模型；允许对既对个体的决策有直接影响、又对知识的增长或技术的变化具有间接影响的税收作平衡预算分析。

这里的讨论忽略了动态规划方法和贝尔曼方程，部分原因是：在斯托齐、卢卡斯和普雷斯科特（1989）的文章中，可以找到关于这些方法的很好介绍。这一忽略还体现了如下想法，即采用拉格朗日函数或汉密尔顿函数形式比采用政策函数的泛函方程形式，更容易让人理解刻画次优动态均衡的方法。支持这一观点的一个证据是:由布罗克提供的对次优动态均衡的第一个完整分析出现在1975年,但这一模型的政策函数形式直到十多年以后才出现(参见丹蒂恩、唐纳森和史密斯,1987)。虽然政策函数方法不那么直观,但它具有一个优势,即它比我们这里描述的变分方法更适于研究带有不确定性的问题。除去表面上的差异,构成这些方法的基本思路是一样的。这一思路就是将总量当作已知、求个体最大化问题的一阶条件,然后把个体选择的数量汇总起来。均衡价格导自个体最大化问题的影子价格,或等价地,导自隐含在这些问题中的边际估价。

2.3　近年来出现的增长模型

和所有一般均衡模型一样,最近几年提出来的增长模型可根据它们对偏好、技术和均衡概念所作的假设对其加以区别。对于我们这里描述的模型来说,均衡概念是完全市场竞争性均衡,或是带有外部性的完全市场竞争性均衡——但有一个例外情形。该例外情形,即马歇尔-扬-罗默模型,使用了一个垄断竞争概念,但其动态行为被假定与带有外部性的竞争性均衡模型完全相同。

从技术角度看,所有模型都假设存在一个总生产函数 $F(\cdot)$,它依赖于下列要素集合的一个子集:来自实物资本的服务 K、来自劳动的服务 L——由接受了最低限度的学校教育和培训的劳动
者提供、来自额外的人力资本的服务 H、对技术或工艺水平的定 98
量描述 A。这一生产函数可以显示出规模收益递增或规模收益不变的性质。除了马歇尔-扬-罗默模型,在其他所有模型中,$F(\cdot)$

可被当作是对一个典型厂商所能够获得的技术的一个描述。而在例外情形中，$F(\cdot)$是一种简化形式，反映了技术要点和将最终产品生产者和中间产品生产者联系起来的市场结构。

除了巴罗-贝克尔模型，所有模型都使用了标准的贴现的拉姆齐偏好，并假设人口增长率由外部给定。贝克尔和巴罗扩展了这一假设，允许父母对每个孩子的消费和孩子的数目都有所偏好。

2.3.1 阿罗-罗默模型

上一节描述的外生技术变化模型是罗默(1983、1986)模型的一个特例。其中的技术依赖于实物资本 K，体力劳动 L 和技术 A。当只考虑 K 和 L 时，生产函数 $F(K,L,A)$对它们显示出规模收益不变的性质，因此当所有三个变量都被考虑在内时，它显示出规模收益递增的性质。均衡是有可能存在的，因为只有 K 和 L 是需要明确补偿的要素，A 就像是一个公共物品。我们假设私人的资本投资带来了公共知识 A 的增长——于是产生了 A 的运动。为简单起见，假设 A 的运动与 K 的运动是一对一的，因此我们的分析可以集中于只有一个状态变量的模型。[19]

将技术变化归为内生的早期努力出现在 20 世纪 60 年代，但规模收益递增现象的存在一直限制了该理论的发展(参见谢尔，1967；费尔普斯，1966；冯·韦茨扎克，1966)。在任何一个有关内生技术变化的讨论中，如果我们以变量 A 解释技术——包含在书本、设计、模型、版权、专利中的有关数学、物理、化学、工程或制造工艺的抽象知识——那么收益的总体增长问题似乎是不可回避的。这一类知识可以基本为零的边际成本被反复使用，而在这个意义上，A 与体现在工人身上的技能 H 是很不相同的。作为 A 和 H 能够起到相同作用的一个简单例子，我们把 H 当作是一个专家的技能，把 A 当作是能够作出相同决策的一个用计算机程序编制的专家系统。建立专家系统成本很高，但要重复使用它基本上是没有成本的。

如果我们承认存在这类投入，便立即会得到收益递增的结论。99
在不改变知识 A 的情况下，通过将所有有形投入增加一倍并重复所有现行生产活动，我们应该能够将产出增加一倍。一旦也允许 A 变动，那么必定有规模收益的递增。不管在现实中是否有可能将所有要素都增加一倍，上述论点至少表明，让所有生产要素都得到它们的边际产品在数学上是行不通的。在收益递增的情况下，这不只是分光总产出的问题。20 世纪 60 年代建立的模型解决这一问题的办法是，假定 A 来自天外或国家科学基金，因而不需要在市场上得到补偿。其中的意思是：A 是投资的副产品，但又不需要直接补偿的。与称 A 为外生的说法不同，这一观点认为经济的刺激对 A 的积累有影响。2.3.5 节探讨了能够获得相同结论的另一种思路：它假设 A 从垄断利润中得到了补偿。

阿罗(1962)使用了上述思路，他假设总体的技术进步来自对实物资本的投资。[20] 他将灵感归功于卡尔多(1961)。但是，阿罗将注意力集中在产出对资本和知识的总弹性(即前面讨论过的例子中的 $\eta+\alpha$)小于 1 的情形。结果，仍然存在一个稳定状态。阿罗通过加入外生的人口增长，使增长保持了下去，但这还不能完全令人满意。人口增长在模型中成了唯一的驱动力量，并扮演了类似索洛模型中的外生技术变化的角色。人均收入的增长率紧随人口增长率增长，并且如果人口增长变为零，它也变为零。不管是储蓄率还是税率都不能影响增长率。永久性地提高产出中用于投资的份额——不管它是出于什么原因，对增长率没有永久性的影响。

阿罗将分析局限于稳定状态，似乎在很大程度上是出于技术方面的考虑。其中一个问题是如何保证目标函数中定义在$[0,\infty]$上的积分收敛。如果增长以一个过快的速率发生，该积分将发散。第二个问题涉及模型的均衡理论。阿罗对如何表明他推导的数量是
100 一个竞争性均衡的问题提供了一个启发式论证，但也只针对稳定状态的增长路径作了这种论证。因此，举例来讲，他推导的利率是一个数字，而不是时间的函数。布罗克(1975、1977)提供了对分别带有通货膨胀扭曲和污染扭曲的动态模型所作的分析，并且在这些论文中，他将均衡分析应用于经济的整个路径，而不只应用于稳定状态。均衡分析是启发式的，并且没有考虑收益的递增和内生增长。罗默(1983)最先对这类模型后面的均衡理论作了一般性的描述，其中叙述并证明了类似上面有关动态模型的命题2.1的结果。

罗默(1983、1986)的研究实际上超出了上面提到的总生产函数$k^{\alpha}K^{\eta}$中的指数α与η之和可等于1的结论。在对消费品转化为投资品的技术做了些修改以后，这些论文中的分析表明和大于1也是可行的。在这种情形下，不可能得到显性解，但可以用相位平面分析方法研究均衡。增长率能够随时间单调递增，而不像在$\eta+\alpha$小于1的情形中那样最终递减，或像在和为1的情形中那样表现出恒定的趋势。在这个意义上，模型甚至能够刻画表2.1和表2.2显示的增长率的长期趋势。这一分析还表明，和大于1导致的递增的资本边际生产率能够推翻标准的收敛结果。资本和投

资可能从人均收入和人均资本较低的国家流向更发达的国家。

2.3.2　宇泽-卢卡斯模型

关于递增收益对各个国家之间的资本流动产生的影响，卢卡斯(1988)利用另一种模型提出了一个类似的但更符合经验的论点。即使资本能够在各个国家之间充分流动，递增收益也会带来移民压力。[21]卢卡斯的基本模型依赖于变量 K 和 H，并且建立在宇泽(1965)[22]的早期模型基础上。我们可以把这一类模型看作是既允许体力劳动 L 存在，又允许人力资本 H 存在的模型，只是要求这两种投入互为很好的替代品。特别是；如果它们互为完全替代品，H 就可以被简单看作是有形人力资本和无形人力资本之和。

投入 H 与实物资本的相似程度比它与劳动 L 和技术 A 的相似程度大。与 L 相比，有可能通过投资提高 H，就像有可能如此
提高 K 一样。与 A 相比，如果我们想重复一项生产活动，有必要 101
花费成本来生产出更多的 H(也就是说，训练额外的工人)。因此该模型是一个两种资本品模型，并且它定义了可进行投资的两个不同部门。决定增长率的关键部门是生产新的人力资本的部门。H 的积累所需要的特定技术被假设与 H 呈线性关系，这一假设大大简化了分析。如果 H_1 是投入到消费品生产中的人力资本数量，H_2 是投入到新的人力资本生产中的人力资本数量，那么 $\dot{H}$ 由下式给出：

$$\dot{H}=\delta H_2.$$

消费品和实物资本是在第一部门由生产函数 $F(K,H_1)$ 生产出来的。在宇泽模型中,这一函数表现出规模收益不变的性质。卢卡斯提示说,伴随与人力资本 H 有关的外部影响,存在规模收益递增的现象。通过与前面的模型比较,产出可以写成 $F(K, H, \mathrm{H})$ 的形式,而且在均衡点上,人力资本的总存量 H 由 $\mathrm{H}(t) = NH(t)$ 给出。阿罗-罗默模型中的外部性来自实物资本 K 的生产和技术 A 之间的间接联系,这种联系可以被任何人所复制并使用。相比之下,卢卡斯强调了人力资本的相互作用带来的直接效应,即同事和合作者之间的讨论带来的那类效应。在卢卡斯的模型中,外部性依赖于人力资本的平均水平,而不像在这里依赖于总量。但是只要人口被假设为是恒定的,这些假设是等价的。

在给这一经济写出总量最大化问题时,为了表述上的方便,我们定义一个等于总人力资本中投入到实物资本生产中的部分的变量(即卢卡斯模型中的 u)。因此,$u(t) = H(t)_1 / H(t)$。在这一模型中,用来计算均衡点的参数最大化问题是:

$$\text{P9(H)} \quad \max \int_0^{\infty} u(c(t)) e^{-\rho t} dt$$

$$\text{s.t} \quad \dot{K}(t) = F(K(t), u(t)H(t), H(t)) - c(t),$$

$$\dot{H}(t) = \delta(1 - u(t))H(t).$$

102 均衡收入的计算与前面的模型一样。将 $\mathrm{H}(t)$ 的路径当作已知,写下这一模型的汉密尔顿函数,该函数取决于两个资本存量(或说状态变量)K 和 H,以及两个乘子(或说共状态变量)。根据汉密尔顿函数的定义,最大化将针对控制变量 $c(t)$ 和 $u(t)$ 的选择。经微分得到汉密尔顿方程,然后代入均衡条件 $\mathrm{H}(t) = NH(t)$。

由这一模型确实导出了无限的增长,但并不是依靠总体上递增的收益达到这一点的。在宇泽的原模型中没有递增的收益也没有外部影响，但也出现了无限增长。产生这一结果的原因是对投资部门作了收益不变假设，并且所有投入都被假定可以积累因而没有实质意义上的固定要素。人力资本部门的收益不变假设形式特别简单，就是 $\dot{H}=\delta H_2$。这一方程描述的显然是非递减的收益，而有一个这类积累方程就足矣。如果 H 是无限地增长的，那么它对产出方程的影响类似索洛模型中的外生技术变化的影响，或阿罗模型中的外生人口增长的影响：它提高了实物资本的边际生产率，导致了实物资本积累。渐进动态在本质上取决于 $\dot{H}$对 H 的线性关系。这一性质与不变弹性效用函数结合在一起，使得模型表现出像其他带有线性生产函数和不变弹性效用函数的模型一样的动态。如果模型是以 K 对 H 的正确比例启动的，它将永远以不变速率增长。如果以 K 对 H 的其他比例启动，就将出现过渡性动态，促使该比例调整到与不变速率的总增长一致的数值。增长将逐渐接近不变速率。

卢卡斯模型具有宇泽模型的所有这些特征。但是实物商品生产中存在的收益递增现象改变了卢卡斯模型对工资的意义。在宇泽模型中，K 和 H 是以相同比率增长的。不存在实物资本相对于人力资本的深化，所以两种类型资本的租赁率都不变。对每个工人的支付是增长的，因为每个工人的人力资本增长了，但是经素质调整的工资——比如，一个高中毕业但没有工作经历的男性劳动者的工资——将不随时间变化。不过，一旦加入递增收益假设，就
不再如此了。K 对 H 比例将随时间提高，伴随发生的是类似资本 103
深化的现象。经素质调整的工资将随时间提高。

这一模型的比较含义是：即便存在资本的自由流动，较为发达的国家的工资仍将较高。为了解其中的原因，考虑两个国家的情况，并假设总产出具有如下形式：

$$F(K,H,\mathrm{K},\mathrm{H})=\mathrm{K}^{\eta}\mathrm{H}^{\phi}(K^{\alpha}H^{1-\alpha}).$$

这里，K^{α} 和 $H^{1-\alpha}$分别代表非人力资本和人力资本的普通私人边际生产率，K^{η} 和 H^{ϕ} 代表可能的外部影响。卢卡斯关注的是人力资本的外部影响问题，而这里的分析对于 H 和 K 是对称的。

令 $K_{\mathrm{b}}, H_{\mathrm{b}}, K_{\mathrm{s}}, H_{\mathrm{s}}$ 代表一个大国 b 和一个小国 s 的要素投入量。令两个国家的利率相等，于是有：

$$\alpha K_{\mathrm{b}}^{\eta+\alpha-1}H_{\mathrm{b}}^{1-\alpha+\phi}=\alpha K_{\mathrm{s}}^{\eta+\alpha-1}H_{\mathrm{s}}^{1-\alpha+\phi}.$$

128

在规模收益不变（即生产函数为一阶齐次）的模型中，利率是 0 阶齐次的。变量 K 和 H 的同时增大不会改变利率。由于这里的生产函数是 $1+\eta+\phi>1$ 阶齐次的，利率是 $\eta+\phi>0$ 阶齐次的。其结果，K 对 H 的比率不可能在两个国家相同。如果相同，大国的利率将较高。实际上，利率一体化意味着：

$$\frac{K_{\mathrm{b}}}{H_{\mathrm{b}}}>\frac{K_{\mathrm{s}}}{H_{\mathrm{s}}}.$$

但随之而来的结论是：大国的工资将较高。原因有二：首先，规模效果能够提高工资，因为工资率也将是 $\eta+\phi>0$ 阶齐次的；其次，大国的非人力资本对人力资本的比率较高，这将进一步提高工资。这里关键的因素是递增收益的存在——也就是 η 和 ϕ 有一个大于 0，以及 $\eta+\alpha$ 和 $\phi+1-\alpha$ 小于 1 的条件的存在。究竟哪一个物品与正的外部性有关，则没什么关系。

在新古典模型中，不同国家之间的收入差别必定反映了资本-

产出比的差别。这些差别意味着各个国家资本收益率之间的巨大 104
差别。为说明这种差别究竟有多大，假设资本的系数是0.4，然后考虑一下图2.5中的一个国家，其人均收入为美国的1/10。根据公式 $y=k^{0.4}$，美国的资本必须比该国的资本大 $10^{2.5}$ 倍，而利率必须低 $10^{1.9}$ 倍。如果造成收入差别的唯一原因是外国资本对美国的投资，那么要使这种投资合理，就需要假设较不发达的国家对外国资本征收着异常高的税，或者假设在该国存在着资本被剥夺的异常高的可能性。抛开模型本身不论，收入差别可能反映着两个国家所使用的技术的差别，但在这种情形下，将技术出口到小国似乎会带来相应的利润。在这一类模型中，大规模的收入差别的持续存在，似乎意味着存在大规模的、持续的、未开发的获利机会。

宇泽模型没用未开发的获利机会就解释了收入差别。该模型认为，低收入国家的 K 和 H 的都较少，但两者的比例与高收入国家是一样的。这一要求应该说是很过分的。虽然没有什么证据表明资本的流动存在很大障碍，但对移民是存在着一些限制的。卢卡斯的模型获得了居间的结论。不同国家的资本收益率是可以被一体化的，但果真如此，高收入国家对人力资本的支付就将较高，因而如果工人们能够移民到那里的话，他们的生活将得到改善。

如果存在递增的收益，并且如果阻止资本和劳动流动的障碍都被消除，那么资本和工人都将转移到高收入地区。这一结论乍听起来似乎不可信，但如果我们考虑一下资本和工人在一个不存在障碍的国家的分布情况，就不这样认为了。实际上，它们并不是平均地分布在所有可利用的土地上的——不像一个规模收益不变的模型所暗示的那样。如卢卡斯所强调的，它们在很大程度上集中于一些地区和城市。在通信成本和交通成本都很高的欠发达国家，这种向几个地区甚至一个地区集中的过程甚至比发达国家更为严重。

2.3.3 线性增长模型

在卢卡斯用人力资本解释宇泽模型以后，金和里贝罗(1988)称没有递增收益或外部影响的宇泽模型本身就很使人感兴趣。他们主要研究了变量 H 和 K，并假设 $F(K,H)$ 显示出规模收益不变
105 的性质。他们称这一方法很有用，因为一个随机的形式为分析总量时间序列数据提供了一个可操作的框架，该框架既可容纳短期周期变动也可容纳长期趋势行为。几乎所有其他的用于数据分析的理论框架，都没有认真对待数据中的这些变动来源。传统的周期模型用某些专门方法去掉了趋势行为，而增长模型则平均去掉了周期变动。

金和里贝罗的观点的全部力量在于宏观经济学方面。对于增长理论的研究而言，将数据中的高频率变动抛在一边可能是不应当的，但另一方面，几乎没有证据表明人们平滑数据的方式将改变他们得出的结论。不管人们选择什么样的方法平滑数据，长期趋势是明确的。相比之下，对经济周期频率的推导更为精细。重要的经济周期问题的答案，通常对人们抽掉时间序列中的趋势的方式非常敏感。进一步说，总量数据中的大多数变动(它是以一个回归方程中的矩阵 $X'X$ 的大小来衡量的)来自序列的趋势行为。抛开趋势可能比抛开高频率牺牲更多的信息。

对于宇泽模型的随机形式，金和里贝罗强调了它的几点吸引

人的特征，其中之一是说该模型能够带来具有单位根的总量时间序列（即其一阶差分是平稳的）。这一结果与带有外生的指数技术变化的索洛模型形成对照，后者的总量序列在去掉指数趋势以后是平稳的。现在，可以从理论角度和计量经济学角度对这两种抽掉趋势的方法做对比分析。

从主要状态变量 H 的增长率与其分量呈线性关系的角度看，宇泽模型是一个线性增长模型。里贝罗（1988）发现，这类线性性质可被一般化到如下的情形中：H 是一个状态变量向量，而 H 的每一个分量的增长率是关于 H 的规模收益不变的函数。这些模型的线性性质是如此易于处理它们的部分原因。它们具有一个平衡的增长路径，并且增长率（或说一个随机模型中的预期增长率）是不变的。由于模型并不依赖任何形式的收益递增，均衡是帕累托最优的，并且可以通过求解一个社会计划问题得到它。

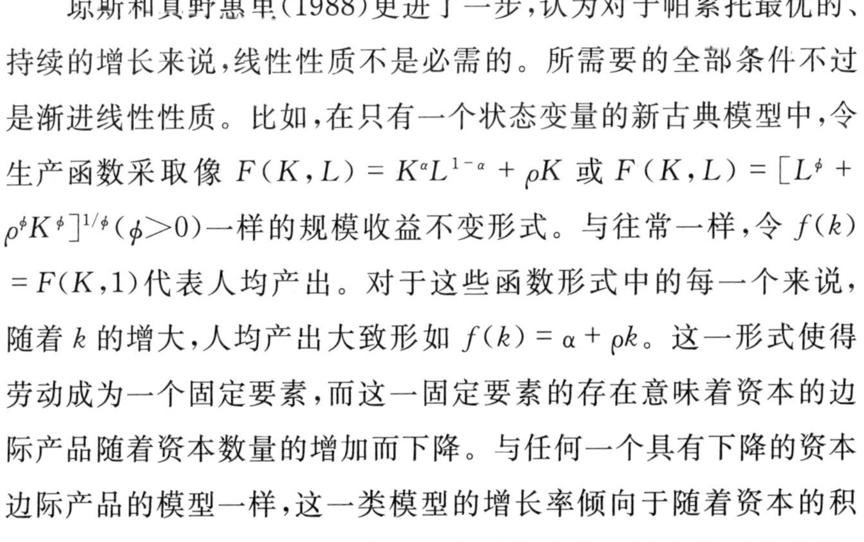

琼斯和真野惠里（1988）更进了一步，认为对于帕累托最优的、 106
持续的增长来说，线性性质不是必需的。所需要的全部条件不过是渐进线性性质。比如，在只有一个状态变量的新古典模型中，令生产函数采取像 $F(K,L)=K^{\alpha}L^{1-\alpha}+\rho K$ 或 $F(K,L)=[L^{\phi}+\rho^{\phi}K^{\phi}]^{1/\phi}(\phi>0)$ 一样的规模收益不变形式。与往常一样，令 $f(k)=F(K,1)$ 代表人均产出。对于这些函数形式中的每一个来说，随着 k 的增大，人均产出大致形如 $f(k)=\alpha+\rho k$。这一形式使得劳动成为一个固定要素，而这一固定要素的存在意味着资本的边际产品随着资本数量的增加而下降。与任何一个具有下降的资本边际产品的模型一样，这一类模型的增长率倾向于随着资本的积累而下降。这里的发现是，由于规定了资本的边际产品不能为零，

增长率的下限可以是正的。在 20 世纪 60 年代,这类模型被认为缺乏吸引力,因为它们要求总收入中资本所占的份额随着时间增长,并逐渐接近 1。但琼斯和真野惠里称,资本可以被重新解释为实物资本和人力资本的组合,因而通常的衡量收入份额的办法是行不通的。

线性增长模型试图做到的事情,要少于那些试图解释增长率的长期增长趋势、移民现象或国际贸易或人口增长对产出增长的影响的模型。线性增长模型的优势在于,它们不必依靠外生的技术变化就能够在一个非常简单的环境中造成增长。对于某些目的而言,这一优势可能相当重要。在金和里贝罗寻求的宏观经济应用中,模型的简洁性非常关键。每当经济学家们想在一个包含增长的基础模型中检验一个命题,线性模型就可能被越来越多地当作具有外生技术变化的索洛类模型的一个补充而被使用。

2.3.4 克鲁格曼-卢卡斯模型

卢卡斯论文中的第二个模型与最早为保罗·克鲁格曼(1988)所研究的一个模型非常相似。这些模型较少强调了增长的细节,而对增长和贸易之间的内在联系给予了较多重视。其中的要点是,递增的收益能够彻底推翻关于贸易的实证影响和规范影响的通行观点。

107 如克鲁格曼所描述,模型是以劳动 L 和技术 A 表述的,并假设总生产函数 $F(L,A)$ 显示出规模收益递增的性质。与阿罗-罗默模型相似,在该模型中,由 A 的增长带来的好处被所有人分享,因而递增的收益是外在的。由于不存在资本,A 不可能是投资的一个函数。它在这里被假设依赖于以往的产出，这一假设等价于说技术依赖于劳动投入。模型这里的特别之处是，它假设存在很多种可被生产出来的商品，每种商品拥有自己的技术水平 A_i。为简单起见，假设商品 i 的产出是 $y_i = \dot{A}_i L_i$，而技术系数 $\dot{A}_i$ 的变动遵循一个有关以往生产的线性微分方程：[23]

$$\dot{A}_i = -\delta_i y_i.$$

卢卡斯使用了一个以劳动 L 和人力资本 H 表述的等价形式。商品 i 的产出取决于行业 i 中每个工人的人力资本数量（H_i/L_i），此外还需乘上投入到这一商品生产中的劳动量。人力资本 H 随着以往产出增长，但这种影响纯粹是外在的。不管以何种形式出现，这一点都抓住了大多数经济学家在描述边干边学时所想到的问题。

该模型对贸易和福利的启示来自下述事实：在市场上所作的生产决策，将只取决于不同国家的投入系数 A_i 或（H_i/L_i）的相对大小，而与学习系数或增长系数 δ_i 无关。为简单起见，假设只有两种商品。使一个国家相对于其贸易伙伴具有成本优势的商品，可能不是那种具有很高的学习速度（也就是一个大 δ_i）的商品。在对偏好作了适当假设以后会发现，处在一个具有迅速的学习能力和快速的产出增长的行业中是比较好的。在这种情况下，令一个国家向贸易开放——这会导致具有较低学习速度的产业专业化——将使该国的境况劣于自给自足的情况，在后一种情况下，两种商品都能够在国内得到生产。

在我们这个贸易模式受到越来越多争议的时代，上述模型显然是有吸引力的。它还指出了如果增长模型想对增长和贸易发表点看法就必须遵循的方向。在模型中必须有多于一种的商品，并且必须存在发生贸易的一些理由。我们这里使用的收益递增、动态和外部影响模型，简单而有效地指出了存在递增收益时出现冲
108 突的可能性，但在用它来研究私人储蓄和私人投资等问题之前，还需要对其加以细化。

2.3.5 马歇尔-扬-罗默模型

罗默模型(1987)试图引入多种商品，同时仍将自己保持为一个明晰的有关积累的动态模型。这一模型与其他那些考虑了递增收益的模型不同，因为它没有依靠外部影响获得一个分散均衡。它利用的是一个垄断竞争模型。尽管如此，计算动态均衡的方法与用来计算外部性和税收扭曲模型的方法相同。

马歇尔(1961)曾经提出了两种外部经济来源，阿林·扬(1928)进一步强调了它们。罗默模型建立在其中第二种外部经济来源基础上。马歇尔和扬提示说，不同企业之间的贸易提供了独特的专业化商品，带来了对于单个企业来说是外来的一种递增收益形式。专业化的程度(或等价地，在任何一个时点或地点上能够得到的不同厂商个数)受固定成本的限制。在这一模型中，这些不同商品被假设为是生产的中间投入，而获得更多的投入被认为对技术是有益的。当然，在将硅谷和内布拉斯加的交叉马路区别开来的特征中，有很大一部分涉及的是在每个时点上都能立即得到的可供出售的各种专业化产品和服务的。如果你想建立起一个企业生产新的计算机芯片，内布拉斯加的土地也许便宜些，但你不妨看看能不能在附近找到一个拥有烘烤、蚀刻以及检验硅晶片的适

当设备的厂家。如果不存在固定成本，我们可以想象会有无数微型的这类企业均匀地分布在整个美国（或世界）的土地上。

虽然马歇尔和扬是用带有外部性的竞争性均衡描述专业化的，但现在很清楚，他们所想到的外部影响在固定成本模型中能够得到更为严格的一种描述。在具有非负利润的均衡中，价格必须超过边际成本以便能够补偿这些固定成本，因此模型必须考虑某种形式的市场力量。

描述定价行为的模型总是比描述价格接受行为的模型更为复杂，但我们可以通过启发式方法说明其基本思想。假设总消费品的产出可写成一个依赖于劳动 L 和中间投入表 $\mathbf{x} = \{x_i\}_{i=0}^{\infty}$（该表 109
可以无限长）的函数 $Y(\mathbf{x}, L)$。该投入表描述了所有可能被用到生产中的投入。Y 的一种简单形式是：

$$Y(\mathbf{x}, L) = L^{1-\alpha} \sum_{i=1}^{\infty} x_i^{\alpha}.$$

这一函数形式之所以具有吸引力，主要是因为它的简洁性。[24] 在任何一个时点上，只有有限种商品 x_i 可供这类厂商使用，但是潜在的商品种类是无限的。由于 Y 是规模收益不变的生产函数，因此购买商品 x_i 和劳动并出售最终产品 Y 的行业，将是一个常规的竞争性行业。此类生产函数很重要，因为它体现了这样一种思路，即存在大量的、种类还在不断增加的生产投入，且这些投入互相不是近似替代品。提高一种投入的数量，并不会减少其他投入的边际生产率，因此扩大可获得投入的集合总是有用的。

要想回避整数约束的问题，采用这类生产函数的连续形式较为简单。因此，假设商品的范围可以从整个实线中选取，那么 x

(i)现在是定义在$[0,\infty)$上的一个函数，而产出 Y 则具有了如下形式：

$$Y(\mathbf{x},L)=L^{1-\alpha}\int_0^{\infty}x(i)^{\alpha}di.$$

和前面一样，使 $x(i)$大于 0 的 i 的集合在任何一个时点上都将是有限的。为简单起见，我们可以把这一集合记为区间$[0,M]$。为看出产出如何随着可获得投入的范围的扩大而提高，假设所有中间投入都能够以一个恒定的成本 1(它是以被放弃的资源衡量的)生产出来。那么，对于所有处于 0 和 M 之间的 i，Z 单位资源带来的投入表是 $x_i=Z/M$。这将使产出为：

$$Y=L^{1-\alpha}M(Z/M)^{\alpha}=L^{1-\alpha}Z^{\alpha}M^{1-\alpha}.$$

在保持初始资源 Z 不变的情况下，通过扩大所使用的不同专业化投入的范围 M，可以无限地提高产出。

固定成本的存在，使上述推理不能成立。新商品的生产被假定涉及一个固定成本，该约束限制了能够被生产出来的商品的可
110 能范围。于是平均成本曲线将是 U 形的，为简单起见，假设它对所有不同投入都是一样的。从根本上讲，我们当然喜欢一个能够将新投入与旧投入区别开来的一种形式，但对于我们这里的研究目的而言，保持不同投入间的对称性更简单一些。商品 x_i 的生产中存在固定成本意味着提供这些商品的厂商将不是价格接受者。出售中间投入 i 的厂商将是生产这种投入的唯一厂商，因而它将面临对该种投入的向下倾斜的引致需求，这一需求来自生产最终产品的竞争性厂商。于是，将不断有新的厂商进入这一市场提供额外的中间投入，直至所有厂商的利润都为零，此时便达到了均

衡。假定某种水平的资源 Z 被用于中间投入的生产，对于有限的投入范围 M，均衡将具有正的产出。根据对称性，每一种投入的产量都是 $\overline{x}$。假定 x 的成本函数具有一个显式的泛函形式，通过为每个个体垄断者求解利润最大化问题并允许新的厂商进入直至取得零利润，我们可以以 Z 的形式计算出 M 值和 $\overline{x}$ 值。

假设我们可以有意识地选择单位，使得从放弃的消费中生产出一单位均衡数量 x 的平均成本为 1。于是对手所有 i，$\overline{x}=x_i=Z/M$ 把 Z、$\overline{x}$ 和 M 联系在了一起，而产出为：

(2.15)　　$Y=L^{1-\alpha}M(Z/M)^{\alpha}=L^{1-\alpha}Z^{\alpha}M^{1-\alpha}.$

现在我们不妨问一问如果 Z 的数量增加一倍会出现什么情况。在零利润条件下，将有两倍于原数量的中间产品生产厂家进入市场，其对初始资源的需求量也是原来的两倍，但是每个厂商的数量 $\overline{x}$ 和平均成本 Z/M 是不变的（这一简单结果来自不同中间产品的生产函数的加性可分条件）。因此，商品 M 的均衡数量与 Z 成比例。如果我们能够选择单位使得 $\overline{x}$ 也等于 1，那么 $M=Z$。因此，以初始资源 Z 和劳动 L 表示的总产出的简化形式是：

(2.16)　　$Y=L^{1-\alpha}Z.$

上述方程描述了一类简化形式的生产函数。它将最终产品与 L 和投入到中间产品生产中的资源量 Z 联系在了一起。这与前面将总产出描述为资本和劳动的规模收益递增函数的做法非常类 111
似。它们甚至都用外部性解释了这一类函数。

假设商品 Z 只代表累积的被放弃的消费，后者即本可被消费但却被投入了商品 x_i 的生产中的资源。因此，Z 的变化方程是：

(2.17)　　$\dot{Z}=Y-c.$

假设偏好采取了普通的连续时间贴现形式：

$$\int_0^{\infty} u(c)e^{-\rho t}dt.$$

这一经济的社会计划问题，应该就是在方程(2.16)和(2.17)的约束下使上述偏好最大化。但出于与那些带有外部性的均衡所遇到的十分相似的原因，此处描述的垄断竞争性均衡将不支持这一最优解。我们可以表明(证明这一点所需要的就不仅是这里提供的简单说明了)，在这一均衡中，经济人放弃当前消费以便求得未来消费，就像他们考虑到了这一做法对产出的直接影响——也就是说，在方程(2.15)中考虑到了 Z^{α} 项——却没有考虑到它对被生产的商品的范围 M 的间接影响似的。在这一意义上，它就像是经济人在已知 K(t)的情况下选择 $K(t)$的外部性模型。

利用这一思路，有可能明确解出垄断竞争条件下的动态均衡。从数学上看，它与 2.2.4 节问题 P7 的求解是一样的。正式地讲，在把 $M(t)$的一个路径当作已知的情况下，我们可以选择 $Z(t)$的路径以便使效用最大化。之后，我们可以加上均衡条件 $M(t)=Z(t)$。注意到，这恰是前面提到的哈特(1980)结果要告诉我们的。垄断竞争性均衡也许不能给出应被生产的商品的正确集合，但是在给定商品集合下它是最优的。

在这一模型的均衡中，增长是以一个恒定的指数速率发生的。这一增长率与一个社会计划者所能取得的速率相比太低了，因而任何能够提高储蓄的干预政策都能提高速率。这一模型的主要价
112 值在于，它提供了一个与前面的模型不同的解释，这一解释依赖于与知识的溢出效应有关的增长。而促使增长持续下去并且避免资

本积累的递减收益问题的因素是新商品的不断引入。各类模型可以被联系起来,因为引入一个新商品带来的固定成本可以是研究与开发成本,用来生产制造实物商品所需要的知识 A。因此,对于最终商品的生产者来说,我们仍然可以将知识看作是对其生产的投入,但如今它只体现在新投入中并且不再可以被免费复制。从总量上看,储蓄的社会效益仍然大于私人效益,但造成这种扭曲的原因并非外部性或真正的溢出效应,而是对价格接受状态的偏离。对于不同地区或不同国家的比较来说,衡量一个厂商的行为能够影响到其他厂商的行为的区域的标准,不再是知识能够传送到的距离(即阿罗-罗默模型和克鲁格曼的边学边干模型中所强调的那种效果),也不是合作者和同事之间接触的必要性(如卢卡斯模型所称的),它决定于运输成本以及商品能够被运送到的距离。

这一模型对贸易有直接的启示。去掉贸易壁垒将提高每个国家的总产出,更重要的是,它会提高储蓄的收益以及每个国家的储蓄,从而提高每个国家的增长率。与克鲁格曼和卢卡斯的边学边干模型相比,上述模型更明确地表示贸易带来的是收益而不是冲突。尽管如此,如果运输成本很高,仍有可能出现冲突和敌意。如果在任何地方生产的所有商品都可以在世界范围内被出售,那么所有地区将相同地从任何地区的商品引入中受益。其结果,与欠发达国家相比,发达国家并不具有天然优势,前者必定趋于赶上后者。另一方面,如果有相当数量的商品因费用太高而不能运送到有限地区以外出售,那么与欠发达地区相比,发达地区倾向于具有先天优势。在这种情形下,收敛将失败。假设两个不同国家是从对称的状态起步的,那么首先占据领先地位的国家可能对另一国家具有永久性的优势。

这一模型有效地描述了在偏离竞争性假设的模型中出现的动态，但在某些方面它过于简单了。这一模型假定，在将新的中间投入引入生产和提高现有商品的产量这两种做法之间，存在一对一的替换关系。两种形式的产出增长，都只要求以被放弃的消费的
113 形式表示的额外资本。一个更接近实际的模型需要认真对待下述看法：新商品体现了新知识，因此，在生产出该商品之前应该有一个实实在在的研究过程。罗默(1988)研究了这一扩展思路。将固定资本当作一种研究成本而非资本成本，所带来的主要不同结论是：严重积累不足的是知识 A，而不是资本 K。由此产生的政策建议是资助研究工作，而不是进行实物资本积累。纯知识 A 的存在，也带来了知识溢出的可能性，后者在上面描述的模型中是没有的。除去这些不同点，很多结论仍然成立。特别是，世界范围内一体化程度的提高加快了新产品引入的速度，在这一意义上贸易促进了增长。

2.3.6 内生人口增长和对孩子的偏好

迄今为止的所有模型，都忽略了将人口增长当作内生变量的问题。建立人口增长模型的关键问题是如何处理更多的人均商品和更多的人口之间的替换关系。20 世纪 60 年代和 70 年代的论文，对这一问题作了乐观的设想，提出了处理人口增长的三种思路。令 C_t 代表时刻 t 的总消费，令 N_t 代表人口。一个计划者可以不去考虑人口数量，而使依赖于消费 C_t 的效用函数的贴现总和 $U=\sum \beta^t u(C_t)$ 实现最大化。另外，计划者可以令 $u(\cdot)$ 取决于人

均消费而非总消费 $U=\sum\beta^t u(C_t/N_t)$，从而使某种平均效用最大化。最后，计划者可以将个体效用 $u(C_t/N_t)$ 乘上人口 N_t，然后使个人获得的某种总效用 $U=\sum\beta^t N_t u(C_t/N_t)$ 实现最大化。

对于 N_t 路径既定模型的定性特征来说，上述的选择不会造成太大分别。但是，一旦允许人口增长为内生，这些不同的假设就有了很大关系。让我们设想一下，如果总消费 C_t 保持不变，并且对于上面假设的各种目标函数 N_t 的选择是自由的，那么会出现什么样的情形？在第一种情形下，N_t 不会带来什么影响。在第二种情形下，令 N_t 趋于零是最优的。在第三种情形下，令 N_t 趋于无穷是最优的[只要 $u(\cdot)$ 是严格凹的]。如果把生产加入到模型中，这些结论只需稍作修改。第一种情形像是出售产出 C_t 的奴隶 114
主的利润最大化模型。只要额外的人口是净产出者，他们就是有价值的。在第二和第三种情形下，N_t 通常将逐渐趋于零或无穷。只要如何衡量人的价值的问题是被置于道德或种族范畴内的，我们就很难知道如何才能够求得这一问题的任何解。也许人口确实"应该"趋于零或无穷。[25]

随着宏观经济学家们推进拉姆齐类模型的均衡解释、强调目标函数来自个体偏好的观点，对人口增长的处理具有了更多的实证性和更少的规范性。纳洛夫(1974)是最早指出正在出现的家庭决策理论可被用来检验生育决策、从而可被用来研究长期增长问题的经济学家之一。拉金和本-蔡恩(1975)较早探索了这一思路。要作此项研究，他们必须面对与前面相似的泛函形式问题，但在处理这一问题的过程中，有关父母的偏好的证据使他们受到了影响。

他们的解试图采取第二种形式，因此这里有关的是未来一代的平均效用。就这种方法本身而言，它意味着家庭将选择拥有很少的孩子，但他们还加入了如下的想法，即父母能够从孩子身上获得直接效用。如果 n_t 代表家庭的生育率，那么以父母为单位的决策单位在第 t 代上的效用 U_t，将采取 $U_t=\upsilon(c_t,n_t)+\beta U_{t+1}$ 的形式。[26] U_{t+1} 是每个下一代孩子的效用。因此，进入 $U_{t+1}=\upsilon(c_{t+1},n_{t+1})$ 中的是每个孩子(实际上也是每个以父母为单位的决策单位)的消费 c_{t+1} 而不是消费 C_{t+1}。由于这里采用的是递归形式，所以这一泛函形式说明，父母关心由他们的所有后代的人均消费产生出的效用。通过向前求解，我们得到了家庭首脑的偏好在 0 时刻上的隐含数形式：

$$U_0=\sum\beta^t\upsilon(C_t/N_t,n_t).$$

此时的人口并不趋于零，因为来自 $\upsilon(c_t,n_t)$ 中 n_t 项的孩子带给父母的直接价值，补偿了缩小家庭规模可能带来的人均数量的增长。

罗伯特·巴罗和加里·贝克尔扩展了这一分析，加入了如下的可能性：拥有更多的孩子所具有的价值超过直接消费的价值(巴罗和贝克尔，1986；贝克尔和巴罗，1987)。实际上，两位学者认为，父母们也许不仅关心他们的孩子是否成功而幸福(也就是说，具有
115 较大的 C_t/N_t 值)，而且还关心他们自己究竟拥有多少幸福而成功的孩子。巴罗和贝克尔建议的解介于上述第二种情形[对 $u(C_t/N_t)$ 贴现)]和第三种情形[对 $N_tu(C_t/N_t)$ 贴现]之间。他们假设一对父母具有如下形式的效用：

$$U_t=\upsilon(c_t)+\beta n_t^{\chi}U_{t+1},$$

其中的 χ 可以处于 0 和 1 之间，这两个数值代表上面描述的两种极端形式的目标函数。原则上，巴罗和贝克尔所采用的形式也能容纳 n_t 对当前效用 $\upsilon(\cdot)$ 的直接影响，但是他们的大部分分析忽略了这一影响，因为不再需要防止 n_t 趋于零。当向前求解这些偏好时，它们意味着如下形式的无限期界偏好：

$$U_0 = \sum \beta^t N_t^{\chi} \upsilon(c_t),$$

其中，$c_t = C_t / N_t$ 是人均消费。在人口增长率 n 可被视作常数的特殊情形下，上述表达式简化为：

$$(2.18)\quad U_0 = \sum (\beta n^{\chi})^t \upsilon(c_t).$$

巴罗和贝克尔以及拉金和本-蔡恩的模型都引入了 n_t 的正面影响，但是引入这一影响的方式会带来一些不同。在巴罗-贝克尔偏好中，改变生育率在数学上就像是改变贴现率，而这一性质可以带来在拉金和本-蔡恩的模型中所没有的对增长的重要影响。为说明这一点，假设(2.18)式中的偏好面对的是仅依赖于实物资本 K_t 的线性技术。于是有：

$$C_t = \rho K_t - K_{t+1}.$$

经以人均项重新表述，上式变为：

$$(2.19)\quad c_t = \rho k_t - n_t k_{t+1}.$$

如果视 n 为常数，那么很容易利用 2.2 节的方法使(2.18)式中的目标函数在(2.19)式的约束下实现最大化。把这称作问题 P9，并且令 $L9$ 代表与此有关的拉格朗日函数：

$$L9(\mathrm{K}, \lambda) = \sum_{t=0}^{\infty} (\beta n^{\chi})^t \upsilon(c_t) + \lambda_t[\rho k_t - n k_{t+1} - c_t].$$

将这一表达式对 k_t 求微分的结果，乘数 λ 将以速率 n/ρ 增长。人 116

均消费的一阶条件是 $v'(c_t)=\lambda_t(\beta n^{\chi})^{-t}$。因此，$v'(\cdot)$将随时间下降，而如果下述不等式成立，$c_t$ 将上升：

$$\frac{n^{1-\chi}}{\rho\beta}<1.$$

这一结果意味着，是否存在人均意义上的积累和增长，取决于 n 的大小——n 现在是内生的。这种影响会带来人均收入增长和人口增长之间饶有趣味的联系。一个较低的人口增长率 n，将导致人均意义上的无限积累和增长。而一个过高的 n 值，又将导致储蓄的下降。

田村(1988)在一篇论文中探讨了这类可能性。他使用了一个依赖于人力资本积累而不是实物资本积累的较为复杂的方法，并且还考虑进了在抚养孩子的过程中存在重要的时间成本的事实。因此，父母的人力资本越大，抚养一个孩子的成本越大。在该模型中，人口增长率$\{n_t\}_{t=0}^{\infty}$的决定取决于人均人力资本的初始存量。如果该存量太低，那么拥有较高的 n_t 值从而减少储蓄是最优的。如果人力资本的初始存量高于某个临界水平，那么拥有较小的增长率 n_t 并积累越来越多的人均人力资本是最优的。因此，根据不同的初始条件，一个家庭或国家可能陷入没有人均收入增长却有很高人口增长的永久性低人均收入状态，而此时的另外一个家庭或国家却可能处于低人口增长和高人均收入增长的均衡状态。这一描述告诉我们的正是被观察到的人口增长率和人均收入水平(回忆一下图 2.8)横截面差异情况，它还表明用这种偏好形式进行进一步的研究是值得的。

2.4　结论

2.1 节描述的事实并没有穷尽有关增长的所有观察结果，而 2.3 节描述的模型也没有穷尽有关增长的所有理论问题。比如，对于任何带有递增收益或信息溢出效应的模型来说，从考察单个 117
企业和工业组织的增长率中得到的观察资料是有直接关系的。普雷斯科特和博伊德(1988)模型化了这些观察资料。新产品的开发和发明驱动的增长与专利的法律地位有密切关系，贾德(1985)对此作了模型化。施密茨(1986)考虑了产品革新和人口规模之间的相互作用。一些产品随着另外一些产品的出现而消失的事实，无疑是长期增长的一个特点，斯托齐(1986)刻画了这一特点。产品是可以被排序的——某些产品只有在作为其先决条件的产品已经出现以后才会被生产出来，瓦西拉基斯(1986)模型化了这一事实。

即使就 2.1 节考虑的有限的事实而言，2.3 节描述的模型也没有哪一个是占有优势的。每个模型都强调了一个不同问题，因此只有在对这些模型和数据作过更多的试验以后，才可能弄清楚什么是最重要的问题以及如何把这些问题结合进一个模型当中。就其现状而言，这些模型只是提示我们理论如何才能够开始回答上述事实提出来的问题，这些问题即：怎样解释一个世纪以来促使世界上最发达的一些国家的人均产出增长 10 倍甚至更多的增长率？高投资率是否带来高增长率，反之亦然？为什么不同国家的增长率如此不同？国际贸易对增长率有怎样的影响？为什么在某些国家生育率下降得如此剧烈，而在另一些国家则非如此？为什

么劳动试图朝着资本运动，而不是相反？最重要的是，什么样的政策能够影响一个国家的人均收入增长率？

即便不是职业经济学家也会对这类问题的答案感兴趣，而如果经济学家们想证明自身是有价值的，他们就必须最终能够回答它们。20 年以前，这些问题很少得到明确的关注，但这并不意味着这段时期的增长理论是没有价值的。正如在本章引言中以及题目中所提示的那样，增长理论与智力资本积累有关。由于人们对均衡理论、有约束最优化问题以及凸分析之间的联系有了进一步的认识，现在出现了易于操作的一般均衡模型，可供经济学家们思考上述问题并在试图回答这些问题时作数据分析。毫无疑问，将会出现更多更好的模型，并且对于什么是正确答案也会达成一个共识。

118 附录：命题 2.1 的证明

竞争性均衡中蕴含着鞍点

假设$(\hat{x},\hat{p})$是一个竞争性均衡。由于$\hat{x}$是$PC(\hat{p},\pi)$的一个解，并且斯莱特条件对此问题成立，我们可以把库恩-塔克定理中的必要条件应用在这里，得出如下的结论：存在某些$\hat{\gamma}\geqslant 0$，使得$(\hat{x},\hat{\gamma})$是问题$PC(\hat{p},\pi)$的拉格朗日函数 LC 的鞍点：[27]

$$LC1(x,\gamma)=U(x_1,x_2)+\gamma[\pi+\hat{p}_1(e-x_1)-\hat{p}_2x_2].$$

因此，$(\hat{x}_1,\hat{x}_2)$使$LC_\gamma(x)$最大化。类似地，我们可以简单地求助于库恩-塔克定理求解厂商问题，得出$\hat{x}_3$使拉格朗日函数$LF(\hat{p})$最大化的结论，其中：

$$\mathrm{LF}(x)=\hat{p}_2 f(x_3)-\hat{p}_1 x_3.$$

如果我们用 $\hat{\gamma}\hat{p}$ 代替 $\hat{p}$，情况也是如此。由于 $\mathrm{L1}(x,\gamma\hat{p})=\mathrm{LC}(x,\gamma)+\gamma\mathrm{LF}(x)$，$\hat{x}$ 使 $\mathrm{L1}_{\hat{p}}(\cdot)$ 最大化。由于 $\hat{\gamma}$ 在非负标量上使 $\mathrm{LC}_{\hat{x}}(\gamma)$ 最小化，我们有：

$$\hat{\gamma}[\pi+\hat{p}_1(e-\hat{x}_1)-\hat{p}_2\hat{x}_2]=0.$$

我们还注意到下述事实：

$$\pi=\Pi(\hat{p})=\hat{p}_2 f(\hat{x}_3)-\hat{p}_1\hat{x}_3,$$

将前面的结论和这一事实结合起来，意味着：

$$\hat{\gamma}[\hat{p}_2(f(\hat{x}_3)-\hat{x}_2)+\hat{p}_1(e-\hat{x}_1-\hat{x}_3)]=0.$$

由于左边的表达式包含了 $\mathrm{L1}(\hat{x},\hat{\gamma}\hat{p})$ 中所有包含着 $\hat{\gamma}\hat{p}$ 的项，所以 $\hat{\gamma}\hat{p}$ 使 $\mathrm{L1}_{\hat{x}}(\cdot)$ 最小化。于是 $(\hat{x},\hat{\gamma}\hat{p})$ 是 $\mathrm{L1}(x,\lambda)$ 的鞍点。

鞍点中蕴含着竞争均衡

现在假设 $(\hat{x},\hat{p})$ 是 $\mathrm{L1}(x,\lambda)$ 的一个鞍点。从 L1 的定义来看，问题的约束必定得到了满足。因此有：$e-\hat{x}_1-\hat{x}_3\geqslant 0$，$f(\hat{x}_3)-\hat{x}_2\geqslant 0$。这一结果意味着每个市场上的供给将大于需求。剩下要表明的是，$\hat{x}$ 能够解得 $\mathrm{PF}(\hat{p})$ 和 $\mathrm{PC}(\hat{p},\pi)$，其中，$\pi=\Pi(\hat{p})$。根据库思-塔克定理中的充分条件，表明存在一个 γ 值，使得 $(\hat{x},\gamma)$ 是 $\mathrm{LC}(x,\gamma)$ 的一个鞍点，并且 $\hat{x}$ 使 $\mathrm{LF}(\cdot)$ 最大化就足矣了。由于
$\mathrm{LC}(x,1)+\mathrm{LF}(x)$ 等于 $\mathrm{L1}(x,\hat{p})$，并且由于 $\mathrm{LC}_{\gamma}(\cdot)$ 仅依赖于 119
x 的前两个分量，而 $\mathrm{LF}(\cdot)$ 仅依赖于 x 的第三个分量，我们立即知道 $\hat{x}$ 使 $\mathrm{LC}_{\gamma=1}(\cdot)$ 最大化，而 $\hat{x}$ 使 $\mathrm{LF}(\cdot)$ 最大化。由于 $\hat{p}$ 使 $\mathrm{L1}_{\hat{x}}(\cdot)$ 最小化，即：

$$\pi + \hat{p}(e - \hat{x}_1) - \hat{p}_2\hat{x}_2 = \hat{p}_2(f(\hat{x}_3) - \hat{x}_2) + \hat{p}_1(e - \hat{x}_1 - \hat{x}_3) = 0,$$

所以 $\gamma = 1$ 使 $LC_{\hat{x}}(\cdot)$ 最小化。因此，$(\hat{x},1)$是 LC 的鞍点。

致　　谢

在准备这一章的过程中，我从罗伯特·巴罗、迈克尔·多特西、马尔文，古德弗兰德、罗伯特·金、塞吉奥·里贝罗、谢丹阳以及罗彻斯特和芝加哥大学的学生们那里获得了宝贵意见。非常感谢国家科学基金的♯SES8618325 项目。

注　释

〔1〕 如果有人想更详细地了解 20 世纪 70 年代的增长文献，可以参考汉森和马修斯(1964)、斯蒂格利兹和宇泽(1969)、伯迈斯特和多贝尔(1970)、索洛(1970)、哈恩(1972)或琼斯(1975)。

〔2〕 这里使用的生产率数据试图尽可能地贴近战后样本中使用的私人企业部门的数据。战后时期的数据来源与图 2.1 相同。1890—1950 年间的私营企业部门数据来自肯德里克(1961)。有关 1890 年以前产出的基本数据得自罗伯特·高尔曼的工作，只是必须从三种不同的来源中获取：首先是高尔曼(1966)的总结，然后要用高尔曼发表在弗里德曼和施瓦兹(1982)书中的工作报告的原始数据对其加工，最后利用了收入库兹涅茨(1971)书中的对 1860 年代的增长所作的一个估计。有关就业的数据来自莱博戈特(1966)。在这些较早的时期，每人平均的工作时数被假定为是不变的。如果就平均工作时数在这一时期的下降(类似于它们在随后时期的情形)而言，所报告的生产率的增长率过低了。人均序列中的人口数据来自麦迪逊(1982)。

〔3〕 基本数据来自公开发表的论文，但这里实际使用的数据在两个意义上不限于这一来源。第一，发表的论文只给出了截至 1980 年的数据，而这

里使用的数据来自一个包括了 1981 年数据的磁带。第二，最近发现，在这篇论文以及磁带中，对非洲国家的相对收入作了十分夸大的估计。因此.这里使用的非洲国家的数据利用了罗伯特·萨默斯提供的一个粗略的修正。当 120
本章付梓时，对萨默斯和赫斯顿的基本数据所作的更为全面的修订将出现在 1988 年 3 月的《收入和财富评论》上。

〔4〕　研究收敛问题的另一种方法是考虑世界范围内的收入分配随时间变化的情况。萨默斯、赫斯顿和克拉维斯(1984)采用了这种方法。他们发现，世界性的收入不平等并没有在战后年代有所下降，这一结论是对图 2.5 和 2.6 所得结论的另一种描述方式。

〔5〕　罗默(1986)从不同的数据中推出了这一点。鲍莫尔(1986)认为这一点不重要，因而把它放在了脚注中。德龙(1987)也得出了相同的结论，但所使用的数据并非始于 1950 年，而是像鲍莫尔的数据一样始于 1870 年。这一变动并不造成什么区别，因为所有的讨论都是战后时期。正如阿布拉莫威茨(1986)表明的，即使在麦迪逊选取的国家样本中，向美国靠拢的情形仅发生在 1950 年以后。1870—1950 年间，美国领先于其他国家。即使在剩下的国家中，也不存在收入收敛的趋势。

〔6〕　有关这些论断和本章其他论断的证明，参见洛卡菲勒(1972)。

〔7〕　我们将始终以 $Df(x)$记一个定义在 R^n 上的函数的导数，并以 $D_if(x)$记 f 对它的第 i 个变量的偏导数。对于定义在实线上的函数，我们一般使用 $f'(x)$这一常用的导数符号。

〔8〕　这里有一个技术问题。凹函数在它的定义域上总是连续的。这里的连续性假设只是为了保证这些函数在 Ω 的任何边界点上都没有跳跃。

〔9〕　这里，R^2_{++} 代表 R^2 中严格正的象限。这一定义域代替了非负象限，以便容纳在实际中被广泛使用的类似对数效用函数的函数。以下的论证可以很容易经修正包括进消费等于零的情形。

〔10〕　在无限维空间上对凸分析和库思-塔克定理所作的一般处理见埃克兰德和特蒙(1976)。荒城和沙因克曼(1983)应用这一框架求得了一个连续时间问题的必要条件。罗默和筱冢(1988)为此类离散时间模型的拉格朗日函数推导了一个显式导数。

〔11〕　说明这里的斯莱特条件是什么是很复杂的，因为我们必须在一个

无限维空间上定义一个内部点。对这一问题的一般性讨论,见罗默和筱家(1988)。对于眼下的特定问题,令$(\hat{c}_0, \hat{k})$代表最优数量。如果有可能建立一个路径$(\widetilde{c}_0, \widetilde{k})$,使得对于某些。$a>1$,有$\widetilde{c}_0<\widetilde{c}_0$和$\widetilde{k}_t>a\widetilde{k}_t$,那么我们可以看到这一问题在有关的意义上满足斯莱特条件。在索洛-斯旺模型中,只要$\bar{c}_t$的下限是消费的最大可维持量$c_{\max}=\max_k f(k)-k$,那么这一点也是成立的。

121 〔12〕 很多宏观经济学论文都使用拉姆齐偏好构造一个分散均衡的实证模型。卢卡斯和普雷斯科特(1971)在一个利率为常数的部分均衡模型中表明,可以将这些偏好解释为不需要求助于典型经济人假设的对市场需求曲线的一种描述。在那些求助于典型经济人假设的论文中,最有影响的三篇是巴罗(1974)、霍尔(1978)以及卢卡斯(1978)。

〔13〕 此拉格朗日函数的推导,见罗默和筱家(1988)。

〔14〕 对于这一结果,见埃克兰德和沙因克曼(1986)。

〔15〕 人们也称它为欧拉方程,或有时称为欧拉-拉格朗日方程。根据古典的表达方式,它通常被写作:

$$\frac{\partial}{\partial k}M(k,\dot{k},t)-\frac{d}{dt}\left[\frac{\partial}{\partial \dot{k}}M(k,\dot{k},t)\right]=0.$$

本章使用的符号则更明确了时间导数的含义,并明确了为什么当d/dt被$\partial/\partial t$代替时该含义将大不相同。有关的证明,见任何一本涉及动态最优化的书,如英特里利盖特(1971)或吕恩伯格(1976)。

〔16〕 我们不得不用一个非斜体的大写字母K将总量与厂商的数量区别开,因为大写字母和小写字母已被用来分指一个厂商的总资本K和每个工人的人均资本k。

〔17〕 由于工人人数被假定等于厂商个数,因此每个企业只有一个工人,并且均衡条件仍然是$\mathrm{K}=Nk$。

〔18〕 产出和资本3%的增长率,来自提高生产率的技术进步2%的年增长率,以及经素质调整的总劳动1%的年增长率。

〔19〕 称技术革新与实物资本投资一起运动并不全是假说性的。施穆克勒(1966)提供了来自多个行业的表明专利与实物资本投资密切相关的详细证据。专利以一定的滞后跟在投资后面,并且技术上互不相干的领域中的专利(比如,铁路部门的铁轨专利和非铁轨专利)的数量都表现出与实物投资

共同运动的性质。这些证据提示我们，存在的不只是从外部发明到新投资的因果关系。

〔20〕 阿罗在外部影响的关键部分加入了一个不相干的固定系数技术。其结果是一篇难读而容易被误解的论文。很多经济学家似乎得出了错误印象，认为这篇论文关注的是在职工人的边学边干行为。列夫哈利(1966a、b)、特别是谢欣斯基(1967)提供了一个较为简单的形式，抓住了阿罗分析的要点，但这些论文似乎没有受到太多关注。

〔21〕 卢卡斯的论文实际上考虑了两个不同模型。第二个模型将在下 122
面得到讨论。

〔22〕 宇泽对其模型的原说明是：它是关于技术 A 而非人力资本 H 的内生积累的模型。卢卡斯用人力资本强调了这里所作的解释。

〔23〕 克鲁格曼实际上允许一国的 A_i 不仅依赖于其国内产出也依赖于其国外产出。因此存在国际间的来自边学边干的溢出效应。只要国内产出的影响大于国外产出的影响，这里描述的定量结果就将是成立的。

〔24〕 当这一函数形式被用来描述偏好时，它通常指的是迪克西特-斯蒂格利茨偏好，这种偏好见于他们 1977 年的文章。约瑟夫・奥斯特罗伊(1973)使用了这种偏好的连续形式，埃瑟(1982)将该函数用作了依赖于中间投入的生产函数。

〔25〕 对第二种目标函数的支持意见，见皮奇福特(1974)。米德(1955)在说服经济学家们使用第三种目标函数方面起到非常大的作用。

〔26〕 这里的所有分析都来自下述事实，即一个家庭需要父母双方共同维持。要想认真分析这一问题，仅仅乘上一个因子 2 是不够的，因为婚姻使不同家庭之间有了联系。对这种联系的分析，见伯恩海姆和巴格韦尔(1988)。

〔27〕 函数 LC1(x,γ)隐含地依赖于问题 PC1(p)的定义所使用的 p 值。为表述上的方便，这一依赖性被隐去了。

参考文献

Abramowitz, M. 1986. Catching Up, Forging Ahead, and Falling Behind. *Journal of Economic History* 46(2):385 - 406.

Araujo, A., and J. A. Scheinkman. 1983. Maximum Principle and Transversality Condition for Concave Infinite Horizon Economic Models. *Journal of Economic Theory* 30(June):1-16.

Arrow, K. J. 1962. The Economic Implications of Learning by Doing. *Review of Economic Studies* 29(June):155-173.

Barro, R. J. 1974. Are Government Bonds Net Wealth? *Journal of Political Economy* 82:1095-1117.

Barro, R. J., and G. S. Becker. 1986. Fertility Choice in a Model of Economic Growth. Unpublished paper, Universily of Chicago.

Baumol, W. J. 1986. Productivity Growth, Convergence, and Welfare: What the Long-Run Data Show. *American Economic Review* 76(December): 1072-1085.

Becker, G. S., and R. J. Barro. 1987. A. Reformulation of the Economic Theory of Fertility. Working paper 26, Rochester Center for Economic Research.

123 Bernheim, D. B., and K. Bagwell. 1988. Is Everything Neutral? *Journal of Political Economy*.

Brock, W. 1975. A Simple Perfect Foresight Monetary Model. *Journal of Monetary Economics* 1:133-150.

——1977. A Polluted Golden. Age. *In* V. Smith(ed.), *Economics of Natural and Environmental Resources*. New York: Gordon and Breach.

Burmeister, E., and A. R. Dobell. 1970. *Mathematical Theories of Economic Growth*. New York: Collier-Macmillan.

Cass, D. 1965. Optimum Growth in an Aggregative Model of Capital Accumulation. *Review of Economic Studies* 32:233-240.

Danthine, J.-P., J. B. Donaldson, and L. Smith. 1987. On the Superneutrality of Money in a Stochastic Dynamic Macroecononlic Model. *Journal of Monetary Economics* 20(December):475-501.

Delong, B. 1987. Have Productivity Levels Converged? Unpublished working paper, Massachusetts Institute of Technology.

Diamond, P. A. 1965. National Debt in a Nex-classical Growth Model. *American Economic Review* 55(December): 1126 – 1150.

Dixit, A. K., and J. P. Stiglitz. 1977. Monopolistic Cornpetition add Optimum Product Diversity. *American Econornic Review* 67(June): 297 – 308.

Ethier. W. J. 1982. National and International Returns to Scale in the Modem Theory of International Trade. *American Economic Review* 72(June): 389 – 405.

Ekeland, I., and R. Temem. 1976. *Convex Analysis and Variational Problems*. Amsterdam: North-Holland.

Ekeland, I., and J. A. Scheinkman. 1986. Transversality Conditions for Some Infinite Horizon Discrete Time Optimization Problems. *Mathematics of Operations Research* 11(May): 216 – 229.

Friedman, M., and A. J. Schwartz. 1982. *Monetary Trends in the United States and the United Kingdom: Their Relation to Income, Prices, and Interest Rares, 1867 – 1975*. Chicago and London: The University of Chicago Press.

Gallman, R. E. 1966. Gross National Product in the United States. 1834 – 1909. *In Output, Employment, and Productivity in the United States After 1800*. New York: National Bureau of Economic Research, pp. 3 – 90.

Greenwood, M. J., and J. M. McDowell. 1986. The Factor Market Consequences of U. S. Immigration. *Journal of Economic Literature* 24(December): 1738 – 1772.

Hahn, F. H. 1972. *Readings in the Theory of Economic Growth*. London: Macmillan.

Hahn. F. H., and R. C. O. Matthews. 1964. The Theory of Economic Growth: A Survey. *Economic Journal* 74(December): 779 – 902.

Hall, R. E. 1978. Stochastic Implications of the Life Cycle-Permanent Income Hypothesis: Theory and Evidence. *Journal of Political Economy* 86 (December): 971 – 987.

124 Hart, O. D. 1980. Perfect Competition and Optimum Product Differentiation. *Journal of Economic Theory* 22:279 – 312.

Intriligator, M. D. 1971. *Mathematical Optimization and Economic Theory*. Englewood Cliffs, New Jersey: Prentice Hall.

Jones, H. G. 1975. *An Introduction to Modern Theories of Economic Growth*. New York: McGraw-Hill.

Jones, L., and R. Manuelli. 1988. A Model of Optimal Equilibrium Growth. Unpublished paper, Stanford University.

Jorgenson, D. W. 1987. The Economic Impact of Tax Reform. Unpublished working paper, Harvard University.

Judd, K. L. 1985. On the Performance of Patents. *Econometrica* 53(May):567 – 585.

Kaldor, N. 1961. Capital Accumulation and Economic Growth. *In* F. A. Lutz and D. C. Hague(eds.), *The Theory of Capital*. New York: St. Martin's Press, pp. 177 – 222.

Kendrick, J. W. 1961. *Productivity Trends in the United States*. Princeton, New Jersey: Princeton University Press.

——1973. *Postwar Productivity Trends in the United States, 1948 – 1969*. New York: NBER and Columbia University Press.

King, R. G., and S. Rebelo. 1988. Business Cycles with Endogenous Growth. Unpublished working paper, University of Rochester.

Koopmans, T. C. 1965. On the Concept of Optimal Economic Growth. *In The Econometric Approach to Economic Planning*. Amsterdam: North-Holland(for Pontific Acad. Sci.).

Krugman, P. 1988. The Narrow Moving Band, the Dutch Disease, and the Competitive Consequences of Mrs. Thatcher: Notes on 丁 rade in the Presence of Dynamic Scale Economies. *Journal of Development Economics*.

Kuhn, H. W., and A. W. Tucker. 1951. Non-linear Programming. *In* J. Neyman(ed.), *Proceedings of the Second Bekeley Symposium on Mathe-*

matical Statistics and Probability. Berkeley, California: University of California Press.

Kuznets. S. 1971. Notes on the Pattern of U. S. Economic Growth. *In* R. W. Fogel and S. L. Engerman (eds.), *The Reinterpretation of American Economic History*. New York: Harper & Row.

Lebergott, S. 1966. Labor Force and Employment, 1800 - 1960. *In Output, Employment, and Productivity in the United States After 1800*. New York: National Bureau of Economic Research, pp. 117 - 204.

Levhari, D. 1 966a. Further Implications of 'Learning by Doing.' *Review of Economic Studies* 33 (January): 31 - 39.

——1966b. Extensions of Arrow's 'Learning by Doing.' *Review of Economic Studies* 33 (April): 117 - 132.

Lucas, R. E. 1988. On the Mechanics of Economic Development. *Journal of Monetary Economics*.

——1978. Asset Prices in an Exchange Economy. *Econometrica* 46 (November): 1429 - 1447.

Lucas, R. E., and E. C. Prescott. 1971. Investment under Uncertainty. *Econo-* 125
metrica 39 (September): 659 - 681.

Lucas, R. E., and N. L. Stokey. 1984. Optimal Growth with Many Consumers. *Journal of Economic Theory* 32: 139 - 171.

——1987. Money and Interest in a Cash-in-Advance Economy. *Econometrica* 55 (May): 491 - 515.

Luenberger, D. G. 1976. *Optimization by Vector Space Methods*. New York: John Wiley & Sons.

Maddison, A. 1982. *Phases of Capitalist Development*. Oxford: Oxford University Press.

——1987. Growth and Slowdown in Advanced Capitalist Economies: Techniques of Quantitative Assessment. *Journal of Economic Literature* 25 (June): 649 - 698.

Marshall, A. 1961. *Principles of Economics*, 9th Ed. London: Macmillan.

Matthews, R. C. O., C. H. Feinstein, andJ. C. Odling-Smee. 1982. *British Economic Growth 1856 – 1973*. Oxford: Clarendon Press.

Meade, J. E. 1955. *Trade and Welfare*. Oxford: Oxford University Press.

Nerlove, M. 1974. Household and Economy: Toward a New Theory of Population and Economic Growth. *Journal of Political Economy* 82(March/April): S200 – S218.

Norsworthy, J. R. 1984. Growth Accounting and Productivity Measurement. *Review of Income and Wealth* 30(June): 309 – 329.

Ohkawa. K., and H. Rosovsky. 1973. *Japanese Economic Growth*. Stanford. California: Stanford University Press.

Ostroy, J. 1973. Representation of Large Economies: The Equivalence Theorem. Paper presented at the winter meetings of the Econometric Society.

Phelps, E. S. 1966. Models of Technical Progress and the Golden Rule of Research. *Review of Economic Studies* 33(April): 133 – 145.

J. D. Pitchford. 1974. *Population in Economic Growth*. New York: Elsevier.

Prescott, E. C., and J. H. Boyd. 1987. Dynamic Coalitions, Growth, and the Firm. *In* E. C. Prescott and N. wallace(eds.), *Minnesota Studies in Macroeconomics* 1. Minneapolis: University of Minnesota Press.

Prescott, E. C., and R. M. Townsend. 1984. General Competitive Analysis in an Economy with Private Information. *International Economic Review* 25(February): 1 – 20.

Ramsey, F. P. 1928. A Mathematical Theory of Savings. *The Economic Journal* 38(December): 543 – 559.

Razin, A., and U. Ben-Zion. 1975. An Intergenerational Model of Population Growth. *American Economic Review* 65(December): 923 – 933.

Rebelo, S. 1988. Long Run Policy Analysis and Long Run Growth. Unpublished paper, University of Rochester.

Rockafellar, R. T. 1970. *Convex Analysis*. Princeton, New Jersey: Princeton University Press.

Romer, P. M. 1983. Dynamic Competitive Equilibria with Externalities,

Increasing Returns, and Unbounded Growth. Unpublished doctoral dissertation, University of Chicago. 126

——1986. Increasing Returns and Long-Run Growth. *Journal of Political Econorny* 94(October): 1002 - 1037.

——1987. Growth Based on Increasing Returns lahae to Specialization. *American Economic Review* 77(May): 56 - 62.

——1988. Endogenous Technological Change. Unpublished paper. University of Rochester.

Romer, P. M., and T. Shinotsuka. 1988. The Kuhn-Tucker Theorem and Transversality Conditions at Infinity. Unpublished working paper, University of Rochester.

Samuelson, P. A. 1958. An Extract Consumption-Loan Model of Interest with or without the Social Contrivance of Money. *Journal of Political Economy* 66(December): 467 - 482.

Samuelson, P. A., and R. M. Solow. 1956. A Complete Capital Model Involving Heterogeneous Capital Goods. *The Quarterly Journal of Economics* 70(November): 537 - 562.

Schmitz, J. 1986. Optimal Growth and Product Innovation. Working paper. University of Wisconsin.

Schmookler, J. 1966. *Invention and Economic Growth*. Cambridge, Massachusetts: Harvard University Press.

Shell, K. 1967. A Model of Inventive Activity and Capital Accumulation. *In* K. Shell (ed.), *Essays in the Theory of Optimal Economic Growth*. Cambridge, Massachusetts: MIT Press.

Sheshinski, E. 1967. Optimal Accumulation with Learning by Doing. *In* K. Shell(ed.), *Essays on the Theory of Optimal Economic Growth*. Cambridge, Massachusetts: MIT Press.

Solow, R. M. 1956. A contribution to the Theory of Economic Growth. *The Quarterly Journal of Economics* 70(February): 65 - 94.

——1970. *Growth Theory: An Exposition*. New York and Oxford: Oxford

University Press.

Stiglitz, J. E., and H. Uzawa. 1969. *Readings in the Modern Theory of Economic Growth*. Cambridge, Massachusetts: MIT Press.

Stokey, N. L. 1986. Learning by Doing and the Introduction of New Goods. Working paper, Northwestern University.

Stokey, N., R. E. Lucas, Jr., and E. C. Prescott. 1989. *Recursive Methods in Economic Dynamics*. Cambridge, Massachusetts: Harvard University Press.

Summers, R., and A. Heston 1984. Improved International Comparisons of Real Product and Its Composition: 1950 – 1980. *Review of Income and Wealth* 30(June): 207 – 262.

——1988. A New Set of Internationa! Comparisons of Real Product and Prices: Estimates for 130 Countries, 1950 – 1985. *Review of Income and Wealth* 34(March): 1 – 26.

127 Summers, R., A. Heston, and A. Kravis. 1984. Changes in the World Income Distribution. *Journal of Policy Modeling* 6, 237 – 269.

Swan, T. W. 1956. Economic Growth and Capital Accumulation. *The Economic Record* 32(November): 334 – 361.

Tamura, R. 1988. Fertility, Human Capital, and the 'Wealth of Nations.' Unpublished paper, University of Chicago.

Uzawa, H, 1965. Optimum Technical Change in an Aggregative Model of Economic Growth. *International Economic Review* 6(January): 18 – 31.

Vassilakis, Spyros. 1986. Increasing Returns and Strategic Behavior. Unpublished doctoral dissertation, Johns Hopkins University.

Von Weizsacker, C. C. 1966. Tentative Notes on a Two-Sector Model with Indueed Technological Progress. *Review of Economic Studies* 33(July): 245 – 251.

Young. A. A. 1928. Increasing Returns and Economic Progress. *Economic Journal* 38(December): 527 – 542.

第三章　理性预期和价格的 128
信息作用

桑福德·J.格罗斯曼

竞争性价格的一个突出特点是它们对资源分配所具有的指导性。人们愿意生产较高价格的商品，而不愿生产成本相同但价格较低的其他一些产品。因此，资源被吸引到较为稀少的商品生产中。不幸的是，价格的这一分配作用被混同于信息作用了。与马歇尔或瓦尔拉斯联系在一起的新古典竞争性均衡价格模型能够模型化价格的分配作用，但是正如下面将表明的，该模型不足以处理信息分散的情形。理性预期模型是瓦尔拉斯模型在信息分散经济中的一种推广。人们在形成自己的需求时会考虑到如下的事实，即促成一项交易的价格取决于被其他人拥有但与自己在既定价格上的需求有关的信息。这一情形在根本上改变了需求、供给以及均衡的内涵。本章仅是对信息分散市场理性预期模型的简单介绍。更详细的讨论请参见格罗斯曼(1981)。

瓦尔拉斯模型假设，经济人唯一需要了解的经济其他方面的情况，是他即将交易的商品和服务的价格。每个消费者在已知的价格 p 上购买消费品组合 x，这一交易将在 $px \leqslant$ 财富这一预算约束下使他的效用函数 $u(x)$ 最大化。除了能够令消费者成交的价格以外，没有任何有关偏好、技术或其他人情况的描述进入消费者的最优化问题。类似地，生产者利用价格计算其生产计划的净市场价值，并试图找到在技术上最优的可行方案。外部经济在这里
129 也是不相干的：一旦价格已知，任何生产者都不需要去关心消费者的任何信息或偏好。我将表明，如果信息是分散的，市场将不在瓦尔拉斯价格上出清；进而表明，瓦尔拉斯模型得出的分配不是有效的。

我用下述例子来说明瓦尔拉斯模型的缺陷。我们不妨回忆一下，按照瓦尔拉斯模型，一个消费者的需求只取决于他自己的信息以及他观察到的价格。如果他的私人信息没有变化，但一种商品的价格下降了，那么他将倾向于购买更多的商品：他的预算约束已经变化了，但是他的偏好却没有变化。现在假设我们讨论的商品是在证券市场上交易的证券。一个典型消费者在白天所从事的很可能是不能为他拥有的特定证券提供任何信息的工作。假设他在结束一天的工作后回到家里，发现其证券价格下跌了。我们当然不会认为他此时将增加对证券的需求——就像他的偏好没被改变因而他的预算约束使持有证券变得便宜似的。实际上，如果他发现价格下降是因为其他人获悉了有关证券回报的不利信息，那么他很可能决定不改变其证券持有量。的确，一些学者将信息有效的市场描述为其均衡价格的变化不会促使某人去改变证券需求量的市场(有关信息有效的讨论参见法马 1970 年的文章)。基于这一思路的正式模型，不是消费者的偏好独立于价格的瓦尔拉斯模型，而是当价格变化时消费者似乎会改变他对证券的偏好的模型。

瓦尔拉斯模型也不能确定市场出清的分配。假设消费者 i 拥

有私人信息 y_i。他对证券的需求记为 $X_i(p;y_i)$。这一需求是在包含 p 的一个预算约束下，利用他的私人信息 yi 使其效用最大化而形成的。假设 $y=(y_1,y_2,...)$是将每个人的私人信息列在一起得到的清单。一个瓦尔拉斯均衡是使 $\sum_i X_i = X^s$（其中的 X^s 是证券的总供给）的价格 $p(y)$。如果它确实是一个“均衡”，那么就不应该在价格 $p(y)$上出现重新定约的愿望。但如果每个人都知道价格确实是由所有交易者的需求决定的，那么在 $p(y)$上显然会出现重新定约的愿望。为看到这一点，我们不妨回忆一下，每个交易者 i 都只将他的需求建立在其私人信息基础上。假设交易者 130
1 观察到表明证券回报可能异常低的一个 y_i 值。于是他的瓦尔拉斯需求将指明，在每个价格 p 上都应该只有少量的证券被需求。但假设其他交易者观察到关于证券回报的非常乐观的消息，那么他们的需求将非常高，从而市场出清价格也将很高。交易者 1（在观察到市场出清价格以后）将意识到它的信息是有偏差的，证券投资要比他的私人信息所显示的有利可图。于是他将重新进入市场，寻求购买比其瓦尔拉斯需求函数指示的数量更多的证券。

使市场出清的价格能够传递信息，这是一个事实。它意味着理性的交易者将调整他们的需求函数以反映如下的事实：如果市场是在价格 p 上出清的，那么这一价格能够告诉他们一些有关他们将愿意持有多少证券的信息。正式地讲，这意味着当价格为 $p=p(y)$时，交易者 i 的“需求”是 $X_i[p;y_i,p(y)]$。该交易者推想：他在价格 p 上的需求不仅应该参考信息 yi，还应该参考包含于价格为 $p(y)$这一事件中的信息。一个普通的瓦尔拉斯需求函数仅指明了一个消费者在特定的价格 p——不管 p 是不是一个市场价格——上愿意持有的数量。而在一个信息分散的市场中，这样的需求函数是没有意义的。不参考包含在价格为 p 这一事件中的信息就没法确定 p 点上的需求。要想建立一个不会在其上产生重新定约愿望的均衡价格，我们就必须知道每个人在每一价格 p——它是某信息 y 下的市场出清价格，即对于某信息 y，有 $p(y)=p$——上愿意持有的数量。

一个理性预期的价格函数 $p(y)$ 具有如下的性质，即如果每个人都在 p 上选择使其预期效用最大化的需求，并且他的选择依据的是他的私人信息以及包含在价格 p 是市场出清价格（即 $p(y)=p$）这一事件中的信息，那么对于每个 y，当 $p(y)=p$ 时，总市场需求等于总市场供给。理性预期分配的一个关键特性是，每个人在形成他的需求时就像是拥有远多于其私人信息的信息。在下一节我将表明，$p(y)$ 可以是所有交易者拥有的信息的一个充分统计量，也就是说，每个交易者仅通过观察市场出清价格，就能获得只有在他们每个人都能观察到整个经济的信息时才能获得的分配。因此，理性预期模型形式化了分散经济中的价格能够传递并汇总

131 信息的观点。特别是，我将在 3.2 节表明，如果市场是完全的，就存在一个全部经济信息的一个充分统计量的理性预期均衡。由此立即得到的一个结论是，一个具备完全市场集合信息但信息为分散的经济，其理性预期分配不可能被一个掌握着全部经济信息的中央计划者在帕累托意义上所优超。

这一章的结构如下。3.1 节分析了一个简单模型，其中的生产决策受包含在期货价格中的信息的影响。3.2 节提出了一个一般均衡模型，其中的证券价格能够传递信息。该模型还给出了价

格能够充分地汇总分散信息的条件。3.3 节包含了有关证券价格信息传递作用的结论和经验证据。3.4 节讨论了理性预期模型对经济周期分析的一些启发。在 3.4 节的理性预期模型中,消费者从价格中得到的有关总体经济冲击的信息很少。通过这一机制,那些在相同信息下对总就业水平只产生较小影响的冲击,在分散信息下产生了重大影响。在 3.4 节我还将讨论隐性合同模型,在这一模型中,消费者能够获得关于总体经济冲击的准确信息,但是价格所提供的有关他们自身生产率的信息却是不准确的。在这样的环境中,非对称信息和最优订约条件下的理性预期意味着产出对可观察到的总量冲击的反应,大于它在所有消费者都知道他们自己的生产率的情形下作出的反应。

3.1　价格在其中传递信息的一个简单模型

前面提到的思路可以通过一个简单模型加以说明。考虑这样一个经济,其 $t-1$ 时刻的投资在 t 时刻产生出单位随机收益 $\widetilde{D}$。令 $C(g)$ 是生产性投资的成本,并且令这一投资产生随机收益 $q\widetilde{D}$。换句话说,$q\widetilde{D}$ 代表投资生产出来的一种商品的总数。为了模型化市场的信息作用,我将引入一个期货市场,其中的 Pf 是 t 时刻要交付的一单位商品在 $t-1$ 时刻的价格。

模型化信息的一种方法是假设交易者 i 在时刻 $t-1$ 观察到一个信号 $\widetilde{y}_i$,该信号告诉他有关 t 时期 $\widetilde{D}$ 的一些情况(比如,如果 $\widetilde{D}$ 是由明天的降雨决定的,那么 $\widetilde{y}_i$ 可以是被经济人 i 观测到的当前风速和湿度)。令 $\widetilde{y}=(\widetilde{y}_1,\widetilde{y}_2,\widetilde{y}_3,\ldots)$是所有交易者的 132

信息向量。

我们先假设所有交易者都是风险中性的。如果 x_i 是交易者 i 预售的商品数量，那么他的预期利润是：

$$(3.1)\quad p_f x_i + \mathrm{E}[\widetilde{D}\mid y_i](q_i - x_i) - C(q_i),$$

其中，$\mathrm{E}[\widetilde{D}\mid y_i]$代表已知交易者 i 的私人信息（即 y_i）的条件下 $\widetilde{D}$ 的条件期望。从(3.1)中可以清楚看到，每个交易者都会希望在 $p_f > \mathrm{E}[\widetilde{D}\mid y_i]$时增加其预售量，而在 $p_f > \mathrm{E}[\widetilde{D}\mid y_i]$时减少其预售量。如果不存在对卖空和多头市场行为的限制，那么当$\mathrm{E}[\widetilde{D}\mid y_i] \neq \mathrm{E}[\widetilde{D}\mid y_i]$时，将不存在均衡的期货价格。也就是说，当人们对未来持有不同看法时，那种认为瓦尔拉斯均衡期货价格反映了人们对未来的看法的观点是没有意义的。

当然，上述结果是极端的并且是源于风险中性的假设。但是，瓦尔拉斯竞争性均衡不能传递信息的结论，可以在下述假设下得到更清楚的说明。假设交易者 i 是风险回避的，具有如下的冯·诺伊曼-摩根斯坦效用函数：

$$(3.2)\quad U_i(W) = 1 - e^{-a_i W} \qquad a_i > 0.$$

此外，假设$(\widetilde{D}, \widetilde{y})$是联合正态分布。

我们有必要回忆一下有关正态分布的一些知识。如果 $\widetilde{Z}$ 是具有均值 m 和方差 υ 的正态分布，并且 $t>0$，那么有 $\mathrm{E}e^{-t\widetilde{Z}} = \exp\{-tm + t^2\upsilon/2\}$。因此，如果 $\widetilde{W} = p_f x_i + \widetilde{D}(q_i - x_i) - C(q_i)$，那么 $\widetilde{W}$ 是具有均值$= p_f x_i + (q_i - x_i)\mathrm{E}[\widetilde{D}\mid y_i] - C(q_i)$和方差$= (q_i - x_i)^2 \mathrm{Var}(\widetilde{D}\mid y_i)$的正态分布的事实，可以被用来计算 $E_e^{-a_i\widetilde{w}}$。如果$(\widetilde{Z}_1, \widetilde{Z}_2)$是联合正态分布的，那么 $\mathrm{E}[\widetilde{Z}_1\mid \widetilde{Z}_2 = Z]$是 Z 的一个线性函数，而 $\mathrm{Var}[\widetilde{Z}_1\mid \widetilde{Z}_2 = Z]$是独立于 Z 值的一个常数。

如果交易者 i 选择 q_i 和 x_i 使 $\mathrm{E}[U_i(p_f x_i + (q_i - x_i)\widetilde{D} - C(q_i)) \mid y_i]$达到最大，得到的结果就像他只是对财富的均值和方差感兴趣似的。其解满足：

$$(3.3)\quad x_i = q_i + \frac{p_f - \mathrm{E}[\widetilde{D} \mid y_i]}{a_i \mathrm{Var}(\widetilde{D} \mid y_i)}, C'(q_i) = Pf.$$

假设在期货市场上运作的厂商只有 N 个。期货市场上的均衡要求 p_f 能够使得 $\sum_{i=1}^{N} x_i = 0$。如果我们假设对于某些 $c>0$，133
有 $C'(q_i) = cq_i$，那么(3.3)可以被用来求解市场出清价格 p_f^0(把它以 y 的函数的形式表示)：

$$(3.4)\quad p_f^0(y) = \sum_i \frac{\mathrm{E}[\widetilde{D} \mid y_i]}{a_i \mathrm{Var}(\widetilde{D} \mid y_i)} \cdot \left[\sum_j (a_j \mathrm{Var}(\widetilde{D} \mid y_i))^{-1} + \frac{N}{c}\right]^{-1}.$$

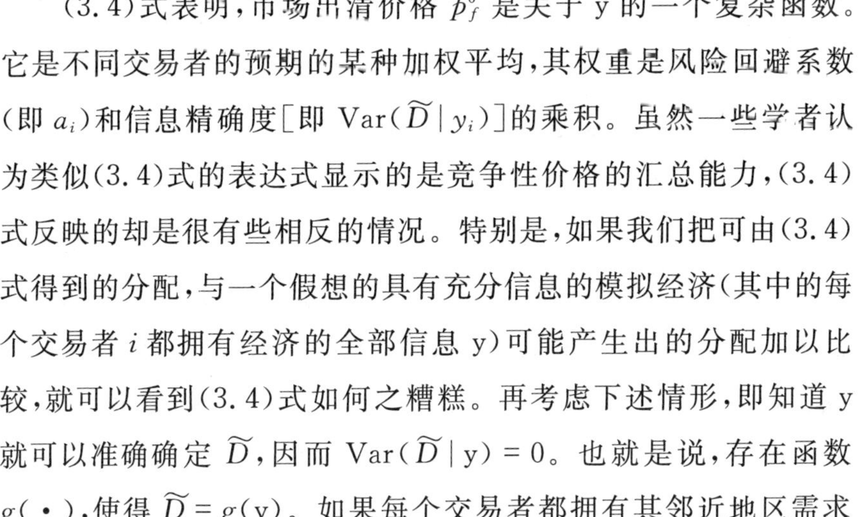

(3.4)式表明，市场出清价格 p_f^0 是关于 y 的一个复杂函数。它是不同交易者的预期的某种加权平均，其权重是风险回避系数(即 a_i)和信息精确度[即 $\mathrm{Var}(\widetilde{D} \mid y_i)$]的乘积。虽然一些学者认为类似(3.4)式的表达式显示的是竞争性价格的汇总能力，(3.4)式反映的却是很有些相反的情况。特别是，如果我们把可由(3.4)式得到的分配，与一个假想的具有充分信息的模拟经济(其中的每个交易者 i 都拥有经济的全部信息 y)可能产生出的分配加以比较，就可以看到(3.4)式如何之糟糕。再考虑下述情形，即知道 y 就可以准确确定 $\widetilde{D}$，因而 $\mathrm{Var}(\widetilde{D} \mid \mathrm{y}) = 0$。也就是说，存在函数 $g(\cdot)$，使得 $\widetilde{D} = g(\mathrm{y})$。如果每个交易者都拥有其邻近地区需求状态的某些信息，并且如果市场总需求是所有邻近需求状态之和，

那么就有 $\widetilde{D}=y_1+y_2+...+y_N$。因此,当每个交易者都拥有 y 时,他将不会面临风险,从而唯一的市场出清期货价格是:

(3.5) $p_f(\mathrm{y})=\mathrm{E}[\widetilde{D}\,|\,\mathrm{y}]=\widetilde{D}.$

(3.5)式显然不同于(3.4)式。此外,很容易表明,掌握全部信息 y 的计划者能够重新分配 x_i 并改变生产决策 q_i,使得每个人的境况比面临由(3.4)式的普通竞争性均衡产生的分配时要好[因为在(3.4)中,(a)交易者们承受着过高的风险并且(b)投资应该持续到 $cq_i=\mathrm{E}[\widetilde{D}\,|\,\mathrm{y}]$的点]。如果价格和分配的产生过程类似每个交易者都能观察到 y 的模拟经济,那么,一个了解 y 的计划者将不能够在帕累托意义上优超竞争性分配结果。

当交易者们拥有不同信息时,普通的瓦尔拉斯均衡便带有十分严重的错误。为看到这一点,我们假设(3.4)式是成立的,并且上面描述的经济环境被重现了多次,因而每个交易者 i 观察到多个($p_f^0(\widetilde{\mathrm{y}})$,$\widetilde{y}_i$,$\widetilde{D}$)的实现。在此条件下,每个交易者都将得知($p_f^0$,$\widetilde{y}_i$,$\widetilde{D}$)的联合分布,因而给定 $\widetilde{y}_i$ 和 p_f^0,它们能够了解 $\widetilde{D}$ 的
134 条件分布。交易者通常会发现 $\mathrm{E}[\widetilde{D}\,|\,y_i]\neq\mathrm{E}[\widetilde{D}\,|\,y_i,p^0f]$,也就是说,对 p_f^0 的观察将促使每个交易者改变其原有看法,因为这种观察带给他新的信息。如果交易者们意识到这一点,它们将希望在观察到 $p_f^0(\mathrm{y})$之后重新订约。(一个精明的交易者甚至会对他自己说:"让所有其他人目光短浅地利用他们自己的信息作交易吧,我可要等到市场出清并观察到 $p_f^0(\mathrm{y})$以后再作决定。我对 x_i 和 q_i 的购买量要能够使 $\mathrm{E}[U_i\,|\,p_f^0(y),y_i]$最大化。既然我是一个价格接受者,我希望做得比现在就成交并使 $\mathrm{E}[U_i\,|\,y_i]$最大化的情形更好。")

当交易者们观察 $p_f^0(y)$ 然后盘算它们能够使 $E[U_i \mid y_i, p_f^0]$ 最大化的最优选择时，$p_f^0(y)$ 通常将不再是对应于 $\widetilde{y}=y$ 的市场出清价格。因为，当每个交易者都目光短浅地仅依靠它自己的信息形成需求（也就是使 $E[U_i \mid y_i]$ 最大化）时，$p_f^0(y)$ 便成了市场出清价格。我们有必要认识到，在所有交易者都具有相同信息的经济中，在瓦尔拉斯均衡价格上不存在重新订约的愿望。这也正是我们把它看作一个真实均衡的原因。但是，如果交易者们是带着不同信息来到市场上的，那么，使市场出清的价格本身对于每个交易者来说便是一条非常重要的信息（因为它揭示了其他交易者的信息）。

根据均衡价格的规范定义，当每个交易者都在均衡价格上得到了他所需求的数量以后，在该价格上便不会出现重新订约的愿望。那么，在什么样的价格 $p_f^e(y)$ 上，当交易者们在观察到 P_f^e 以后不会产生重新订约的愿望呢？这一价格必须具有这样的性质，即当交易者们基于 p_f^e 形成它们的需求（也就是选择 x_i 和 q_i 使得 $E[U_i \mid y_i, p_f^e(y)]$ 最大化）时，$p_f^e(y)$ 将确实成为市场出清价格。

167

正式地，称 $p_f^e(y)$ 是一个理性预期均衡：

(3.6a)　如果 $x_i(p_f, y_i)$，$q_i(p_f, y_i)$ 能够解得下式：

$$\max_{x_i, q_i} E[U_i(p_f x_i + (q_i - x_i)\widetilde{D} - C(q_i)) \mid y_i, p_f^e(y)]，并且$$

(3.6b)　对于所有 y，有 $\sum_{i=1}^{N} x_i(p_f^e(y), y_i) = 0.$

考虑一下我们前面的观点，就可以明白 $p_f^0(y)$ 为什么被称作一个理性预期均衡。观察着期货价格的交易者们知道，它在某些方面是其他交易者拥有的信息的反映。他们知道，当交易者们拥有有利于 $\widetilde{D}$ 的消息时，该价格将升高。因此，交易者们试图逆转 135

$p_f(\mathrm{y})$，从而能够由对内生变量 p_f 的观察达到对外生变量 y 的认识。当然，当所有交易者都如此行事时，市场出清价格将受到影响。价格 $p_f^e(\mathrm{y})$是上述过程的一个均衡点。如果价格是由 $p_f^e(\mathrm{y})$产生出来的，并且如果交易者们利用这一价格函数了解 y，那么当 $\widetilde{\mathrm{y}}=\mathrm{y}$ 时，市场将在 $p_f^e(\mathrm{y})$上出清。我们再次看到，理性预期是一个均衡概念，而不是一个有关个人理性的条件。

回忆一下，对于(3.1)—(3.4)式的例子来说，普通的竞争性均衡价格并不传递给交易者们任何信息——没有哪个交易者形成其需求的方式，就像成交的价格能告诉他交易的价值似的。特别是，在普通的竞争性均衡价格与每个交易者都拥有全部经济信息的模拟经济产生的均衡分配之间没有什么联系。格罗斯曼(1976)认为，理性预期均衡作了一件很了不起的事情。就上述例子(以及下面给出的一大类模型)来说，理性预期均衡与完全信息的模拟经济产生的结果完全相同。在 y 提供了 $\widetilde{D}$ 的充分信息(即 $\mathrm{Var}(\widetilde{D}\mid \mathrm{y})=0$)的情形中，上述结论特别容易得到证明。此时：

(3.7) $$p_f^e(\mathrm{y})=\mathrm{E}[\widetilde{D}\mid \mathrm{y}]=\widetilde{D}$$

是一个理性预期均衡。我需要表明，当 $\widetilde{y}=y$ 时，市场将在 $p_f^e(\mathrm{y})$上出清。但只要我们注意到 $\mathrm{Var}(\widetilde{D}\mid \mathrm{y})=0$ 意味着 $\mathrm{Var}(\widetilde{D}\mid p_f^e(\mathrm{y}))=0$，便很容易得到这一结果。于是，(3.6)式中的每个消费者都有关于 $\widetilde{D}$ 的充分信息，从而像风险中性者一样行事。如果所有交易者都是风险中性的，那么 $p_f=\mathrm{E}[\widetilde{D}\mid p_f^e(\mathrm{y})]$便是使市场出清的一个期货价格。

我作了一个不必要的强假设，即 $\mathrm{Var}(D\mid \mathrm{y})=0$，目的是说明在一个理性预期模型中，期货价格如何能够等于基于全部经济信息的预期现货价格——即使交易者们对 $E[\widetilde{D}\mid y_i]$有不同看法。虽然交易者们是带着不同信息来到市场上的，但是他们离开市场时带走的分配，就像是他们都具有相同信息并且他们的共同信息是所能得到的最佳信息（即 y）似的。由(3.6a)式，读者可以证明生产者选择 q_i 使 $C'(q_i)=p_f^e\equiv E[\widetilde{D}\mid y]$。因此，生产决策是受全部经济信息的指引的（也就是说，每个交易者好像拥有全部经济信息）。

这些结果在一个标准的瓦尔拉斯均衡中是得不到的——在那里，价格是人们掌握的信息的一个加权平均，而不是该信息的一个 136
充分统计量[见(3.4)]。我们还注意到，在标准的瓦尔拉斯均衡中，交易者们将仅靠他们自己的信息来面对风险，即使在没有社会风险[比如，$\mathrm{Var}(\widetilde{D}\mid y)=0$]时也是如此。

上述结果是从 $\mathrm{Var}(\widetilde{D}\mid y)=0$ 的假设中推导出来的。现在假定我放弃该假设，但保留$(\widetilde{D},\widetilde{y})$是联合正态分布的假设。那么下面的表达式便是一个理性预期均衡：

$$(3.8)\qquad p_f^e(y)=\sum_{i=1}^{n}\frac{E[\widetilde{D}\mid y]}{a_i\mathrm{Var}(\widetilde{D}\mid y)}\cdot\left[\sum_j\left(a_j\mathrm{Var}(\widetilde{D}\mid y)\right)^{-1}+\frac{N}{c}\right]^{-1}.$$

为说明这一点，我将引入更多概念。给定任意两个向量随机变量 $\widetilde{z}_1$ 和 $\widetilde{z}_2$，令 $F(z_1\mid z_2)$代表观察到 $\widetilde{z}_2=z_2$ 时 $\widetilde{z}_1\leqslant z_1$ 的条件概率。这是为我如下的目的服务的，即说明：如果 $F(z_1\mid z_2)=F(z_1\mid t(z_2))$，统计量 $t(z_2)$对于 z_2 中包含的有关 z_1 的信息而言是充分的。[1]这一说明抓住了如下思路：由观察 $t(z_2)$推得的 z_1，与

由观察 z_2 推得的 z_1 是一样的。事实是，对于正态分布来说，条件均值 $E[\widetilde{D}|y]\equiv t(y)$对于 y 中有关 $\widetilde{D}$ 的信息而言是充分的（见穆德、格雷比尔、博伊斯，1974：PP. 306—310）。此外，充分统计量的任何叫逆函数本身，也是一个充分统计量。因此，如果(3.8)式中的 $p_f^e(y)$是 $E[\widetilde{D}|y]$的一个可逆函数，那么 $p_f^e(y)$是 $\widetilde{D}$ 的一个充分统计量。有关正态分布的一个事实是，如果 $\widetilde{A}$ 和 $\widetilde{B}$ 服从联合正态分布，那么已知 $\widetilde{B}=B$ 时的 $\widetilde{A}$ 的条件方差 $Var(\widetilde{A}|\widetilde{B}=B)$，对于 B 的所有实现而言都是相同的。因此，对于 $\widetilde{y}$ 的所有 y 实现，$Var[\widetilde{D}|y]$是常数。所以(3.8)式称 $p_f^e(y)$是 $E[\widetilde{D}|y]$的线性函数——它显然还是 $E[\widetilde{D}|y]$的一个可逆函数。这就是说，任何一个观察着 $p_f^e(y)$的交易者，都能推测出 $E[\widetilde{D}|y]$。我的结论是：$p_f^e(y)$是一个充分统计量。

我需要证明 $p_f^e(y)$是一个理性预期均衡，即它能够解得(3.6)式。这一点很容易证明，因为 $p_f^e(y)$带给交易者们的关于 $\widetilde{D}$ 的看法，与他们从观察 y 中得到的看法是一致的。也就是说，(3.8)式是所有交易者都能观察到一切的“模拟”经济中的普通竞争性均衡的解。这一结论可以从(3.4)式中看出来，该式给出了每个交易者观察的是 yi 时的普通瓦尔拉斯均衡。如果用 y 代替(3.4)式中的 y_i 和 y_j，我就可以得到每个人都能观察一切的经济中的竞争性均
137 衡。$p_f^e(y)$也是一个充分统计量的事实意味着，在交易者们带着各种私人信息进入市场但也观察着价格 $p_f^e(y)$的经济中，他们的信息看起来像是每个交易者都知道所有经济信息似的。从构造上看，如果每个交易者都知道所有经济信息，那么 $p_f^e(y)$将使市场出清。

上述论点表明,即使交易者们是风险回避的并且总体信息 y 是不完全的(即 $\mathrm{Var}(\widetilde{D}|\mathrm{y})\neq 0$),也可以由理性预期价格产生出似乎每个交易者都拥有所有经济信息的分配(在 3.2 节我将考察一个一般均衡模型,在该模型中福利命题可以被用来证明理性预期均衡)。

一个理性预期价格成为所有经济信息的充分统计量的充分必要条件是,模拟经济(即假设所有交易者都能了解一切的经济)的普通瓦尔拉斯均衡价格 $p_A(\mathrm{y})$ 本身是所有信息的一个充分统计量。正如我们可以从上面的例子中看到的,这一条件要求 $p_A(\mathrm{y})$ 是经济中所有相关信息的可逆函数。而这又反过来要求价格(市场)的种类至少与信息的数目相同。比如,如果有两种信息"因素"决定小麦的未来价格,那么将这一简单价格对两个决定因素求逆将是相当困难的。这种差别可从下述例子中看到。

考虑经过变换的问题(3.1)。在这一问题中,对于一群(被称作非生产者)的交易者来说,q_i 不再是内生的而是外生的。这些交易者现在拥有一些他们希望在期货市场上套头交易的商品。对于这些交易者,(3.3)式给出了他们的期货需求——外生决定的 q_i 除外。记这些交易者为 $i=N+1,N+2,\ldots,N+H$。将(3.3)式对所有交易者求和,便得到对期货的总需求:

$$(3.9)\quad 0=\sum X_i=\sum_{i=1}^{N}\left[\frac{P_f}{c}+\frac{P_f-\mathrm{E}(\widetilde{D}|y_i,P_f)}{a_i\mathrm{Var}(\widetilde{D}|y_i,P_f)}\right]+\sum_{i=N+1}^{N+H}\left[q_i+\frac{P_f-\mathrm{E}(\widetilde{D}|y_i,P_f)}{a_i\mathrm{Var}(\widetilde{D}|y_i,P_f)}\right].$$

我们需要考虑的一种特别简单的情形是,交易者 $i=N+1$,

$\dots, N+H$ 是极其厌恶风险的、也就是说，对于 $i=N+1, N+2, \dots, N+H$，有 $a_i=+\infty$。在这种情形下，非生产者在市场上出售的期货，对 q_i 的数量不具弹性。

138 令 $Q \equiv \sum_{i=N+1}^{N+H} q_i$，于是(3.9)变为：

$$(3.10)\quad 0=\sum_{i=1}^{N}\left[\frac{P_f}{c}+\frac{P_f-\mathrm{E}(\widetilde{D}\mid y_i, P_f)}{a_i \mathrm{Var}(\widetilde{D}\mid y_i, P_f)}\right]+Q.$$

接着，我们假设生产者不知道 Q。特别地，假设 Q 是随机的、独立的，并且与 y 和 D 是联合正态分布的。现在容易看出，不存在是经济信息的充分统计量的一个理性预期均衡。为明确这一点，相反地假设存在函数 $P_f(\mathrm{y}, Q)$满足如下的条件：对于 y 和 D 的所有实现来说，给定 y_i 和 $P_f(\mathrm{y}, Q)$时的 D 的条件分布，等于给定 y 时的 D 的条件分布。于是(3.1)式可以被用来解得 $P_f(\mathrm{y}, Q)$：

$$(3.11)\quad P_f(\mathrm{y}, Q)=\left[-Q+\sum_{i=1}^{N}\frac{\mathrm{E}(\widetilde{D}\mid \mathrm{y})}{\mathrm{Var}(\widetilde{D}\mid \mathrm{y})}\right]\cdot \left[\sum_{i=1}^{N}\frac{1}{c}+\frac{1}{a_i \mathrm{Var}(\widetilde{D}\mid \mathrm{y})}\right]^{-1}.$$

但是，根据 $\widetilde{D}$ 和 y 的联合正态分布可知，$\mathrm{Var}(\widetilde{D}\mid \mathrm{y})$是一个独立于 y 的实现的一个常数。于是，(3.11)式的右边是一个关于 Q 和 $\mathrm{E}(\widetilde{D}\mid \mathrm{y})$的线性函数。但由于 Q 是随机的，$P_f(\mathrm{y}, Q)$不能完全揭示 $\mathrm{E}(\widetilde{D}\mid \mathrm{y})$。因此，$P_f(\mathrm{y}, Q)$不是 y 的一个充分统计量。

实际上，可以表明(3.10)式存在如下形式的解：

$$(3.12)\quad P_f(\mathrm{y}, Q)=\sum_{i=1}^{N} b_i y_i+b_0 Q,$$

其中，b_i 是经选择可使(3.10)式成为一个等式的系数(见戴蒙德和韦雷基亚,1981)。可以表明,当 Q 的方差趋于零时,$P_f(\mathrm{y},Q)$ 是 y 的一个充分统计量。

(3.12)式显示,存在两个影响价格的因素,其中一个因素 Q 能够引起价格的随机变化,这一变化掩盖了价格中包含的有关其他交易者拥有的信息的信息。直观上,一个交易者并不知道 p_f 较高的原因到底是因为交易者们获得了关于 D 的好消息,还是因为 Q 较低。一个典型的交易者将希望区别这两个原因,因为一个较低的 Q 值于他是无所谓的,而关于 D 的好消息则意味着他应该持有更多的期货合同。

下一节我将表明,如果市场是完全的,就存在这样一个理性预 139
期均衡——该均衡上的价格是经济信息的充分统计量。

3.2　价格在资源分配中的作用

前一节的例子表明,在受到不确定性影响的经济中,交易者们被迫考虑其他交易者的特点;在瓦尔拉斯模型中,价格不再能概括一个交易者身处的环境的所有相关方面。这一观点与另一被广泛接受的观点形成对照,后者——得自对信息非分散经济的研究——称价格是提供个体交易者所需了解的所有有关其他交易者的信息的信号。

虽然在非随机的经济中价格经常被称为信号,但它们显然并没有在传导信息的过程中发挥正式作用。没有人从价格中得知什么。人们是受到价格的制约的(其方式通常恰到好处,使得个人理性被转化为集体理性),但是在古典的瓦尔拉斯模型或马歇尔模型中，他们并不能从价格中获得信息。价格中包含信息是一个很古老的观念。其最清晰的表述也许来自哈耶克（1945，P. 527）：“如果我们想了解它（价格系统）的实际职能，我们就必须把价格系统看作是……一个交换信息的机制……有关这一系统最重要的事实是其运行所依靠的知识之少，或说个体参与者为采取正确行动所需知识之少。……通过某种符号，只有最基本的信息被传递出去。”

哈耶克是在批评 20 世纪 40 年代的计划经济论文时作上述表述的。该论文——实际上使用了瓦尔拉斯数学模型以及兰格的福利定理——假定国家能够通过合理地设定价格，促成一个有效分配以及一个为国家领导人所期望的收入分布。（福利经济学基本定理向我们保证：在凸性假设下，任何帕累托最优都可得到一个竞争性价格系统的支持）。哈耶克（以一种含糊的方式）争辩说，这种观点忽视了价格竞争和看不见的手的问题。每个交易者都知道他自己的顾客和邻居的一些情况，但是没有人了解经济的全部情况。每个人的零碎信息都被收集起来，通过交易传递给了他人。最终
140 的竞争性分配似乎是由一只掌握着全部经济信息的看不见的手分配的。但是，一个不具备所有那些信息的计划者是不可能做到同样的事情的。

我将在这一节说明理性预期模型能够体现上述思想，说明福利经济学的基本定理能够以特定的方式被推广到分散信息的经济中，使得哈耶克的设想在一个理性预期均衡中得到证实。我还将进一步澄清投机市场作为信息汇总者和传导者的作用。

3.1 节的讨论启示我们，如果自然状态能够以期货形式存在（我用 $\tilde{s}$ 表示），而交易者们对其具有不同信息，那么只要开放足

够的投机市场，便能产生出是全部信息的充分统计量的一个价格系统。这一节我将更详细地说明这一点。对于这一目的，从表述的角度看，考虑一个纯粹的交换经济比考虑存在生产活动的经济更为方便。假设每个交易者都不能确定的自然状态涉及他下一期拥有的商品财富，于是，(为简单起见)我假设消费者 h 拥有价值为随机变量 $\tilde{e}_h$ 的某一种商品。令 $\tilde{s}$ 代表决定着所有交易者的财富的社会状态，令 e_{hs} 代表于 $\tilde{s}=s$ 交易者 h 实际拥有的财富。由于每个交易者的财富是随机的，他的消费通常也将是一个关于自然状态的函数 c_{hs}。令 $\tilde{c}_h$ 是代表交易者 h 的消费量的随机变量。我假设只有有限数量的社会状态 n，从而 $\tilde{s}$ 可以取 n 个值。因此，每个随机变量可以被写成一个向量，该向量的第 s 个分量是该随机变量在状态 s 上的实现，比如 $\tilde{c}_h=(c_{h1},c_{h2},\ldots,c_{hn})\equiv(c_{hs})_{s=1}^{n}$。

假设消费者们能在 $\tilde{s}$ 还没有实现且市场还没有开放的时候就得到关于 $\tilde{s}$ 的信息。也就是说，我假设消费者 h 在市场开放之前就观察到与 $\tilde{s}$ 相关的一个随机变量 $\tilde{y}_h$ 的实现。令 Y_h 表示 $\tilde{y}_h$ 的范围，$\tilde{y}\equiv(\tilde{y}_h)_{h=1}^{H}$ 表示所有交易者掌握的全部信息，再令 Y 表示 $\tilde{y}$ 的范围。

为了模型化存在完全的投机市场集合的情形，我假设交易者们能够交流与事件 $\tilde{s}=s$ 的发生联系在一起的商品的运送(或接收)承诺，也就是说，存在完全的阿罗-德布鲁证券集合。

上述经济的阿罗-德布鲁均衡(也就是“商品”为 $\tilde{c}_h$ 以及财富 141
为 $\tilde{e}_h$ 的经济的瓦尔拉斯均衡)，由一个价格向量 $\tilde{p}^w=(p_s^w)_{s=1}^{n}$ 和消费分配 $\tilde{c}^w=(\tilde{c}_h^w)_{h=1}^{H}$ 构成，它们满足如下条件：

(3.13)　$\tilde{c}_h^w$ 是下述问题的解

$$\max_{\widetilde{c}h}\sum_{s} U_h(\widetilde{c}_{hs})\mathrm{P}(\widetilde{s}=s|\widetilde{y}_h=y_h)$$

$$\text{s.t.}\ \ \widetilde{p}^w\cdot\widetilde{c}_h\leqslant\widetilde{p}^w\cdot\widetilde{e}_h\qquad 并且$$

(3.14) $$_h\sum\widetilde{c}_h^w\leqslant\sum_h\widetilde{e}_h.$$

在(3.13)式中，每个交易者在预算约束下最大化其预期效用。注意到，每个交易者对 $\widetilde{s}$ 的看法取决于他的信息 y_h，所以他的最优消费组合 $\widetilde{c}_h^w(p,y_h)$ 取决于价格和他的信息。由此，供给等于需求的价格 $\widetilde{p}^w$(y)将取决于每个人的信息。

现在，有必要给每个交易者都能观察到全部信息 y 的模拟经济定义瓦尔拉斯均衡。令 $\widetilde{p}^a$(y)和 $\widetilde{c}^a$(y)是将 $\mathrm{P}(\widetilde{s}=s|\widetilde{y}_h)=y_h$ 替换为 $\mathrm{P}(\widetilde{s}=s|\widetilde{y}=\mathrm{y})$以后，(3.13)式和(3.14)式中的瓦尔拉斯均衡。也就是说，每个消费者现在基于全部经济信息最大化其预期效用。模拟经济中的分配与瓦尔拉斯均衡是一致的——在瓦尔拉斯均衡中，每个消费者对商品向量 $\widetilde{c}_h$ 的偏好导自 $\sum_s U_h(c_{hs})$ $\mathrm{P}(\widetilde{s}=s|\widetilde{y}=\mathrm{y})$。如果所有交易者都观察到全部信息 y，那么(3.13)式的一阶条件可以写为：

176

(3.15) $$\frac{p_s^a(\mathrm{y})}{p_1^a(\mathrm{y})}=\frac{U'_h(c_{hs})}{U'_h(c_{h1})}\frac{\pi_s(\mathrm{y})}{\pi_1(\mathrm{y})}\quad s=2,3,\cdots,n,其中,$$

(3.16) $$\frac{\pi_s(\mathrm{y})}{\pi_s(\mathrm{y})}\equiv\frac{\mathrm{P}(\widetilde{s}=s|\widetilde{y}=\mathrm{y})}{\mathrm{P}(\widetilde{s}=s_1|\widetilde{y}=\mathrm{y})}.$$

我将证明 p_s^a(y)能够揭示 π_s(y)，并利用这一事实表明，对于每个交易者 h 都只能观察到 y_h 的经济来说，存在一个是全部信息 y 的充分统计量的理性预期均衡。因此，由模拟经济产生了与一个理性预期均衡相同的分配。我们会发现这一点很重要，因为根据福利经济学基本定理，一个掌握着全部经济信息 y 的中央计划者，不可能找到满足下式的一个可行分配 $\widetilde{c}(\mathrm{y})=(\widetilde{c}_h(\mathrm{y}))$：

(3.17) 对于所有 h 和 y，有

$$\mathrm{E}[U_h(\widetilde{c}_h(\mathrm{y}))\mid \mathrm{y}]\geqslant \mathrm{E}[U_h(\widetilde{c}_h^a(\mathrm{y}))\mid \mathrm{y}],$$

对某些 h 成立严格不等式。条件(3.17)是真实的，因为模拟经济的瓦尔拉斯均衡，相对于偏好 $\sum_s U_h(c_{hs})\mathrm{P}(\widetilde{s}=s\mid \widetilde{\mathrm{y}}=\mathrm{y})$促成了 142

商品向量$(\widetilde{c}_h)$的一个帕累托最优分配。

但是，实际的瓦尔拉斯均衡 $\widetilde{p}^w$ 和 $\widetilde{c}^w$，通常可以被一个掌握着全部信息 y 的中央计划者在帕累托意义上所优超（也就是说，存在一个可行分配 $\widetilde{c}_h(\mathrm{y})$，使得 $\mathrm{E}[U_h(\widetilde{c}_h(\mathrm{y}))\mid \mathrm{y}]\geqslant \mathrm{E}[U_h(\widetilde{c}_h(\widetilde{p}^w(\mathrm{y}),\mathrm{y}))\mid \mathrm{y}]$对所有 h 和 y 都成立，并对某些 h 成立严格不等式）。这正是我在前一节的例子中说明的结果。与前一节一样，我在这里也可以定义一个理性预期均衡。我将证明，只要市场（在消费者可以自由购买和出售 $\widetilde{c}_h$ 的意义上）是完全的，那么，在每个交易者都拥有他自己的信息的经济中便存在一个理性预期均衡，并且这一均衡不会被一个掌握着全部经济信息的中央计划者所优超。这一模型形式化了价格具有明确信息作用的思想。

要证明上述定理，我只需证明模拟经济的瓦尔拉斯均衡——$\widetilde{p}^a(\mathrm{y})$和 $\widetilde{c}a(\mathrm{y})$——是一个理性预期均衡。在这种情形下，一个理性预期均衡是满足 $\widetilde{c}^0\equiv(\widetilde{c}_h^0(y_h,P))_{h=1}^H$，$\widetilde{c}_h^0(y_h,P)\equiv(c_{hs}^0(y_h,P))_{s=1}^n$ 以及 $\widetilde{P}^0=(P_s^0(y))_{s=1}^n$ 的一对$(\widetilde{\mathrm{c}}^0,\widetilde{\mathrm{P}}^0(y))$值，其中：

(3.18a) $c_{\mathrm{h}}^0(y_h,P^0)$是下述问题的解

$$\max_{ch}\sum_s U_h(c_{hs})\mathrm{P}(\widetilde{s}=s\mid \widetilde{y}_h=y_h,\widetilde{P}^0=P^0)$$

s. t.　$P^0 \cdot c_h \leqslant P^0 \cdot e_h$ 并且

(3.18b)　对于所有 y,有 $\sum_h \widetilde{c}_h^{\,0}(y_h, \widetilde{P}^0(y)) = \sum_h \widetilde{e}_h$.

如果我们考虑的是每个消费者 h 拥有的信息是 $\widetilde{y}$ 而不是 $(\widetilde{y}_h, \widetilde{p}^0)$ 的模拟经济,那么该模拟经济的一个均衡——它是 $\{P(\widetilde{s}=s \mid \widetilde{y}=y)\}_{s=1}^{n} \equiv \pi(y)$ 的一个可逆函数——将是一个理性预期均衡,因为 $\pi(y)$ 是 y 中有关 $\widetilde{s}$ 的信息的一个充分统计量。[2] 因此,一个参考着 $\pi(y)$ 的任何可逆函数的消费者,与一个参考着 y 的消费者看法相同。所以,在(3.18a)式中,当一个消费者参考 y_h 和 $\widetilde{p}^0$(它是 $\pi(y)$ 的可逆函数)时,它将与模拟经济中参考 y 的消费者拥有相同的需求。

如果我能够表明 $\widetilde{p}^a(y)$ 是,$\pi(y)$ 的一个可逆函数,那么 $\widetilde{p}^a(y)$ 就是一个理性预期均衡;也就是说,它能够解得(3.18)式。格罗斯曼(1981)针对我们这里所研究的经济的一种特殊情形(具体说,在该经济中存在生产活动、多个时期以及状态依赖的效用函数)检验了这一点。在那里,$\widetilde{p}^a(y)$ 被表明是一个理性预期均衡。对这一结果的理解可以借助(3.15)式。现在将状态 1 的商品标准化,即设 $\widetilde{p}^a(y) \equiv 1$。由于有 n 个状态,所以有 $n-1$ 个相对价格。注意
143 到,由于 $\sum_{s=1}^{n} \pi_s(y) = 1$,存在 $n-1$ 个概率。还注意到,消费 c_h^s 只是价格 p^a 和概率 π 的函数。假设 $U_h(\cdot)$ 是严格凹的。要想使 $p^a(y)$ 不是 $\pi(y)$ 的一个可逆函数,那么(3.15)式就应该对不同的 π 值在相同的 p^a 上成立。但如果 p^a 保持不变,而 π_s 是上升的,那么上述结果将倾向于促使每个人希望消费更多的 c_s(请注意,对于一个消费者来说,当 $n=2$ 时减少 c_s 和 c_1 不是最优的,因为这种作

法在一个不变的财富水平上减少了他的效用)。但是所有消费者作为一个整体不能购买到更多的 c_s,因为它的供给是一定的。因此,对于不同的 π,市场不可能在相同的 p^a 上出清。这一论证对于只有两种状态($n=2$)的情形是完全正确的;但是对于 $n>2$ 的情形来说,由于不只一个概率能够变化,所以需要一个更严密的论证(见格罗斯曼,1981)。

存在一个是所有经济信息的充分统计量的理性预期均衡这一事实带来的一个直接结果是,存在一个不会被掌握了所有经济信息的中央计划者在帕累托意义上优超的理性预期均衡($\widetilde{p}^0$,$\widetilde{c}^0$)。对此的正式表述是:

定理　存在满足下述条件的一个理性预期均衡($\widetilde{P}^0(y)$,$c^0(y)$):如果 $\widetilde{c}(y)=(\widetilde{c}_h(y))_h$ 是任何其他可行分配(即对于所有 y,有 $\sum_h[c_h(y)-e_h(y)]\leqslant 0$),那么对于每个 y,不可能有

$$(3.19)\qquad \sum_s U_h(c_{hs}(y))P(s|y)\leqslant \sum_s U_h(c_{hs}^0(y))P(s|y)$$

对所有 h 都成立且对某些 h 以严格不等式成立。

上述定理是关于竞争性分配的最优性的相当强的一种表述。标准的最优性结果在根本上说的是,在市场是完全的并且所有消费者都具有相同信息的经济中,具有相同信息的计划者不能在帕累托意义上优超竞争性分配。而上述定理称,在交易者们可能拥有任意多样的信息的经济中,由竞争性价格带来的分配就像是每个交易者都拥有全部信息似的。因此,这些分配不能在帕累托意义上被优超。

上述经济中有 n 种商品 $(c_{hs})_{s=1}^n$,因而有 n 种价格需要消费者

加以观察，以便获得关于 $y(P_s^0(y))_{s=1}^n$ 的信息。请注意，y 中的信
息由 n 维向量 $\pi(y)=(\pi_s(y))_{s=1}^n\{P(\widetilde{s}=s|\widetilde{y}=y)\}_{s=1}^n$ 所概括。根
144 据前面的讨论，显然有 $P^a(y)\equiv\bar{P}^a(\pi(y))$，也就是说，$P^a(y)$ 仅通
过 $\pi(y)$ 取决于 y。格罗斯曼（1981）的定理 1 表明，$\widetilde{p}^a(\pi)$ 本质上
是 π 的一个可逆函数。n 维向量 $\pi(y)$ 是 y 的一个充分统计量，并
且存在 n 种被交易的投机商品。也就是说，经济中存在着足够多
种价格，使得所有与消费者有关的信息都可从 $P^a(y)$ 中获取到。
如果市场的数量较少，这一点通常做不到，正如我们在 3.1 节结尾
处的例子中看到的。下一节讨论投机市场的信息性如何由收集信
息的动机所决定。

3.3 有关证券价格信息性的结论

我在前面几节表明，有必要将瓦尔拉斯模型一般化以便提供一个交易者们不会要求重新定约的市场价格模型。由理性预期均衡能够产生出这样的价格。将瓦尔拉斯均衡一般化到信息分散的情形，推广了福利经济学基本定理。新定理称，如果市场是完全的，那么在一个信息分散的经济中按照自己的利益行事的每个个体，能够获得好像每个个体都能获得全部经济信息似的分配。

我曾经表示，金融市场是一个天然的信息汇总场所。在这一场所，交易者们可以试着从私人的信息收集中获利，并在此过程中将宝贵的信息传递给别人。因此，金融市场似乎是证明理性预期模型确实优于瓦尔拉斯模型的恰当例子。此外，通过考察金融市场的交易机制，我们可以更好地了解理性预期分配是怎样实现的。

回忆一下，交易者在 P 点上的“需求”是建立在 P 是均衡价格这一事件中包含的信息基础上的。尚不清楚的是，在给定每个交易者在均衡价格上只有一个“需求”，并且没有一个交易者能够观察到 y 的条件下，P 是如何实实在在地成为信息为 y 时的一个均衡价格的。在大多数金融市场上，交易者们能够在交易“底价”上将需求曲线以有限指令的形式传达给他们的经济人。交易者们也可以将“市场指令”告诉他们的经济人，该指令称不管价格如何必须立即购进（或卖出）某个数量。沿用 3.1 节的记法，这一机制使得市场出清价格 $P(y,q)$ 成为发出有限指令的交易者们拥有的信 145
息 y 以及将被执行的市场指令总数（记为 q）的函数。发出有限指令的交易者们考虑了如下的事实，即如果他们的指令在一个特殊价格 P_0 上得到执行，那么这一交易之所以发生是因为其他交易者基于他们自己的信息发出了特殊的有限指令——这些指令与市场指令结合在一起时，会使供给在 $P(y,q)=P_0$ 上等于需求。比如，一个只愿意在一个非常低的价格上购进的交易者会明白，他的有限指令将只在其他交易者获悉了非常不利的消息或出现了大量的要求出售的市场指令时才会被执行。这类推理非常像理性预期均衡所要求的那种推理（见凯尔，1985）。

理性预期模型还有助于我们评价信息有效的金融市场这一概念。在这样一个市场上，大多数交易者并不收集信息，因为他们知道价格系统已经汇总了所有交易者的信息。当然，如果每个人都认为其他一些人收集了信息，这种情况就不可能成为一个均衡。格罗斯曼和斯蒂格利茨（1980）表明，在价格中将出现一个均衡的“噪声”水平，足以隐藏起有关那些收集信息的交易者们的信息，从而使这些人可以从信息收集中获利。因此，市场不能充分汇总信息，因为信息的收集需要成本。收集信息的成本以及比别人拥有更好一点的信息能够带来的收益，决定了一个市场能够在多大程度上接近完全的信息汇总机制。

休伯曼和施沃特(1985)估计了一个市场的信息汇总程度。他们在检验汇总理论时所使用的数据，涉及与以色列的通货膨胀率挂了钩的债券。在一个指数化了的债券市场上交易，会使分散了的有关通货膨胀的信息再被汇总起来，其方式很像一个期货市场或一个与状态相关的债务市场。通货膨胀率的预报牵涉对不同行业产品价格的预报。因此，第 t 月的通货膨胀率在第 t 月开始 15 天以后才能被公布。所公布的信息基本上是此前 15 天分散在个人手中的那些信息，因为某个特定行业产品的生产者和消费者在该产品价格在行业内被制定时就得知它了。如果在通货膨胀率被公布之前，指数化债券和其他证券交易就汇总了分散信息，那么在公布之后指数化债券的价格就不应该变化很多。休伯曼和施沃特
146 发现，在所公布的通货膨胀信息中，有大约 85%是在公布之前就被反映到了指数化的债券价格上的。因此，只有 15%的有关未预期通货膨胀的信息未被汇总到证券价格中。

3.4 多样信息与宏观经济学

3.4.1 理性预期模型

我在前几节讨论了针对信息分散经济的理性预期模型的内在

逻辑。我一直强调这类模型对于理解证券市场的信息作用和效率而言是非常必要的。不过,它们还有一个重要用途——用于解释经济周期。

巴罗(1976)和卢卡斯(1973)的模型假设经济人对他们自己生产的产品的名义价格的了解,多于它们对总体价格水平或总货币注入量的了解。我们看到,一个经济人对 i 种商品的供给取决于 $P_i - \mathrm{E}[P \mid P_i]$,其中 P_i 是商品 i 的价格,P 是总体价格水平。此外,$P_i = P + \varepsilon_i$,其中:$\mathrm{E}[\varepsilon_i \mid P] = 0$,$\varepsilon_i$ 则代表一个实际的相对冲击。于是,如果发生了一次(不能直接观察到的)货币注入事件,经济人 i 将观察到一个较高的 P_i——他将(理性地)把这一现象部分地归因于较高的 ε_i。由此,$P_i - \mathrm{E}[P \mid P_i]$将较高,因而产出也将较高。也就是说,一个未被觉察的对总体价格水平的冲击,将促使每个经济人 i(理性地)认为需求发生了有利于其产品的变化。

在完全信息(即可直接观察 P 的)条件下,名义冲击对供给将不产生影响:$P_i - \mathrm{E}[P \mid P_i, P] = P + \varepsilon_i - P = \varepsilon_i$。只有对产品 i 的相对需求冲击才会影响到经济人的产出。因此,分散信息和理性预期致使名义冲击对产出的影响大于其在相同信息情形下对产出的影响。分散信息创造了一个"乘数",通过这一乘数,本来只会产生小的影响的冲击将带来(经济人之间)相关的预期错误,从而产生大得多的影响。

不幸的是,几乎不存在有利于上述名义冲击传导机制的经验证据。休伯曼和施沃特的研究已经表明,由于证券市场遍布整个
经济,因此证券价格能够汇总并揭示有关总体经济冲击的信息。147
此外,没有证据显示未预期的通货膨胀与总产出具有正面联系(见

费尔,1979)。

应该把上述证据与下述事实结合起来考虑:(1)消费者们可以从市场上购买到各种商品,这使他们得知不是他们自己生产的商品的价格信息。(2)货币的注入是通过对整个经济的资本市场实施公开市场操作实现的。(3)货币供给是被公开宣布的,并且通常只需很短的滞后时间就可以得到它们。(4)经济的总体价格水平是通过劳动统计局为公众所了解的,其滞后时间稍长一些。有证据表明,有关货币因素的非对称信息并不是名义冲击对产出施加大的影响的途径。但是,分散信息能够在人群中引起相关的错误的事实可以被用来构造经济周期理论,解释为什么未被察觉的对经济的小的冲击能够对总产出产生大的影响。

格罗斯曼和韦斯(1982)提出了一种模型,在该模型中,经济人拥有有关他们的投资的实际生产率的私人信息。价格水平 P 和货币供给是公共信息,并且存在一个遍布整个经济的名义债券市场,其利率为 r。但价格和利率并不能向每个经济人完全揭示总体经济冲击对实际生产率 n 的冲击程度。每个经济人 i 利用他自己的生产率 $n+\varepsilon_i$ 和观察到的价格估计 n。经济人之所以对 n 感兴趣,是因为它是他们自己的私人投资的实际影子成本,也就是说,它是投资的有效实际利率成本。因此,经济人 i 的投资是 $n+\varepsilon_i-\mathrm{E}[n|n+\varepsilon_i,P,r]$ 的函数。假设(由于存在着其他一些私人因素,比如随机的货币需求——它使得 P 和 r 成为 n 的噪声函数)P 和 r 不能揭示 n,那么可以看到,此时投资随 n 变动的幅度比 n 是公共信息的情形要大。

3.4.2　隐含合同模型

上述模型不能令人满意的一个性质是，只有未察觉到的总量冲击才能使产出波动的规模大于相同信息下瓦尔拉斯模型所预测的规模。如果产出和就业的波动规模大于一个相同信息模型所能解释的程度，那么就有必要看看能否用可察觉的总量冲击引起过度波动的模型对其加以解释。新闻机构和政府提供大量总量数据 148
的事实，以及有关证券价格能够对公共信息作出迅速反应的大量证据，都使我们难以（在缺乏实质性经验证据的情况下）接受建立在未察觉到的总量冲击基础上的总量波动理论。

格罗斯曼、哈特以及马斯金（1983）提出了一种模型，其中，被察觉到的总量冲击使价格成为一个更大的噪声信号——这一性质反过来又引起了过度的总量波动。他们的模型是以阿扎里亚德斯（1983）以及格罗斯曼和哈特（1981）的非对称信息隐含合同模型为基础的。

隐含合同模型假设了一个风险回避的雇主，对他来讲，一种投入（比如，劳动）的边际生产率和平均生产率是随着自然状态 $\tilde{s}$ 正向变化的。这个雇主和一个风险分担的供给者（它也可能是投入品的供给者——但这不是必需的）签署了一个风险分担合同，而且在签署时 $\tilde{s}$ 尚未被其中任何一个人所察觉。但是，模型假设当 $\tilde{s}$ 已经实现以后，只有雇主才能直接观察到其实现，风险分担的供给者不能直接观察到 s。这一形势使得普通保险变得不可能了。通常，该雇主在 s 较差时会获得一大笔支付，而在 s 较好时获得小笔支付。但现在这是不可行的，因为保险的提供者不能观察到 s。

然而，由于投入品的边际生产率是随着 s 正向变化的，因此风险分担者能够将投入品的使用当作一种屏蔽物来加以利用。也就是说，在 s 得以实现以前，风险分担者和雇主可以就下面一点达成一致：当厂商对该种投入品的使用量很大时，对厂商的保险支付将较低（因为此时便是 s 较高的状态）。

格罗斯曼和哈特证明，如果合同各方为提高风险分担程度将投入品的使用当作一种屏蔽物来加以最优利用，那么这种做法将使投入品在所有状态上都不能得到充分利用——除了它们得到正确利用的最佳可能状态 $\widetilde{s}$。也就是说，如果 R 是投入品 l 本身的成本，而 $w(l)$ 是雇主使用该投入品的总成本（包括基于投入品使用量的保险支付），那么最优合同将要求对于所有 l 都有 $w'(l)>R$——与最理想的自然状态 $\widetilde{s}$ 相关的 l 除外，彼时有 $w'(l(\widetilde{s}))=R$。因此，厂商面临的投入品使用的边际成本比投入品本身的成本要高。证明思路如下：要使投入品的使用能够屏蔽 $\widetilde{s}$ 的实现，雇主获得的保险额就必须在 l 上升时下降，也就是说，$-(w(l)-Rl)$ 必须随着 l 的上升而下降，因为 $-(w(l)-Rl)$ 是厂商获得的保险支付。

149 考虑下面的例子。假设只有两种状态。s_1 和 s_2，并且投入品的边际产品和平均产品在状态 1 上的水平要高于它们在状态 2 上的水平。假设 $l^*(s)$ 是 s 可以为公众所了解——也就是说，不需要 l 起屏蔽作用——的情形下人们在状态 s 上选择的投入量。那么上述结果意味着 $l(s_1)=l^*(s_1)$，并且在状态 2 上 l 将不能得到充分利用，即 $l(s_2)<l^*(s_2)$。

现在考虑这样一种情形，即公开的冲击提高了 s 在不同厂商中间分散的程度。假设在冲击开始之前所有厂商都具有相同的 s——比如 $\widetilde{s}$。再假设有一个被公众察觉到的冲击提高了(比如)1/2的厂商的 s 值,降低了另外 1/2 的厂商的 s 值,其作用方式恰好使相同信息下的投入使用量不被改变,也就是说,$(1/2)l^*(s_1)+(1/2)l^*(s_2)=l^*(\widetilde{s})$。如果令 $\widetilde{s}$ 代表冲击过后 s 的横截面分布,并假设每个雇主都知道他的 s 但与一个只知道 s 的横截面分布的机构分担风险,那么,这一横截面分散模型在形式上等同于前面的风险分担合同模型——在后一模型中,$\widetilde{s}$ 代表一次只出现 $\widetilde{s}$ 的一个实现的经济中存在的短暂不确定性。于是,那些具有较高 s 值的幸运厂商将选择和相同信息情形一样的使用量,而那些(具有较低 s 值的)不走运的雇主则被迫选择一个低于他们在相同信息情形下可能选择的投入使用量,从而暗示他们的 s 实现较低。因此,一个最优的风险分担安排意味着,生产率水平分散程度的提高将引起投入品使用总量的下降。

格罗斯曼、哈特和马斯金利用这一思想模型化了为公众所察觉的冲击对就业的影响。他们考察了劳动是中间产品投入的一种经济。中间产品又被用来生产最终产品。最终产品的价格向量 P 是公共信息。某种特定中间产品的生产率受到一种非公共信息的随机变量 $\widetilde{\Theta}$ 的影响。特别是,$\widetilde{\Theta}$ 的实现决定着某种中间产品在多大程度上被一个最终产品行业所使用。最后,为公众所察觉的冲击是一个能够将需求从一种最终产品转移到另一种最终产品的冲击。在不存在对最终产品的冲击的情况下,冲击 $\widetilde{\Theta}$ 被假设对就业没有影响。$\widetilde{\Theta}$ 的实现决定哪个最终产品利用某一特定厂商的中间产品,而中间产品劳动的边际价值产品却不受利用该中间产品的

具体最终产品部门的影响。但是,一个被察觉到的对最终需求的随机冲击,能够打破边际价值产品的这种均等性,在中间产品行业
150 中引起劳动的边际价值产品的部门间差别。比如,一个为公众所察觉的从小型小汽车转向大型小汽车的需求变化,将对那些其产品较多地使用于小型小汽车生产的中间产品生产者带来不利影响。在不存在最终需求冲击的情况下,一个特定的中间产品生产者将不关心是小型小汽车还是大型小汽车更多地使用其零件。在一个稳定状态上,资源将在各部门间流动,以使两种最终产品行业从要素使用中获得的利润率均等。但是,在发生了未预期的有利于大型小汽车的需求变动以后,大型小汽车相对价格的上升将引起某些企业——对这些企业来讲,$\tilde{\Theta}$ 使他们供给大型小汽车厂商而不是供给小型小汽车厂商——的劳动边际价值产品的上升。

对于一个观察到最终需求冲击但不知道这一冲击将如何影响其所在企业的中间产品行业工人来说,其边际价值生产率的不确定性将增加。特别是,如果 n 是公开的冲击,而 $\tilde{s}$ 是描述中间产品行业劳动的边际价值生产率在部门间分布的一个随机变量,那么,这一框架可以被放进我们早先分析的一个框架中,得出如下的结论:那些受到不利冲击的厂家此时的就业量将低于工人们的边际产品是公开信息时的水平,而那些受到有利冲击的厂家此时的就业量将等于其要素的边际产品是公开信息时的水平。但是,如果一个一般均衡分析考虑了就业不足带来的收入损失,如何对面临有利的相对需求冲击的行业造成不利影响,那么它将表明,所有行业的就业水平都将低于边际价值产品是公开信息的情形下的水平。

格罗斯曼、哈特和马斯金讨论了一个例子,并且为由未预期的

通货膨胀引起、能够在名义债权人和名义债务人之间重新分配财富的相对需求冲击提供了一些经验证据。如果名义债权人和名义债务人之间的年龄差别使得人们对最终产品的需求具有不同的财富弹性，那么财富的重新分配将引起对最终产品的相对需求的变化。由于中间产品行业的工人不能通过观察最终产品的价格确定冲击对他们自己的边际价值产品的影响，这一冲击将加剧雇主和雇员之间的信息不对称性，并（在一个隐含合同模型中）引起总失业量的上升。

可见，隐含合同模型能够为过度的就业波动提供一种与下述
经济环境一致的解释：在该环境中，工人们能够获得有关总体经济 151
冲击以及消费品价格的非常准确的信息，但是缺少有关他们自己的边际价值生产率的信息。这一模型与卢卡斯和巴罗的模型形成鲜明对照——他们的模型假设工人们掌握着有关他们自己的边际价值生产率的非常准确的信息，但是缺少有关消费品价格和总体经济冲击的信息。

注　释

〔1〕这一表达式等价于我们通常的定义，该定义涉及对已知 z_2 的 z_1 的似然函数的分解。参见格罗斯曼（1978）的附录。

〔2〕注意，$P(\tilde{s}=s|y)=P(\tilde{s}=s|\pi(y))$。这一表达式的证明如下：令 $F(s)$ 是关于 s 的任意函数，并且令 $\bar{Q}(y)=E[F(s)|y]=\sum_s F(s)P(s|y)\equiv Q(\pi(y))$。于是 $E[F(s)|y]$ 仅通过 $\pi(y)$ 依赖于 y。但是 $E[F(s)|\pi(y)]=E\{E[F(s)|y]\pi(y)\}=E[Q(\pi(y))|\pi(y)]=Q(\pi(y))\equiv E[F(s)|y]$。我再假设当 $s=s_i$ 时有 $F_i(s)=1$，而在其他情况下则有 $F_i(s)=0$，于是得到我们想证明的结果。

参考文献

Azariades, C. 1983. Employment with Asymmetric Information. *Quarerly Journal of Economics* 98(suppl.):157－172.

Barro, R. 1976. Rational Expectations and the Role of Monetary Policy. *Journal of Monetary Economics* 2:1－32.

Diamond, D., and R. Verrecchia. 1981. Information Aggregation in a Noisy Rational Expectations Model. *Journal of Financial Economics* 9: 221－235.

Fair, R. 1979. An Analysis of the Accuracy of Four Macroeconomic Models. *Journal of Political Economy* (August).

Fama, E. 1970. Efficient Capital Markets: A Review of Theory and Empirical Work. *Journal of Finance* 25:383－417.

152 Grossman, S. 1976. On the Efficiency of Competitive Stock Markets Where Traders Have Diverse Information. *Journal of Finance* 31 (2): 573－585.

——1978. Further Results on the Informational Efficiency of Competitive Stock Markets. *Journal of Economic Theory* 18(1):81－101.

——1981. An Introduction to the Theory of Rationa]] Expectations under Asymmetric Information. *Review of Economic Studies* 68:541－559.

Grossman, S., and O. Hart. 1981. Implicit Contracts, Moral Hazard, and Unemployment. *American Economic Review* 71(May):301－307.

Grossman, S., O. Hart, and E. Maskin. 1983. Unemployment with Observable Aggregate Shocks. *Journal of Political Economy* 91(6):907－928.

Grossman, S., and J. Stiglitz. 1980. On the Impossibility of Informationally Efficient Markets. *American Economic Review* 70(3):393－408.

Grossman, S., and L. Weiss. 1982. Heterogeneous Inforrnation and the Theory of the Business Cycle. *Journal of Political Economy* 90(August): 699－727.

Hayek, F. H. 1945. The Use of Knowledge in Society. *American Economic Review* (September).

Huberman, G., and G. Schwert. 1985. Information Aggregation, Inflation, and the Pricing of Indexed Bonds. *Journal of Political Economy* 93(1): 92–114.

Kyle, P. 1985. Informed Speculation with Imperfect Competition. Unpublished paper. Princeton University.

Lucas, R. 1973. Some International Evidence on Output-Inflation Tradeoffs. *American Economic Review* (June): 326–334.

Mood, A., F. Graybill, and D. Boes. 1974. *Introduction to the Theory of Statistics*, 3rd Ed. New York: McGraw-Hill.

153 第四章　消费

罗伯特·E.霍尔

在宏观经济学中，没有哪个领域比对消费的研究更深刻地受到理性预期革命的影响。从 20 世纪 50 年代初到 70 年代末，生命周期永久收入假说主宰了经济学家们对消费的思考，因此消费研究在很大程度上处于停滞不前的状态。但是在随后的十年中，涌现出了很多新的研究工作。当然，几乎所有的新研究都与理性预期假说有关，但它们带给我们的远不止消费者是基于所有有关其未来收入的信息作消费决策的这一简单思想。

我对这些研究工作的考察将始于理性预期假说对它们的最初影响——提出用欧拉方程刻画最优消费行为并对其进行经验检验。不少研究者使用美国和其他一些国家的数据作了检验。大致地讲，欧拉方程是说消费的演变应该像随机走动一样；也就是说，消费的变化不应当是可预测的。检验这一命题的经验研究得到的总体结论是：消费相当接近一个随机走动，但某些变量具有足够的可预测性使得上述假说在正式的统计检验中遭到拒绝。

在随后的研究中出现的一个令人感兴趣的分支是，探讨能否用消费者在其收入暂时较低时无法获得借款来解释消费变化的可预测性。对“流动性约束”的考察吸引了不少学者，他们大多得出了如下结论：流动性约束确实有助于解释数据中不能用简单的理性预期生命周期永久收入假说加以解释的方面。他们特别发现， 154
消费的大部分运动与该简单模型一致，只有少部分的消费者的行为是受到约束的。

另一个研究分支则寻求用消费品的耐用性解释消费行为对简单随机走动的偏离。他们发现，耐用性与流动性约束是相互竞争的，那些同时包含了两种性质的模型，不必严重依赖流动性约束来解释消费的可预测性。

我将考察的第三个分支，所考虑的是进一步改进欧拉方程的问题。从理论上讲，预期实际收益的变化应该影响消费的变化率；当资产市场提供更高的收益时，消费者应该推迟消费。也就是说，单个家庭的消费增长率应该与预期收益正相关。也许正是因为这一相关性，简单随机走动模型遭到了拒绝。但是，把利率的影响汇总起来的问题是非常复杂的，在预期实际收益和总消费的增长率之间存在的并不是简单关系。

本文中的讨论排除了一些与消费有关的重要话题。特别地，由巴罗的李嘉图等价研究引发的那些论文不属于我考察的范围。有关问题参见伯恩海姆(1987)的分析和总结。

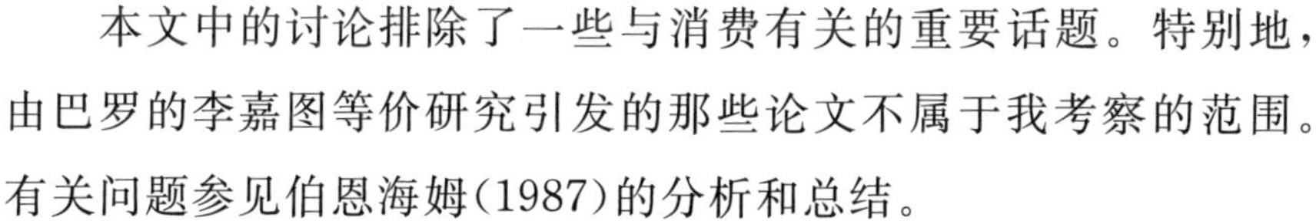

4.1　理性预期和欧拉方程

对消费的研究自凯恩斯发表《通论》以来就集中在消费函数——即收入(也可能是利率)和消费之间的结构性关系——的构造上。弗里德曼的永久收入假说和莫迪利亚尼的生命周期假说，被看作是对收入变量进入消费函数的可能方式的启示。其中的主要思想是,收入的暂时性变化对消费的影响应该小于其永久性变化对消费的影响。关于这一点,给人最深刻印象的证据可能来自弗里德曼对家庭收入和消费的横截面数据所作的分析。但是,一旦开始构造消费函数,弗里德曼和他的追随者们(比如达比,1972)就把消费当作是当前和过去收入的分布滞后。马思(1960)曾经表明,在理性预期的条件下,只当收入服从某种特殊的随机过程,几
155 何分布滞后才是最优的。但是直到很多年以后,有关消费函数的文献才进一步探究了这一思路。在美国的总量数据中,从收入到消费的分布滞后具有一种特别的性质——赋予当前收入或滞后收入的权重大多几乎是无限长的。

安多和莫迪利亚尼的经验性消费函数(1963)对预期采取了更为结构化的看法。他们推测,公众在判断当前的实际收入水平是否能够代表他们的永久性水平时,可能将失业率当作额外变量加以考虑。

罗伯特·卢卡斯(1975)对1973年出现的计量经济学政策模型提出的著名批评,打响了理性预期革命的头一炮。他批评的那些模型是由结构性方程组构成的。卢卡斯对三组结构性方程提出了责难,其中之一就是消费函数。他的批判是深刻的,他说:并不是人们错误地定义了典型的消费函数,而是根本就不存在所谓的消费函数。在永久性收入和消费之间的确存在结构性关系,但消费函数断定结构性关系存在于观察到的收入和永久性收入之间,而我们没有理由相信这类关系是稳定的。经济中其他方面的变化,比如稳定政策的变化,将改变消费者从观察到的收入中推测永

久性收入的最优方式。因此，建立消费函数没有任何意义，特别是，基于消费函数的政策分析模型注定要失败。

虽然卢卡斯对现行的计量经济学政策评价模型不屑一顾，但是他的观点并不意味着对所有模型构造或经验研究的彻底否定。在经济中确实存在结构性关系，只不过消费函数并非其中之一。对消费而言，其不受政策干预以及经济中其他变化因素影响的结构性关系是跨时偏好序。卢卡斯的研究对消费所持的观点是：消费者基于所有能够得到的当前收入和未来收入信息以及价格信息，选择使其一生的预期效用最大化的当前消费水平。消费者在处理有关信息时，将利用所有可获取的有关经济中其他参与者（包括政府）的行为的知识。

卢卡斯对消费函数的批评因他对菲利普斯曲线的批评而有些黯然失色——在后一批判中他一般化和形式化了弗里德曼（1968）
几年前提出的与人深刻印象的观点。以理性预期的观点开展的下 156
一个消费研究，是霍尔（1978）对卢卡斯的观点的一般意义所作的检验。霍尔既没有试图修补传统的消费函数，也没有试图估计效用中那些复杂的参数。他只是对消费者在一个不变的实际利率下最大化其一生预期效用值的论点作了一个简单的经验检验。他的基本思路是考察描述了这样一个消费者的最优化行为的欧拉方程。欧拉方程刻画了今年的消费和明年的消费之间的边际替代率等于两者的相对价格的情形。这一相对价格就是一单位未来消费的贴现成本。从数学上讲，消费者寻求最大化下式：

$$E_t \sum_{s} \left(\frac{1}{1+\delta}\right)^s u(c_{t+s})$$

$$\text{s.t.}\ \sum_s \left(\frac{1}{1+r}\right)^s (c_{t+s} - w_{t+s}) = A_t.$$

其中是：

E_t = 基于 t 时刻所有信息的数学期望；

δ = 主观时间偏好率；

r = 不随时间变化的常数实际利率；

$u(\cdot)$ = 严格凹的单期效用函数；

c_t = 消费；

w_t = 从储蓄以外的来源中获得的收入；

A_t = 人力资源以外的资产。

跨时可分性假设可以被放宽，关于这一点参见布朗宁(1986b)。将一般均衡中的预期实际利率假设为常数而导出的结果，见于克利斯蒂亚诺、艾肯鲍姆以及马歇尔(1987)。

表示边际替代率和价格比率相等的欧拉方程是：

$$E_t u'(c_{t+1}) = \frac{1+\delta}{1+r} u'(c_t).$$

上式是说，预期的下一年的边际效用等于今年的边际效
157 用——只是要考虑进一个与常数时间偏好率 δ 和常数实际利率 r 有关的趋势。这一论点还可以表示为：

$$u'(c_{t+1}) = \frac{1+\delta}{1+r} u'(c_t) + \varepsilon_t.$$

这里的 ε 是一个随机变量，它(在消费量 c_t 已被选定的)时刻 t 的预期值是零。特别是，ε 与 $u'(c_t)$ 不相关，因而该方程是一个回归方程。如果 $u(\cdot)$ 的泛函形式已知，那么这一方程可成为检验最优化的基础。对于追求最优化的消费者来说，任何一个观测于

t 年的变量在进入该方程时都不可能得到一个非零的系数。如果一个有助于预测下一年的边际效用的变量被发现,并且这一变量在消费者选择 c_t 时已为其所知,那么该消费者显然没能实现最优化。

霍尔最初的研究并没有试图利用有关效用函数的泛函形式的信息。相反,他认为可以通过假设一个二次效用函数来很好地近似欧拉方程,此时它可以被写为:

$$c_{t+1} = \lambda c_t + \varepsilon_t.$$

在这一框架中,对最优化的基本检验要求将额外变量添加到等式右边,然后进行 t 检验或 F 检验来排除它们。

张福讓(1987)考察了简单随机走动关系何时恰好成立的问题。泽尔德斯(1986)在非负性约束下定量地计算了消费函数,并得出二次假设在某些条件下会把研究引入歧途的结论。

霍尔发现,滞后的实际可支配收入对消费没有什么确定影响,因而,在 t 时刻以及 t 时刻以前的变量中只有 c_t 有助于预测 c_{t+1} 这一假设是可以接受。但他也表明,欧拉方程约束在证券市场上遭到了拒绝。证券市场实际价值的近期变化,对消费的未来变化具有在统计意义上重要的预报价值。

弗莱文(1981)考察了收入和消费在理性预期框架下的关系,并获得了拒绝严格的最优化假说的足够的预测性。她的理论研究涉及基于实际收入遵循一个稳定随机过程的假说建立显性的结构性消费函数。因此,她的模型本身属于遭卢卡斯批评之列——后者指出:收入的随机过程是经济中所有参与者共同作用的一个结果,不是消费者独有的一个复杂的结构性特征。但是,她的检验后

158 来被证明与霍尔提出的检验完全相同。最优化假说之所以在她那里遭到了拒绝，一是因为她比霍尔包括进了更多的滞后收入值，二是因为她作了其他一些小改动。

弗莱文的结构模型使她可以定量解释她的发现。在她的结果中，描述消费对同期收入变化的过度反应的参数是 0.36 左右。她指出，霍尔在简化的消费回归方程中得到的较小的滞后收入系数，实际上意味着大得多的结构性系数。总的来讲，弗莱文找到了比霍尔更多的证据拒绝具有恒定实际利率的纯粹的最优化模型。

古德弗兰德(1986)说明，弗莱文的检验使用了可以立即观察到总收入的假说。但即使在总收入被公开之前有一个季度的滞后，沿着弗莱文提供的大致思路也能得到拒绝最优化的结论。

曼昆和夏皮罗(1985b)批评了弗莱文的做法，理由是：弗莱文那种抽掉趋势的方法会带来过度敏感性——即使这种敏感性在原始数据中根本不存在。他们考虑了收入为一个随机走动的例子。最优消费也是一个随机走动。如果将霍尔的检验应用于原始数据，最优化假说不会被拒绝。但是在数据中的趋势被抽掉以后，收入和消费具有了周期性，使得霍尔检验遭到了失败。他们提到，弗莱文的检验对于原始数据不能得出确定结论，因为在抽掉趋势以前收入基本上是随机走动。

斯托克和韦斯特(1987)反驳了曼丘夫和夏皮罗将过度敏感性归咎于被错误地抽掉了趋势的随机走动的说法。他们争辩说，通过抽掉带有位移的随机走动的趋势，弗莱文将大样本分布从正态分布转化成与具有单位根的 ARIMA 过程有关的非标准分布。他们利用西姆斯、斯托克和沃森(1987)的理论结果发现，即使对于事先抽掉了趋势的数据而言，基于滞后消费的霍尔的原检验也是有效的。霍尔检验和弗莱文检验的关键区别是霍尔将滞后消费作为回归量包括在其中，而弗莱文没有如此。斯托克和韦斯特拿出了蒙特卡罗试验结果支持自己的论点，否则他们得借助渐进理论。此外，迪顿(1986)得到的结果对下述说法提出了疑问，即曼丘夫和 159
夏皮罗指出的偏差能够完全解释消费对收入的过度敏感性。

迪顿的研究也对下述模型成功的可能性提出了疑问，这类模型试图用一个随机过程描述收入，然后推测消费对这一过程的变动的适当反应。他指出，将实际收入描述为非平稳过程——具体说，描述为一阶差分中的一阶自回归过程——似乎是对收入过程的恰当描述。但是对这一收入过程来说，所观察到的消费对收入变动的反应，不是太大了而是太小了。收入过程的微小差异对消费的反应有重大影响。因此，由有限几类收入过程获得的结果，可能不能为过度敏感性假说提供可靠的统计检验。坎贝尔和迪顿(1987)进一步考察了这一观点，并试验了多个低阶 ARIMA 收入模型。这些模型中的大多数体现了消费变动的方差应该大于收入变动的方差的性质。他们还通过考察收入的自相关性获得了相同的结论。但是，他们使用的两种检验方法都偏向于消费过度平滑的结论，因此他们的发现不是结论性的。

韦斯特(1986)利用一个方差约束技术考察了消费和收入之间的相对可变性问题，所得的结论是：证据虽然可能倾向于消费的过度平滑性，但仍不十分明了。在与此相关的一篇论文中，克利斯蒂亚诺(1987)发现，与实际收益的变动有关的跨时替代带给消费的较小影响，能够解释消费明显的过度平滑性。

纳尔逊(1987)重新考察了霍尔最初的经验结果以及弗莱文随后的研究。他表示:在早先的消费已给定的条件下,通过假设新近的消费具有对数效用和对数正态分布,可以得到更合理的近似。他还证明:在这一框架下,收入的当前变化是消费的未来变化的具有重要统计意义的预报器。纳尔逊在这里也确认,弗莱文关于过度敏感性的强结果可能源于她抽掉数据趋势的做法。

雅各布森(1981)表明,对消费者的意向的考察具有预报价值,即使在存在霍尔的初始研究中包括的证券市场价值的情况下也是如此。

160 迈伦(1986)表明,不必用作了季节性调整的数据,而用未经季节性调整的数据和一个关于季节性效应的简单模型,就可以推翻弗莱文和其他人得到的拒绝简单随机走动假说的结论。

克尔门迪和拉艾(1986)对一组 30 个国家进行了滞后收入变化对当前消费变化的解释力的试验。总的来讲,他们没能就这组数据拒绝无解释力假说。他们使用弗莱文的方法得到的结论是:消费似乎对永久性收入的变化不太敏感。

4.1.1 时间的聚合

埃文斯(1982)、克利斯蒂亚诺(1984)以及其他研究者指出,用来检验欧拉方程的数据是时间平均数,而理论本身研究的是在孤立的时点上被选择的消费。沃金(1960)推导了一个随机走动的时间平均的时间序列特征。该时间平均的一阶差分是一个一阶移动平均过程,其序列相关性约为 0.25。对欧拉方程所作的检验可以经修正考虑进这一特征——这意味着滞后消费具有特定系数,并意味着实际收入的最新观测值在检验回归中失效。霍尔(1988)比较详细地讨论了时间的聚合问题,但不管是他还是别的研究者,都没有在考虑了时间的聚合问题之后重新进行欧拉方程检验。时间聚合数据的估计问题,在汉森和辛格尔顿(1986)那里得到了详细讨论。

4.1.2　美国以外国家的情况

戴利和哈奇马特奥(1981)用英国数据重复了霍尔的基本欧拉方程检验。他们发现,滞后可支配收入和滞后流动资产具有相当大的预报价值,因此他们明确拒绝从欧拉方程中排除这些变量。但是他们的工作受到了卡丁顿和赫德(1981)的批评,理由是:对于一个涉及面颇广的有效预报器的搜寻工作,戴利和哈奇马特奥只拿出了最终结果。但是,米尔鲍尔(1983)仅仅依靠滞后一期的消费和滞后一期和两期的收入,就对英国的数据得出了相同的拒绝结果。

卡丁顿(1982)考察了加拿大的数据,发现实际货币余额、实际 161
私人财富、实际 GNP 和失业率都具有预报价值。

约翰逊(1983)用澳大利亚的数据拒绝了欧拉方程的最优化条件。他发现一定范围内的滞后收入和滞后失业率具有预报价值。

4.1.3　得自横截面数据的结论

原则上,单个家庭经历的收入和消费变化应该能够为消费模型提供更权威的检验。但是统计上遇到的困难,使得横截面研究观测资料丰富的优势部分地失掉了。比如,美国没有关于所有家庭在连续几年里的总消费情况的数据。针对美国数据的研究，多数使用的是(收入动态的分组研究)一书中的收入数据和食物消费数据。

霍尔和米什金(1982)在理性预期假说的消费理论框架下考察了这些数据。他们的模型假设，在单个家庭的消费水平数据中存在暂时性测量误差或其他不能用理论解释的噪声来源。在存在这种误差的情况下，欧拉方程的简单回归检验受到了限制:它必须给滞后消费安上一个单位系数，并且不能把进一步的滞后消费当作不可预报性假说失败的理由。霍尔和米什金将食物消费关于收入的滞后变化的一阶差分作了回归，得到的系数为 -0.010，其标准误差为 0.002。虽然对零这一理论值的偏离程度不大，但从统计意义上看，对最优化的拒绝是很明显的。

霍尔和米什金还估计了一个结构性消费模型。该模型类似弗莱文的模型，但有两点不同:第一，它允许当前消费对最近将来的收入变化做出反应。这一改动是因为考虑到了数据的定时问题，也是因为考虑到了家庭可能拥有有关收入变动的一些事前信息。结果证明，家庭能够得到这一类事前信息。第二，模型允许一部分消费与实际的当前收入(而不是永久性收入)成比例变动。如果一部分样本受到了流动性约束，那么它们的收入将以这种方式运动。
162 结果显示，大约 20%的消费是与当前收入而不是永久性收入联系在一起的。作了这两点修正以后，模型成功地解释了在数据中发现的收入和食物消费的全部协方差模式。

林(1985)在类似的框架下研究了一组日本家庭。除了食物消费，这一组数据还记录了其他四类消费情况。林发现，滞后收入对消费的变化具有重要预报价值，这一点与欧拉方程的最优化特性矛盾。为解释收入的预报能力，他构造了一个更一般的模型，包括进了流动性约束存在的可能性，以及一个时期的消费为下一个时期的消费提供满足的可能性——他令效用函数依赖于过去的支出的分布滞后，将后一影响结合进了模型。他的结果表明，消费的耐久性构成了简单欧拉方程失败的重要原因。在考虑进耐久性以后，他得到了一个不寻常的估计，即 15% 的家庭受到了流动性约束。

阿尔顿吉和西乌(1987)考虑了存在于小组研究中的收入的测量误差问题。他们的研究表明，收入的测量误差从定量角度看的确是重要的；但即使明确地考虑了这种误差，从生命周期永久收入模型的小组研究中得到的大体上有利于该模型的结论仍然成立。

莫克和史密斯(1986)研究了来自一组挪威家庭的十分详细的数据，得到的结果在总体上有利于生命周期永久收入模型。

4.1.4　理性预期的永久收入模型对收入和消费的连带行为施加的限制

萨金特(1978)第一个探讨了如下问题，即将最优消费行为表示成施加于收入和消费的一般时间序列模型的一个限制。但是正如弗莱文(1981)所指出的那样，萨金特的永久收入模型没有考虑当前储蓄为未来消费提供资金的事实。其结果，由他推导并检验的限制并没有对最优消费行为作出令人满意的描述。弗莱文推导了标准的永久收入模型所施加的限制。结果发现，给滞后变量的系数施加的交叉方程限制，正是经霍尔(1978)检验的那些——即

163 在消费的自回归表达式中排除滞后消费以外的所有变量的限制。她表明,不存在涉及两个自回归方程的系数关系的限制。但是,如果将收入的单变量时间序列模型严格解释为:除了滞后收入,没有其他滞后变量对收入的预测有用,那么,标准的永久收入模型也给消费变动和收入变动的协方差矩阵施加了重要限制。这一矩阵是奇异的,两种变动互成比例,并且从理论上可以将这一常数变动比例与收入过程的系数联系在一起。萨金特没有考虑对协方差矩阵的限制。弗莱文称,不应期待在实际数据中发现奇异性,实际数据需要的是更复杂的模型。在那样一种模型中,消费者利用各种信息预测不能由当前和过去的收入水平得知的未来收入。于是,消费的变动与收入的变动不是充分相关的,理论也不能确定两种变动之间的数量关系。如果人们不仅对包含在收入中的信息而且对包含在其他变量中的信息作出反应,那么,测得的收入变动和消费变动之间的相关关系应小于1。将收入自回归方程中的残差解释为与永久性收入变动成比例,这当然有吸引力。但是,如果人们不仅对计量经济学家右手边的变量做出反应,还对别的变量有反应,那么,收入方程中的残差将错误地衡量永久性收入变动。弗莱文对收入和消费的残差的协方差矩阵所作的分析表明,测量误差的量值远不是可以忽略的。

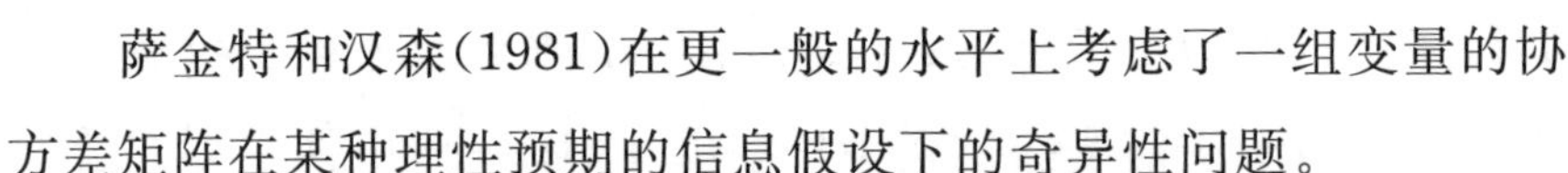

萨金特和汉森(1981)在更一般的水平上考虑了一组变量的协方差矩阵在某种理性预期的信息假设下的奇异性问题。

约翰·坎贝尔(1986)考察了最优消费行为给包括消费、劳动收入以及资本收入(它被定义为:恒定的预期实际利率乘上资产水平)三个变量构成的系统施加的限制。他表明,可以把理论上得出的限制表示成对一个向量自回归的参数限制。第一个限制是，资本收入的变动受制于具有恒定预期实际利率（事后的真实收益可以是随机的）的跨时预算约束。这是一个关于技术的限制，而不是关于消费行为的限制。

第二个限制是，要么消费的变动是不确定的，要么等价地，下 164
述统计量是不确定的：

$$s_t - \Delta x_t - (1+r)s_{t-1},$$

其中 s_t 是储蓄，x_t 是劳动收入。这一统计量是消费变动和资本收入变动之和，所以它的不可预测性与消费变动的不可预测性源于基本相同的原因。

坎贝尔的检验近似一个对消费变动的不可预测性所作的检验，并且由于他没有检验预期实际利率的恒定性，所以两者具有相同的局部均衡性质。其框架的优势在于，它可以估价偏离永久收入理论的储蓄行为的定量意义。

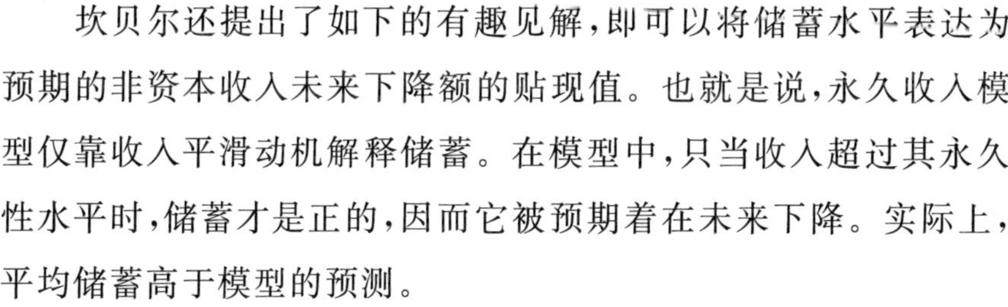

坎贝尔还提出了如下的有趣见解，即可以将储蓄水平表达为预期的非资本收入未来下降额的贴现值。也就是说，永久收入模型仅靠收入平滑动机解释储蓄。在模型中，只当收入超过其永久性水平时，储蓄才是正的，因而它被预期着在未来下降。实际上，平均储蓄高于模型的预测。

储蓄的运动也有些不同于对劳动收入的下降所作的最优预测，但两个变量的标准差几乎相同。坎贝尔称，如果消费对收入过度敏感，那么储蓄的标准差会比最优预测的标准差低。他总结说，不应该将永久收入模型的失败归因于过度敏感性。

坎贝尔和克拉丽达（1986）得自加拿大和英国的结论与得自美

国的结论相当接近。

4.1.5 流动性约束

消费对收入的敏感性高于永久收入假说所预测的水平这一观点，很久以来就与家庭在非正常的低收入时期不能动用储蓄金的观点联系在一起。家庭不能通过提取金融资产或借款保持正常的消费水平，他们必须减少消费。这一类家庭由于没有流动资产或适宜借款的抵押品而面临流动性约束。

165 林(1987)对涉及流动性约束问题的文献作了十分完整的考察。我这里的评论则是带有选择性的。

米尔鲍尔(1983)和泽尔德斯(1985)在理性预期的永久收入模型框架下，发展了有关消费者对流动性约束的反应的理论。正如他们所指出的，称受到流动性约束的消费者不假思索地花掉他们所有的可支配收入过于简单了。相反，流动性约束有一个影子价格，所起的作用像是一个利率。当一个未受到约束的消费者能够动用储蓄金维持消费的时候，一个受到流动性约束影响的消费者将像面对着一个更高的利率似地行事。消费者将减少当前消费，因为它实际上变贵了。虽然我们可以为面临流动性约束的消费者推导一个欧拉方程，但其中将有一项涉及流动性约束的影子价格。为确定该影子价格，我们需要将消费者的整个跨时规划问题考虑进去，并且不能把该问题作简单的分解。由于当前的影子价格几乎肯定与当前和过去的收入相关，因此，对于受到流动性约束的消费者来说，有关消费中不可预测变化的简单欧拉方程命题不再成立。

朗克尔(1983)和泽尔德斯利用研究单个家庭情况的小组数据考察了流动性约束。他们使用了简单欧拉方程检验的对数形式,也就是说,他们检验了如下假说:除了涉及市场利率的那一项以外,消费的增长率是不可预测的。他们的研究表明,对于只有很少净财富因而容易面临流动性约束的家庭而言,该假设是被拒绝的。朗克尔发现,消费的增长率与资产数目低于1500美元的家庭的净财富正相关;而泽尔德斯发现,消费增长与实际可支配收入负相关。后一结果也得到了霍尔和米什金(1982)以及其他研究者的证实,他们都试图把自己的发现解释为是对流动性约束的支持,但是并没有建立起有关约束后果的一个正式模型。

弗莱文(1985)在她早期模型的扩展形式中考察了时间序列数据中的流动性约束问题。对于自己早期得出的消费变动对收入变动过于敏感的结论,弗莱文考虑了两种解释:第一,消费者可能缺乏远见——也就是说,消费者就像一直面临着极高利率似地行事;第二,某些消费者在某些时候可能面临流动性约束。她指出,通过
研究过度敏感性与衡量流动性约束事件的变量之间的关系,可以 166
区别这两种不同解释。出于这一目的,她使用了失业率。从理性预期的永久收入假说中导出来的无效性假说认为,失业率有助于预测未来收入;但如果不存在流动性约束,失业率对消费就没有直接影响。弗莱文发现,当失业率作为预测收入的额外变量被包括在模型中但不能对消费产生直接影响的时候,消费对当前收入的过度敏感性很大,并且和前面一样,在统计上很重要。但是,当被看作是流动性约束的一个指示器的失业率可以对消费施加直接影响时,消费对收入的过度敏感性被发现降低很多,并且变得不重要

了。由于失业率和收入之间存在很强的相关关系，经验结果不能提供十分明确的结论，但是弗莱文认为那些结果对流动性约束的作用提供了某些支持。

米尔鲍尔和鲍维(1986)为时间序列数据中的流动性约束问题建立了一个更为精致的模型，并得出结论认为，该模型对美国数据提供了很好的描述。

布朗宁(1987)用一种新的思路检验了流动性约束。他假定已婚夫妇早晚会决定要孩子，并假定人们喝酒和抽烟的习惯不会因孩子的出生而发生变化。在这些假设下，生命周期理论断定酒精和烟草的消费不会在孩子出生以后发生变化。英国的小组数据支持这一论点。

4.1.6 耐用品

在根本上，耐用品消费理论和非耐用品消费理论没有什么差别。家庭消费着耐用品提供的一定服务，因此，这些服务量的确定应该和其他类型的消费量的确定一样。但是，一些研究者超越这种简单看法，建立并估计了描述收入和耐用品存量之间关系的模型。

曼昆(1982)在时间序列环境中建立了最基本的模型。他指出，耐用品存量的变动应该遵循和非耐用品消费变动相同的欧拉
167 方程。如果耐用品存量是以常数比率下降的，那么耐用品的购买应该遵循一个一阶自回归的、一阶移动平均过程，该移动平均过程的参数只取决于下降的比率。但是曼丘夫的研究结果对这一假说表示了强拒绝。他发现，耐用品购买的随机过程接近一个随机走

动，这意味着耐用品的季度下降比率几乎是100％。虽然他没有再就这一思路作进一步的分析，但是他认为一个包含了调整成本的模型可能也会遭到数据的拒绝。

伯南克（1984）利用包括了家庭四年情况的一组数据考察了汽车的购买情况。他假设家庭通过标准的理性预期永久收入模型选择最优的汽车数目，然后以一个部分调整过程给出的速率购买汽车。他并没有试图用最优化方面的考虑证明部分调整假设是合理的，虽然调整成本模型也许会给他的模型带来最优化的结果。他的估计方法类似霍尔和米什金（1982）所使用的方法。他的经验结果显示每年的调整率为70％左右。他最令人感兴趣的发现是，没有证据表明汽车的购买对暂时性收入具有过度敏感性。消费对当前收入作出的部分调整，对于那些促使其他学者认为流动性约束很重要的事实而言，似乎是一种很有竞争力的解释。

伯南克（1985）建立了带有调整成本的完整模型。他用有关耐用品、非耐用品和收入的美国季度数据发现，在假设了常数实际利率的模型中，耐用品和非耐用品都表现出了相当强的过度敏感性。

曼昆（1985）在一个考虑了耐用品和非耐用品之间的替代性以及跨时替代性的模型中研究了耐用品。他在这两个方面都发现了替代弹性很高的证据。其结果．实际利率的运动对耐用品的购买施加了重要影响，促使后者偏离了常数实际利率模型的预测。他没能拒绝收入和消费具有简单的理性预期永久收入模型所预测的关系的假说。

巴尔-艾兰和布林达（1987）提出了一种耐用品购买理论，明确考虑了耐用品存量的调整问题。他们表明，每个家庭将为每种耐

用品的存量定出一个范围，并且如果存量不在这一范围之内，就购
168 进或出售现有耐用品。他们还着手处理了将模型的意义推广到总
量数据中去的复杂问题，所得到的结论有些矛盾。

4.1.7 跨时替代

利率变化给消费和储蓄带来的影响，一直是消费研究的一个重要内容。但除了博斯金(1978)，关于利率在消费函数中的作用这一传统问题人们研究得较少。这一问题的答案比较复杂，因为利率变化既带来收入效应又带来替代效应。比较起来，自理性预期革命以来一直主导着消费研究的欧拉方程，提供了衡量利率变化的纯替代效应的一种思路。

带有可变实际利率的消费的欧拉方程最初出现在金融文献中。鲁宾斯坦(1976)提供了大部分的基础模型。将不变弹性效用函数与呈对数正态分布的收益结合起来，可以产生出一个十分易于处理的一阶条件形式。布里登(1977、1979)提出了一个在过去十年里被无数研究者加以利用的跨时消费模型。布里登推得的基本关系可以写为：

$$\Delta\log c_t = \frac{1}{\alpha}r_t + k + \varepsilon_t.$$

这里的 α 是相对风险回避系数，r_t 是 t 时刻的一单位投资在 $t+1$时刻的对数分布的均值，ε_t 是服从正态分布的扰动，而 k 是一个常数，它与 r_t 和 $\Delta\log c_t$ 的协方差、两者的方差以及时间偏好率都有关系。布里登和他在金融文献中的追随者们(格罗斯曼和希勒，1982a、b；希勒，1982；弗森，1980；布里登，1983。还有其他很多

人，其中有些列在参考文献中）将这一方程看作是一个方程对应一种投资构成的一个系统的一部分。他们将一项投资的消费 β 定义为该投资收益与对数形式的消费变化的协方差的规范化。这一领域中的大部分金融文献都致力于衡量消费 β 并考察 β 和不同投资的平均收益之间的关系。

在有关消费的宏观经济文献中，最有影响的金融方面的论文 169
是汉森和辛格尔顿（1983）。他们利用月度消费数据和收益数据，为多种投资作了单方程估计和方程组估计。他们对相对风险回避系数 α 所作的估计，围绕单位值形成了一个区域。他们还检验并拒绝了常数和协方差之间可能存在的限制，但这一发现与金融方面的关系比它与消费的关系更为密切。这一思路下得到的其他结果，见艾肯鲍姆、汉森和辛格尔顿（1986）。

汉森和辛格尔顿的框架还被萨默斯（1982），曼昆、罗腾博格和萨默斯（1986）以及比恩（1986）等采用，并获得了类似结果。布朗宁（1986a）循着稍许不同的思路也得到了类似结论。但这些后续论文认为，（处于一个消费增长方程右边的）预期实际利率 r_t 的系数与消费者的跨时替代倾向有关。也就是说，他们考虑的是下述形式的方程：

$$\Delta \log c_t = \sigma r_t + k + \varepsilon_t.$$

这里的 σ 是跨时替代弹性。预期实际利率 r_t1％的上升，将促使消费者将百分之 σ 的消费从今年挪到明年。从形式上看，两者的区别就是将相对风险回避系数的倒数 $1/\alpha$ 替换为 σ，但是这一变化带来了非常不同的解释。

霍尔（1988）考虑了这些解释之间的关系的问题。被金融研究和宏观经济研究所共同使用的模型是建立在一个跨时可分效用函数基础之上的：

$$\sum e^{-\delta t} c_t^{1-\alpha}.$$

参数 α 控制着单期效用函数的曲率，从而控制着风险回避程度（α 越高，消费者越不愿意将不同经济状况下的消费相互替代）以及跨时替代程度（α 越高，消费者越不愿意将不同时期的消费相互替代）。我们知道，效用函数的加性可分性与预期效用的最大化结合
170 在一起，意味着风险回避和跨时替代都受到单期效用函数的曲率的控制（塞尔登 1978）。

霍尔认为，左面是消费增长，右面是某种投资的预期实际收益的方程的系数，是跨时替代弹性，而不是相对风险回避系数的倒数。我们可以利用包括了不同风险投资的两元或多元方程组估计风险回避系数——此时，相对风险回避系数可得自常数之间的差值（格罗斯曼和希勒 1982a）。

霍尔在这一问题上的观点并不是结论性的，因为除了只有两期经济的特殊情形，似乎并不存在某种方便的效应函数形式，使得两个参数在其中能够被清楚地分开。就特殊情形而言，泽尔登的研究结果表明，消费增长方程中的预期实际利率的系数的确是跨时替代弹性而不是相对风险回避系数的倒数。

从这一角度看，先前的研究发现了跨时替代弹性在 1 的附近。根据这一结果，预期利率的波动是消费运动的一个主要根源。但是霍尔对发现如此大的一个弹性提出了疑问。利用两次大战期间以及 20 世纪 80 年代的额外数据（预期实际利率在这些时期的波动更大），并通过选择考虑进了数据的时间特性的仪器变量，霍尔

发现跨时弹性以相当小的标准误差接近零。

米尔鲍尔和鲍维(1986)推测了跨时替代弹性的估计下偏的一种可能原因。他们指出,各种人群的综合可能带来了消费增长方程中的常数与利率之间的负相关关系——较高的利率将促使消费向常数值较低的人群(比如上了年纪的人们)移动。

布朗宁(1986c)用非常不同的方法研究了跨时替代。他用瓦里安开发的非参数技术检验了如下假说:观察到的一系列消费和利率与消费者在确定情况下所作的选择是一致的。根据布朗宁的无效性假说,消费的所有变化都可归因于跨时替代,而非收入的意
外变化。他从加拿大、英国和美国的数据中得到了拒绝该假说的 171
结果,但是在某些引申出的子时期中假说不能被拒绝。

4.1.8　临时性消费和偏好的转移

弗莱文(1981)、霍尔和米什金(1982)以及其他很多研究者都注意到,在消费中可能有一个不能用永久收入假说解释的随机分量。小组数据中有关这一分量的证据非常多,它比关系到永久收入变化的分量更能解释消费的一阶差分变动。此外,在小组数据中,至少部分随机分量被认为与纯粹临时性的消费有关(因为它只在衡量较短期的消费时才出现),因此家庭存货的变化以及对多种购买的调整都会影响到消费的衡量。

在必须使用一般均衡分析的时间序列数据中,判断和处理临时性消费要棘手得多。加伯和金(1984)说明了为使欧拉方程模型在时间序列数据中有效,需要多么强的识别假设。实际上,要么必须排除偏好的转移或其他不同于收入变动或财富变动的消费变动

来源，要么必须对它们的随机特性作特殊的和有疑问的假设。最简单——然而也非常特殊——的做法是假定偏好的转移服从随机走动，这样，相应的随机分量在消费的一阶差分中便是不确定的。于是欧拉方程就有了一个额外的随机项，满足对收入变动项或财富变动项已作出的假设。麦克迪(1987)建立了一个框架，以便在存在一种极为普通的随机转移的情形下研究消费和劳动供给。

如果偏好的转移服从随机走动以外的什么过程，欧拉方程就有可能是不可识别的，经常被用来估计欧拉方程的方法当然也不再奏效。如果偏好的转移是平稳的(即便同时是序列相关的)，那么在消费的一阶差分中将有一个序列负相关的分量。在 t 时期的扰动中，将包括 $t-1$ 时期甚至更早时期的偏好变动。由于早期的偏好变动促使消费发生了转移，而消费的转移又反馈给了收入，因
172 此 $t-1$ 期的变量不再是与冲击不相关的。在对具有固定实际利率的欧拉方程所作的简单回归检验中，滞后收入不再是一个恰当的回归量；所得出的滞后收入的重要系数，也不再构成反对理性预期的永久收入模型的证据。在更为精确的、带有可变预期实际收益的检验中，滞后收入不再适宜当作一个工具变量。

霍尔(1986)试图用在他看来完全是外生的一个变量——军事支出——解决这个问题。他的目标是：从与人们的安康程度有关的消费变化中，分离出与偏好的转移有关的消费变化。他推测说，安康程度的变化促使人们沿着物品消费和闲暇消费的一个扩展线运动。这一扩展线的斜率由军事支出变化引致的这两个变量的变化所决定。而偏好的随机转移将促使两个变量偏离扩展线。换句话说，在所估计的消费-工作关系中出现的残差，是衡量消费中与

偏好的转移有关的随机分量的一种方法。他发现残差是消费自身波动的主要来源，并且还能对 GNP 波动中虽不占据主导地位但仍很重要的一部分波动作出解释。霍尔的研究对欧拉方程方法的唯一支持是：随机变动至少近似一个随机走动。

4.2　小结

从具有不变的预期实际利率的理性预期永久收入模型中得出的简单结论与数据不一致，这一点已得到了相当清楚的说明：消费的变化率可由实际收入的过去值和一些金融变量的过去值预测出来。近期的很多消费宏观经济学论文，都可以看作是解释这一结论的尝试。

耐用品和消费的耐久性似乎可以合理地解释上述发现。在林的耐用品模型中，流动性约束只起到了一个不重要的作用，而曼昆以及伯南克的耐用品模型接受了滞后收入没有解释力的假说。

流动性约束也能以相当令人信服的方式解释上述结论。不仅收入的预报能力通过一个温和的流动性约束假设得到了解释，而
且辅助性检验也给出了相当合理的结果——比如，朗克尔和泽尔 173
德斯的研究表明，滞后收入的预报能力集中在那些几乎没有流动资产的家庭中；而弗莱文表明，失业取代收入成为一个预报器。但根据伯南克的研究，在一个结合了流动性约束和耐用性的模型中，耐用性解释了滞后收入全部的预报能力，而没有给流动性约束留下什么。

跨时替代似乎不构成对滞后收入和其他变量的预报能力所作

的解释的一个重要组成部分。跨时替代弹性是否大得足以使预期利率的变化成为消费增长波动的一个重要来源,这一点还是有争议的。不管怎样,还没有人能够表明,其他变量的预报能力在跨时替代被考虑进来时就消失了。

致　　谢

非常感谢戴维·比泽给予我的出色帮助。此项研究得到了国家科学基金的资助,并且是全国经济研究委员会经济波动研究计划的一部分。

参考文献

Altonji,J. ,and Aloysius Siow. 1987. Testing the Response of Consumption to Income Changes with(Noisy)Panel Data. *Quarterly Journal of Economics* 102:293 - 328.

Ando,A,,and F. Modigliani. 1963. The Life-Cycle Hypothesis of Saving:Aggregate Implications and Tests. *American Economic Review* 53:55 - 84.

Bar-Ilan. A. ,and A. S. Blinder. 1987. The Life-Cycle Permanent-Income Model and Consumer Durables. Working paper 2149, National Bureau of Economic Research.

Bean,C. 1986. The Estimation of 'Surprise' Models and the 'Surprise' Consumption Function. *Review of Economic Studies* 53:497 - 516.

Bernanke,B. S. 1984. Permanent Income,Liquidity,and Expenditure on Automobiles:Evidence from Panel Data. *Quarterly Journal of Economics* 99(3):587 - 614.

——1985. Adjustment Costs,Durables,and Aggregate Consumption. *Journal of Monetary Economics* 15(January):41 - 68.

Bernheim, B. D. 1987. Ricardian Equivalence: An Evaluation of Theory and Evidence. *In* S. Fischer (ed.), *NBER Macroeconomics Annual 1987*. Cambridge, Massachusetts: MIT Press, pp. 263 – 304.

Boskin, M. J. 1978. Taxation, Saving, and the Rate of Interest. *Journal of Po-* 174
litical Economy 86(2): S3 – S27.

Breeden, D. T. 1977. Changing Consumption and Investment Opportunities and the Valuation of Securities. Unpublished doctoral dissertation, Stanford Graduate School of Business.

——1979. An Intertemporal Asset Pricing Model with Stochastic Consumption and Investment Opportunities. *Journal of Financial Economics* 7: 265 – 296.

——1983. Consumption, Production and Interest Rates: A Synthesis. Unpublished paper, Stanford University.

Browning, M. 1986a. The Intertemporal Allocation of Expenditure of Non-Durables, Services, and Durables. Unpublished paper, McMaster University.

——1986b. Testing Intertemporal Separability in Models of Household Behaviour. Unpublished paper, McMaster University.

——1986c. A Non-Parametric Test of the Life-Cycle Rational Expectations Hypothesis. Unpublished paper, McMaster University.

——1987. Eating, Drinking, Smoking, and Testing the Life-Cycle Hypothesis. *Quarterly Journal of Economics* 102: 329 – 345.

Campbell, J. Y. 1986. Does Saving Anticipate Declining Labor Income? An Alternative Test of the Permanent Income Hypothesis. Unpublished paper. Princeton University.

Campbell, J. Y., and R. H. Clarida. 1986. Household Saving and Permanent Income in Canada and the United Kingdom. Unpublished paper.

Campbell, J. Y., and A. Deaton. 1987. Is Consumption Too Smooth? Working paper 2134. National Bureau of Economic Research.

Chang, F. -R. 1987. A Theory of the Consumption Function with Wage Fluctuations. Unpublished paper, Indiana University.

Christiano, L. J. 1984. The Effects of Aggregation over Time on Tests of the Representative Agent Model of Consumption. Unpublished paper, University of Chicago and Carnegie Mellon University.

——1987. Is Consumption Insufficiently Sensitive to Innovations in Income? Working paper 333, Research Department, Federal Reserve Bank of Minneapolis.

Christiano, L. J. , M. Eichenbaum, and D. Marshall. 1987. The Permanent Income Hypothesis Revisited. Working paper 335, Research Department, Federal Reserve Bank of Minneapolis.

Cuddington, J. T. 1982. Canadian Evidence on the Permanent Income-Rational Expectations Hypothesis. *Canadian Journal of Economics* 15(2): 331 – 335.

Cuddington, J. T. , and Hurd, M. D. 1981. Valid Statistical Tests of the Permanent Income-Rational Expectations Hypothesis Unpublished paper.

Daly, V. , and Hadjimatheou, G. 1981. Stochastic Implications of the Life Cycle-Permanent Income Hypothesis: Evidence for the U. K. Economy. *Journal of Political Economy* 89(3): 596 – 599.

Darby, M. R. 1972. The Allocation of Transitory Income among Consumers Assets. *American Economic Review* 62(4): 928 – 941.

175 Deaton, A. 1986. Life-Cycle Models of Consumption: Is the Evidence Consistent with the Theory? Working paper 1910. National Bureau of Economic Research.

Eichenbaum, M. S. , L. P. Hansen, and K. J. Singleton. 1986. A Time Series Analysis of Representative Agent Models of Consumption and Leisure Choice under Uncertainty. Working paper 1981, National Bureau of Economic Research.

Evans, O. 1982. The Life Cycle Inheritance: Theoretical and Empirical Essays on the Life Cycle Hypothesis of Saving. Unpublished doctoral dissertation, University of Pennsylvania.

Ferson, W. 1980. Consumption, Inflation, and the Term Structure of Interest

Rates. Unpublished paper.

Ferson, W. E. , and J. J. Merrick, Jr, Forthcoming. Nonstationarity and Stage-of-the-Business-Cycle Effects in Consumption-Based Asset Pricing Relations. *Journal of Financial Economics*.

Flavin, M. A. 1981. The Adjustment of Consumption to Changing Expectations about Future Income. *Journal of Political Economy* 89(5):1020–1037.

——1985. Excess Sensitivity of Consumption to Current Income: Liquidity Constraints or Myopia? *Canadian Journal of Economics* 18(February): 117–136.

Friedman, M. 1968. The Role of Monetary Policy. *American Economic Review* 58:1–17.

Carber. P. , and R. King. 1984. Deep Structural Excavation? A Critique of Euler Equation Methods. Presented at NBER Research Program on Economic Fluctuations Macro Conference.

Goodfriend, M. 1986. Information-Aggregation Bias: The Case of Consumption. Unpublished paper. Federal Reserve Bank of Richmond and University of Rochester.

Grossman, S. J. , A. Melino, and R. J. Shiller. 1985. Estimating the Continuous Time Consumption Based Asset Pricing Model. Working paper 1643, National Bureau of Economic Research.

Grossman, S. J. , and R. J. Shiller. 1982a. The Determinants of the Variability of Stock Market Prices. *American Economic Review* 71(2):222–227.

——1982b. Consumption Correlatedness and Risk Measurement in Economies with Non-Traded Assets, and Heterogeneous Information. *Journal of Financial Economics* 10(2):195–210.

Hall, R. E. 1978. Stochastic Implications of the Life Cycle-Permanent Income Hypothesis: Theory and Evidence. *Journal of Political Economy* 86(6): 971–987.

——1986. The Role of Consumption in Economic Fluctuations. *In* R. J. Gor-

don(ed.), *The American Business Cycle: Continuity and Change*. Chicago: The University of Chicago Press, 237 – 255.

——1988. Intertemporal Substitution in Consumption, *Journal of Political Economy* 96:339 – 357.

176 Hall, R. E., and F. S. Mishkin. 1982. The Sensitivity of Consumption to Transitory Income: Estimates from Panel Data on Households. *Econometrica* 50(2):461 – 481.

Hansen, L. P., S. F. Richard, and K. J. Singleton. 1981. Econometric Implications of the Intertemporal Capital Asset Pricing Model. Unpublished paper. Carnegie Mellon University.

Hansen, L. P., and K. J. Singleton. 1983. Stochastic Consumption, Risk Aversion, and the Temporal Behavior of Stock Market Returns. *Journal of Political Economy* 91(2):249 – 265.

——1986. Efficient Estimation of Linear Asset Pricing Models with Moving Average Errors. Unpublished paper, University of Chicago, Harvard University, and Carnegie Mellon University.

Hayashi, F. 1985. The Permanent Income Hypothesis and Consumption Durability: Analysis Based on Japanese Panel Data. *Quarterly Journal of Economics* 100(November):1083 – 1113.

——1987. Tests for Liquidity Constraints: A Critical Survey and Some New Observations. *In* T. Bewley (ed.), *Advances in Econometrics, Fifth World Congress*, vol. 2. Cambridge: Cambridge University Press, pp. 91 – 120.

Jacobson, R. 1981. Testing the Implications of the Life Cycle – Permanent Income Hypothesis. Unpublished paper, University of California, Berkeley.

Johnson, P. 1983. Life-Cycle Consumption under Rational Expectations: Some Australian Evidence. *Economic Record* 59:345 – 350.

Kormendi, R. C., and L. LaHaye. 1986. Cross-Regime Tests of the Permanent Income Hypothesis. Working paper, University of Michigan.

Lucas, R. E. 1976. Econometric Policy Evaluation: A Critique. *In* K. Brunner and A. H. Mehzer(eds.), *Carnegie-Rochester Series on Public Policy*. vol. 1. Amsterdam: North-Holland.

MaCurdy, T. E. 1987. Modeling the Time Series Implications of Life-cycle Theory. Unpublished paper, Stanford University.

Mankiw, G. N. 1982. Hall's Consumption Hypothesis and Durable Goods. *Journal of Monetary Economics* 10(3): 417 - 425.

——1985. Consumer Durables and the Real Interest Rate. *The Review of Economics and Statistics* 67(3): 353 - 362.

Mankiw, G. N., J. Rotemberg, and L. Summers. 1985. Intertemporal Substitution in Macroeconomics. *Quarterly Journal of Economics* 100(1): 225 - 251.

Mankiw, G. N., and M. D. Shapiro, 1985a. Risk and Return: Consumption Beta Versus Market Beta. Discussion Paper No. 738, Cowles Foundation.

——1985b. Trends, Random Walks, and Tests of the Permanent Income Hypothesis. *Journal of Monetary Economics* 16(2): 165 - 174.

Marsh, T. A. 1984. On Euler-Equation Restrictions on the Temporal Behavior of Asset Returns. Working paper 1619 - 84, Alfred P. Sloan School of Management.

Miron, J. A. 1986. Seasonal Fluctuations and the Life Cycle-Permanent Income Model of Consumption. *Journal of Political Economy* 94(December): 1258 - 1279.

Mork, K. A., and V. K. Smith. 1986. Another Test of the Life-Cycle Hypothe- 177
sis, but with Much Improved Panel Data. Unpublished paper, Vanderbilt University.

Muellbauer, J. 1983. Surprises in the Consumption Function. *Economic Journal* 93(suppl.): 34 - 40.

Muellbauer, J., and O. Bover. 1986. Liquidity Constraints and Aggregation in the Consumption Function under Uncertainty. Discussion paper 12, Oxford Institute of Economics and Statistics.

Muth, J. 1960. Optimal Properties of Exponentially Weighted Forecasts.

Journal of the American Statistical Association 55:299 - 306.

Nelson, C. R. 1987. A Reappraisal of Recent Tests of the Permanent Income Hypothesis. *Journal of Political Economy* 95:641 - 646.

Rubinstein, M. 1976. The Strong Case for the Generalized Logarithmic Utility Model as the Premier Model of Financial Markets. *The Journal of Finance* 31(2):551 - 571.

Runkle, D. 1983. Liquidity Constraints and the Permanent Income Hypothesis: Evidence from Panel Data. Unpublished paper, Brown University.

Sargent, T. J. 1978. Rational Expectations, Econometric Exogeneity, and Consumption. *Journal of Political Economy* 86(4):673 - 700.

Sargent, T. J., and L. P. Hansen. 1981. Formulating and Estimating Dynamic Linear Rational Expectations Models. *In* R. Lueas and T. Sargent(eds.), *Rational Expectations and Econometric Practice*, vol. 1. Minneapolis: University of Minneapolis Press, pp. 91 - 125.

Selden, L. 1 978. A New Representation of Preferences over 'Certain X Uncertain' Consumption Pairs: The 'Ordinal Certainty Equivalent' Hypothesis. *Econometrica* 46(September):1045 - 1060.

Shiller. R. J. 1982. Consumption, Asset Markets, and Macroeconomic Fluctuations. *Carnegie-Rochester Conference Series on Public Policy* 17(Autumn):203 - 238.

Sims, C., J. H. Stock, and M. W. Watson. 1987. Inference in Linear Time Series Models with Some Unit Roots. Hoover Working Papers in Economics E - 87 - 1, Hoover Institution.

Stock, J. H., and K. D. West. 1987. Integrated Regressors and Tests of the Permanent Income Hypothesis. Unpublished paper, Harvard University, Princeton University, Stanford University, and the NBER.

Summers, L. 1982. Tax Policy, the Rate of Return, and Savings. Working paper 995. National Bureau of Economic Research.

West, K. D. 1986. The Insensitivity of Consumption to News about Income. Unpublished paper. Princeton University.

Working, H. 1960. Note on the Correlation of First Differences of Averages in a Random Chain. *Econometrica* 28:916 – 918.

Zeldes, S. 1985. Consumption and Liquidity constraints: An Empirical Investigation. Paper 24 – 85. Rodney L. White Center for Financial Researeh.

——1986. Optimal consumption with Stochastic Income: Deviations from Certainty Equivalence. Unpublished paper, University of Pennsylvania.

178 # 第五章　新古典主义财政政策探讨

罗伯特·巴罗

在宏观经济学新近的发展中，新古典主义方法（或说均衡方法）占据了主导地位。这种方法是在个体理性和市场出清这两个相互关联的假设下构造经济模型的。不过，通过引入不完全信息、流动性成本和扭曲性税收等因素，模型允许存在某些摩擦。这一领域的早期研究主要关注了货币冲击的实际影响——见弗里德曼（1968）、费尔普斯（1970）、卢卡斯（1972、1973）、萨金特和华莱士（1975）以及巴罗（1976、1977）。实际上，虽然卢卡斯（1976）对政策评价方法提出的批判具有一般性，但人们有时会把新古典主义方法与有关名义变量和实际变量之间关系的有限发现画等号。比如，新古典主义宏观经济学被基本等同于了理性预期假设下的附加预期的菲利普斯曲线、货币政策无效性命题以及未预期到的货币的实际影响。

但是，对货币和货币政策的实际影响做更深入的分析被证明是很困难的，有很多未解决的问题。所幸，新古典主义方法对宏观经济分析中与货币关系不大或干脆没有关系的部分也做了很大贡献。比如，正如贝内特·麦卡勒姆在第一章论述的，该方法被有效地运用到了描述对技术和偏好的冲击的纯实际模型中——也就是

“实际周期理论”中。这一章我将考察另一个富有成效的应用领域，它是有关政府支出、税收和债务问题的宏观经济影响的。

在 5.1 节我建立了一个有关储蓄和投资的简单模型。在该模型中有一个典型的无限寿命的消费者，模型中的生产方式是新古 179
典主义的，具有可变的资本和劳动。利用 5.1 节建立的模型，我在 5.2 节分析了政府对商品和劳务的购买。我的注意力特别放在了购买的永久性变化和暂时性变化、公共服务在效用函数和生产函数中的作用以及经验证据方面。在 5.3 节，我允许存在扭曲性税收——首先是劳动收入税，其次是资本收入税——从而扩展了上述分析。

在 5.4 节我引入了赤字财政和公共债务。我的讨论主要集中在了有关税收和公债的李嘉图等价定理上。从一个简单模型中导出该定理以后，我考察了被认为影响该结果的各种问题，比如无限的寿命、不完全的信贷市场以及扭曲性税收的征收时机等。在这一节的最后，我讨论了有关预算赤字和利率、储蓄以及经常项目余额之间关系的经验证据。

5.1　一个储蓄和资本积累模型

这一节建立的封闭经济的简单动态模型，将被用于随后对政府支出、税收和债务所做的分析中。典型经济人可被看做一个无限延续的典型家庭的领导者，它力图使下述总效用 U 达到最大：

$$(5.1)\quad U = u(c_1, n_1) + \frac{1}{1+\rho}u(c_2, n_2) + \frac{1}{(1+\rho)^2}u(c_3, n_3) + \ldots$$

$$= \sum_{t=1}^{\infty} \left[\frac{u(c_t, n_t)}{(1+\rho)^{t-1}} \right],$$

其中，c_t 是每个人在 t 时期的消费，n_t 是工作量，而 ρ 是效用的时间偏好率。效用函数 u 满足通常的凹性条件，并有 $\partial u/\partial c_t > 0$、$\partial u/\partial n_t < 0$ 以及 $0 < \rho < \infty$。

(5.1)式假设典型家庭的规模不随时间发生变化，也就是说，人口增长为零(家庭的数目也是常数)。这里使用了无限期界假设，我们可以认为这一点反映了父母与儿女与孙儿女等的利他主义联系。接下来，我们可以将未来效用的贴现率 $\rho > 0$ 解释为如下情况的反映：在各代人的人均消费水平相同的情况下，人们给后代

180 的消费定出的权重小于给自己的消费定出的权重。为方便起见，我们首先假定工作量是已知的并且不随时间变化——实际上，这种分析很容易经扩展包括进工作-闲暇选择。由于工作量是恒定的，我们可以使其标准化，方法是令每期的 $n_t = 1$。

t 时期付给家庭的实际工资率——从而实际劳动收入——是 w_t。家庭在 t 时期末拥有实际资产 k_t，如果它是负值则代表有借入。资产在 $t+1$ 期的实际收益率是 r_t。因此，每期的预算约束是：

(5.2) $\quad k_{t-1}(1 + r_{t-1}) + w_t = c_t + k_t.$

家庭的初始资产存量是 k_0。

定义贴现因子 d_t 为：

(5.3) $\quad d_t = d_{t-1}/(1 + r_{t-1})$，其中，$t = 1, 2, \ldots$，并且 $d_0 = 1$.

然后将(5.2)式应用到从 $t=1$ 期开始的每一期，得到的预算约束的贴现形式是：

$$(5.4)\quad k_0+\sum_{1}^{H}d_tw_t=\sum_{1}^{H}d_tc_t+d_Hk_H,$$

上式适用于 $H\geqslant 1$ 的任何时期。现在假设(5.1)式中的总效用涉及的是有限期界 H,而不是一个无限期界。也就是说,假设人们并不关心 H 时期以后产生的效用(在父母不再和子女具有利他主义联系的模型中,H 代表一个人的预期余下寿命)。如果不能将债务留到 H 时期以后(比如死亡以后),从而排除 $k_H<0$ 的可能性,那么效用的最大化将要求设 $k_H=0$(它是该问题的一个横截性条件)。否则,人们将留下一些本可被用来增加消费从而增加效用的资源(这里的一个假定是,人们的消费欲望永远不能得到完全的满足——即如果 $c<\infty$,就有 $\partial u/\partial c>0$)。将 $k_H=0$ 的条件应用于(5.4)式,意味着时期 1 到时期 H 的消费支出的贴现总值等于时期 1 到时期 H 的劳动收入的贴现总值加上初始资产 k_0。

当期界为无限时,类似结果也适用。此时的横截性条件是,d_Hk_H 随着 H 趋向于无穷而趋近 0。[1] 也就是说,家庭最终不会渐
进地留下任何具有有限的、正的贴现值的资源。其含义是,随着 181
H 趋向于无穷,(5.4)式右边的最后一项趋近零。[2] 相应地,无限期界支出的贴现值等于劳动收入的贴现值加上初始资产:

$$(5.5)\quad k_0+\sum_{1}^{\infty}d_tw_t=\sum_{1}^{\infty}d_tc_t\,.$$

因此,家庭的最优化问题可归结为:在(5.5)式的现值预算约束[以及对于所有 t 都有 $c_t\geqslant 0$ 的]条件下,使(5.1)式中的效用 U 最大化。

这个最优化问题的一阶条件是:[3]

$$(5.6)\quad \frac{\partial u/\partial c_t}{\partial u/\partial c_{t+1}}=\frac{1+r_t}{1+\rho},\qquad t=1,2,\ldots$$

这些条件将消费的时间路径与利率和时间偏好率 ρ 联系在了一起。一个较高的利率将促使人们推迟消费，而一个较高的 ρ 则起相反作用。(5.6)式意味着：当 $r_t \gtreqless \rho$，有 $c_{t+1} \gtreqless c_t$。所以，在消费不再变化的稳定状态上，利率为常数并等于 ρ。

考虑一种特殊情形，其中的边际效用具有关于消费的常数弹性，也就是说：[4]

$$(5.7)\quad 对于\ \gamma<1\ 且\ \gamma\neq 0，有\quad u(c)=\frac{c^{\gamma}-1}{\gamma},$$

把它代入(5.6)式，得到：

$$(5.8)\quad \frac{c_{t+1}}{c_t}=\left[\frac{1+r_t}{1+\rho}\right]^{1/(1-\gamma)}.$$

因此在这一效用函数下，一阶条件显示出了消费增长率与利率因子 $1+r_t$ 和时间偏好因子 $1+\rho$ 之比之间的一个简单关系。

最后，我们给模型引入一个单部门的生产函数，它对资本和劳动是规模收益不变的。如果以 y_t 记工人的人均产出，以 k_t 记工人的人均资本，那么该生产函数是：

$$(5.9)\quad y_t=f(k_{t-1}),$$

182 该式的导数满足 $f'>0$ 和 $f''<0$。这里的分析略去了技术进步因素，但是哈罗德中性形式的外生技术进步可以很方便地被包括在里面。具有(5.9)式显示的技术条件的竞争性厂商，通过令资本的边际产品等于利率，以及劳动的边际产品等于工资率，而使其利润达到最大：

$$(5.10)\quad f'(k_{t-1})=r_{t-1},\ f(k_{t-1})-k_{t-1}f'(k_{t-1})=w_t.$$

在规模收益不变的情况下，每个工人（以及每个人）的产出是 $y_t = f(k_{t-1})$，它等于每个人的总收入 $w_t + r_{t-1}k_{t-1}$。在封闭经济中，这一收入要么用于消费 c_t，要么用于投资尾 $k_t - k_{t-1}$，也就是说：[5]

(5.11)　$y_t = f(k_{t-1}) = c_t + k_t - k_{t-1}$.

由于没有资本的折旧，这里的净投资和总投资（以及净产出和总产出）是相等的。

从(5.5)、(5.6)、(5.10)和(5.11)式中可以求出 k_t 和 c_t 的值。由于稳定状态上的 k 和 c 是常数，所以(5.6)式意味着稳定状态利率是 $r=\rho$。因此，稳定状态上的资本存量必须满足下述条件：

(5.12)　$f'(k) = r = \rho$,

由于稳定状态上的投资为零，因此(5.11)式意味着稳定状态上的消费水平是 $c = f(k)$。

我们可以表明，资本存量将单调地收敛到(5.12)式决定的稳态值上。[6] 比如，如果 $k_0 < k$，那么初始利率是 $r_1 = f'(k_0) > \rho$。而产出 $y_1 = f(k_0)$ 超过消费 c_1 的部分，可以被用来进行正投资，从而使资本存量随时间增加。随着 k_t 上升，r_t 将下降，并且最终趋近 ρ 值。只要 $r_t > \rho$［见(5.6)式和(5.8)式］，消费就将是随时间增加的；但随着，r_t 趋近 ρ，它也趋近一个常数水平。如果将模型扩展，包括人口增长和技术进步，那么产出和消费在稳定状态上将继续增长。

5.2 政府购买和公共服务

假设政府在 t 时期从私人生产者[7]那里购进了数量为 G_t 的
183 商品，费用来自总额税。于是，政府的预算约束是 $G_t=T_t$，其中的 T_t 是税收收入的实际值（我们将在后面涉及考虑扭曲性税收和预算赤字）。

政府利用它的购买为家庭和企业提供了一定的免费公共服务。让我们首先考察一下这些服务对效用的影响。假设每个人都关心政府购买（以及相关的公共服务）落实到每个人身上的数量，即 g_t。这个假设忽略了某些政府支出——比如航天计划和国防——的公共物品性质。不过，即使政府的服务是公共物品，我们得出的一般结果也适用。

典型家庭的总效用现在由下式给出：

$$(5.13)\quad U=\sum_{1}^{\infty}\left[u(c_t+\alpha g_t,n_t)/(1+\rho)^{t-1}\right]+\Phi(g_1,g_2,\ldots).$$

因此，公共支出 g_t 是作为复合消费流量 $c_t^*=c_t+\alpha g_t$ 的一部分出现的。参数 α 越大，公共服务越能近似地替代一单位的同期私人支出。[8]比如，对于学校的午餐计划来说，α 可能接近于 1；但对于国防来说，它接近于 0。上述分析假设替代参数满足 $0<\alpha<1$ 的条件。结果，由这一条件导出了关于利率和其他一些变量的标准结果。使约束条件 $\alpha<1$ 合理化的一种解释是：如果 $\alpha\geqslant1$，那么（在征收总额税的情况下）对于典型个人来说，大些的政府至少不

会使他的境况变差[假设 g_t 对(5.13)式中的 Φ 项作出了非负的贡献]。于是，如果随着 g_t 对 c_t 的比率上升，α 是下降的，并且只要有 $\alpha \geqslant 1$，政府就提高 g_t，那么经济将最终运行在 $\alpha < 1$ 的状态上。我们以后的分析就适用于这一范围。

(5.13)式还容许公共服务在加性可分的项 Φ(·)中发挥额外 184
的影响。这一项的含义是：条件 $\alpha < 1$ 并不意味着公共支出的边际单位价值小于一单位私人支出的价值。不过，由于 Φ(·)是独立进入(5.13)式的，所以这一项不影响家庭对消费和劳动供给的选择。只当我们用模型推导政府支出的最优选择，该项才起作用。但目前的分析假设这种最优化行为仅限于保证条件 $\alpha < 1$ 成立。

现在，我们修正(5.5)式中典型家庭的现值预算约束，以包括进税收的贴现值——它等于人均支出的现值 $\sum_1^\infty d_t g_t$。此外，由于每期的效用取决于 $c_t^* = c_t + \alpha g_t$，所以有必要在预算约束中用 $c_t^* - \alpha g_t$ 代替 c_t。作了上述改动以后，得到：

$$(5.14)\quad k_0 + \sum_1^\infty d_t w_t = \sum_1^\infty d_t c_t^* + (1-\alpha)\sum_1^\infty d_t g_t.$$

可以看到，在 c_t^* 保持不变的情况下，只有 $1-\alpha$ 部分的政府购买是以家庭净支出的形式出现的。这些购买的 α 部分提供了可直接替代私人支出的服务。

5.2.1　政府购买的永久性变化

假设经济在没有政府购买的情况下从 5.1 节描述的稳定状态出发。于是人均资本存量是 k，利率是 $r = \rho$，而人均消费是 $c = f(k)$。接下来考虑这样一种情形，即人均政府购买一次性地从 0

提高到了 g。假设人们事先没有预期到这一变化，但是一旦它发生了，就被看作是永久性的。[9]在这种情况下，如果利率是常数 r，财富将随着(5.14)式中的预算约束的右边末项下降，下降幅度是 $(1-\alpha)g/r$。家庭对此的反应是减少每期的消费 c_t^*[10](如果工作量是可变的，家庭将倾向于提高每期的劳动供给)。

现在考虑政府支出如何影响经济的稳定状态。由于时间偏好率 ρ 是固定的，稳定状态利率仍然是 $r=\rho$，因此在生产函数不变的情况下，条件 $f'(k)=r=\rho$ 决定了与前面相同的 k 值。在考虑对消费的影响时，我们注意到总产出现在等于消费加上投资再加上政府购买，即：

$$(5.15)\quad y_t=f(k_{t-1})=c_t+k_t-k_{t-1}+g_t.$$

因此，在投资为零的稳定状态上，有：

$$(5.16)\quad c=f(k)-g，并且\ c^*=c+\alpha g=f(k)-(1-\alpha)g.$$

185 给定 k，g 的增长将一对一地减少 c，而以 $1-\alpha$ 的比例减少 c^*。

由于稳定状态的资本存量是不变的，因此，对于政府购买的(未预期到的)永久性增长，不存在一个动态调整过程。当 g 上升时，“永久性收入”下降，其幅度足以挤掉私人的消费支出，以容纳政府的额外支出——也就是说，由于财富下降了 $(1-\alpha)g/r$，c^* 将下降 $(1-\alpha)g$。结果，政府购买的永久性增长对实际利率没有什么影响。[11]

虽然这些结果涉及的是封闭经济，但是有关结论对于开放经济也是适用的。特别是，政府支出的永久性变化将不会引起经常项目余额的变化。

5.2.2　政府购买的暂时性变化

现在假设政府的支出变化是暂时性的而不是永久性的。在经验上，最清楚的例子莫过于战时的军事支出。图 5.1 表明，在战争爆发的 t_1 时刻政府支出由和平时期的水平 g^{peace} 上升到战争时期的水平 g^{war}（为方便起见，此图以及下图都忽略了具体的时期长度）。这个高水平的支出一直持续到战争结束的 t_2 时刻，然后支出将回到 g^{peace} 水平。假设战争在 t_1 时刻爆发是个意外，但是一旦战争开始，其结束时间 t_2 是可以知道的（这里要表达的意思是，人们知道战时支出是暂时性的——也就是说，战争不会永远持续下去）。

仍然假设经济从一个稳定状态开始，因而在 t_1 时刻以前有 $r_t = \rho$。暂时假定如同政府支出的永久性变化一样，政府支出的暂时性变化对资本存量没有影响。在投资不变（并且工作量仍为固定）的情况下，（5.15）式意味着 c_t 在战时随着 g_t 的上升一对一地减少，而在 t_2 时刻则相应地上升。图 5.1 刻画了这一假想的消费路径。

要想使这个路径成为一个均衡路径，利率必须遵循一个能够促使追求最优化的家庭去选择这些消费量的路径。这种利率的解
也出现在图 5.1 中。由于消费在时刻 t_1 和 t_2 之间是稳定的（虽然 186
水平较低），因此 $r_t = \rho$ 在这段时间内仍然成立［见（5.6）式和（5.8）式］。给定 t_1 时刻的战争是个意外，$r_t = \rho$ 也适用于这一天。[12] 进一步说，$r_t = \rho$ 在 t_2 时刻以后仍然成立，此时的 c_t 将再次处于一个恒定水平——只是处于更高的和平时期水平。但是在 t_2

时刻，消费将陡然上升。由于人们预期着这一变化——因为他们预期着战争的结束——因此 t_2 时刻的利率必须高得足以促成消费的陡峭斜率［见(5.6)式和(5.8)式］。

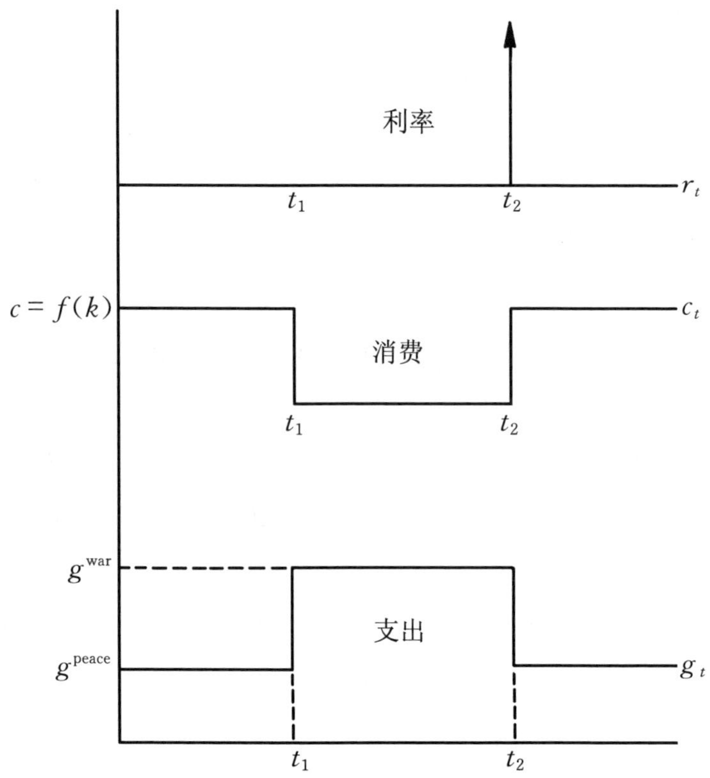

图 5.1　政府支出和利率在战争时期以及和平时期的路径

从战时(比如紧随 t_1 的时期)的角度看，短期实际利率并不变化，但是较长期利率(即期限大于 t_2-t_1 的利率)是上升的。这些变动反映了因政府对物品的需求暂时较高而造成的紧张局面。那
187 些将支出从战时推迟到战后的人们，将从较高的实际利率中获得额外好处。短期利率之所以不发生变化，是因为它们涉及的仅是

战争期间内的不同日期，这些日期所处的紧急状态都是相同的。[13]

对于可变的资本存量来说，短期利率和长期利率之间的明确界限不复存在了。[14]在图5.1中，c_t 和 r_t 的路径不再是均衡的，因为 t_2 时刻的高实际利率超过了资本的边际产品 $f'(k)=\rho$。因此，人们将试图在战争马上就要结束时出售其资本存量。这种清理意味着消费将在 t_2 时刻以前上升，因此利率必须上升得更早。但这一过程可以一直追溯到战争爆发的 t_1 时刻。

图5.2描述了可变资本条件下的均衡。实际利率 r_t 从 t_1 时刻到 t_2 时刻逐渐上升，伴随着的是工人们的人均资本存量的下降，这种变化是为了保持 r_t 和 $f'(k_t)$ 之间的相等性。[15]战争结束以后，这个过程便会倒转过来。我们得到的一个结论是，短期利率现在取决于暂时性政府购买的当前值和滞后值。滞后值之所以也有关系，是因为它们促成了资本存量的下降，从而使资本当前的边际产品上升。

图5.2中的消费路径与利率路径一致——也就是说，c_t（在 t_1 时刻突然下降过以后）随着 r_t 超过 ρ 又开始上升了[见(5.6)式和(5.8)式]。下降的资本存量对应负的(或更一般地讲，减少了的)投资，投资的这一下降与降低了的消费水平合在一起，容纳了政府战时对商品的较高需求。所以暂时性政府购买挤掉了两类私人支出。

如果资本的边际产品随着资本存量的下降而缓慢上升——也就是说，如果 $|f''(k)|$ 较小——那么战时的大部分挤出效应反映在投资上。于是，图5.2中的利率在 t_1 时刻到 t_2 时刻之间将只上升

很小一个幅度。相应地,战时的消费路径将比较平坦,只在 t_1 时刻有一个很小的向下运动。实际上,这一模式与美国第二次世界大战期间和朝鲜战争期间的数据相当吻合。在这些时期,战时的挤出效应主要表现为减少的私人投资(包括耐用消费品的购买),而没有表现为在非耐用品和服务上消费者支出的减少。[16]

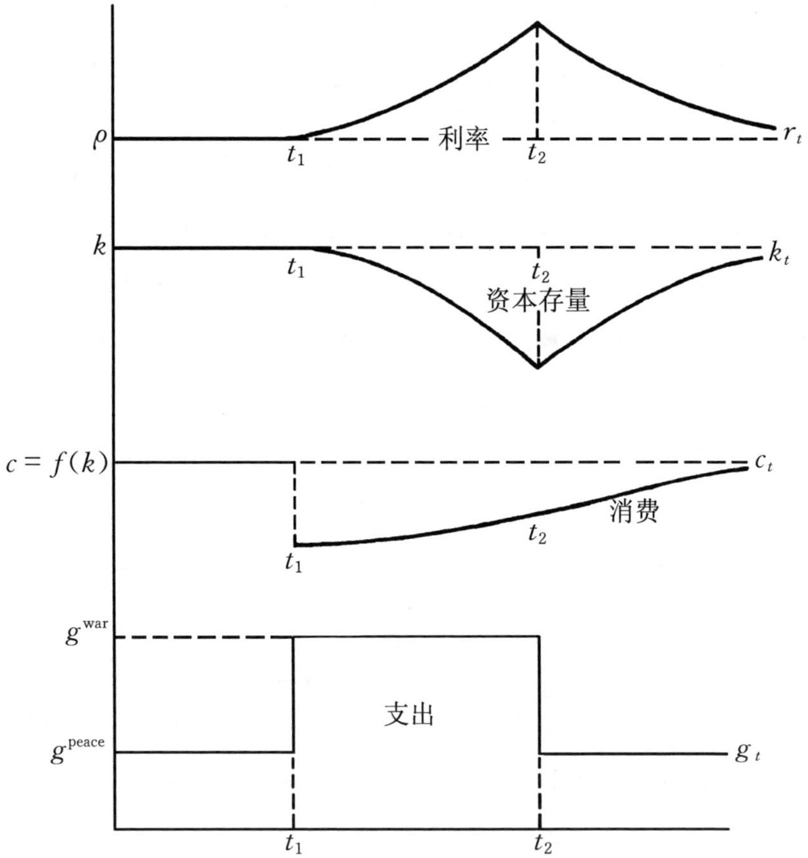

图 5.2 存在投资品的情况下,
政府支出和利率在战争时期以及和平时期的路径

对一个开放经济来说，主要的不同是经常项目赤字倾向于替代较高的实际利率。也就是说，经济倾向于从国外借款来为暂时 188
性政府购买筹资（对英国经济的讨论和一些经验证据，见艾哈迈德，1986，1987）。外债的使用意味着：在短期，被政府支出挤出的国内私人支出将减少。在这种情形下，只当一个国家的规模很大，或它的边际借款利率随着借款数额的上升而上升，它的暂时性政府购买才会提高实际利率。但是，如果别的国家的政府购买也同时增长——类似世界大战期间的情形——那么，实际利率就像在封闭经济模型中一样上升。

5.2.3　政府购买对生产的影响 189

劳动供给的动力　迄今为止，政府购买的变化给生产带来的影响仅限于资本存量的变化。这一节我将考虑影响产出的其他渠道。第一种可能性是：购买的变化影响工作量。

我们已经注意到，政府购买的永久性增长将导致财富的减少。当工作量可变时，财富的减少倾向于提高劳动供给（假设闲暇和消费品一样是正常物品）。劳动供给的提高带来就业的扩大，从而带来了更大规模的生产。但是只当征收的是总额税时，这些结果才是绝对成立的。如果额外的政府支出是通过提高劳动收入税率来筹资的，那么上升了的税率带来的替代效应将使闲暇比工作更受青睐（我将在5.3节详细讨论这些影响）。在征收收入税或其他类型的扭曲性税收时，政府购买的永久性增长对劳动供给所施加的净影响是不十分清楚的。

由政府购买的暂时性增加带来的财富效应比较小。但是较高的利率将对闲暇施加跨时替代效应——类似它对消费所施加的影响(见图5.1和5.2)。因而人们被鼓励在战时或其他紧急时期付出超乎寻常的大劳动量。[17]由于较高的利率挤掉了消费和投资上的私人支出,所以模型中不存在乘数。也就是说,产出的增长必定小于政府购买的增长。

巴罗和金(1984,PP.825—828)把政府购买的一个暂时性增长与一个同样规模的永久性变化作了比较(在两种情形下变化都是未事先预料到的)。如果忽略资本存量的反应(如图5.1所示),并且如果税收是总额税,那么工作量和产出的变化在两种情形下都是一样的。这是因为,当效用在时间上加性可分而资本缺乏变动性时(如5.1式所假设的那样),当前时期和未来时期之间是没有联系的。在这种情况下,对未来的政府购买水平的预期(它使永久性变化不同于暂时性变化),对当前的选择没有影响。[18]

对于购买的暂时性变化来说,包括可变资本(如图5.2所示),意味着投资吸收掉了本来会反映在消费和闲暇上的某些下降部
190 分。因此,消费和闲暇的短期下降可能少于从前——特别是少于购买变化为永久性变化的情形。这一结果提示我们,当政府购买上的变化为永久性变化时,它对工作和生产的短期影响要大一些。但是当税收具有扭曲性时,这一结论不一定成立。回忆一下,当提高劳动收入的税率时,工作量和产量都趋于减少。此外,如5.4节将讨论的,政府通常用预算赤字代替税收来为支出的暂时性上升筹资。因此,当购买变化为暂时性时,提高了的税率带来的收缩效应倾向于较小。这一作用抵消了投资的影响,并且给政府购买的暂时性变化和永久性变化之间的比较留下了含糊的结论。

公益服务对生产的影响 迄今为止，公益服务是家庭的一个效用来源。但是很多政府行为（如法律体系和警力保护）也发挥着和私人生产投入一样的作用。如果公益服务的数量不影响资本和劳动的边际产品，那么我们可以直接包括进这一因素；否则分析将变得更为复杂。

令 β 是公益服务的边际产品[19]，它随着政府购买量的上升而趋于下降。我们的一个新考虑是，由购买的扩张带来的财富效应可以解释 β 单位的产出（从而实际收入）增加。因此，永久性收入现在下降的比例是 $1-\alpha-\beta$，而不是增加的购买量的 $1-\alpha$。于是，如果 $\alpha+\beta<1$——也就是说，对同期消费的直接替代系数 α 加上对同期私人产出的影响系数 β 小于 1——购买的上升将使财富进一步下降。给定这一条件，只要用 $\alpha+\beta$ 代替以前的系数 α，由前面得出的有关利率和有效消费的结论仍然成立。[20]

对于测得的 GNP 值来说情况有些不同，它把政府购买算在了成本中。作为对私人生产的一种投入，这些服务代表不应在 GNP 中双重计算的中间产品。[21]但是通常的做法是：当政府购买它们时记录一次，而当它们作为投入导致私人生产增长时又记录一次。警力保护就是一例：如果私人雇员和公共雇员一样有效率，那么用公共警卫代替私人企业雇用的警卫将提高测定的 GNP 值。

如果政府购买的增加是永久性的，稳定状态的 k 值和 r 值仍
不受影响。但在抽掉劳动供给变化的影响以后，公共服务对生产 191
的直接影响是：购买增加一单位，导致稳定状态的实际 GNP 值增加 β 单位。

如果公共服务影响劳动的边际产品,那么一种新的替代效应将影响工作－闲暇选择。但也有在给定的私人就业量下,劳动的边际产品下降(如用公共警力替代私人守卫的情形)或劳动的边际产品上升(如经济的基础环境得到了改善,有了一个更有效的法律系统,以及国民安全得到了加强的情形)的例子。因此,政府购买对工作量的总体影响仍然不十分清楚。

政府购买也有可能影响私人资本的边际产品(见阿绍尔,1988)。关于这一点,一个直观的情形是,公共投资是潜在私人投资的近似替代品。此时,政府资本的扩张带来了总资本的增加,从而在边际生产率递减的条件下,给既定的私人资本量 k 带来了 $f'(k)$的下降。在这种情形下,公共投资直接挤掉了私人投资。不过也有一种可能性,即公共的基础建设(如法律系统和高速公路)能够提高私人资本的生产率。此时,公共投资能够鼓励私人投资。

5.2.4 有关政府购买的影响的经验证据

利率　关于利率的一种推测是:政府购买的暂时性增加将提高实际利率。要检验这一命题,需要一组可以事先辨别出某些购买变化具有暂时性的数据。从经验上看,有关这种变化的最明显的例子莫过于战时的军事支出变动。这种考虑使得战时情形在检验有关暂时性政府购买的影响的理论时显得非常有吸引力。但是这一优势被战争中很多其他能够影响实际利率的因素所抵消了。

使局面复杂化的一个因素是战败的可能性,它影响政府债券的拖欠贴水,并可能影响私人债券和资本存量中的财产权的安全性。如果所有资产遭受到的威胁都是相同的,那么拖欠的可能性

的增加将提高实际利率，并降低资本的密度（由于存在资本被没收
的可能性，所以消费量要比在其他情形下大）。如果对政府债券的
威胁比对其他资产的威胁大，那么这些债券的实际利率将相应地 192
上升得更多。[22]另一问题是，资本在战时可能遭到毁坏，因此，生
产将下降而实际利率将上升。最后，以配给和生产指令的形式出
现的战时控制，能够代替利率的运动成为挤掉私人支出的手段。
比如，在第一、第二次世界大战中实行过的指令性经济表明，实际
利率上升的幅度要小于自由市场条件下的情况。

英国的长期数据为暂时性政府支出和利率之间的关系提供了一些有趣的证据（详见本杰明和科钦，1984，以及巴罗，1987b）。在整个 18 世纪以及直到 1815 年的时间里，英国卷入了无数次战争，使政府购买发生了剧烈的暂时性变动。除此之外，第一次世界大战前的英国经济免受了其他大部分经常伴随战争的政府性干预，如价格和利率的控制。图 5.3 描绘了军事支出和利率之间具有正的相关关系的性质。变量 R_t 是英国政府统一公债的长期名义利率（在这一时期的大部分时间里，不可能得到有意义的短期利率），而变量 $\widetilde{g}_t$ 是对暂时性支出的一种度量，被定义为（暂时性支出）对趋势 GNP 的比率。下面的回归方程覆盖了 1730 年到 1913 年的时期：

$$(5.17)\quad R_t = \underset{(0.20)}{3.54} + \underset{(1.3)}{6.1}\widetilde{g}_t$$

误差项的 $AR(1)$ 系数 $= \underset{(0.03)}{0.91}$，

括号中的是标准差。因此，暂时性支出对长期利率的影响显著为

正:暂时性支出对 GNP 的比率上升一个百分点,就提高利率约 6 个基本点。还有证据表明,正如我们的理论所预测的那样,$\widetilde{g}_t$ 对 R 具有滞后且大部分为正的影响(见图 5.2)。

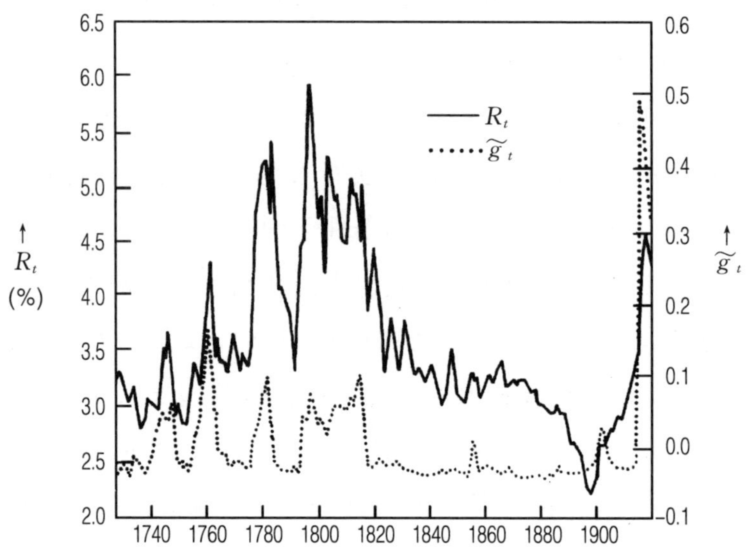

图 5.3　英国在 1729—1918 年的暂时性军事支出和利率

注:其中,R_t 是英国政府统一公债的利率,$\widetilde{g}_t$ 是暂时性军事支出对趋势 GNP 的比率。

(5.17)式的一个问题是,它使用了名义利率,这种利率要在预期的长期通货膨胀率之外再加上一个贴水(好在 1730—1913 年英国的平均实际通货膨胀率为零)。另一问题是,英国的暂时性军事
193 支出通常伴随预算赤字(见 5.4 节)。因此,不可能从这些数据中分辨清楚利率的上升究竟是由暂时性政府购买引起的,还是由与它相关的赤字引起的(甚或是由两者的某种组合引起的)。

对于美国来说,没有很多证据表明战时支出对实际利率具有

正的影响。表 5.1(基于巴罗,1987a,第 12 章)列出了自国内战争以来五次主要战争期间的通货膨胀率和短期名义利率。在每种情形下,所列的变量值是军事支出的高峰期至五年后的和平期之间的平均值。如果把正常实际利率定义为紧接着的和平时期的利率,那么在国内战争、第一次和第二次世界大战期间,实际利率低于正常值,而在朝鲜战争和越南战争期间则略高于正常值。正如前面提到的,实际利率在世界大战期间没能上升可能反映了指令性经济的影响。但令人吃惊的是,从国内战争的高峰期到随后的和平时期的这段时间里,名义短期利率几乎没有变化,虽然此时的通货膨胀率(4.8%)远高于相邻时期出现的负值。

普洛塞(1987)发现,在 1968—1976 年的美国,军事支出冲击与实际利率之间存在正向联系。但在 1976 年以后的时期,两者没有显著的关系。

表 5.1　战时的利率[a] 194

时期	π_t	R_t	r_t	r_t 平均值
1863—1868	4.8	7.0	2.2	9.1
1918—1923	2.7	5.8	3.1	4.0
1944—1949	6.2(1.1)[b]	1.0	−5.2(−0.1)	2.3
1952—1957	2.2	2.6	0.4	−0.2
1968—1973	5.2	6.6	1.4	0.6

注:a. 上面的所有数值都是平均值,被表示成各个时期的年百分比。π_t 是通货膨胀率,对于 1863—1868 年这段时期,该值是用消费者价格指数计算出来的;对于其他时期,该值是利用剔除了物价变动因素的 GNP 值计算出来的。R_t 是期限为 4 至 6 个月的主要商业票据的利率。$r_t = R_t - \pi_t$。r_t 平均值是下面这些连续时期的平均实际利率:1840—1860 和 1867—1880、1900—1916 和 1920—1940、1920—1940 和 1947—1960、1947—1960 以及 1947—1980。

b. 6.2%的通货膨胀率是一个高估值,因为战时的价格控制使 1942 年以后的"真实"价格水平被压低了。1.1%的值是对 1944—1949 年的真实通货膨胀率所作的一个估计值(见巴罗,1987a,第 12 章)。

埃文斯(1987a,表1至表6)利用美国1908年以来的数据发现,利率倾向于与联邦支出和联邦购买的当前以及滞后变化发生正向联系。但这一结果对所采样的时期、估计方法以及名义利率和实际利率之间的划分比较敏感。埃文斯(1987b)表明,在1974—1985年的加拿大、法国、德国、日本和英国也存在政府购买和利率之间的某些正向联系。

对产出和就业的影响 巴罗(1981,PP. 1114—1115)对美国1942至1978年间的数据所作的研究表明,军事购买暂时性地增加1单位,实际GNP提高0.6至0.8单位(基于95%的置信区间)。但军事支出永久性地增加1单位,实际GNP仅提高0.2到0.6单位。对暂时性变化的反应显著地大于对永久性变化的反应——回忆一下,两者的比较在理论上却是含糊的。即使样本始于第二次世界大战以后,结果也类似。对于非国防性购买来说,不可能从数据中分离出暂时性变化。因此,只能大致计算非国防性购买的永久性变化对产出的影响,其95%的置信区间为(-0.9,1.2)。总之,对军事支出的研究结果支持如下假说:政府购买的增加能够带来实际GNP的增长,只是其幅度小于1比1。

艾哈迈德(1986,表1和表3)由英国1908年至1980年的数
195 据发现,军事购买暂时性地增加1单位,实际GNP提高0.2至0.6单位(基于95%的置信区间)。而对混合了军事性购买和非军事性购买的永久性变化来说,结果则较难确定,并且它对假设的其他方面比较敏感。典型结果显示的95%的置信区间是(0.0,1.0)。因此,艾哈迈德的结果也支持政府购买提高实际GNP,只是其幅度小于1比1的论点。至于暂时性变化与永久性变化的相

对重要性这里并不明确。

霍尔(1980,P. 19)发现,(以总就业时数衡量的)就业量与军事购买是一起增长的。他用一个跨时替代变量解释了这一反应,该变量结合了1年期实际利率和实际工作率水平。总就业量的扩大与前面有关实际GNP的结论一致。

阿绍尔(1985)研究了(以消费者在非耐用品和服务上的支出衡量的)美国第二次世界大战后的消费行为。他使用了基于附加的消费流($c_t^* = c_t + \alpha g_t$)的消费者最优条件——类似(5.6)式。从这一条件中他获得了参数α——它衡量了公共服务和私人消费支出之间的直接替代关系——的一个估计,该估计(阿绍尔,1985,表2中的参数θ)95%的置信区间是(0.0,0.4)。因此,替代关系似乎是既不可以忽略又远小于1比1的(对这些结果的进一步讨论,参见5.4.5节)。克尔门迪(1983)从对消费函数的直接估计中获得了相同结论。

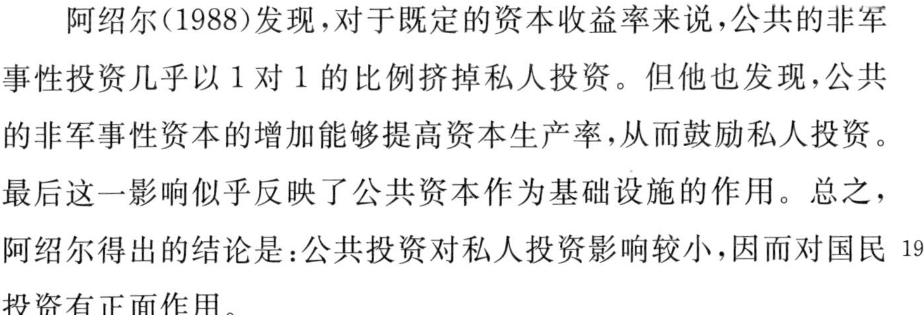

阿绍尔(1988)发现,对于既定的资本收益率来说,公共的非军事性投资几乎以1对1的比例挤掉私人投资。但他也发现,公共的非军事性资本的增加能够提高资本生产率,从而鼓励私人投资。最后这一影响似乎反映了公共资本作为基础设施的作用。总之,
阿绍尔得出的结论是:公共投资对私人投资影响较小,因而对国民 196
投资有正面作用。

5.3 税率

5.3.1 劳动所得税

前面的大多数分析都假设政府支出是由总额税筹资的。现在,我将引入扭曲性税收,使分析更接近现实。我下面假设支出是由所得税筹资的,但也完全可以使用消费税、通货膨胀税等其他扭曲性税收。

正如我们已经注意到的,劳动所得税意味着工作对闲暇(或其他不必缴税的活动,如地下经济)的替代效应。这里有关的替代变量是边际税率,也就是劳动收入的增加带来的税收增加(或转移的减少)。图 5.4 基于巴罗和佐朝来(1986)的研究,绘出了美国经济中的某些边际税率。这些变量是以每个家庭经过调整的总收入为权重而计算出来的各种税率的平均数。变量 τ_1 代表联邦个人所得税率,τ_s 代表社会保障工资税率[23],τ 代表两种税率之和。从主要方面看,平均边际税率向上的运动与总体联邦支出的增加是一致的。τ_1 在第二次世界大战中的剧烈上升——从 1939 年的 4% 上升到 1945 年的 26%——反映了税率的提高和联邦所得税向更广泛的家庭扩张的现象。肯尼迪-约翰逊时期的减税(将 τ_1 从 1963 年的 24.7%下调为 1965 年的 21.2%)和里根时期的减税(将 τ_1 从 1981 年的 31.3%下调为 1983 年的 27.2%),为我们提供了降低税率的两个有趣例子。

通常,政府支出 G 的增加,将伴随平均边际税率 τ 的上升。但

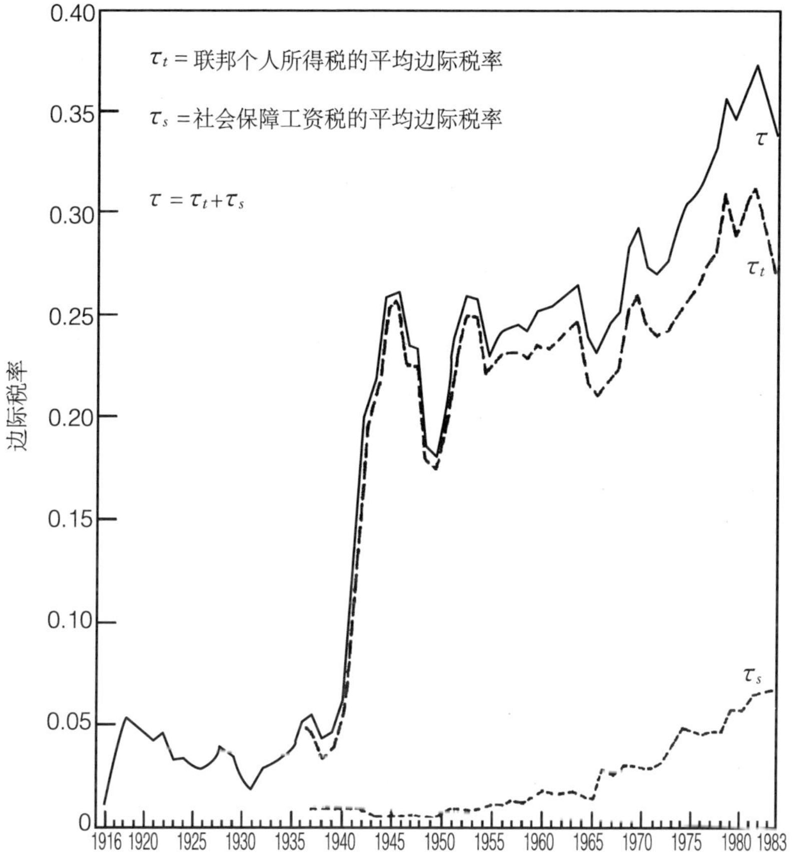

τ_t = 联邦个人所得税的平均边际税率

τ_s = 社会保障工资税的平均边际税率

$\tau = \tau_t + \tau_s$

图 5.4　1916—1983 年平均边际税率

是更多的 G 带来的财富效应（如前面所描述的）意味着更多的劳动供给，而一个更高的 τ 带来的替代效应意味着较小的劳动供给。结果，政府购买对工作量的总体影响是含糊的。但也有可能在不改变政府支出水平 G 和实际税收收入 T 的情况下，通过改变税种的构成改变 τ。比如，提高社会保障税——它本质上是对劳动收入的统一税——而降低累进所得税，能够在不改变所征收的总收

入的情况下使 τ 有所降低。由于 G 是固定的,因此劳动供给此时作出的反应仅体现了较低的 τ 带来的正的替代效应。类似地,通过改变预算赤字(在下一节讨论),我们有可能在不同时期在不影响支出模式的条件下,改变税率 τ_t 的相对值。此时产生的反应再次体现了替代效应——它是促使人们在税率相对低的时期愿意更多地工作和生产的跨时效应。

198 如果税收的下降都是体现在劳动收入上的,那么稳定状态的实际利率 r 和资本-劳动比 k,将不随税率发生变化。与前面一样,稳定状态的利率等于时间偏好率 ρ。只有在这个利率上,人们才会计划着保持消费水平不变——这恰是稳定状态的特征。于是仍和从前一样,稳定状态的资本-劳动比由条件 $f'(k)=r=\rho$ 决定。

5.3.2 资本所得税

现在假设边际税率 τ 被应用到了所有形式的收入上——包括利息收入、资本收益以及劳动收入(假设利息支付也是应纳税收入中的扣除部分)。于是如果税率不随时间变化,那么税后实际利率是 $(1-\tau)r_t$,而资本的税后收益是 $(1-\tau)f'(k_t)$。稳定状态要求 $(1-\tau)r$ 和时间偏好率 ρ 相等,于是有:

$$(5.18)\quad r=\rho/(1-\tau).$$

上式意味着 τ 的提高将带来 r 的上升。

投资者们现在要使他的税后收益 $(1-\tau)f'(k_t)$ 等于税后利率 $(1-\tau)r_t$,因此 $f'(k_t)=r_t$ 仍然成立——和没有资本税的模型一样。由于在(5.18)式中,τ 的提高会促使稳定状态的利率 r 上升,因此稳定状态的资本-劳动比 k 将下降。所以，在征收资本所得税的情况下，较高的税率将在长期中导致较低的资本密度（在短期则导致较少的投资）。

5.3.3　通货膨胀的影响

在某些类型的税收系统中，边际税率和通货膨胀互相作用（见费尔德斯坦和萨默斯，1979）。比如，对于基于历史成本的折旧力法和先进先出的存货管理来说，通货膨胀的上升提高了资本收益的有效税率，资本的寿命越长，其影响越大。类似地，如果没能将名义资本收益与通货膨胀挂钩，那么资本的有效税率将提高。通货膨胀的其他影响可能来自对收入等级的边界、免税以及其他名义量的定义。

在上述情形中，我们可以改变税法（即便不是通过明确的指数化）以补偿通货膨胀。比如，政府可以允许加速折旧和发放投资税信贷——如在美国所作的那样——以（不完全地）补偿变小的实际折旧减免额。类似地，收入等级的边界的名义价值以及其他因素都可以通过直接立法得到改变。由于政府的这些内生反应，我们不清楚在通货膨胀和有效边际税率之间是否存在净的联系。

如果将税率 τ 应用到名义利率 R 上，那么税后名义利率是 $(1-\tau)R$，因而税后实际利率是：

$$(5.19)\quad (1-\tau)R-\pi=(1-\tau)r-\tau\pi,$$

其中，$r=R-\pi$ 是税前实际利率。相应地，对于一个既定的 r 值，π 的上升意味着税后实际利率的下降。结果，末指数化的税收系统对名义利率的通货膨胀部分征收了 $\tau\pi$。

另一方面，如果利息支付是税收减免的，那么对于一个既定的 r，通货膨胀同时降低了税后实际借款利率和税后实际贷款利率。只有在此时，均衡的税后实际利率才有可能不随通货膨胀发生变化。从(5.19)式中可知，此时的名义利率 R 必须以 π 的变化的 $1/(1-\tau)$ 倍运动——也就是说，名义利率必须以大于 1 比 1 的比例随通货膨胀作调整。但是，似乎还没有什么经验证据可以证实这一关系。

5.3.4　转移支付和边际税率

对收入施加的边际税率不仅要考虑税收的行为，还要考虑它与转移支付之间任何可能的相互作用。比如，福利支付、失业救济金以及某些情况下的社会保障支付，与人们的收入是成反比的。收入对转移支付的负面影响构成了边际税率以外的负担。我们无法对这种效应在美国的情况作总体估计，但是它对低收入家庭的影响声重要的。比如，经济顾问委员会(1982 年度报告第 129 页)估计，“典型的福利接受者，即带孩子的单身母亲，面临超过 75％的边际税率”。

200 ### 5.3.5　拉弗曲线

在实行平衡预算的情况下，政府支出的增加要求政府收入的增加。对于既定的税种构成(包括通货膨胀税)，我们假设收入的增加必须伴随收入的平均边际税率 τ 的提高。但上升了的边际税率将促使劳动和资本减少，结果，税基的下降抵消了较高的 τ 对收入的正面影响。如果劳动和资本下降得足够多——使得税基的下降比例超过税率的上升比例——那么,政府的收入是净下降的。

劳动和资本通常对 $1-\tau$ 作出反应,它是个人能够保留的税前收入的极限[回忆一下,在长期中,资本-劳动比是由条件 $f'(k)=r=\rho/(1-\tau)$ 决定的]。此外,随着 τ 的上升,$1-\tau$ 对 τ 的变化更为敏感,即:

$$(5.20)\quad \frac{d(1-\tau)}{(1-\tau)}=-\left(\frac{\tau}{(1-\tau)}\right)\left(\frac{d\tau}{\tau}\right).$$

因此,给定劳动和资本对 $1-\tau$ 的反应,(5.20)式意味着:随着 τ 的上升,τ 对政府收入的正面影响递减。这一结果通常被称作拉弗曲线(图 5.5)。注意到,当平均边际税率为 τ^* 时,税收收入达到最大。当 $\tau>\tau^*$ 时,税基的下降比例超过 τ 的上升比例,因而收入随着 τ 的进一步上升而下降。

据斯图尔特(1981)估计,瑞典的 τ^* 约为 70%。此外他称,瑞典的实际平均边际税率在 20 世纪 70 年代上升到了 70%以上,并且随后达到了 80%这样高的水平。因此,瑞典经济在 70 年代曾经运行在拉弗曲线向下倾斜的部分。但美国当前的情况很可能是 $\tau<\tau^*$,因为其政府规模要小一些。尽管如此,有针对性地降低税率——而非全面地减税——仍有可能增加收入。例如,据林赛(1987,表 2)估计,1982 年削减的所得税率虽然在总体上导致了收入的下降,但从高收入阶层征收到的数额却是净上升的。

5.3.6　资本税　201

所得税的扭曲性效应与人们预期的他们在获得收入以后需支付的税率有关。比如,当估价一项投资时,生产者会考虑资本带来

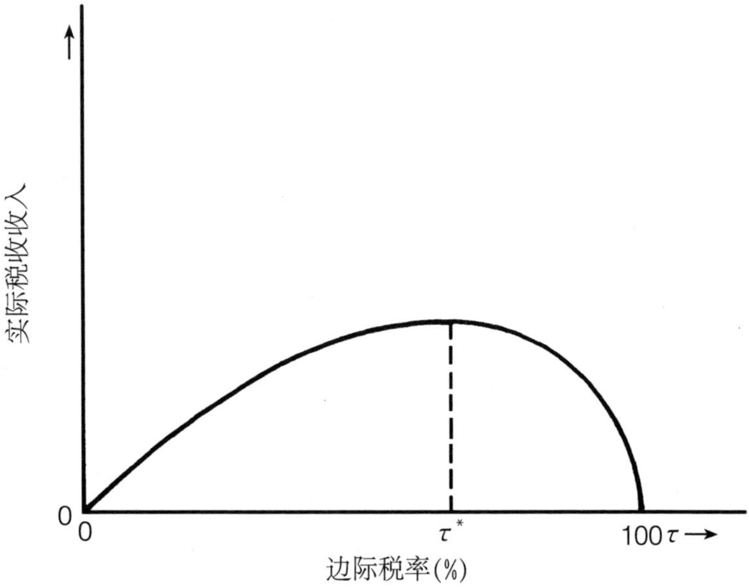

图 5.5　税收收入与税率的关系(拉弗曲线)

注:引自巴罗(1987a,图 13.9)。

的未来收入将面临什么样的税率;同样,当决定付出多少劳动时,人们会考虑劳动收入的预期税率。由于扭曲性取决于预期税率,政府会觉得在事后使人们感到意外的做法是很有吸引力的。比如,政府可以在投资已经到位以后,对资本课以高额税收(即所谓的"资本税")。如果投资是不可逆转的,这样的税收可能不是扭曲性的。

类似的分析也适用于通货膨胀税。扭曲性(比如,与节约现金持有量有关的交易成本)取决于包含着预期通货膨胀率的名义利率。因此,给定通货膨胀率预期,货币量和价格的突然上升将创造政府收入,而不会引起通常的扭曲性。实际上,这些意外是对公众

持有的政府名义债券(包括现金和附息名义债券)征收的资本税。 202

上述分析的缺陷是,那些明了资本税对决策者具有吸引力的理性人,将预期着这种税收的发生。因此,未来征收资本税的可能性会对当前的投资需求、货币需求等产生不利影响,使得与预期税率有关的扭曲性仍然会发生。实际上,如果政府不能依靠名誉、正式规则或其他一些机制,把自己束缚在不征收资本税的政策上,那么整个投资过程将受到威胁。在公共政策的其他领域也会出现类似问题,这些领域与货币规则、公债拖欠、专利、税收豁免、犯罪惩罚等问题有关。[24]这些问题的解决,对于维护法律系统和可靠的政府政策而言是很关键的。不幸的是,有关这些问题如何得到解决的理论并不成熟。在本节和下面各节的大部分内容中——以及在很多现有的财政理论中——资本税的问题被略去了。

5.4　预算赤字和公债

现在假设政府可以通过发行附息公债为它的支出筹资,假定这个公债期限为1期,并假设政府利率与私人利率完全一致。那么,以实际量表示的政府预算约束为:

(5.21)　$G_t + r_{t-1}B_{t-1} = T_t + (B_t - B_{t-1})$,

其中,G_t 是实际购买(我们也可以给它加上实际转移支付),B_{t-1} 是在 $t-1$ 时期末未清偿的实际公债额,r_{t-1} 是这一债务的实际利率,而 T_t 是实际税收收入。税收再次被看作是总额税。和前面一样,货币的创造并不以独立的收入形式出现在政府的预算约束中。这种收入对应一种特殊形式的扭曲性税收(通货膨胀税)并且最好被看作是其他扭曲性税收的替代选择,我们将在下面再次提到它。(5.21)式中的新增项是等式左面的利息支付和等式右面的公债变化。

典型经济人的财富等于他或她握有的初始公债额 B_0,减去他
203 或她在当前和未来承担的税收的现值(这一分析抽掉了与公共服务有关的量,后者由 G_t 的路径所确定)。如果每个人都具有无限寿命,并且面临和政府同样的实际利率,那么典型个人在时刻 1 拥有的财富是:

$$B_0 - \sum_1^{\infty} d_t T_t ,$$

和在(5.3)式中一样,d_t 仍是贴现因子。

我们试图得到的关键结论是:对于给定的路径 G_t,上述净财富项不随 B_0 或当前和未来的预算赤字路径发生变化。为说明这

一点,我们考察一下税收在有限期界 H 内的总贴现值[我们用(5.21)式代换 T_t,用(5.3)式代换 d_t]:

$$\begin{aligned}\sum_1^H d_t T_t &= \sum_1^H \{d_t[G_t + (1 + r_{t-1})B_{t-1} - B_t]\} \\ &= \sum_1^H d_t G_t + \sum_1^H d_t(1 + r_{t-1})B_{t-1} - \sum_1^H d_t B_t \\ &= \sum_1^H d_t G_t + B_0 + \sum_2^H d_{t-1}B_{t-1} - \sum_1^H d_t B_t \\ &= \sum_1^H d_t G_t + B_0 - d_H B_H.\end{aligned}$$

令 H 趋向无穷,有:

$$(5.22) \qquad \sum_1^{\infty} d_t T_t = \sum_1^{\infty} d_t G_t + B_0 - \lim_{H\to\infty}(d_H B_H).$$

在 5.1 节，个人最优化问题的横截性条件是 $\lim_{H\to\infty}(d_H k_H)=0$，它保证人们不在身后留下其现值渐进为正的任何资源。而人们是把公债当作财富的一部分来持有的，因此根据同样的理由，$d_H B_H$ 必定渐进趋于零。[25] 换句话说，那些追求无限期最优化的人们，将不会持有以等于利率的速率渐进增值的公债。[如果公债是以这一速度渐进增值的，那么当 H 趋于无穷时，$d_H B_H$ 将不会保持为一个有限值——见(5.3)式对 d_t 的定义。]这一条件排除了 204
政府发行公债并通过不断发行新的公债来为本金和利息支付筹资的蓬齐对策或连锁信。[26]

将(5.22)式的末项置为零，我们得到：

$$(5.23)\qquad \sum_{1}^{\infty} d_t T_t = \sum_{1}^{\infty} d_t G_t + B_0.$$

税收的现值等于支出的现值加上初始债务。政府迟早必须(以现值形式)偿还它得到的一切。因此，与典型家庭的财富有关的项是：

$$(5.24)\qquad B_0 - \sum_{1}^{\infty} d_t T_t = -\sum_{1}^{\infty} d_t G_t\ ,$$

上式意味着财富不随 B_0 以及预算赤字随后的整个路径发生变化(除非公债的路径受到了约束，满足 $d_H B_H$ 渐进趋于零的条件)。家庭财富的变化方向和政府购买的现值 $\sum_1^{\infty} d_t G_t$ (和前面一样，我们可以用与公共支出有关的服务价值对其作出调整)的变化方向相反。

上述结果就是关于公债的李嘉图等价定理的一种形式。[27] 假设：

a. 经济中的典型个人具有无限期界；

b. 经济人借贷的实际利率与政府相同；

c. 未来的税收是完全可以预见的；

d. 税收是总额税；

e. 政府购买(和转移支付)的路径 G_t 是既定的。

在这些条件下，经济中的实际利率、投资、消费等路径不随税收和预算赤字之间的转换发生变化，也不随初始公债量的变化而变化。在税收为总额税的情况下，预算赤字只能通过与 $B_0 - \sum_1^{\infty} d_t T_t$ 有关的财富效应对家庭产生直接影响。但是前面的分析表明，这一项不随 B_0 或预算赤字随后的整个路径发生变化。因此，r_t、k_t、c_t 等变量的均衡路径不随 B_0 或预算赤字的变化而变化。

205 考虑下面这个例子。假设政府将当前税收 T_1 削减 1 单位，于是它的赤字增大了，B_1 上升了 1 单位。李嘉图等价结果意味着家庭将利用它们被削减的税收吸收增加了的赤字，从而使利率不发生变化。家庭之所以能够在不提高利率的情况下增加储蓄，是因为(在既定的政府购买路径和转移支付路径下)当前税收被削减 1 单位意味着未来税收的贴现值增加 1 单位。因此，由今天的额外私人储蓄产生出来的未来私人资产，恰好足以支付额外的未来税收。通过这种方式，消费(以及工作量)的整个路径并没有变化。通过这种方式，消费(以及工作量的)的整个路径都不会发生变化。还可以如下解释上述结果，即私人储蓄的增加恰好抵消了公共储蓄的下降，因而国民储蓄总量保持不变。[28]

对李嘉图等价结果的有价值的批评，都与偏离上面提出的假设有关。在下面的讨论中，我将保留政府购买路径和转移支付路径既定的假设[假设(e)]，然后评论对条件(a)至(d)提出的反对意见。在每种情形下，我们不仅要考察李嘉图等价是否仍然成立，还要考察有什么其他结论出现，两者同样重要。很多经济学家指出了使严格的李嘉图等价不能成立的原因，但他们随后倾向于简单假定他们的结论支持其他某种观点——通常是如下的标准观点，即预算赤字降低想要的国民储蓄，从而促使实际利率上升。实际上，对李嘉图等价定理提出的很多批评与这一标准观点也不一致。

5.4.1　有限期界及其相关问题

由生命的有限性激发出来的有限期界思想，在生命周期模型中居于核心地位(参见莫迪利亚尼和布伦伯格，1954，以及安多和莫迪利亚尼，1963)。在这些模型中，人们资本化的只是他们预计在其生命中可能面临的税收。让我们再次考察一下用预算赤字筹资的减税，并假设增加的未来税收一部分发生在典型经济人预期的寿命之内，一部分发生在预期的寿命之外。那么，第一部分的现值必定小于初始的减税额，因为只有包括进第二部分以后才会有完全的平衡。如果在世的人们的净财富增加，那么消费需求将增加(而劳动供给将减少)。消费者需求的增长，意味着私人储蓄的上升不足以完全抵消政府储蓄的下降——因而，想要的国民储蓄会下降。由此造成的当前实际利率的上升，在短期会减少投资需求，在长期则会减少资本存量。莫迪利亚尼(1961)把这一结果称 206
为“公债负担”——他的意思是，后代的人们将因为拥有较少的资本而受到损害。

费尔德斯坦(1974)表明，在实行所得税预扣法的社会保障体系中也会出现类似结果。这一体系的扩大，对当前的老年人是有利的，他们可以免费得到更多的福利。当前的年轻人要纳更多的税，但这些费用可由他们后来获得的更高福利——该福利来自下一代人缴纳的税——得到部分补偿。当存在预算赤字时，所得税预扣法体系的净影响是：想要的国民储蓄下降、实际利率上升以及私人资本被挤出经济。

有关预算赤字和社会保障的这些结论，可以从戴蒙德(1965)的交叠世代模型中推得，该模型是包括了可再生资源的萨缪尔森(1958)模型的扩展。在戴蒙德模型中，人们的生命维持两期：一期是工作时期，一期是退休时期。布兰查德(1985)从一个假设人们随机地死亡的模型中得到了相似结果。布兰查德模型在两个方面优于交叠世代模型：一是在该模型中寿命可以被处理为(与单位时间内的死亡概率有关的)连续参数，二是利用该模型更容易进行某些比较静态分析。

一般来说，有限期界假设会带来关于预算赤字的标准结果，即实际利率上升而私人资本被挤出经济。但是，仅当典型经济人在政府把税收负担转移到他或她的后代身上以后感到自己的境况变好了，这一论点才成立。如果典型人出于利他主义已给他或她的孩子留下了什么，这一论点就失败了。此时，人们对隐含在预算赤字或社会保障中的政府强加的跨代转移产生的反应是：补偿性地提高自愿转移的资产中(见巴罗，1974)。比如，父母在他们还在世时就调整他们的遗产或遗赠的数目(或等价地，孩子们提高对年老的父母的转移)。从经验上看，涉及跨代转移的最重要的例子，可能是父母负担孩子的教育的作法(有关讨论见德拉任,1978)。

这里的主要思想是,跨代转移网络使得典型经济人成为永远延续下去的家庭的一部分。在这种情形下,家庭将全部预期未来税收资本化,从而有效地针对无限期界作出规划。换句话说,依赖于无限期界假设的李嘉图等价定理,即使在有限期界模型中也是 207
成立的。

我们有必要强调两个重要问题。第一、跨代转移不一定"很大",我们要求的仅仅是典型经济人在最低限度上实施利他主义转移。具体说,大多数人必须避开零转移的隅角解——在该解上,一经被允许,人们就倾向于给他们的孩子留下负的支付。(不过,如果孩子们非常关心他们年老的父母,我们的结论也是成立的。)第二、转移不一定以临终前的遗产的形式出现。别的形式的跨代转移也起到同样的作用。

布伊特(1980)和韦尔(1987a)研究了遗产对典型家庭起作用的必要条件。他们得到的一个结论是,在有效遗产均衡上不会出现在戴蒙德(1965)和其他学者的模型中可能出现的无效过度储蓄——在那些模型中,有限寿命的人们对子女一代漠不关心。一般说来,如果父母"足够关心他们的子女"——这一条件的合理性在于父母毕竟决定要孩子在先(见贝克尔和巴罗,1988)——他们就会留下遗产。布伊特(1980)、金布尔(1987)和金谷(1986,第1章)还允许子女送礼物给父母。他们的主要发现是,从子女到父母的转移不会发生在处于一个有效储蓄均衡上的典型家庭中。但是,这种转移的可能性限制了可能发生的过度储蓄的无效程度。

对李嘉图等价的一种批评是,某些人(比如,那些没有子女的人)并不和下一代有什么联系(见托宾和布伊特,1980,第 86 页往后)。当政府用预算赤字代替税收时,这部分人们的境况趋于变好。这一结果至少在下述情形下是成立的,即额外公债的利息和本金支付,不是用目前在世的人们有生之年会碰到的额外税收筹资的。但是,它对消费的定量影响倾向于较小。比如,对还有 30 年寿命并以常数比例进行消费的人们来说,如果年实际利率是 5%,1 美元的一次性预算赤字将每年提高实际消费需求 1.4 美分;而如果实际利率是 3%,每年提高 2.1%。[29]

而没有子女的人们带来的整体影响就更小了,因为当税收被预算赤字代替时,子女数超过平均数的人们将遭受财产上的损失
208 (实际上,虽然有些人没有孩子,但所有孩子却都是有父母的)。两者对总消费需求施加的净影响,取决于有孩子和没有孩子的父母基于财产方面的考虑形成的不同的消费倾向。由于没有孩子的人们的消费倾向趋于较大(因为他们的期界较短),因此,一般认为他们对总体消费需求的净影响是正的。但是其定量影响似乎微不足道。现在我们假设一切条件和前面的例子相同(包括每个家庭具有常数消费倾向的假设),如果年实际利率为 5%,那么 1 美元的预算赤字每年提高总实际消费需求 0.3 美分;如果年实际利率为 3%,则每年提高 0.9 美分。

总之,李嘉图等价定理需要予以考虑的关键问题不是有限期界假设本身,而是当前一代与未来一代的关联程度。比如,韦尔(1987b)表明,如果具有无限期界的新的经济人将在未来进入经济,那么即使在无限期界模型中也会产生出有限期界类型的结果。这些新来的人们可以被视作不被父母关爱的孩子或移民。预算赤

字在这种情况下是起作用的，因为它们将一部分的未来税收负担转移到了这些孩子和移民身上。[30]

费尔德斯坦(1988)指出，未来收入的不确定性意味着遗产也是不确定的——特别是，典型经济人处于遗产为零的隅角解的概率不为零。在这种情况下，预算赤字影响所有人(包括那些事后会留下遗产的人们)的消费选择。但从总体上看，这一情形的结论类似一部分人处于遗产为零的隅角解的确定情形。另外，那些收入低得足以触发零遗产解的人们，也许会转而进入从他们的孩子那里接受馈赠的境况，这一变化有利于恢复李嘉图等价结果。

达比(1979，第3章)以及科特利科夫和萨默斯(1981)计算的结果表明：在美国，出于跨代转移的目的进行的家庭资产积累，比与生命周期有关的积累远为重要。这一结果意味着跨代转移对大多数人是起作用的，因而支持了我们前面论述的李嘉图等价定理。

伯恩海姆、施莱弗和萨默斯(1985)指出，跨代转移背后的动机也影响到结果。他们考察了遗产作为父母诱使孩子行为规矩的策 209
略性工具(而非父母的利他主义安排)的可能性。他们用一些富有想象力的证据——涉及孩子以什么样的频率看望父母或与父母联系——说明了策略性遗赠的重要性。关于转移动机的有关证据见考克斯(1987)。

这一策略性遗赠理论意味着预算赤字和社会保障将带来与前面不同的后果。如果政府(通过制造预算赤字或提高社会保障津贴)把从年轻人那里得到的收入再分配给老年人，那么在这一模型中，老年人没有理由提高转移数量以完全抵消政府的行为。相反，老年人以年轻人的利益为代价改善了处境，总消费需求上升。于是，与标准分析类似，实际利率上升，私人资本被挤出经济。

上述分析的一个不足是，它把父母和孩子之间的关系处理得如同市场上的劳务购买关系。在这种情况下，父母将倾向于付给孩子工钱而不使用遗产或其他形式的跨代转移。如果我们把利他主义观念和人们试图影响孩子的行为的愿望引入到模型中，上述特点——以及大多数家长似乎关心孩子的福利的现象——能得到更好的解释。[31]此时，李嘉图等价既可能成立也可能不成立。考虑一下，如果不用费力就可以使孩子行为规范，父母将给他们的孩子分配多大的效用。假设父母能够设计出一个可靠的涉及遗产的威胁策略，该策略有可能使孩子的效用受到部分损失（注意，如果任何威胁都不可靠，那么有关策略性遗产的所有理论都将失去意义）。如果威胁大得足以引来父母希望的行为，那么李嘉图等价仍然成立。比如，如果政府制造了预算赤字，父母将提高针对孩子的转移，从而保持孩子的效用水平并继续看到所希望的孩子的行为。另一方面，为保证出现所希望的行为，父母可能在最初分配给孩子额外的效用。随后出现的预算赤字，在使父母保持甚至提高对孩子产生影响的威胁的同时，能够（按照自己的愿望）减少孩子的效用。在这种情形下，李嘉图等价不成立。

伯恩海姆和巴格韦尔（1988）称，利他主义转移所揭示的联系包含了太多的中性。如果父母留给孩子遗产，那么婚姻会使原本没有关系的同一代人发生联系，比如，会使两组姻亲之间发生联
210 系。如果一个群体变得足够大，那么即使收入税也可能变为中性（该结果对涉及个体之间相互关系的多种解概念都成立）。在通常的财政分析中，我们假设人们忽略他们的边际产品中被纳入到政

府增加的税收收入中去的部分。于是，如果没有足够的个人动机去工作和生产，就会产生无效的后果。但是，假使税收收入能够使纳税人通过利他主义转移与之联系着的人们的收益，那么，人们将把他们的税收支付看得如同额外的可支配收入。当几乎每个人都通过利他主义联系与几乎所有其他人发生关系时（如同在伯恩海姆-巴格韦尔分析中那样），税收就完全被内部化了。于是，税收通常的扭曲性也不复存在了。

为估价这一论点，我们首先给在世的几代人编号，从最年长的一代开始，分别记为第一代、第二代……假设所有人都要结婚并有两个孩子（当然，各个家庭的孩子数目可以有所不同，甚至平均数目也可以是别的什么数）。假设半数孩子是男孩，半数孩子是女孩。此外假设配偶之间以利他主义方式联系在一起，并且父母为每个孩子提供利他主义的转移。在考虑进未来婚姻和未来几代孩子的情况以后，伯恩海姆和巴格韦尔（1988，第 4 节）表明，通过复杂的利他主义转移网络，典型人最终将和几乎所有其他人发生联系。这一结果至少在下述条件下成立，即每个男人同每个女人结婚的可能性基本相同。但是这一结果不可能是一个均衡，因为每个人（假定他是第一代人）都会发现减少他或她的付出是有利的。在内在联系充分的一个环境中，对另一个人（包括孩子）的给予等价于对整个社会的给予。弱偏好条件保证典型经济人喜欢自己的消费胜过对社会的给予——后者相当于自愿税收。因此，给定我们前面的假设，均衡必定与某些父母并不为所有子女提供利他主义遗赠有关。

从第一代人的角度看，他们给予第二代人——比如，他们的孩

子或孩子的配偶——的动力，将因接受者也能从他人那里获得资助而变小。多个资助者的存在造成了搭便车问题——每一个潜在资助者都希望以自己较少甚至为零的付出，刺激真他潜在资助者更多的给予。在缺乏协议的情况下，可能出现这样一种均衡，即没有一对第二代夫妇能够从多于一对的第一代夫妇那里获得利他主
211 义转移（其他均衡可能涉及多重资助——只要这种资助没有扩散到上面排除的那种程度）。在排除了多重资助以后，每对第二代夫妇只与一对（而非两对）第一代父母具有利他主义联系。从第一代人的角度看，某些夫妇要资助两个孩子，某些资助一个，而另外一些则一个也不资助。但是平均地来说，第一代的每对夫妇与不多于一对的第二代夫妇具有利他主义联系。

对于李嘉图等价定理的分析来说，很重要的一点是考察是否有很多第二代人没能从任何第一代人身上得到利他主义转移。和忽略了婚姻的模型一样，该问题的答案取决于父母对孩子的关心程度。如果对于典型的父母和孩子来说，这种关心来得非常强烈（支持这一假设的仍是父母决定要孩子这一事实），那么就不会产生很多第二代人都不能从第一代人身上得到任何东西的均衡。在均衡上，一对普通的第一代夫妇将与大约一对第二代夫妇发生联系。实际上，能够自动产生这一结果的一个简单系统是：父母仅资助某种性别的孩子，而不资助另一性别的孩子（见金谷，1986，第2.5节和第3.4节）。

每一代的一对典型夫妇与下一代的一对夫妇发生联系的模式，能够带来李嘉图等价结果。此时，私人转移上的变化抵消了预算赤字和社会保障，恰如没有婚姻的模型所描述的那样。不过有

两点值得我们注意。第一，某些夫妇可能不资助下一代中的任何人，而另外一些夫妇可能资助多于一对的夫妇。由此导致的结果，类似我们早先从某些人没有孩子、另外一些人则有超过平均数的孩子的情形中得出的结果。此时，严格的李嘉图等价不成立，但正如我们也已指出的，所发生的偏离在定量上可能无关紧要。婚姻在这里带来的唯一新情况是：不资助孩子的人数多于确实没有孩子的人数。值得注意的第二点是，与多重资助有关的免费搭车人问题意味着跨代转移数量倾向于小于在充分合作的情况下达到的帕累托最优数量（见纳洛夫、拉金和萨德卡，1984；金谷，1986，第 2 章和第 3 章）。因此，在存在合作方面的问题的情况下，可能有更多的第二代夫妇不能从任何第一代人那里获得资助。

212

5.4.2　不完全的信贷市场

很多经济学家认为，不完全的私人信贷市场是公债分析的核心问题（参见芒德尔，1971）。为结合进这一因素，我们假设经济由两类无限寿命的经济人构成：A 组人具有和政府相同的贴现率 r（从而愿意持有政府债券），B 组人则具有较高的贴现率 $\tilde{r}>r$。A 组中包括很多大公司和一些个人，而 B 组的成员是拥有较少的抵押品的小公司和许许多多家庭。贷款给 B 组成员意味着较高的估价成本和执行成本，因此，即使不把拖欠风险考虑在内，B 组成员也面临高于政府的借款利率。对于实际借款的人来说，贴现率 $\tilde{r}$ 等于边际借款利率。否则，贴现率等于消费的时间偏好率，后者介于利率 r 和边际借款利率（它在理论上可以是无限的）之间。小公司（或打算购买耐用消费品的家庭）将调整它们的投资，以使投资的边际收益率等于贴现率 $\tilde{r}$。

假设政府削减当前税收并运行一个预算赤字。此外，假设削减的税额在 A 组和 B 组间的分配比例——比如，50 对 50——等于为偿还额外债务而被提高的未来税收在两者间的分配比例。此时，如同在标准的李嘉图等价结果中一样，A 组的净财富不发生变化。但由于 $\tilde{r}>r$，所以分摊到 B 组身上的额外未来税收的现值，小于该组在减税额中所占的比例。因此，针对增加了的财富，B 组成员将提高消费需求。而随着当前消费的增加，贴现率 $\tilde{r}$ 趋于下降，这将促使小公司和家庭提高投资需求。比如，如果一个公司利用减税提高当前投资，那么 $\tilde{r}$ 的下降将反映递减的边际投资收益。

从总体上讲，预算赤字提高了总需求，或说，想要的私人储蓄总量以小于 1 比 1 的比例随政府赤字增加。于是，适用于 A 组和政府的实际利率 r 上升，从而鼓励人们持有额外公债。结果，A 组成员的消费和投资被挤出去一部分。但由于 B 组的贴现率 $\tilde{r}$ 是
213 净下降的，所以该组的支出受到鼓励。由此导致的主要后果是：支出由 A 组向 B 组发生转移，并且两种贴现率 r 和 $\tilde{r}$ 之间的差距缩小。总体上，投资既可能上升也可能下降，因而，对资本存量的长期影响是不确定的。但主要的一个变化是资源更好地流动到了它们最终的用途上——具体说来，具有较高时间偏好率和边际投资收益率的 B 组成员，现在可以在当前产出中占有更大的份额了。不管怎样，结果是非中性的，也就是说，李嘉图等价不成立。

将不完全的信贷市场引入分析中获得的重要发现是，政府发行的公债等价于一种有效的金融媒介物。政府诱使容易进入信贷

市场的人们（A 组成员）在额外公债中占有超过其应占份额的部分。而那些不易进入市场的人们（B 组成员）占有了少于他们应占份额的部分，结果，他们有效地从前者那里获得了贷款。这一机制之所以能起作用，是因为政府通过征税和债务支付隐含地确保了这些贷款的偿还。因此，即使 A 组和 B 组之间的贷款（因“交易成本”）不能在不完全的私人信贷市场上出现，但它实质上是发生着的。

上述的种种论点过高地估计了政府从缺少抵押品的人们那里征税的技巧（这正是私人贷款者遇到的问题），但它们仍然可能成立。但是，即使政府更有效率，结论也不像标准分析得出的结论。如前面所分析的，预算赤字等于增加了金融媒介物，在这个意义上，它等价于提高信贷市场职能的技术进步。既然如此，发现各种贴现率之间的差距变小、资源分配得到了改善就合情合理了。如果政府确实能够起到更好的媒介作用，那么更多的此类活动（即更多的公债）将增加可感知的财富，因为它提高了经济的运行水平。

与津头嘉（1987）作了另一类研究，他没有考虑收回贷款所需要的成本，而是扩展了金（1984）和林（1987）的分析，允许在具有不同风险特性的借款人之间作逆向选择。人们清楚自己的拖欠概率，但是贷款人了解这些概率的唯一可能办法是观察现行利率上的借款水平。在这种情形下，政府借款等价于对盈集了各种风险
类型的人们的一个群体的贷款。如果私人均衡不牵涉类似的群 214
体，那么政府的此类借款行为会造成不同后果。但是，在考察了贷款人之间交换或不交换各自顾客的信息的动机之后，与津头嘉认为私人均衡通常在较低的利率水平上发放有限数量的群体贷款。

于是，高风险类型的人们可能以较高的利率借入额外的资金。在这种情况下，政府借款只是取代了私人的群体贷款，因而不会带来实际影响。也就是说，尽管存在高风险类型面临高边际借款利率的不完全私人信贷市场，李嘉图等价仍然成立。因此，我们再次得到如下的一般结论：仅当政府在信贷市场上的作为不同于（甚或好于）私人，李嘉图等价才会因不完全的信贷市场而失败。

5.4.3 未来税收和收入的不确定性

一些经济学家称，未来税收的不确定性（或说估计未来税收的复杂性）意味着人们在资本化这些未来负债时将面临较高的贴现率（见贝利，1971，PP. 157—158；布坎南和瓦格纳，1977，PP. 17、101、130；费尔德斯坦，1976，P. 335）。在这种情况下，用预算赤字代替当前税收将增加净财富，因为预期的未来税收虽然上升了，但其贴现值仍小于当前的减税额。结果，预算赤字提高了总消费需求，并且减少了想要的国民储蓄。

如果对不确定性作更适当的处理，结论就会有所不同。陈家强（1983）最先考察了征收总额税的情形。他假设该总额税在各个家庭间的分布情况已知，但是未来税收总额以及公债未来的实际偿付额是不确定的。在这种情况下，由赤字筹资的减税不产生实际影响。人们将保留手中额外的公债，因为对于不确定的未来税收来说，它是一种非常好的保值措施（这一分析假设私人信贷市场没有前面讨论的那种“不完全性”）。

现在假设未来税收仍然是总额税，只是在个体之间会发生不确定事件。此外，假设不存在相对税收风险的保险市场。此时，预

算赤字倾向于增加每个人在未来可支配收入上的不确定性。陈
(1983,P. 363)在考察了(非增绝对风险回避的)“常见情形”以后 215
表示,人们对这种情况的反应是减少当前消费而提高当前储蓄,结果发现对实际利率、投资等产生的影响恰与标准分析相反。

如果征收的是所得税,结果将是不同的(陈家强,1983,PP. 364—366;巴斯基、曼昆和泽尔德斯,1986)。假设每个人纳的税是 τy_i,其中 y_i 是每个人不确定的未来收入。假设不存在个人收入风险的保险市场,并假设 τ 是已知的(如此一来,就从分析中抽掉了个体之间相对税率上的不确定性)。在这种情况下,预算赤字提高了 τ 的未来值,从而减少了每个人在未来可支配收入上的不确定性。实际上,政府在很大程度上分担了个人可支配收入上的风险。于是我们得到了和前面相反的结论——也就是说,预算赤字倾向于提高当前消费而减少当前储蓄。

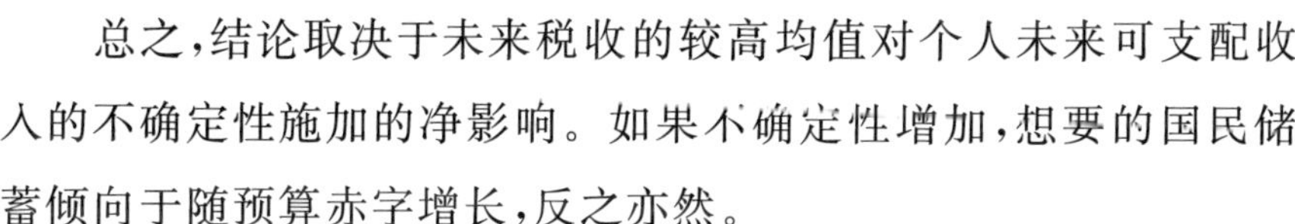

总之,结论取决于未来税收的较高均值对个人未来可支配收入的不确定性施加的净影响。如果不确定性增加,想要的国民储蓄倾向于随预算赤字增长,反之亦然。

5.4.4　征税时机

如果征收的不是总额税——而是(比如)所得税——那么也会出现对李嘉图等价的偏离。此时,预算赤字改变了征收所得税的时机,从而影响了人们不同时期的工作和生产积极性。结果,赤字的变化是非中性的,但所得结论也似乎不同于标准观点。

作为例子,假设当前的所得税率 τ_1 是下降的,而下一期的税率 τ_2 是上升的。为简单起见,假设下一期的预算盈余足以抵消本

期的预算赤字，因此从第 3 期开始公债是不变的。由于税率是所得税率，所以人们有意识地在第 1 期比平时更多地工作和生产，在第 2 期比平时少工作和生产。又由于税率对支出不起作用（并且财富效应在这里可以被忽略），所以想要的国民储蓄在第 1 期上升，在第 2 期下降。因此，税后实际利率在第 1 期随着预算赤字的出现趋于较低，在第 2 期随着预算盈余的出现趋于较高。这些结果至少在下述情况下成立，即由于存在调整成本（为方便起见，这
216 一项在 5.1 节的模型中被省略掉了），投资需求受到的影响较小。这里最重要的一点是：导出的结果不仅是非李嘉图等价的，而且与标准观点也是冲突的（标准观点认为，消费税的暂时性变化倾向于带来实际利率与预算赤字正相关的标准模式）。

在公债和赤字对经济没有影响的李嘉图模式中，不可能得出预算赤字的最优路径。但是在扭曲性税收环境中，这一路径可以被确定并对应最优的征税模式。实际上，债务管理理论已经构成了财政学的一个分支，更具体讲，构成了最优税收理论的一个应用。

一个重要发现是：尽管政府支出和课税基础是波动的，预算赤字可以被用来平滑不同时间的税率。比如，如果除了政府购买量（假设它与劳动供给决策不发生直接的相互作用），其他变量变动的时间间隔是相同的，那么最优性要求不同时间的劳动所得税率是相同的。这一恒定的税率要求在政府支出水平不寻常地高时有预算赤字，而在支出水平不寻常地低时有盈余。

通常，恒定税率不会是最优的[32]，比如，最优劳动所得税率可能随经济周期发生变化。当需要某种程度的平滑时，预算赤字将

出现在衰退中，而预算盈余将出现在繁荣中。如果最优税率在衰退中低于正常水平，而在繁荣中高于正常水平，那么预算赤字将具有更强的逆周期性。

为了考察税收平滑对预算赤字的意义，我们利用(5.23)式求出起始时期为 i 的政府预算约束的现值：

$$(5.25)\qquad \sum_{t=i}^{\infty}(d_t/d_{i-1})T_t=\sum_{t=i}^{\infty}(d_t/d_{i-1})G_t+B_{i-1}.$$

现在假设比例所得税 $T_t=\tau_t Y_t$，其中 τ_t 是税率，Y_t 是税基(假定它对应于实际 GNP)。那么平滑条件 $\tau_t=\tau_i(t\geqslant i)$ 意味着税率是：

$$(5.26)\qquad \tau_i=\frac{\sum_{t=i}^{\infty}(d_t/d_{i-1})G_t+B_{i-1}}{\sum_{t=i}^{\infty}(d_t/d_{i-1})Y_t}$$

假设在稳定状态上，G_t 和 Y_t 都以速率 n 增长(从而 G_t/Y_t 的比率不会变化)。那么，我们可以如下定义“正常”支出 G_i^* 和“正常”GNP 值 Y_i^*——它们在 $t\geqslant i$ 的时期里保持不变，并满足下面的关系式： 217

$$(5.27)\qquad G_i^*\sum_{t=i}^{\infty}(d_t/d_{i-1})(1+n)^{t-i}=\sum_{t=i}^{\infty}(d_t/d_{i-1})G_t,$$

$$Y_i^*\sum_{t=i}^{\infty}(d_t/d_{i-1})(1+n)^{t-i}=\sum_{t=i}^{\infty}(d_t/d_{i-1})Y_t.$$

变量 Y_i^* 对应经趋势调整的永久性收入，G_i^* 对应经趋势调整的永久性政府购买(加转移支付)。

将(5.27)式的解代入(5.26)式，得到税率公式：

$$(5.28)\qquad \tau_i=\frac{G_i^*+(r_{i-1}-n)B_{i-1}}{Y_i^*}$$

这一结果适用于常数利率 $r_t = r_{i-1}(t \geqslant i)$ 的情形，否则 $(r_{i-1} - n)B_{i-1}$ 的项就会被更为一般的、经趋势调整的利息支付表达式所代替。(5.28)式是说，常数税率等于永久性支出(G_i^* 加上经趋势调整的利息支付)和永久性收入之比。

政府的预算约束意味着赤字是：

$$B_i - B_{i-1} = G_i + r_{i-1}B_{i-1} - \tau_i Y_i.$$

用(5.28)式代替 τ_i，并重新整理各项，得到：[33]

$$(5.29) \quad B_i - B_{i-1} = G_i - G_i^* + [(Y_i^* - Y_i)/Y_i^*] \cdot [G_i^* + (r_{i-1} - n)B_{i-1}] + nB_{i-1}.$$

因此，税收平滑对预算赤字具有如下意义：

1. 预算赤字一对一地随着暂时性支出 $G_i - G_i^*$ 的上升而上升。特别是，赤字在 $G_i > G_i^*$ 的战争时期为正，在 $G_i < G_i^*$ 的和平时期为负。

2. 赤字随着当前产出与正常水平之差 $Y_i^* - Y_i$ 的上升而上升，其系数是正常支出(G_i^* 加上经趋势调整的利息支付)与正常GNP之比。换句话说，在征收比例所得税并且税率为常数的情况
218 下，税收收入与GNP下降相同的比例。因此，收入的下降(即预算赤字)等于收入下降的比例乘上正常收入水平(即正常支出水平)。这一结果意味着：在衰退时期出现预算赤字，在繁荣时期出现预算盈余[正如布朗(1956)和经济顾问委员会(1962，PP. 78－82)所分析的那样，标准的充分就业赤字就是对赤字的这一行为作出调整的]。

3. 当支出和GNP都处于它们的正常水平时，政府的赤字规模是 $nB_{i-1}(B_{i-1} > 0)$。在其他条件相同的情况下，以速率 n 增长

的债务将保持它对 GNP 的比例。否则，利率支付相对于 GNP 上升或下降的趋势将与税率的稳定不一致。

在(5.29)式中包括了所有实际变量。如果债务是以名义单位计算的，那么等式左面就是实际债务的变化(假设通货膨胀是完全可以预见的)。因此，在其他条件相同的情况下，名义债务以和价格水平相同的比例增长，从而保持了债务的实际价值。因此，当以政府名义债务变化这一标准定义衡量预算赤字时，预期通货膨胀能够解释很大一部分预算赤字(令预算赤字对通货膨胀作出调整的新近作法，就是对这一关系的反应)。

在未来是完全可预见的条件下，(5.28)式决定的税率是不随时间变化的(增加了的债务的运动方式恰好可以抵消 G_i^* 和 Y_i^* 的变化——即使在完全可预见未来的条件下，G_i^* 和 Y_i^* 也不一定是恒定的)。如果出现了有关 G_t 和 Y_t 的路径的新信息，那么就要对(5.28)式计算出来的税率加以修正，但修正的方向在事先是不可预测的。因此，在存在不确定性的情况下，税率并非保持不变，而像是一个随机走动(或更准确地讲，一个鞅)。

未清偿债务 B_{i-1} 的实际价值的变化，朝着与该变化相同的方向影响税率。因此，未预期的通货膨胀或对现行债务的拖欠将导致税率的降低。特别是，与预期的通货膨胀不同，价格水平的意外上升不会使名义债务以相同的比例上升。在税收平滑模型中，不存在促使政府回归的实际债务目标或债务－GNP 比率目标。

我们有可能把税收平滑方法用到研究政府如何操作的实证理论中，而不是用到研究政府应该如何行动的规范理论中。[34] 巴罗 219
(1979、1986b)表明，这一理论解释了美国联邦赤字 1916—1983 年间的相当一部分变动，虽然 1984—1987 年间的赤字是高于预测值的。从样本整体看来，对理论的主要偏离是赤字对经济周期的过度反应（使得税率在衰退时期下降得低于“正常”水平）和对临时性军事支出的不充分反应（使得税率在战时上升得高于正常水平）。佐朝来（1986）通过直接考察平均边际税率的变动情况，也发现了这些偏离。巴罗（1987b，第 3 节）从英国 18 世纪初至 1918 年的数据中发现，暂时性军事支出是预算赤字的主要决定因素。此外，与美国的情形不同，这些结果表明了预算赤字对暂时性支出的一对一的反应。

赫尔科威茨（1986a）将类似的分析应用到了以色列的外债变动研究中。他发现，暂时性军事支出（其中不包括由该支出引发的外国对以色列的转移）是由外债筹资的，其比例约为 1∶1。不过，债务的逆周期反应比理论预测的要弱。

曼昆（1987b）将税收平滑模型应用到了对通货膨胀税和其他税种的联合研究中。这一视角能够解释为什么自 1914 年建立联邦储备系统以来，短期名义利率（它是与货币有关的税率）便接近一个随机走动（见曼昆和迈伦，1986）。此外，曼昆（1987b）从美国 1952—1985 年间的数据中发现，利率的变化与联邦税收收入对 GNP 的比率的变化正相关，或与平均边际税率的变化正相关。这些结果符合利率以及其他税率共同决定于一个最优税收路径的模型。

税收平滑方法在保留典型个体经济人这种构造模型的手段的同时，提供了实证的公债理论和预算赤字理论。另一种方法则试图将公债问题解释为不同利益集团之间冲突的结果。比如，丘基尔曼和梅尔策(1987)通过假设一部分人在当前或在未来处于个人跨代转移问题的隅角解,引入了分布方面的考虑。在由居间的选民的观点决定的政治均衡中,公债的数量依赖于隅角约束的分布,后者又依赖于收入和其他变量的分布。珀森和斯文森(1987)以及
阿莱西纳和塔贝利尼(1987)考虑了根据想要的公共支出规模或构 220
成划分政党和选民的问题。于是,国家债务的增长可以成为一个政府影响其继任者的公共支出选择的工具。从实证角度看,公债的数量依赖于政治多元化的程度、依赖于决定着政府的稳定性的因素等。

卢卡斯和斯托齐(1983)以及珀森和斯文森(1984)表明,债务管理涉及资本税问题,后者与我们前面讨论过的问题类似。其中一个方面涉及消除现行实际债务的手段:要么通过正式的拖欠,或是通过(针对名义债务的)未预期的通货膨胀。由于较高的初始实际债务将要求(5.28)式中的税率较高,并且由于征税带来无谓损失,因此经济人似乎可以从政府取消现行债务和"重新开始"的行动中获得福利。当然,这样的行为会损害政府发行新债务的能力,并因而趋于排除利用债务管理去平滑税率路径的可能性。要避免这一结果,就要求政府遵循一些规则,使它能够克服对未清偿债务施加资本税的诱惑。

更微妙的时间一致问题与实际利率的期限结构有关。政府可以通过选择不同时间的税率,影响这一结构。卢卡斯和斯托齐(1983)以及珀森和斯文森(1984)表明,可以设计公债的到期结构从而避免时间一致问题。也就是说,在恰当的到期结构下,政府会自觉地遵守事先制定的税率计划。

5.4.5 经验证据——预算赤字的经济影响

关于财政政策对一些经济变量的影响,李嘉图的等价理论和标准理论作了不同的预测。下面我将总结利率、储蓄和经常项目余额方面的经验证据。

利率　李嘉图等价理论推测预算赤字对实际利率没有影响,而标准理论推测具有正的影响——至少在封闭经济环境中是如此。不少经济学家从经验上检验了这些命题(有关综述见美国财政部1984年度报告)。
221 典型结果表明,预算赤字和利率之间不存在什么关系。比如,普洛塞(1982,P. 339)从美国1954年(或1959,或1964)至1978年的季度数据中发现,私人持有的联邦债券未预期的变动并不增加各种期限的政府有价证券的名义收益。实际上,收益随联邦债券的变动下降的趋势很弱。普洛塞(1987,表8和表11)在其最近的研究中包括了直到1985年的数据,所得到的关于名义收益和预期实际收益的结论与上面类似。埃文斯(1987)利用加拿大、法国、德国、日本、英国和美国1974—1985年的季度数据也得到了关于名义收益的类似结论。

埃文斯(1987a,表4—6)从美国1931—1979年的年度数据中发现,当前和过去的实际联邦赤字与商业票据或公司债券的名义利率或与商业票据已实现的实际利率没有很密切的关系。对1908—1984年这一更长时期的月度数据所作的分析表明,赤字与名义利率或实际利率之间存在负的相关关系(埃文斯,1987a,表1—3)。埃文斯还考察了预期的未来预算赤字或预算盈余的影响。他假设人们在(类似1981年的)减税之前原本就预期着未来赤字,或在增税之前原本就预期着未来盈余。结果发现，利率并不会在减税之前上升或在增税之前下降。如果说有什么变化的话，利率倾向于按照相反的模式运动。曼昆(1987b)把利率看作是一种税率，他的分析结果与埃文斯的发现一致。

总的来看，关于利率的经验结论支持李嘉图等价。奇怪的是，虽然有了这些证据，大多数宏观经济学仍然坚信预算赤字会提高利率。

消费和储蓄　有关预算赤字和储蓄之间的相互作用的大多数经验结果，来自对消费函数或储蓄函数中的财政变量的系数所作的估计。这一方面的例子可以在科钦(1974)、坦纳(1979)、费尔德斯坦(1982)、科曼蒂(1983)、西特和马里亚诺(1985)以及莫迪利亚尼和斯特林(1986)的文章中找到。(被列举出来的)这些研究大多发现财政政策对消费需求没有什么影响。但是费尔德斯坦和莫迪利亚尼/斯特林得到的却是相反的结论。

消费函数方法也被用来估价社会保障系统下的退休计划所带来的影响。当这类计划是由所得税预扣法提供资金时，从它们对国民储蓄的理论影响来看类似预算赤字。费尔德斯坦(1974、 222
1977)最初得出的结论认为，更慷慨的社会保障制度将抑制国民储蓄。但这一发现在随后的研究中遭到了非议(参见巴罗，1978；达比，1979；埃斯波西托，1978；斯特林，1977；巴罗和麦克唐纳，1979；以及莱莫和莱斯诺伊，1982)。总之，从美国的时间序列数据和不同国家的横截面数据中获得的证据，没能显示在社会保障和国民储蓄之间存在明确的联系。

上面提到的经验研究依据的是对消费函数所作的估计，其中涉及众所周知的识别问题。比如，该方法不能很好处理消费、收入和实际利率之间存在的同步性。另一困难涉及财富和收入的定义：将资本收益包括其中会给美国储蓄量的衡量带来重大影响（见波特巴和萨默斯，1986，附录表 A－2）。其他问题与作为回归量进入消费函数的财政变量有关。这些变量对未来收入或未来政府支出所具有的潜在指示作用，影响到对估计出来的系数所作的解释。比如，如果政府调整其预算赤字来平滑税率（如 5.4.4 节所建议的），那么当前税率代表预期的政府支出对收入的长期比率，该比率就影响当前的消费需求（见科钦、本杰明和米多尔，1985）。类似地，赤字与衰退、战争等事件的相关关系也影响分析。

卡罗尔和萨默斯（1987）比较了美国和加拿大的私人储蓄。他们发现两个国家的私人储蓄率直到 20 世纪 70 年代初期都是相似的，但自那以后就有差距了——1983—1985 年，加拿大的比率高出 6 个百分点。在将某些宏观经济变量以及税收系统中影响储蓄的因素固定以后，他们分离出了几乎是一对一的政府预算赤字对私人储蓄的正影响。也就是说，正像李嘉图等价定理所暗示的那样，加拿大和美国的净国民储蓄相对值似乎并不随预算赤字的相对值发生变化。研究结果显示，加拿大的私人储蓄率的相对值自 20 世纪 70 年代初期以来的增长，部分地反映了加拿大朝着预算赤字运动的趋势增强了。

阿绍尔（1985）利用霍尔（1978）和其他人以前采用过的“欧拉方程”方法，绕开了估计消费函数或储蓄函数的难题。在假设实际
223 利率固定并且典型消费者具有二次效用函数以后，阿绍尔表明，李嘉图等价意味着：

(5.30)　$c_t = a + b(c_{t-1} + \alpha g_{t-1}) - \alpha g_t^e + u_t$,

其中,c 是消费,g 是政府购买,u 是一个古典误差项,而参数 α 是 g_t 在家庭效用中替代 ct 的程度。(5.30)式意味着滞后的预算赤字(或其他滞后变量)仅在它们影响购买预期 g_t^e 的意义上与 c_t 有关。有关赤字的结论后来被证明与隐含的限制是一致的。特别是,滞后的赤字显著地与 c_{t-1} 以及 g 的滞后值一道进入了 c_t 的回归方程,但这只是因为滞后赤字(从而 g 的滞后值)对 g_t 具有某些预测能力。

经常项目赤字　流行的观点将美国自 1983 年以来的巨额经常项目赤字归结为预算赤字造成的后果。但一直也没有出现对这一关系的长期情况或在各个国家的情况所作的认真分析。不过,美国的数据表明,仅当 1983 年以来的情况被包括在其中时,赤字和经常项目赤字之间才会具有正的关系。

图 5.6 绘出了自 1948 年以来的总政府预算盈余对 GNP 的比率(实线)以及净国外投资对 GNP(虚线)的比率。[35] 直到 1982 年,在这两个变量之间不存在相关关系(相关系数 = −0.04)。但在包括了 1983 年以来的数据以后,相关程度提高到了 0.41。实际上,在第二次世界大战以来的美国数据中,预算赤字和经常项目赤字同时很高的情形只出现过一次——也就是出现在 1983 年以后的时期。近年来的这种协同运动固然令人感兴趣,但它并没有为预算赤字带来经常项目赤字的观点提供强有力的支持。

考察两种赤字在长期中以及在不同国家中存在的关系,是经验研究的一部分。就像对消费和利率所作的研究一样,在这里揭示预算赤字变化中的外生部分对经常项目余额是否具有系统性影响是很重要的。

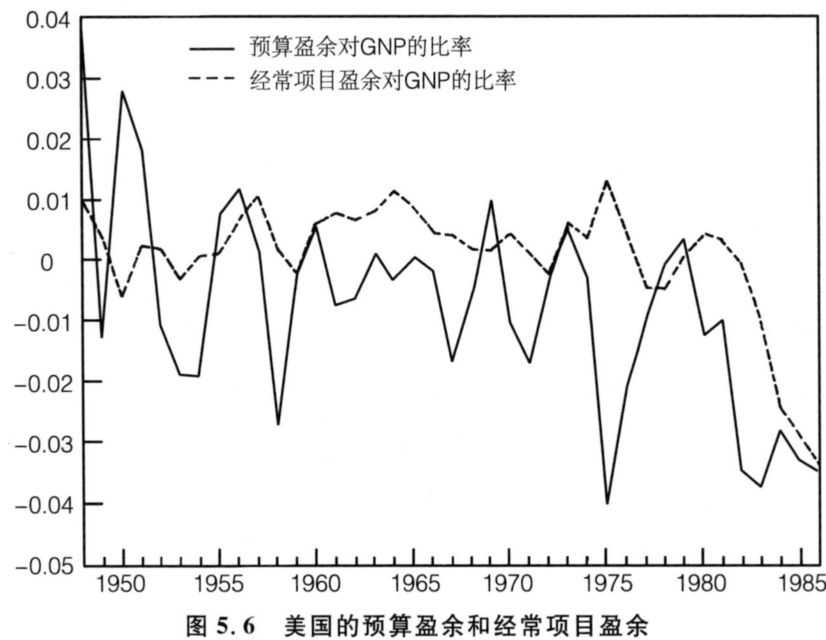

图 5.6　美国的预算盈余和经常项目盈余

224 5.5　结束语

新古典主义方法为从理论上说明政府支出、税收和公债的宏观经济影响提供了逻辑一致的框架。从这一方法中引申出了大量经验结论，并且这些结论迄今与所能得到的有限证据没有明显的矛盾。

对于进一步的理论研究和经验研究来说，财政政策宏观经济学是一个十分有希望的领域。其中一个令人感兴趣的拓展，涉及财政因素在长期经济增长中的作用。这类研究需要的是冲击（比如，税率变化或政府购买变化）对增长率具有长期影响的框架。正如罗默（1986，本书第二章）以及金和里贝罗（1986）所描述的，一些新的研究技术和增长的方法允许此类影响的存在。

将最优税收理论应用到公债管理的实证分析中，可以获得进一步的结果。在什么样的条件下，税率的平滑（正如税率的鞅特性所表示的那样）是最优行为的一个近似？如果税率的暂时性变动是合理的，那么这些变动是如何与总量周期条件、战时等因素相协调的？

一般来讲，拥有更多的关于财政政策后果的定量信息是有好 225
处的。这一信息可以采取额外经验证据的形式，但它也可能来自校准过的均衡模型的模拟。值得一提的是，基德兰德和普雷斯科特（1988）的方法可以被有效地应用到财政政策效果的研究中。

致　　谢

我谨向艾伦·奥尔巴克、马蒂·费尔德斯坦、鲍勃·金、格里高利·曼昆、托斯特恩·珀森、理查德·罗杰森、保罗·罗默、艾伦·斯托克曼、拉里·萨默斯和菲利普·韦尔表示感谢，他们提供了有益的见解。此项研究得到了国家科学基金的资助。

注　释

〔1〕 对这些条件的分析，见韦茨曼（1973）以及埃克兰德和沙因克曼（1986）。

〔2〕 在无限期界条件下，对借款的约束是：随着 $H\rightarrow\infty$，$d_H k_H$ 必须接近一个非负数量。也就是说，债务必须以一个低于利率的比率渐进地增长

[见(5.3)式对 d_t 真的定义]。这一约束排除了蓬齐对策——在该对策中,一个人在借款以后将用不断的新借款来支付其利息。

〔3〕 如果 $\partial^2 u/\partial(c_t)^2<0$,最大值的二阶条件将得到满足。

〔4〕 随着 $\gamma\rightarrow 0, u(c)\rightarrow \log(c)$。(5.7)式的一个特征是,它允许人均消费在其中以一个常数比率增长的稳定状态存在。但我们这里的分析抽掉了稳态增长。

〔5〕 我们在前面假定了人口是恒定的,因此,没有必要为一个增长的人口提供资本。

〔6〕 对有关模型和它的稳定性所作的分析,见布兰查德和费舍尔(1986)。

〔7〕 如果政府在技术、管理能力等方面不同于私人生产者,那么公共生产将带来不同结果。对这些不同结果的分析,涉及与私有制和公有制体制有关的动机问题。阿罗(1986)最近讨论了私有制条件下的情况。

〔8〕 这一分析遵从的是最早由贝利提出的方法(1971,第 9 章)。

〔9〕 对事先被预期到的永久性财政变化的分析,见霍尔(1971,第 2 节)和贾德(1985)。

〔10〕 (5.13)式中的 $\Phi(\cdot)$项并不影响家庭的选择。因此,虽然效用可能因该项有所提高,"财富"却是下降的。在财富和福利之间并不存在希克斯
226 意义(1946,第 2 章)上的对应,因为 Φ 中的运动导致了偏好的转移。

〔11〕 曼昆(1987a)称,在一个带有耐用消费品的模型中,未预期到的政府支出的永久性增长将短期性地降低实际利率。这一结果源于如下假设,即相对于为耐用消费品提供服务的技术(比如,运输、房屋等),生产政府需求的物品的技术是劳动密集型的。因此,政府购买的增长降低了家庭的耐用品服务需求(通过负的收入效应),由此造成了资本需求的下降。如果耐用品服务是由一个具有相同资本密集程度的技术提供的,那么上述效应就不再出现了。

〔12〕 如果战争是被预期到的,人们将期待消费在 t_1 时刻出现一个陡然的下降。更一般地讲,和平时期的利率将等于 ρ 减去一个数量,该数量与爆发一场战争的概率有关。如果这一概率变化了,那么不需要政府购买发生任何实际的变化,利率就会变化。

〔13〕　这些结果见于本杰明和科钦(1984,PP.593—596)。

〔14〕　战争持续期间的不确定性也会改变结果。短期利率现在将升高以反映战争在当前结束的可能性。

〔15〕　在这一简单模型中,资本的下降是通过实实在在地吃掉存量发生的。更一般地讲,每个工人的资本将下降,因为现有存量的折旧,减少了的净投资(在有人口和技术增长的模型的稳定状态上是正的),或者劳动力的增长。出于方便,这些性质在这里都被忽略掉了。

〔16〕　见巴罗(1987a,第12章)第二次世界大战的这些数据也显示了对非军事性政府购买的挤出效应。

〔17〕　对劳动供给的跨时替代所作的分析,见霍尔(1980)。如果资本利用率是可变的,那么资本服务将倾向于和劳动服务一起上升。较高的利率将促使生产者们更有效地利用它们的资本,即使这样的使用意味着更高的使用成本或更高的资本折旧率。对可变使用率的分析,见梅里克(1984)以及格林伍德、赫尔科威茨和赫夫曼(1988)。

〔18〕　如果生产是需要时间的,那么劳动投入中的变动性将具有一个类似资奉的性质(见赫尔科威茨,1986b,第2节)。在这种情形下,政府购买的变化究竟是暂时性的还是永久性的会有一定关系。结果类似我们早先讨论的可变资本的情况。

〔19〕　和对家庭的假设一样,这里假设每个企业分得的政府购买量是指能够给一个个体生产者带来影响的数量。格罗斯曼和卢卡斯(1974)讨论了公共服务作为一种生产投入的情况。

〔20〕　和前面(征收总额税的情况)一样,如果 $\alpha+\beta\geqslant 1$,那么在 g_t 上升 227
时典型经济人的境况将至少不会变差。如果政府在这种情形下提高 g_t,并且如果随着 g_t 的上升 α 和 β 是下降的,那么 $\alpha+\beta<1$ 的条件将在一定区域成立。

〔21〕　有关在国民经济账户中如何处理政府购买的问题,见库兹涅茨(1948,PP.156—157)和马斯格雷夫(1959,PP.186—188)。

〔22〕　不管是胜利还是失败都有可能带来额外影响,该影响与未来的收入或投资机会有关。如果未来的好处只属于胜利者,那么胜利的更大可能性将倾向于提高当前的实际利率(因为它激发了当前消费)。这一影响抵消了

文中描述的影响。

〔23〕 这里没有考虑社会保障对个人随后的福利所作的贡献。原则上，福利的任何增加都意味着边际税率的降低。有关这种影响对接近退休年龄的人们很重要的论点，见戈登(1982)。

〔24〕 在宏观经济政策背景下所作的讨论，见基德兰德和普雷斯科特(1977年)、巴罗(1986a)、费舍尔(1986)和罗戈夫(本书第六章)。

〔25〕 正式的证明见麦卡勒姆(1984)。

〔26〕 正如韦尔(1987b)指出的，这一结果依赖于存在无限期界的典型家庭的条件。但是，如果人们不愿意持有超过政府的"证券担保"的公债——假设这一担保以低于利率的速率渐进增值——那么 $\lim_{H\to\infty}(d_H B_H)=0$ 的条件也是成立的。

〔27〕 有关讨论见李嘉图(1951)、布坎南(1958)、霍尔(1967)、巴罗(1974)和奥德里斯科尔(1977)。李嘉图等价定理这一术语来自布坎南(1976)，至少对宏观经济学家们来说如此。至于这一思想在李嘉图的工作中是否重要的问题，我只能引用罗森伯格(1976，p. 79)的话："在经济学中经常发生的事情是，当一个特定问题越来越引起关注时……越来越多的学者将他们的时间和精力投入到其中。但我们最终会发现，在早先的文献中存在对该问题的各种处理……于是我们将许多更为复杂的现代形式的理解还原为早期学者的工作——他们的分析比起后来的研究无疑是零碎而不完整的。显然，正是这种反省的观点促使怀特海德在不知什么场合称：每件重要的事情都被说过了——只是说的人并没有发现它。"

〔28〕 这里的不变性结果对于一个开放经济也成立。预算赤字带来的额外的国内居民私人储蓄，足以使国民储蓄总量不受影响——因而经常项目余额也不受影响。B_0(其中的一部分为外国人所持有)的变化是有影响的。该变化等价于赋予外国人更多的债权——不管他们当初为获得这些债权放弃的商品数是多少。

228 〔29〕 这里假设实际债务永久性地高出1美元。有关计算见米勒和厄普顿(1974，第8章)以及波特巴和萨默斯(1987，第1节)。

〔30〕 但是，如果已经要求移民缴纳一个最优的进入费用，那么这一费用将随预算赤字有所调整，从而使李嘉图等价仍然成立。

〔31〕 在人口增长模型中也存在相同的问题。伊斯特林(1973)以及贝克尔和巴罗(1988)利用一个利他主义框架决定了生育的最优选择。其他学者,如森德斯特龙和戴维(1985)将生育决策与孩子的服务价值联系在了一起。这一方法类似伯恩海姆、施莱弗和萨默斯(1985)对跨代转移的处理。

〔32〕 最优性所需的条件见克雷默(1985)以及阿绍尔和格林伍德(1985),该条件是以最优税收理论的结论为基础的。税收平滑的观点,见庇古(1928,第6章)、巴罗(1979、1986b)、基德兰德和普雷斯科特(1980)和弗莱明(1987)。

〔33〕 如果利率不是恒定的,主要变化是暂时性政府支出里面还要包括暂时性利息支付$(r_{i-1}-r_{i-1}^{*})B_{i-1}$,其中,$r_{i-1}^{*}\equiv 1/\left[\sum_{t=i}^{\infty}(d_t/d_{i-1})\right]$,它是永久性利率(之所以如此称它,是因为在每个 $t\geqslant i$ 的时期都支付恒定息票 r_{i-1}^{*} 的一项资产,其现值等于支付一系列息票 r_{i-1}、r_i... 的一项资产的现值)。

〔34〕 一位不知名的同行称,所谓的规范理论就是对数据拟合得很差的理论。

〔35〕 数据来自 Citibase(数据包),经过了季度和季节调整。预算盈余是基于国民账户计算出来的。如果使用的是联邦盈余而不是总政府盈余,结果也类似。

参考文献

Ahmed,S. 1986. Temporary and Permanent Government Spending in an Open Economy:Some Evidence for the U. K. *Journal of Monetary Economics* 17 (March):197 - 224.

——1987. Government Spending, the Balance of Trade, and the Terms of Trade in British History. *Journal of Monetary Economics* 20(September):195 - 220.

Alesina, A. , and G. Tabellini. 1987. A Positive Theory of Fiscal Deficits and Government Debt. Unpublished paper,Carnegie Mellon University.

Ando, A. , and F. Modigliani. 1963. The 'Life Cycle' Hypothesis of Saving: Aggregate Implications and Tests. *American Economic Review* 53

(March):55 – 84.

229 Aschauer, D. A. 1985. Fiscal Policy and Aggregate Demand. *American Economic Review* 75(March):117 – 127.

——1988. Does Public Capital Crowd Out Private Capital? Unpublished paper. Federal Reserve Bank of Chicago.

Aschauer, D. A., and J. Greenwood. 1985. Macroeconomic Effects of Fiscal Policy. *Carnegie-Rochester Conference Series on Public Policy* 23(Autumn):91 – 138.

Bailey, M. J. 1971. *National Income and the Price Level*, 2nd Edition. New York: McGraw-Hill.

Barro, R. J. 1974. Are Government Bonds Net Wealth? *Journal of Political Economy* 82(November/December):1095 – 1117.

——1976. Rational Expectations and the Role of Monetary Policy. *Journal of Monetary Economics* 2(January):1 – 32.

——1977. Unanticipated Money Growth and Unemployment in the United States. *American Economic Review* 67(March):101 – 115.

——1978. *The Impact of Social Security on Private Saving: Evidence from the U. S. Time Series*. Washington, D. C.: American Enterprise Institute.

——1979. On the Determination of the Public Debt. *Journal of Political Economy* 87(October):940 – 971.

——1981. Output Effects of Government Purchases. *Journal of Political Economy* 89(December):1086 – 1121.

——1986a. Recent Developments in the Theory of Rules versus Discretion. *Economic Journal* 95(Suppl):23 – 37.

——1986b. U. S. Deficits since World War I. *Scandinavian Journal of Economics* 88(1):195 – 222.

——1987a. *Macroeconomics*, 2nd Edition. New York: John Wiley & Sons.

——1987b. Government Spending, Interest Rates, Prices, and Budget Deficits in the United Kingdom, 1701 – 1918. *Journal of Monetary Economics* 20

(September):221－247.

Barro,R. J. ,and R. G. King. 1984. Time-Separable Preferences and Intertemporal-SubStitution Models of Business Cycles. *Quarterly Journal of Economics* 99(November):817－839.

Barro,R. J. , and G. M. MacDonald. 1979. Social Security and Consumer Spending in an International Cross Section. *Journal of Public Economics* 11:275－289.

Barro,R. J. ,and C. Sahasakul. 1986. Average Marginal Tax Rates from Social Security and the Individual Income Tax. *Journal of Business* 59(October):555－566.

Barsky,R. B. , N. G. Mankiw, and S. P. Zeldes. 1986. Ricardian Consumers with Keynesian Propensities. *American Economic Review* 76(September):676－691.

Becker,G. S. ,and R. J. Bafro. 1988. A Reformulation of the Economic Theory of Fertility. *Quarterly Journal of Economics* 103(February):1－25.

Benjamin,D. K. ,and L. A. Kochin. 1984. War,Prices,and Interest Rates: A Martial Solution to Gibson's Paradox. *In* M. D. Bordo and A. J. Schwartz (eds.),*A Retrospective on the Classical Gold Standard*. Chicago: The University of Chicago Press.

Bernheim,B. D. , and K. Bagwell. 1988. Is Everything Neutral? *Journal of Political Economy* 96(April):308－338.

Bernheim,B. D. ,A. Shleifer,and L. H. Summers. 1985. The Strategic Bequest 230
Motive. *Journal of Political Economy* 93(December):1045－76.

Blanchard,O. J. 1985. Debt,Deficits,and Finite Horizons. *Journal of Political Economy* 93(April):223－247.

Blanchard,O. J. ,and S. Fischer. 1986. Consumption and Investment:Basic Infinite Horizon Models. Chapter 2 of unpublished manuscript on macroeconomic theory.

Brown,E. C. 1956. Fiscal Policy in the Thirties: A Reappraisal. *Joournal of Political Economy* 46(December):857－879.

Buchanan, J. M. 1958. *Public Principles of Public Debt*. Homewood, Illinois: Irwin.

——1976. Barro on the Ricardian Equivalence Theorem. *Journal of Political Economy* 84(April):337 – 342.

Buchanan, J. M., and R. E. Wagner. 1977. *Democracy in Deficit*. New York: Academic Press.

Buiter, W. H. 1980. Crowding Out of Private Capital Formation by Coyernment Borrowing in the Presence of Intergenerational Gifts and Bequests. *Greek Economic Review* 2(August):111 – 142.

Carroll, C., and L. H. Summers. 1987. Why Have Private Savings Rates in the United States and Canada Diverged? *Journal of Monetary Economics* 20 (September):249 – 279.

Chan, L. K. C. 1983. Uncertainty and the Neutrality of Govemment Financing Policy. *Journal of Monetary Economics* 11(May):351 – 372.

Council of Economic Advisers. 1962, 1982. *Annual Report*. Washington, D. C.: U. S. Government Printing Office.

Cox, D. 1987. Motives for Private Income Transfers. *Journal of Political Economy* 95(June):508 – 546.

Cukierman, A., and A. H. Meltzer. 1987. A Political Theory of Covernment Debt and Deficits in a Neo Ricardian Framework. Unpublished paper, Carnegie Mellon University.

Darby, M. R. 1979. *The Effects of Social Security on Income and the Capital Stock*. Washington, D. C.: American Enterprise Institute.

Diamond, P. A. 1965. National Debt in a Neoclassical Growth Model. *American Economic Review* 55(December):1126 – 50.

Drazen, A. 1978. Government Debt, Human Capital, and Bequests in a Life-Cycle Model. *Journal of Political Economy* 86(June):505 – 516.

Easterlin, R. A. 1973. Relative Economic Status and the American Fertility Swing. In E. B. Sheldon (ed.), *Family Economic Behavior: Problems and Prospects*. Philadelphia: Lippincott.

Ekeland, I. , and J. A. Seheinkman. 1986. Transversality Conditions for Some Infinite Horizon Discrete Time Optimization Problems. *Mathematics of Operations Research* 11(May):216 – 229.

Esposito, L. 1978. Effect of Social Security on Saving: Review of Studies U-sing U. S. Time-Series Data. *Social Security Bulletin* 41(May):9 – 17.

Evans, P. 1987a. Interest Rates and Expected Future Budget Deficits in the U- 231
nited States. *Journal of Political Economy* 95(February):34 – 58.

——1987b. Do Budget Deficits Raise Nominal Interest Rates? Evidence from Six Industrial Countries. *Journal of Monetary Economics* 20(September):281 – 300.

Feldstein, M. S. 1974. Social Security, Induced Retirement, and Aggregate Capital Accumulation. *Journal of Political Economy* 82(September/October):905 – 926.

——1976. Perceived Wealth in Bonds and Social Security: A Comment. *Journal of Political Economy* 84(April):331 – 336.

——1977. Social Security and Private Savings; International Evidence in an Extended Life Cycle Moddel. *In* M. S. Feldstein and R. Inman(eds.). *The Economics of Public Services*. London: Macmillan.

——1982. Government Deficits and Aggregate Demand. *Journal of Monetary Economics* 9(January):1 – 20.

——1988. The Effects of Fiscal Policies When Incomes Are Uncertain: A Contradiction to Ricardian Equivalence. *American Economic Review* 78 (March):14 – 23.

Feldstein, M. S. , and L. H. Summers. 1979. Inflation and the Taxation of Capital Income in the Corporate Sector. *National Tax Journal* 32(December):445 – 470.

Fischer, S. 1986. Time Consistent Monetary and Fiscal Policies: A Survey. Unpublished paper, Massachusetts Institute of Technology.

Flemming, J. S. 1987. Debt and Taxes in War and Peace: The Case of a Small Open Economy. *In* M. J. Boskin, J. S. Flemming, and S. Gorini(eds.),

Private Saving and Public Debt. Oxford: Basil Blackwell.

Friedman, M. 1968. The Role of Monetary Policy. *American Economic Review* 58(March): 1 – 17.

Gordon, R. H. 1982. Social Security and Labor Supply Incentives. Working paper 986, National Bureau of Economic Research.

Greenwood, J., Z. Hercowitz, and G. W. Huffman. 1988. Investment, Capacity Utilization, and the Real Business Cycle. *American Economic Review* 78 (June): 402 – 417.

Grossman, H. I., and R. F. Lucas. 1974. The Macro-Economic Effects of Productive Public Expenditures. *The Manchester School* 42 (June): 162 – 170.

Hall, R. E. 1967. The Allocation of Wealth among the Generations of a Family Which Lasts Forever—a Theory of Inheritance. Chapter 1 of unpublished doctoral dissertation, Massachusetts. Institute of Technology.

——1971. The Dynamic Effects of Fiscal Policy in an Economy with Foresight. *Review of Economic Studies* 38(April): 229 – 244.

——1978. Stochastic Implications of the Life Cycle-Permanent Income Hypothesis: Theory and Evidence. *Journal of Political Economy* 86 (December): 971 – 987.

232 ——1980. Labor Supply and Aggregate Fluctuations. *Carnegie-Rochester Conference Series on Public Policy* 12(Spring): 7 – 33.

Havashi, F. 1987. Tests for Liquidity Constraints: A Critical Survey and Some New Observations. *In* T. F. Bewley (ed.), Advances in Econometrics, Fifth World Congress. Cambridge: Cambridge University Press.

Herowitz, Z. 1986a. On the Determination of the External Debt: The Case of Israel. *Journal of International Money and Finance* 5: 315 – 334.

——1986b. The Real Interest Rate and Aggregate Supply. *Journal of Monetary Economics* 18(September): 121 – 145.

Hicks, J. 1946. *Value and Capital*, 2nd Edition. Oxford: Oxford University Press.

Judd, K. L. 1985. Short-Run Analysis of Fiscal Policy in a Simple Perfect Foresight Model. *Journal of Political Economy* 93(April):298 – 319.

Kanava, S. 1986. Four Essays on Macroeeconomics. Unpublished doctoral dissertation, University of Rochester.

Kimball, M. S. Making Sense of Two-Sided Altruism. *Journal of Monetary Economics* 20(September):301 – 326.

King, M. A. 1984. Tax Policy and Consumption Smoothing. Unpublished paper, London School of Economics.

King, R. G., and S. Rebelo. 1986. Business Cycles with Endogenous Growth. Unpublished paper, University of Rochester.

Kochin, L. A. 1974. Are Future Taxes Anticipated by Consumers? *Journal of Money, Credit, and Banking* 6(August):385 – 394.

Kochin, L. A., D. K. Benjamin, and M. Meador. 1985. The Observational Equivalence of Rational and Irrational Consumers if Taxation is Efficient. *In* Federal Reserve Bank of San Francisco, *Seventh West Coast Academic Conference.*

Kormendi, R. C. 1983. Government Debt, Government Spending, and Private Sector Behavior. *American Economic Review* 73 (December): 994 – 1010.

Kotlikoff, L. J., and L. H. Summers. 1981. The Role of Intergenerational Transfers in Aggregate Capital Accumulation. *Journal of Political Economy* 89(August):706 – 732.

Kremers, J. J. M. 1985. Is Dynamic Tax Smoothing an Optimal Public Financial Policy? Unpublished paper, Oxford University.

Kuznets, S. 1948. Discussion of the New Department of Commerce Income Series. *Review of Economics and Statistics* 30(August):151 – 179.

Kydland, F. E., and E. C. Prescott. 1977. Rules rather than Discretion: The Inconsistency of Optimal Plans. *Journal of Political Economy* 85(June): 473 – 491.

——1980. A Competitive Theory of Fluctuations and the Feasibility and Desirability of Stabilization Policy. *In* S. Fischer(ed.), *Rational Expectations and Economic Policy*. Chicago: The University of Chicago Press.

——1988. The Work Week of Capital and its Cyclical Implications. *Journal of Monetary Economics* 21(March/May):343 – 360.

233 Leimer, D. R., and S. D. Lesnoy. 1982. Social Security and Private Saving: New Time-Series Evidence. *Journal of Political Economy* 90(June): 606 – 629.

Lindsey, L. B. 1987. Individual Taxpayer Response to Tax Cuts: 1982 – 1984. *Journal of Public Economics* 33(July):173 – 206.

Lucas, R. E. 1972. Expectations and the Neutrality of Money. *Journal of Economic Theory* 4(April):103 – 124.

——1973. Some International Evidence on Output-Inflation Tradeoffs. *American Economic Review* 63(June):326 – 334.

——1976. Econometric Policy Evaluation: A Critique. *Carnegie-Rochester Conference Series on Public Policy* 1:19 – 46.

Lucas, R. E., and N. L. Stokey. 1983. Optimal Fiscal and Monetary Policy in an Economy without Capital. *Journal of Monetary Economics* 12(July): 55 – 93.

Mankiw, N. G. 1987a. Government Purchases and Real Interest Rates. *Journal of Political Economy* 95(April):407 – 419.

——1987b. The Optimal Collection of Seigniorage: Theory and Evidence. *Journal of Monetary Economics* 20(September):327 – 341.

Mankiw, N. G., and J. A. Miron. 1986. The Changing Behavior of the Term Structure of Interest Rates. *Quarterly Journal of Economics* 101(May): 211 – 228.

McCallum, B. T. 1984. Are Bond-Financed Deficits Inflationary? A Ricardian Analysis. *Journal of Political Economy* 92(February):123 – 135.

Merrick, J. J. 1984. The Anticipated Real Interest Rate, Capital Utilization, and the Cyclical Pattern of Real Wages. *Journal of Monetary Economics* 13(January):17 – 30.

Miller, M. H., and C. W. Upton. 1974. *Macroeconomics, A Neoclassical Introduction*. Homewood, Illinois: Irwin.

Modigliani, F. 1961. Long-Run Implications of Alternative Fiscal Policics and the Burden of the National Debt. *Economic Journal* 71(December): 730–755.

Modigliani, F., and R. Brumberg. 1954. Utility Analysis and the Consumption Function: An Interpretation of Cross-Section Data. *In* K. H. Kurihara (ed.), *Post-Keynesian Economics*. New Brunswick, New Jersey: Rutgers University Press.

Modigliani, F., and A. Sterling. 1986. Government Debt, Government Spending, and Private Sector Behavior: A Comment. *American Economic Review* 76(December): 1168–1179.

Mundell, R. A. 1971. Monney, Debt, and the Rate of Interest. *In* R. A. Mundell, *Monetary Theory*. Pacific Palisades, California: Goodyear.

Musgrave, R. 1959. *Theory of Public Finance*. New York: McGraw-Hill.

Nerlove, M., A. Razin, and E. Sadka. 1984. Bequests and the Size of Population When Population Is Endogenous. *Journal of Political Economy* 92 (June): 527–531.

O'Driscoll, G. P. 1977. The Ricardian Nonequivalence Theorem. *Journal of Political Economy* 85(February): 207–210.

Persson, T., and L. E. O. Svensson. 1984. Time-Consistent Fiscal Policy and 234
Government Cash-Flow. *Joatonal of Monetary Economics* 14(November): 365–374.

——1987. Why a Stubborn Conservative Would Run a Deficit: Policy with Time-Inconsistent Preferences. Unpublished paper, University of Rochester.

Phelps, E. S. 1970. The New Microeconomics in Employment and Inflation Theory. *In* E. S. Phelps(ed.), *Microeconomic Foundations of Employment and Inflation Theory*. New York: Norton.

Pigou, A. C. 1928. *A Study in Public Finance*. London: Macmillan.

Plosser, C. I. 1982. Government Financing Decisions and Asset Returns. *Journal of Monetary Economics* 9(May): 325 – 352.

——1987. Further Evidence on the Relation between Fiscal Policy and the Term Structure. *Journal of Monetary Economics* 20(September): 343 – 367.

Poterba, J. M., and L. H. Summors. 1986. Finite Lifetimes and the Savings Effects of Budget Deficits. Unpublished paper. Harvard University.

——1987. Finite Lifetimes and the Savings Effects of Budget Deficits. *Journal of Monetary Economics* 20(September): 369 – 391.

Ricardo, D. 1951. Funding System. *In* P. Sraffa(ed.), *The Works and Correspondence of David Ricardo*, Vol. IV. *Pamphlets and Papers, 1815 – 1823*. Cambridge: Cambridge University Press.

Romer, P. M. 1986. Increasing Returns and Long-Run Growth. *Journal of Political Economy* 94(October): 1002 – 1037.

Rosenberg. N. 1976. *Perspectives on Technology*. Cambridge: Cambridge University Press.

Sahasakul. C. 1986. The U. S. Evidence on Optimal Taxation over Time. *Journal of Monetary Economics* 18(November): 251 – 275.

Samuelson, P. A. 1958. An Exact Consumption-Loan Model of Interest with or without the Social Contrivance of Money. *Journal of Political Economy* 66(December): 467 – 482.

Sargent, T. J., and N. Wallace. 1975. Rational Expectations, the Optimal Monetary Instrument, and the Optimal Money Supply Rule. *Journal of Political Economy* 83(April): 241 – 254.

Seater, J. J., and R. S. Mariano. 1985. New Tests of the Life Cycle and Tax Discounting Hypotheses. *Journal of Monetary Economics* 15(March): 195 – 215.

Sterling, A. G. 1977. An Investigation of the Determinants of the Long-Run Savings Ratio. Unpublished paper, Massachusetts Institute of Technology.

Stuart, C. E. 1981. Swedish Tax Rates, Labor Supply, and Tax Revenues. *Journal of Political Economy* 89(October): 1020 − 1038.

Sundstrom, W. A., and P. A. David. 1985. Old-Age Security Motives, Labor Markets, and Farm Family Fertility in Antebellum America. Unpublished paper, Stanford University, Forthcoming in *Explorations in Economic History*.

Tanner, J. E. 1979. An Empirical Investigation of Tax Discounting. *Joarnal* 235
of Money, Credit, and Banking 11(May): 214 − 218.

Tobin, J., and W. Buiter. 1980. Fiscal and Monetary Policies, Capital Formation, and Economic Activity. In G. M. von Furstenberg (ed.), *The Government and Capital Formation*. Cambridge, Massachusetts: Ballinger.

U. S. Treasury Department. 1984. *The Effect of Deficits on Prices of Financial Assets: Theory and Evidence*. Washington, D. C.: U. S. Government Printing Office.

Weil, P. 1987a. Love Thy Children: Reflections on the Barro Debt Neutrality Theorem. *Journal of Monetary Economics* 19(May): 377 − 391.

——1987b. Permanent Budget Deficits and Inflation. *Journal of Monetary Economics* 20(September): 393 − 410.

Weitzman, M. 1973. Duality Theory for Infinite Horizon Convex Models. *Management Science* 19(March): 783 − 789.

Yarrow, G. 1986. Privatization in Theory and Practice. *Economic Policy* 1(April): 324 − 377.

Yotsuzuka, T. 1987. Ricardian Equivalence in the Presence of Capital Market Imperfections. *Journal of Monetary Economics* 20(September): 411 − 436.

236 第六章　信誉、协调和货币政策

肯尼思·罗戈夫

将对策论应用于政府政策研究中，是宏观经济学过去十年里最激动人心的发展之一。虽然这一研究仍然处于它的初创状态，但是早期结果已经为我们展示了这样一种前景，即那些迄今仍只能用非定量方法研究的政治和机制问题可以被形式化。本章并不打算综述"策略性宏观经济学"众多令人感兴趣的应用，而试图探讨该领域尚未解决的一个关键问题：信誉能在多大程度上替代对宏观经济政策的法律约束？

本章的分析之所以围绕信誉和货币政策，部分地因为它们是当前多数文章关注的焦点。货币政策为我们提供了一个特别突出的例子，表明政府甚至无法兑现短期承诺。实际上，政府在迅速改变不允许通货膨胀的承诺方面不存在任何技术障碍。即使印刷厂的数量暂时有限，政府也总能通过印制更高面额的钞票绕过这一难题。

对货币政策的"时间一致性"问题所作的早期研究揭示了这样一种可能性，即如果一个政府能捆住自己的双手、事先承诺遵循某种货币供给路径（该路径也许是状态相关的），那么它也许能够提高自己的福利——或在某些情况下，提高社会福利。[1] 即使不存在

外部冲击，并且即使政府试图使典型个体的福利最大化，也会出现时间一致性问题。近期文献表明，由于早期分析关注的是“一次性”对策（或更一般地讲，由于早期分析隐含地排除了某些类型的历史依赖策略），所以它们可能夸大了政府的信誉问题。由于货币 237
政策关系到政府和公众之间的反复作用，因此信誉方面的考虑可能会削弱甚至排除时间一致性问题（从此以后，我将用更精确的“子对策最优”代替“时间一致”这一宏观经济理论行话）。[2]

虽然当前的信誉模型具有不少吸引人的性质，但它们都带有一个根本缺陷。具体说，由这些模型产生出的均衡，要么是多重的，要么对公众所持的对货币当局的偏好的看法特别敏感。政策可靠性文献的细心读者对这一缺陷早已熟悉了，它是这些模型的前身——对策论模型——遗留下来的。但由于很多作者关注的是从他们的模型中找出最有效率的可能均衡，因此粗心的读者可能没有意识到非唯一性问题的严重性。的确，新的信誉模型提供了一些途径，使得公共部门和私营部门之间的“合作”即使在缺少写下有约束力的合同的任何手段的情况下也能发生。但是，人们至今不能提出令人信服的理由表明：为什么在一系列信誉均衡中，经济恰好能够协调在一个“好的”而不是“坏的”均衡上。用反复对策模型取代带有协调问题的合作模型确实是有意义的。这种协调问题在一个涉及很多经济人的宏观经济环境中将显得特别突出。当然，如果确实能够依靠信誉实施最优政策规则，那么我们很有理由认为这一解决办法优于要求成文的法律合同（宪法修正案）的办法。实际上，我们不可能预见到社会可能面临的所有问题并制定出一个充分相关的法律。信誉提供了一个远为灵活的手段，帮助

我们处理在法律被制定出来时不可能预见到(或因为代价太高而不能仔细加以考虑)的情形。

在6.1节,我将考察巴罗和戈登(1983a)提出的中央银行信誉模型。他们的信誉机制是J.弗里德曼(1971)最先提出来的无限期界触发策略均衡的一个变形。然后,我将扩展巴罗和戈登的分析,把类似阿布勒(1988)“严重惩罚”均衡的均衡包括进来。我还将说明巴罗和戈登的无限期界分析在有限期界环境中的应用条
238 件。在6.2节,我将考察孔佐内里对巴罗-戈登模型所作的扩展,这一扩展允许中央银行拥有有关其货币供给预测的独家信息。孔佐内里称,正是这种独家信息使政府部门和私营部门无法致力于零通货膨胀均衡。沿着格林和波特(1984)的思路,孔佐内里表明:在存在独家信息的环境中,虽然经济将周期性地返回到高通货膨胀均衡,信誉仍然能够起作用。与6.1节的模型类似,孔佐内里的模型带来了一系列均衡。在独家信息环境中求解最佳均衡,所遇到的协调问题似乎比完全信息环境中的更为严重。

在6.1节和6.2节的模型中,公众能够从外部了解到中央银行的能力和目标,而6.3节将讨论这样的情形:公众不清楚决策者的偏好或决策者破坏承诺的成本。这些分析应用了克雷普斯和威尔森(1982)以及米尔格罗姆和罗伯茨(1982)的研究成果。我将较为详细地讨论罗戈夫(1987)提出的模型,该模型扩展了巴罗(1986)模型,包括进了一系列决策者类型。这些类型之间的差别在于决策者违背不制造通货膨胀的承诺时遭受的成本不同。与前几节考察的模型不同,这一模型具有唯一均衡。政策制定者坚守其零通货膨胀的承诺,即使违背承诺不带给它任何直接成本。但

是,该均衡对有关公众的看法的假设可能相当敏感。在维克斯(1986)和德里费尔(1986)对巴罗模型所作的改进中,对于那些非常关心通货膨胀的决策者们来说,采取行动显示自己的类型,从而立即证明自己不是不在乎通货膨胀的类型也许是划算的。6.4 节将讨论丘基尔曼和梅尔策(1986)模型,在该模型中,决策者的类型受到序列相关的冲击的约束。他们指出,一个决策者实际上可能有动机去采纳一个缺乏效率的确定目标的步骤,以使其行动具有隐蔽性。6.5 节将简单涉及一些相关研究,6.6 节则是一个小结。

6.1　有关货币政策的可靠性的触发策略模型

本节考察的模型,假设个体经济人完全清楚货币当局的目标函数,能够充分监督它们的行动,并且能够(或许以一定的滞后)观察到所有的相同信息。在这样一个环境中讨论信誉问题似乎有些
奇怪,但正如巴罗和戈登(1983a)所证明的,由这样一个模型确实 239
可以产生出如下均衡——在该均衡上,中央银行理性地认为它今天的行动将影响公众对其未来行动的预期。

我们将基德兰德和普雷斯科特(1977)提出的一个广受注意的模型稍作改动,用在这里(以及整个这一章)分析货币政策的可靠性。他们的模型极为简单而易于操作,构成了下面考察的几乎所有文献的基础。该模型的主要缺陷是政府追求的目标函数不一定和典型经济人的目标函数一致。但是,基德兰德和普雷斯科特模型确实明确了各种目标和所有参与者可能采取的行动,并且有助于说明策略性因素——这些因素在更为复杂的动态模型中很容易被忽略。[3]

货币政策之所以能够在这一模型中产生实际影响，是因为经济人基于 $t-1$ 期的信息形成关于 t 期的通货膨胀率 π_t 的预期。[4]我们有必要强调，个体经济人是“预期的接受者”，总通货膨胀率 π 对它来说是外生的，它只能影响自己的价格预测误差 $\pi_t-\pi_t^{ei}$。我之所以强调这一点，是因为人们很可能从下面的分析中得出一种混淆的、错误的看法，即个体经济人是策略性地设定它们的预期的。实际情况是，存在个体经济人的整体行动对政府的货币政策选择具有一种策略性影响的均衡。这些均衡并不要求在私营部门内部存在任何明确的协调。任何个人如果“背离”这一均衡并试图建立别样的预期，都只会损害到自己。

个体不能影响总体通货膨胀率或总体预期误差的事实，并不一定意味着这些因素不进入它的效用函数。[5]考虑一下因征收收入税存在外部性的情形。如果所有人都被“蒙蔽”，以致付出了过多的劳动或持有了过高的实际货币余额，那么经济人将因政府收入的上升而成为净受益者。但是，个体绝不可能通过有意猜错而获得好处。所以，经济人试图最小化下式：

(6.1) $J_t=(\pi_t-\pi_t^{ei})^2.$

有关货币政策的可靠性的大多数文献，(通过一个合同模型或
240 孤岛模型)假设未预期的通货膨胀能够提高产出。如果未预期的通货膨胀确实有这种作用，就会引发很多相关问题，因为是政府发行现金或非指数化名义债券的。[6]假设货币当局的损失函数为：

(6.2a)　$\Omega_t = \sum_t^T L_s \beta^{s-t}$,

(6.2b)　$L_s = f(\pi_s - \pi_s^e - k) + g(\pi_s)$,

其中 $k>0$, $f'(\cdot)$、$g'(\cdot)$的正负与$(\cdot)$的正负相同,并且随着$(\cdot)\to 0$, $f'(\cdot)$、$g'(\cdot)\to 0$。变量 β 是货币当局的主观贴现率,而 T 是它们考虑的时间范围。$\pi - \pi^e$ 是私营部门的平均价格预测误差。我首先假设 T 是无限的并且 $f''(\cdot)$和 $g''(\cdot)$都大于 0——在本节的后面这两个假设都会被放宽。隐含在(6.1)式和(6.2)式中的基本结构已得到了大量研究(见巴罗和戈登,1983a、b;孔佐内里,1985;罗戈夫,1985b,或塔贝利尼,1983)。巴罗和戈登讨论了如何在存在收入税等外部性(如我上面的例子)从而 $k>0$ 的条件下,将政府的目标函数解释为社会福利函数的问题。我们将在后面看到,如果 $k=0$(即没有外部性),最优货币规则(即零通货膨胀)便是子对策最优的。

在考察反复对策的信誉均衡之前,有必要首先考察一下"一次性"对策(即单期对策)的均衡。由于私营部门是基于 $t-1$ 期的信息形成关于 t 期的通货膨胀预期的,因此中央银行在决定 π_t 时把 π_t^e 当作已知。在 π 上求 Ω 的最小化,我们就得到中央银行最大化问题的一阶条件 $-f'(\pi - \pi^e - k) = g'(\pi)$。假设经济人是理性地形成预期的,那么在均衡上有 $\pi = \pi^e$。因此在一次性对策中,产生子对策最优均衡的必要条件是:

(6.3)　$-f'(-k) = g'(\pi^*)$,

其中,π^* 是一次性对策的均衡通货膨胀率。假设 f''、$g''>0$,很容易表明 $\pi^*>0$ 是唯一的。(6.3)式刻画的均衡所包含的逻辑是清楚的:中央银行总是有办法给私营部门施加价格预期误差,但是,当 $\pi^e=\pi^*$ 时,它绝不会这样做。[7]因为随着通货膨胀率上升,制造通货膨胀的边际成本也上升,而时间一致的均衡通货膨胀水平
241 π^*,已经高得使从意外通货膨胀中获得的边际收益等于边际成本。

在这一非随机模型中,中央银行可以斟酌行事的事实并不带来任何益处,只会带来更高的通货膨胀率。即便总体通货膨胀率直接进入个体经济人的效用函数,所产生的也是同样的均衡。由于单个经济人的行为对总体价格水平的影响是微不足道的,因此每个经济人行事的方式仍好像它只关心自己的价格预期误差。我们主要是想了解是否存在某种机制,使得经济能够(在不施加法律规定的条件下)协调到一个更为有利的均衡。出于多种原因。(6.3)式刻画的均衡值得我们注意。第一,如果和例子中一样,一次性对策的均衡是唯一的,那么(6.3)式的均衡是货币当局在任意的有限期界上追求最大化时所能得到的唯一子对策最优均衡。第二,对于货币当局具有无限期界并且该期界可以构成一个可靠的威胁迫使货币当局采取更为"合作"的行动的情形,π^* 仍然是一个均衡。我现在从巴罗和戈登(1983a)展示的一类信誉均衡出发说明这一点。

考虑一个满足 $0\leqslant\tilde{\pi}<\pi^*$ 的通货膨胀水平 $\tilde{\pi}$,并假设每个个体按照下述方式形成预期:

$$(6.4)\quad \pi_t^{ei}=\begin{cases}\tilde{\pi} & \text{如果 } \pi_{t-1}=\pi_{t-1}^e,\\ \pi^* & \text{其他}\end{cases}$$

根据上式,如果 $\pi_{t-1}^e=\tilde{\pi}<\pi^*$,那么只要中央银行采取"合

作”态度并不再试图欺骗公众，那么人们将继续期望着较低的通货膨胀率。[8]如果中央银行一度使通货膨胀水平超过 $\tilde{\pi}$，经济将承受一期的“惩罚”。（当 $\pi_{t-1}>\tilde{\pi}=\pi_{t-1}^{e}$ 时，π^{e} 将回到 π^{*}。如果中央银行在此后令 $\pi_{t}=\pi^{*}$，那么 π_{t+1}^{e} 将回到 $\tilde{\pi}$）。我们有必要认识到：在因中央银行的“欺骗”行为而出现的子对策上，公众的预期是理性的。中央银行绝对不会有动机在经济遭受惩罚的那一期给公众带来意外，因为，通过设定惩罚期的 $\pi=\pi^{*}$，中央银行把这一期的损失函数和下一期的通货膨胀预期都最小化了。

我现在可以确定，在公众按照(6.4)式形成预期并且 $\tilde{\pi}<\pi^{*}$ 时，确实存在均衡。为了判断 $\tilde{\pi}$ 的一个特定值是不是(6.4)式下的通货膨胀的一个触发策略均衡水平，我们有必要考察一下中央银行是否有动机背叛公众，使得 $\pi\neq\tilde{\pi}$。回答这一问题需要比较 242
背叛带来的最大当期收益 $B(\tilde{\pi})$ 和背叛的预期未来成本 $C(\tilde{\pi})$。它们是由下面两式计算出来的：

(6.5)　$B(\tilde{\pi})=f(-k)+g(\tilde{\pi})-f[\pi^{D}(\tilde{\pi})-\tilde{\pi}-k]-g[\pi^{D}(\tilde{\pi})]>0,$

其中，$\pi^{D}(\tilde{\pi})$ 等于能够解得 $\min[f(\pi-\tilde{\pi}-k)+g(\pi)]$ 的 π 值。

(6.6)　$C(\tilde{\pi})=\beta[g(\pi^{*})-g(\tilde{\pi})]>0.$

要使一个给定的 $\tilde{\pi}$ 值成为一个均衡，$B(\tilde{\pi})\leqslant C(\tilde{\pi})$ 是必要条件；否则，中央银行将总是选择背叛。虽然 $\tilde{\pi}=0$ 不一定是一个均衡[9]，我们却可以证明总是存在一个 $\tilde{\pi}$ 满足 $0\leqslant\tilde{\pi}<\pi^{*}$ 和 $B(\tilde{\pi})\leqslant C(\tilde{\pi})$。[证明：由 f''、$g''>0$，有 $\tilde{\pi}<\pi^{D}(\tilde{\pi})<\pi^{*}$。令 $\tilde{\pi}=\pi^{*}-\varepsilon$。由于 $-f'(\pi^{D}-\tilde{\pi}-k)=g'(\pi^{D})$，并且，$\pi^{D}-\tilde{\pi}<\varepsilon$，因此，(根据包络定理)随着 ε 变小，$B(\pi^{*}-\varepsilon)$ 必定变为二阶。由于对于小 ε，C

$(\pi^{*}-\varepsilon)$仍为一阶，所以根据 f 和 g 的连续性，必定存在某个 $\varepsilon>0$，使得 $B(\pi^{*}-\varepsilon)<C(\pi^{*}-\varepsilon)$。]

记 $\hat{\pi}$ 为能够成为(6.4)式下的一个触发策略均衡通货膨胀水平的最低的(正)通货膨胀率。很容易表明，对于中央银行的贴现率 β，$\hat{\pi}$ 是非递增，并且任何满足)；$\hat{\pi}\leqslant\widetilde{\pi}\leqslant\pi^{*}$ 的 $\widetilde{\pi}$，都可以成为一个均衡。巴罗和戈登指出了均衡的这种多重性，我将在本节的后面涉及这一问题。此外，也很容易表明：当 $\hat{\pi}>0$ 时，如果在公众的预期机制中蕴含着一个超过一期的惩罚期限，那么我们有可能获得一个更低的均衡通货膨胀率。但是，如果中央银行的贴现率 β 很小，那么即使存在一个无限的惩罚期限，也不足以维持零通货膨胀率。[10]

当 $\hat{\pi}>0$ 时，存在另一个与延长惩罚期限无关的能够维持较低通货膨胀率的机制。该机制涉及的是更严厉的惩罚，而不是更长的惩罚期限。所谓更严厉的惩罚，就是每当中央银行有背叛行为，经济就回到高于，π^{*} 的通货膨胀率。对于某些问题，这一严厉惩罚机制可能很重要，因为很长的甚至无限的惩罚期限在直觉上缺乏吸引力。严厉惩罚还可以在具有独家信息的最优均衡模型中起
243 作用，我将在 6.2 节研究这种情形。不过，就我们眼前假设的情形而言，我并不认为严厉惩罚均衡特别可信。我之所以引入这一类均衡，主要是为了强调多重均衡问题的严重性。因此，说明一下这类均衡就足够了，我并不打算推导最优的严厉惩罚均衡。

为使严厉惩罚均衡下面隐含的机制更为清晰，有必要首先说明为什么通货膨胀预期有可能暂时上升到 π^{*} 以上。令 $\delta>0$，并考虑下述的始于 t 期的(非平稳)预期路径。(由于在均衡上，$\pi^{ei}=$

π^e，所以我将忽略两者的区别）：

$$\pi_t^e = \pi^* + \delta$$

$$(6.7)\qquad \pi_{t+i}^e = \begin{cases} \hat{\pi} & \text{如果 } \pi_{t+i-1} = \pi_{t+i-1}^e, i \geqslant 1 \\ \pi^* & \text{其他。} \end{cases}$$

由于 $g(\pi^*) - g(\hat{\pi})$ 是有限的，所以当公众的预期受到(6.7)式的支配时，显然有可能选择一个足够小的 δ，使得 $\pi^* + \delta$ 成为 t 期的一个均衡。的确，在 $\pi^* + \delta$ 的点上，中央银行将希望把产出调整到自然率以下，以便获得更低的当期通货膨胀水平。但中央银行知道，如果它想要 $t+1$ 期的通货膨胀率是 $\hat{\pi}$ 而不是 π^*，那么它必须在 t 期承受异常高的通货膨胀率。$\pi^* + \delta$ 可以构成一个可靠威胁的事实意味着：在不延长惩罚期限的情况下，有可能获得一个低于 $\hat{\pi}$ 的通货膨胀率。比如，考虑一个类似(6.4)式的均衡：[11]

$$(6.8)\qquad \pi_t^e = \begin{cases} \widetilde{\pi}' & \text{如果 } \pi_{t-1} = \pi_{t-1}^e, \\ \pi^* + \delta & \text{其他。} \end{cases}$$

显然，如果 $\hat{\pi} > 0$，在(6.8)式下可能达到的最低通货膨胀率，低于在(6.4)式下可能达到的最低通货膨胀率 $\hat{\pi}$。

如果货币当局是在有限期界上追求最大化的（这也许是因为决策者只有一个有限任期），那么迄今讨论的触发策略均衡将遭到破坏。由于唯一的一次性对策均衡必须是在最后一期获得的，因此触发策略将在倒推过程中被瓦解。但是，如果在一次性对策中有很多均衡，那么在有限期界情形中也可能存在触发策略均衡。伯努瓦和克里施纳(1985)以及弗里德曼(1985)说明了这一一般原
理。实际上，即使构成一次性对策的均衡的高通货膨胀率范围很 244
窄，仍有可能在决策者任期的早期（如果它的任期足够长，并且它

的贴现因子足够低）维持零通货膨胀率。令 $\pi_1>0$ 是一次性对策的最低均衡通货膨胀率，令 π_2 是最高均衡通货膨胀率。在决策者的最后一段任期 T 上，其均衡范围当然与一次性对策中的相同。于是，$\pi_1\leqslant\pi_T\leqslant\pi_2$。但是，如果公众在 $T-1$ 期以为 $\pi^e_{T-1}=\pi_1-\varepsilon(\varepsilon>0)$，也完全可能是理性的。对于足够小的 ε，这些预期可以得到如下看法的支持：如果政府不在 $T-1$ 期背叛（$\pi_{T-1}=\pi_1-\varepsilon$），那么 $\pi^e_T=\pi_1$；如果政府背叛（$\pi_{T-1}\neq\pi_1-\varepsilon$），那么 $\pi^e_T=\pi_2$。因此，背叛行为所遭到的惩罚是在任期的最后阶段获得"坏的"纳什均衡。以 π'_s 记在时期 s 能够达到的最低子对策最优均衡。很容易表明，如果 $\pi'_s>0$，那么 $\pi'_s-\pi'_{s-1}>0$（这一结果的充分条件是贴现率卢为常数的假设）。剩下的任期越长，惩罚期限也可能越长。此外，随着我们从时期 T 倒推，将出现单期惩罚的最大值 $\pi_2-\pi'^t_s$。

考虑下面的具体例子。假设我们用下述的（非凸）损失函数取代中央银行的通货膨胀损失函数 $g(\pi)$［见等式（6.2b）］：

$$(6.9)\quad h(\pi)=\begin{cases}g(\pi) & \pi\leqslant\pi^*+k,\\ g(\pi^*+k) & \pi^*+k<\pi<z,\\ g(\pi^*+k)+g(\pi-z) & z<\pi,\end{cases}$$

其中，z 是一个充分大的常数，满足 $-f'[-(k+z)]\geqslant g'(\pi^*+k)$。如果用 $h(\cdot)$ 替代（6.2b）式中的 $g(\cdot)$，容易证明在一次性对策中存在两个均衡：π^* 和 π^*+z。现在假设中央银行力图在两期上实现最大化，并假设它不对第二期的福利贴现（$\beta=1$）。考虑一下，如果公众是以下述方式形成预期 π 的，会出现什么情况：

$$(6.10)\quad \pi^e_{T-1}=0$$

$$\pi_T^e=\begin{cases}\pi^* & \text{如果}\quad \pi_{T-1}\leqslant 0,\\ \pi^*+z & \text{其他。}\end{cases}$$

容易证明，当面对(6.10)式描述的通货膨胀预期机制时，中央银行将认可公众的看法，并且设定 $\pi_{T-1}=0$。[如果中央银行设定 $\pi_{T-1}>0$，那么它将在 T 期遭受大小为 $h(\pi^*+z)-h(\pi^*)$ 的成 245
本——根据 h 的结构，该值等于 $g(\pi^*+k)$。这一成本超过了任何可能的收益。在 $T-1$ 期引发通货膨胀所获得的收益严格小于 $f(-k)-f(0)$，而后者又严格小于 $g(\pi^*+k)-g(\pi^*)$。因此，$\pi^e=0$是 $T-1$ 期的子对策最优均衡。]与无限期界情形一样，此时存在多重均衡。比如，任何小于 π^* 但大于零的通货膨胀率，都可成为 $T-1$ 期的均衡。

令人感兴趣的是，我们发现可以为下述情形构造一个类似的均衡，这种情形即：(1)一次性对策的均衡是唯一的，并且(2)决策者实际上并没有一个有限期界，它只是大大提高了发生在它离职以后的事件的贴现率。比如，假设我们用下面的函数替代决策者的损失函数(6.2a)：

$$(6.11)\quad \Omega_t=\sum_{t}^{\infty}L_s\beta(s)^{s-t},$$

其中的 L_s 仍然由方程(6.2b)给出，但是现在，对于 $s\leqslant T$ 有 $\beta(s)=1$，对于 $s>T$ 有 $\beta(s)=\varepsilon$(其中的 ε 非常小)。在决策者的最后一段任期 T 上，由于将对未来事件大幅贴现，因此所能得到的最低的触发策略均衡水平 $\hat{\pi}_T$ 将非常接近 π^*(很容易证明这一点)。但是，根据与上面类似的一般论证，$\hat{\pi}_T$ 和 π^* 之间的一个很小差值便足以支持一个满足 $\hat{\pi}_{T-1}<\hat{\pi}_T$ 的通货膨胀水平 $\hat{\pi}_{T-1}$。如果决策者

的任期足够长，那么完全有可能在它的初始任期可靠地维持一个非常低的通货膨胀率。

如果信息是对称的，上面的分析很容易被推广到随机情形中（我将在下一节考察非对称信息的情形）。巴罗和戈登（1983a）说明了有关的一些可能性。此时的最优触发策略均衡与令公众产生（不可预测的）价格预期误差有关。当冲击带来异常高的未预期通货膨胀收益时，货币当局将引发一个意外的通货膨胀。但是平均来讲，公众的通货膨胀预期仍然是正确的，因为当收益很低时，货币当局将引发意外的通货紧缩。我们应该注意到，由于这一节研究的模型都带来多重均衡，因此它们甚至能够在完全不变化的环境中引发可变的或随机的通货膨胀。我们有可能得到在不同点之
246 间来回摆动的触发策略均衡——这种摆动也许是确定的，也许与一个外来的随机变量（比如太阳黑子）有关。

我迄今分析的触发策略均衡，并不要求个体经济人之间或私营部门和中央银行之间存在任何明确的合作。如果一个个体经济人相信其他经济人是按照（6.4）式[或（6.8）式]形成通货膨胀预期的，那么（如果均衡是子对策最优的），对它来说唯一理性的做法是以相同的方式形成预期。[12] 不过，虽然这些低通货膨胀均衡并不要求个体经济人之间存在明确的合作，但仍然存在经济人如何协调到一个特定均衡上的重要问题：第一，惩罚期限的长度将是多少？给定惩罚期限的长度，我们是否有理由假定公众将期待对应着这一惩罚期限的最低的均衡通货膨胀率？即使我们假定公众能够在惩罚期限上达成一致并且共同期待最低的可靠的通货膨胀水平，仍然存在某种程度的不确定性。$\pi^e = \hat{\pi}$ 是否成立[后者是在

(6.4)式下可能达到的最低的通货膨胀率]，或者，公众是否会期待在类似(6.8)式的严厉惩罚策略下可能达到的更低的一个通货膨胀率？

也许有人会说，政府通过宣布有关其未来货币政策的消息，能够将私营部门的预期集中在某个特定均衡上，但我对于过分发展这一类推理持谨慎态度。如果政府想把公众的预期协调到一个特定的均衡通货膨胀率上，那么它必须首先协调起公众对政府背叛时将发生的情况的预期。在事前，政府总是力图使公众相信背叛行为会带给它巨大损失——也就是说，惩罚期限将很长并且惩罚将很严厉。但在背叛行为发生以后，它又将竭力说服个体经济人相信应该缩短惩罚期限。

但是，还有一个更一般的问题。让大量的经济人互相联络并观察他人的行为，这是极为困难的。即使触发策略预期具有某些现实意义，我们似乎也很难声称经济应该总是成功地达到最佳的触发策略均衡。显然，如果政府拥有从法律上约束其行为的某种手段(一个控制货币政策的宪法修正案)，或者，如果它能够事先确定在它制造通货膨胀(比如，延长名义债券的期限)时将遭到的惩罚，那么政府就能把人们的预期集中起来。当然，由于这些解决办 247
法允许政府拥有某些承诺能力，实际上改变了对策的结构。

我们这一节考察的均衡(除了一次性对策均衡)还有另外一个多少有些不能令人信服的特征——它们大都要求公众的未来通货膨胀预期是当前通货膨胀的非连续函数。当政府只有轻微的背叛行为时，预期通货膨胀的上升幅度却与政府制造严重通货膨胀时的情形相同。也许我们应该探讨这样的假设，即环境的连续变化导致公众的未来通货膨胀预期的连续变化。在连续的反应函数下，我们仍有可能获得信誉均衡，同时多重均衡问题的严重性大大降低了（斯坦福在1986年提供了某些富有启发的结果）。对可能的均衡施加约束的另一方法是承认经济人不可能进行无休止的计算（参见鲁宾斯坦，1986）。

6.2 独家信息

到目前为止，我假设公众能够完全监督中央银行的行为。孔佐内里（1985）保留了公众知道中央银行的目标函数的假设，然后分析了放宽上述假设的影响。此时，似乎更难获得达到最优信誉均衡所需的协调性。

孔佐内里分析了类似前一节的模型，一个无限期界模型。他假设中央银行并不对未来贴现（$\beta=1$），因而在缺乏独家信息（并且惩罚期限足够长）的情况下，总是存在一个预期通货膨胀率为零的触发策略均衡。然后他将货币需求冲击引进了模型。这些冲击只能在中央银行决定了货币供给以后才能被观察到。但是，中央银行可以将它的行为建立在对货币需求冲击的预测上。它的预测是不充分的，因此即使中央银行试图使个体经济人的预测误差最小化，它也不能完全消除价格波动。

如果公众能够观察到货币需求冲击以及中央银行对这一冲击所作的预测，那么这里就不会有新的概念出现。这里出现的将是
248 类似6.1节（随机模型）的触发策略均衡的均衡。只要公众总是能够直接判定任何未预期的通货膨胀都完全来自中央银行的预测错

误，那么它们就没有必要“实施”任何惩罚。（当然从技术上讲，个体经济人并不是策略性地行事的，在它们之间不存在明确的合作。）但是孔佐内里认为，令公众直接判定中央银行的预测可能是非常困难的，因而这一预测应该被当作是独家信息。[13]他接着说明，利用格林和波特（1984）扩展的弗里德曼触发策略模型，仍有可 249
能获得一个好于一次性对策结果的均衡。[14]

在孔佐内里分析的均衡中，只要经济不是在进入回归（惩罚）期，公众就将设定预期通货膨胀率为零。然后公众观察实际的通货膨胀率并且使用单侧检验法。如果通货膨胀率超过某个临界值，那么经济将有一个时期回到一次性对策的通货膨胀率预期上。如果临界值水平设置得恰到好处，中央银行将被迫以零通货膨胀率为目标（中央银行在确定货币供给水平时，必须在当前就业水平增长和进入回归期的可能性增加这两者之间进行权衡）。即使中央银行不（在均衡上）欺骗，大的货币需求预测误差仍时有发生，从而将经济抛入高预期通货膨胀时期。

和 6.1 节的模型一样，这一模型也会带来多个其他均衡，并且我们不清楚公众如何以及为什么在这一特定均衡上达成协作。称这一均衡被选中是因为它是最优的，显然不能令人满意。起码的一点是，最优均衡一般不具有如此简单的结构。（注意，在这一模型中确实有惩罚事件发生，因此即使不同惩罚策略带来相同的通货膨胀预期，它们也不一定带来相同的福利水平。）阿布勒、皮尔斯和斯塔克蒂（1985）表明，格林-科波特模型中的最优惩罚策略一般类似 6.1 节的严厉惩罚策略。他们还表明，最优策略通常并不是建立在简单的单侧检验基础上的（虽然单侧检验在直观上很有吸引力)。即使模型具有一个相对简单的结构,由它导出的最优触发策略也可能相当复杂,这一点可以为我们放弃公众将在最优均衡上达成协作这一不严密的论点提供进一步的理由。

孔佐内里的模型具有某些吸引人的特征,也有某些(至少从表面上看)不寻常的特征。通过引入独家信息的概念,孔佐内里得以解释为什么(平均而言)必定存在某种通货膨胀偏倚——即使公众能够在最优的可能均衡上达成协作。此外,模型说明了非序列相关的预测误差如何造成序列相关的通货膨胀率:紧随回归期的是一个高通货膨胀的合作期。从模型的不足方面看,公众的预期机制似乎并不特别可信。公众将发现它得时常惩罚中央银行,即使它知道中央银行永远不会(在均衡上)欺骗。每当中央银行粗心大意地允许通货膨胀率超过临界值,公众就必须以非连续地提高其通货膨胀率预期的方式对其加以惩罚。为促使中央银行在未来继续以低通货膨胀为目标,有必要实数惩罚。注意到,公众实际上永远不会得知有关决策者的类型的任何信息,它只能从外部了解每一件事情并且知道对于中央银行来说偏离均衡总是不值得的。因此,孔佐内里的模型不应该被解释为是中央银行拥有关于其偏好的独家信息的模型。他的模型所具有的特征,相当不同于我将在6.3节讨论的模型的特征。

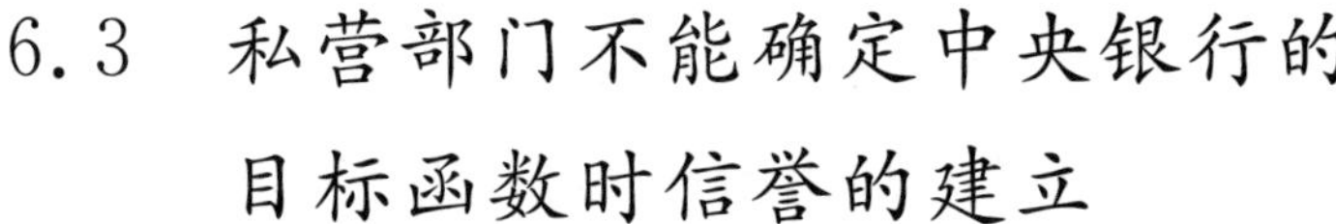

6.3 私营部门不能确定中央银行的目标函数时信誉的建立

在6.1节和6.2节的触发策略模型中,公众从一开始就了解中央银行的目标和能力。因此这些模型是否确实可以被当作中央银行的“信誉”模型是有疑问的。部分地出于这一原因，部分地出于对具有很多经济人的触发策略模型所要求的协调程度的关注，一些学者开始探索公众要么拿不准决策者的偏好或要么拿不准决策者违背承诺的成本的理论。[15]这些分析着手处理了一些令人感兴趣的并且重要的问题，但正如我将在下面表明的，它们并没有为协调问题提供一个十分令人满意的解决办法。下面将首先考虑“承诺”方法。有关分析来自罗戈夫(1987)，但是某些技术细节被 250
省略掉了。本节的最后将对结果作一小结。

假设决策者的任期[方程(6.2a)中的 T]是有限的，并且假设决策者在开始其任期时作出了永远不制造通货膨胀的承诺。公众不清楚决策者违背承诺的成本，而这一成本正是我们区别各种可能“类型”的决策者的依据。比如，假设决策者的承诺是以一条法规的形式出现的，该法规明确了中央银行在制造通货膨胀时将遭受的某种直接惩罚。公众可能不知道中央银行如何看待这些惩罚成本，或者，公众可能不知道决策者相对于社会福利函数(6.2)赋予它个人的福利多大的权重。具体说，决策者拥有下述的有限期界损失函数：

$$(6.12a)\quad \Omega_0 = \sum_{0}^{T} L_s(\pi, \pi^e, c)\beta^s, 1/2 < \beta < 1,$$

$$(6.12b)\quad L_t(\pi_t, \pi_t^e, c) = -(\pi_t - \pi_t^e) + (\pi_t)^2/2 + Z(c, \pi_t, \pi_{t-1}, \pi_{t-2}, \ldots)/2,$$

其中，如果对于所有 $i>0$ 都有 $\pi_t \neq 0$ 和 $\pi_{t-i}=0$，那么 $Z=c$；如果是其他情况，则有 $Z_t=0$。换句话说，中央银行在违背其永远不制造通货膨胀的承诺时将遭受一个固定的一次性成本。[16]中央银行违背承诺的成本是它的独家信息。公众在 0 时刻只知道 $c\in[0,\mu](\mu>1)$，并且它们拥有关于这一区间的一致的先验概率。在随后的时期，公众利用贝叶斯法则以我下面将定义的方式更新其先验概率[贝叶斯法则的使用，与序列均衡是一致的(见克雷普斯和威尔森，1982)。序列均衡为此处的独家信息环境提供了子对策最优性的一个自然推广]。

给定信息结构以及(6.12b)式中的特定泛函形式，容易推得：

命题 6.1 在任何(序列)均衡上，对于所有 t，都有 $\pi_t=0$ 或 $\pi_t=1$。

显然，在决策者违背其承诺之前的所有时期上，都有 $\pi_t=0$。而一旦它制造了通货膨胀，就不再有制造通货膨胀的进一步的成本。因此，在这以后，通货膨胀必定上升到 $\pi=1$——对于任何有限期界情形，它是唯一的均衡。再稍加计算我们就可以肯定，不管 c 和 π^e 是多少，决策者在它制造通货膨胀的第一期也将选择 $\pi=1$。

251 令人感兴趣的问题是，在决策者违背其承诺之前的时期(即公众猜测承诺是否或何时将被打破的时期)，公众的通货膨胀预期是如何变化的。假设中央银行在时期 t 以前没有违背承诺，我们定义

$$\sigma_t\equiv\{\pi_t^e\,|\,\pi_{t-1},\pi_{t-2},\ldots=0\}$$

为公众在时期 t 上的通货膨胀预期。根据命题 6.1，在任何时期 t 上，π 将等于 0 或 1，因此显然有 $\sigma_t\leqslant 1$。下面的命题 6.2 是说，违背承诺的成本足够低($c<1$)的所有决策者，都必定在其任期的最

后阶段违背承诺——前提是它们此前没有这样做。但是，$(c>1)$的任何类型都不会在最后阶段首次引发通货膨胀。

命题 6.2　如果对于所有 $t<T$ 都有 $\pi_t=0$，那么如果。$c<1$，有 $\pi_T=1$；如果 $c\geqslant 1$，有 $\pi_T=0$。

命题 6.2 很容易得到证明，我们只需计算中央银行在将 0 到 $t-1$ 期的 π 都设为 0，并且将 t 到 T 期的 π 都设为 1 以后面临的情形（注意，中央银行将$\{\sigma_s\}$当作已知）：

$$(6.13)\quad \Gamma(t,c)=\sum_{0}^{t-1}\beta^s\sigma_s+\beta^t[(c-1)/2+\sigma_t]+\sum_{t+1}^{T}\beta^s/2.$$

由于当 $c\geqslant 1$ 时，有 $\Gamma(T,c)\geqslant\sum_0^T\beta^s\sigma_s$，当 $c\leqslant 1$ 时，有 $\Gamma(T,c)\leqslant\sum_0^T\beta^s\sigma_s$，所以命题 6.2 成立。注意到 $\Gamma(t,c)$是连续的并且关于 c 单调递增。

由(6.13)式我们还可以推知，一个高成本类型者开始通货膨胀的时期将永远不会早于一个低成本类型者。如果令$\{\sigma_s\}$固定，我们就可以看到中央银行违背承诺的成本越高，它越希望推迟招致这一成本。

命题 6.3　对于 $c_2>c_1$ 和 $t_2>t_1$，有$[\Gamma(t_1,c_2)-\Gamma(t_2,c_2)]>[\Gamma(t_1,c_1)-\Gamma(t_2,c_1)]$.

命题 6.3 直接来自下述事实：对于 $\beta<1$，有

$$(6.14)\quad [\Gamma(t_1,c_1)-\Gamma(t_2,c_1)]-[\Gamma(t_1,c_2)-\Gamma(t_2,c_1)]$$

$$= (1-\beta^m)(c_1, c_2) < 0,$$

其中，$m \equiv t_2 - t_1$。

252 我现在利用上述结果讨论 σ_t 的变动情况。在一个序列均衡上，公众的看法必定按照贝叶斯法则变化，因此：

$$(6.15) \quad \sigma_t = \frac{\hat{c}_t - \hat{c}_{t-1}}{\mu - \hat{c}_{t-1}},$$

其中，$\hat{c}_t \equiv$ 上确界 $\{\hat{c} \in [0, \mu] \mid c < \hat{c}$，其中的 c 满足：对于所有 $i(0 < i \leqslant T - t)$，有 $\Gamma(t+i, c) > \Gamma(t, c)\}$。

因此，$\hat{c}_t$ 是 c 的临界值，它使得所有满足 $c < \hat{c}_t$ 的类型从 t 时期开始制造通货膨胀——如果它们在此之前没有这样做过。(6.15)式的分母代表公众认为不会在 t 期以前制造通货膨胀的成本类型的范围。分子代表公众认为会在 t 期首次制造通货膨胀的成本类型的范围(在这种情况下，它们将设定 $\pi = 1$)。由于公众关于 c 的先验概率是一致的，所以(6.15)式给出了基于过去的通货膨胀一致为零的信息得出的预期通货膨胀率。由于命题 6.3 意味着 $\hat{c}_t$ 必须在 t 上非递减，因此(6.15)式是唯一可能的理性预期形式。

为了充分刻画一个均衡，有必要解出一个使得公众的预期为理性预期的路径 $\{\hat{c}_s\}$——也就是说，公众关于一个成本类型为 $\hat{c}_s$ 的决策者将选择在 s 时期首次违背承诺的看法必定是正确。

命题 6.2 指出，$\hat{c}_T$ 必须等于 1。考虑只要一期的情形。根据命题 6.2 和(6.15)式，唯一的序列均衡将是 $\sigma = 1/\mu$ 和 $\hat{c} = 1$。如果决策者违背承诺的成本非常高，以致它对是否在最后时期违背承诺持无所谓的态度($c = 1$)，那么假设它不会在更早的时候违背承诺似乎是合理的。因为那样一来，一次性收益仍然相同，却会出现一个额外成本，它是由在所有未来时期被迫面对最高水平的预期通货膨胀($\pi^e=1$)引起的。

假设 $\hat{c}_T=1$，很容易表明，一个序列均衡的充分必要条件是路径 $\hat{c}_t$ 必须受到下述递归方程的支配：

$$(6.16)\quad \Gamma(t,\hat{c}_t)-\Gamma(t+1,\hat{c}_t)>0,\text{如果}\quad \hat{c}_t=0,$$
$$=0,\text{如果}\quad \hat{c}_t>0.$$

(见罗戈夫，1987)。(6.16)式说的只是：那些将在 t 期首次制造通货膨胀的最高成本类型 $\hat{c}_t$，必须恰好对在 t 期首次制造通货膨胀和一直等到 $t+1$ 期再制造通货膨胀这两件事持无所谓的态度。 253
如果与(6.16)式相反，$\hat{c}_t$ 严格偏好在 t 期首次引发通货膨胀，那么必须存在一个成本稍高的也试图从 t 期开始引发通货膨胀的类型。

为了找到刻画所有 $\hat{c}\,(\hat{c}>0)$ 的变化情况的差分方程，我们首先将(6.13)式与(6.16)式中的等式关系结合起来，得到：

$$(6.17)\quad [-1+\hat{c}_t(1-\beta)]/2-\beta(\upsilon_{t+1}-1),$$

然后将(6.15)式代入(6.17)式，得到：

$$(6.18)\quad \hat{c}_{t+1}=F(\hat{c}_t)$$
$$=\frac{\beta-1}{2\beta}\hat{c}_t^2+\frac{\mu(1-\beta)+1}{2\beta}\hat{c}_t+\mu-\frac{\mu}{2\beta}.$$

对于 $\hat{c}_t>0$，均衡受到(6.18)式的支配，其终点条件为 $\hat{c}_T=1$。为了从终点条件出发以后向推导的方式构造一个均衡，有必要求解(6.18)式的逆函数，将 $\hat{c}_t$ 表示为 $\hat{c}_{t+1}$ 的函数：

$$(6.19)\quad \hat{c}_t=F^{-1}(\hat{c}_{t+1})$$
$$=\frac{\mu(1-\beta)+1}{2-2\beta}$$

$$\pm \frac{\{[\mu(1-\beta)+1]^2-4(1-\beta)[2\beta\hat{c}_{t+1}-\mu(2\beta-1)]\}^{1/2}}{2-2\beta}.$$

给定 $\mu>1$ 和 $\beta>1/2$，容易证明，对于 $0\leqslant\hat{c}_{t+1}\leqslant 1$，$F^{-1}$ 恰好只有一个小于1的实根，并且 $F^{-1}(\hat{c}_{t+1})<\hat{c}_{t+1}$。因此，只能有唯一的一个终止于 $\hat{c}_T=1$ 的均衡路径。在这一路径上，满足 $\hat{c}_t>0$ 的 $\hat{c}_t$ 在时期 t 上严格递增。

对(6.18)式求二阶微分，可以得到 $\hat{c}$ 的均衡路径的一个重要特征：

(6.20) $d^2\hat{c}_{t+1}/d\hat{c}_t^2=-(1-\beta)/\beta<0$,

上式意味着 $F^{-1\prime\prime}(\hat{c}_{t+1})>0$。因此 $\hat{c}_{T-k}-\hat{c}_{T-k-1}$ 关于 k 递增，并且对于某些有限 $\bar{k}$，函数 F^{-1} 必须将一个正的 $\hat{c}_{T-\bar{k}}$ 映射为一个负的 $\hat{c}_{T-\bar{k}-1}$。这当然是不可能的，但由(6.16)式可知，(6.18)式只能支配满足 $\hat{c}_t>0$ 的 $\hat{c}_t$ 的路径。$\hat{c}_{T-\bar{k}-1}$ 不会变为负值，但是在所有 $s\leqslant T-\bar{k}-1$ 的时期，其值为零。

为了确认这是一个均衡，注意到 $F^{-1}(\hat{c}_{t+1})<0$，当且仅当：

(6.21) $\hat{c}_{t+1}<\mu-\mu/2\beta$.

通过在(6.17)式中设定 $\hat{c}_t=0$ 并且 $\sigma_{t+1}=\hat{c}_{t+1}/\mu$，我们能够确认条件(6.21)提供了最高水平的 $\hat{c}_{t+1}$，使得零成本类型不会选择在 t 时期首次引发通货膨胀。

图6.1绘出了(6.18)式的图形，并且构造了一个均衡。条件 $\beta>1/2$ 保证 $F(\hat{c}_t)$ 在一个正值上与 $\hat{c}_{t+1}$ 轴相交，条件 $1>\mu-\mu/2\beta$ 保证 $\hat{c}_{t+1}$ 的截距小于1(否则 $\hat{c}_{T-1}=0$)。在图中的例子中，$\hat{c}_T$、$\hat{c}_{T-1}$、$\hat{c}_{T-2}>0$，并且对于 $s>2$ 有 $\hat{c}_{T-s}=0$。因此，如果 T 足够大($T\geqslant 3$)，那么将出现任何类型的决策者都不会违背承诺的一个初始

254

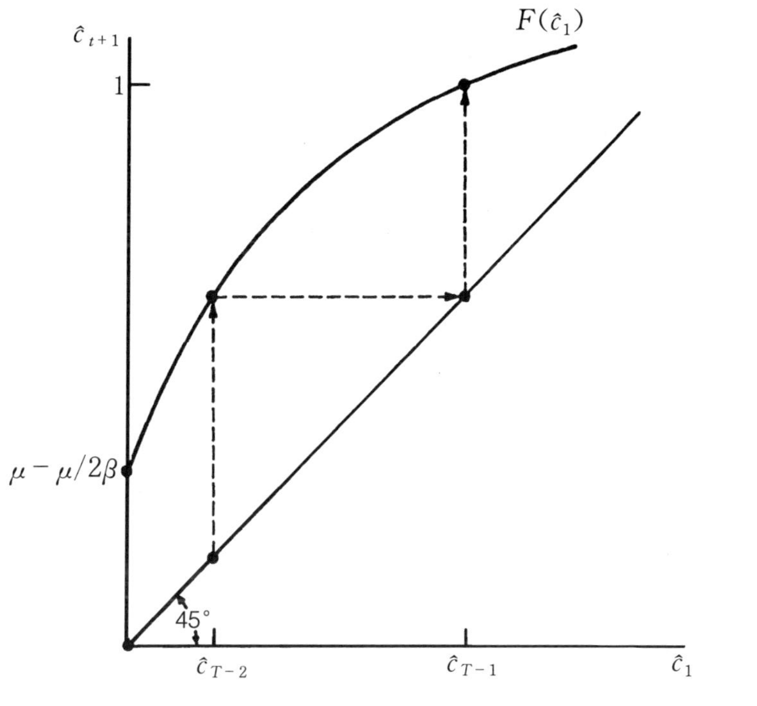

0　$\hat{c}_{T-3}, \hat{c}_{T-4}, \ldots \hat{c}_0 -0$

图 6.1　$\hat{c}_t$ 的均衡路径

阶段。在这一阶段,预期的通货膨胀率为零。实际上,通货膨胀只会出现在最后 3 个时期,因此,T 上升为任何大于 3 的数字,只会延长零通货膨胀阶段。

我已表明,当 $\hat{c}_T=1$ 时存在唯一的均衡。我在 1987 年的一篇论文中表示,为了排除 $c>1$ 的决策者类型也引发通货膨胀的"不合理的"(序列)均衡,需要某些进一步的限制条件。一个充分条件是:μ 相对于 T 较大。

255 我现在对结果作一总结。如果决策者的任期足够长,那么不管它的成本类型为哪一种,它不会在一开始就违背承诺。此时的通货膨胀预期为零。任期越长,零通货膨胀的初始阶段越长。在决策者的任期即将结束时,引发通货膨胀的诱惑增大,决策者可能决定违背承诺。如果决策者违背承诺的成本较低,它可能早于一个高成本类型决策者引发通货膨胀。如果决策者的成本足够高,它永远不会违背承诺。一旦经济进入可能发生违约的时期,通货膨胀预期将开始上升。公众在决策者没有违约的时期过高地估计通货膨胀,而在违约首次发生的时期过低地估计通货膨胀。如巴罗(1986)在一个十分接近上述描述的模型中所指出的,当面对一个有可能轻易违背其承诺的决策者时,公众的境况可能实际上变好。直观上,违约成本越低,决策者的目标函数越接近社会福利函数(前提是"通货膨胀意外"确实通过令公众更好地协作而使其受益)。但是,公众越在事前认为自己可能面对着一个高成本类型(μ 较高)的决策者,其境况也越能得到改善。μ 越高,通货膨胀预期越低。这一结果与罗戈夫(1985b)的委托经济人结果关系密切。

在刚刚分析的模型中,决策者之间的差别在于它们违背承诺的成本不同。而维克斯(1986)表明,如果决策者之间的差别在于它们赋予通货膨胀和价格预期误差的相对权重不同,那么将产生相当不同的均衡。比如,假设存在两种类型的决策者:一个是赋予通货膨胀很大(但非无限大)权重的"强"类型,一个是赋予通货膨胀较小权重的"弱"类型。此时形成的一系列均衡,通常与弱类型设定较低水平的通货膨胀伪装成一个强类型的情形有关。只有到了最后时期，弱类型才会暴露出其真实类型。但是，依据不同的参数，还有可能产生强类型很快采取某种不寻常的行动（比如，将通货膨胀定在很低的水平上，或在一个足够一般的情形下采取通货紧缩的行动）将自己与弱类型区别开来的个别均衡。通过采取一个弱类型不会情愿模仿的行动，强类型能够在随后的时期享受到较低的预期通货膨胀率。在这一个别均衡上，弱类型不会比它在一次性对策中作得更好，它不得不立即显示其类型。维克斯的分析还提出了更为基本的一个问题，即在一个更为一般的模型中，强类型是否能够用别的方式显示其类型（低预算赤字、低政府支出、
便宜香烟等）。正如巴克斯和德里费尔(1985)在他们最初的论文 256
中所指舒均，如果强类型只关心通货膨胀，就不可能产生我们刚才描述的个别均衡。如果强类型根本不关心价格预测误差，那么它将不关心通货膨胀预期。

德里费尔(1986)考察了出现系列均衡或个别均衡（或者同时出现两种均衡的）条件，并扩展维克斯的分析包括进了连续类型。德里费尔简单考察了决策者不能完全控制通货膨胀的情形。此时，公众能够直接观察到通货膨胀，但不能观察到致使实际通货膨胀偏离目标通货膨胀的随机误差[萨罗纳(1984)较为详细地讨论了这一类一般问题]。那么当公众观察到高通货膨胀时，不再能肯定决策者是一个弱类型。在均衡上，被弱类型选作目标的通货膨胀水平可能稍高于它在它的行动可被观察到的情形下将选择的水平。

维克斯和德里费尔只考察了两期问题。这一限制可能很关键，因为从本节考察的模型中得出的最不牢靠的结论很可能与模型的“残局打法”有关。这些结果可能对决策者具有一个已知的有

限期界的假设敏感，该假设在决策者确实关心社会福利的情况下似乎不可信。合理的假设也许是：如果决策者的继任者是从规模很大的人口中随机抽取出来的，并且公众对分布在这一人口中的类型具有十分确切的先验概率，那么决策者将好像其行动在其任期之后不产生影响似地行事。在这种情形下，决策者的行为不影响其继任者面临的初始条件（公众的先验概率）。但如果决策者是由某种非随机的过程选出来的（这种情形似乎是可信的），情形就不是这样了。此时，当前的联储主席是一个低成本类型者（$c<1$）的观察结果，能够影响到公众关于其继任者的类型的先验概率。这些先验概率反过来影响到社会福利。

这一节所讨论的分析为信誉建立问题提供了一个很有吸引力的视角，但要判断这些模型是否确实描述了经济解决其协调问题的过程，我们还需要作进一步的探讨。虽然这些模型在某些情形下得出了唯一的均衡，但该均衡可能对公众的先验概率的精确分布相当敏感。富登伯格和马斯金（1986）为这一类模型证明了一个民间定理，他们的结果表明：给定适当的先验概率，几乎所有的通货膨胀路径都可能成为一个均衡路径。此外，假设决策者的类型固定不变从而一旦被揭示出来就永远为人们所知，这也是不现实
257 的。下一节我将考察决策者的类型随时间变化的模型。

6.4 决策者的类型随时间变化时的信誉问题

丘基尔曼和梅尔策考察了决策者类型受到序列相关的冲击的

影响的一个模型。[17]他们称这一假设符合实际,因为货币政策是由一个其成员和政治成分都随时间变化的委员会制定的。他们用同样的理由说明了为什么货币当局的类型应该被当作独家信息。在他们的模型中,独家信息的第二个来源是货币当局对货币供给的非完全控制。丘基尔曼和梅尔策利用卡尔曼滤波技术,证明该模型具有唯一的“线性”均衡——在该均衡上,公众利用一个线性反馈规则更新其看法。他们表明这一均衡具有多个吸引人的特性。比如,在实际观测到的通货膨胀中,公众对决策者当前类型的看法(从而预期通货膨胀)是连续的,并且,货币控制误差方差的上升提高了通货膨胀的水平和方差。但由于该模型相当复杂,丘基尔曼和梅尔策没能排除存在其他类型的均衡(比如系列均衡或公众的更新机制为非线性的均衡)的可能性。给定普遍的信息非对称性以及决策者具有无限期界的事实,模型的多重均衡问题似乎相当严重。

在这里描述丘基尔曼和梅尔策模型的全部细节是不可能的。但我将尽力描述他们的一个主要结论。丘基尔曼和梅尔策提出,中央银行可能自愿采纳一个缺乏效率的预测方法,以便隐藏其真实意图。可以用一个一次性对策模型说明这一结果的含义。令中央银行的目标函数采取了如下形式:

(6.22) $L = -x(\pi - \pi^e) + \pi^2/2.$

(丘基尔曼和梅尔策并没有声称这一损失函数等同于社会福利函数)容易看到,在一次性对策模型中,中央银行将不论 π^e 是多少都设定 $\pi = x$,所以唯一均衡是 $\pi^e = \pi = x$。

丘基尔曼和梅尔策得到上述结论一个关键原因是他们假设中 258

央银行的偏好是随机的。比如,假设在给定 $t-1$ 期的信息的条件下,t 期 $x=0$ 的概率是 1/2,t 期 $x=2$ 的概率也是 1/2。如果私营部门能够在设定 π^e 之前观察到 x,那么 $E_{t-1}(L_t)=(1/2)(0)+(1/2)(2)=1$,它是中央银行 t 期目标函数的预期值,该预期依据的实现 x 之前可获得的信息。另一方面,如果私营部门不能在设定 π^e 之前观察到 x,那么 $\pi^e=1$,并且 $E_{t-1}(L_t)=(1/2)(0)+(1/2)(0)=0$。因此,如果中央银行能够做到不在公众设定 π^e 之前透露 x,那么它将这样做。中央银行不能通过隐藏其偏好,系统地欺骗私营部门。平均来看,个体经济人总是能够正确地判断通货膨胀水平。但是,中央银行仍然能够有所收获,因为它可以在通货膨胀收益可观时引发意外通货膨胀,而将意外通货紧缩留到成本较低的时期。

正如前面描述的,完整的丘基尔曼和梅尔策模型涉及一个带有序列相关的偏好冲击的无限期界动态对策。公众永远不能直接观察到中央银行的偏好,而只能从货币供给路径中将它们推测出来。通过有意采取一个不精确的货币控制程序,中央银行能够模糊其偏好。货币当局可以利用上述机制有所收获,但由于不精确的货币控制提高了通货膨胀的方差,它又会有所失。

仅当货币当局确实拥有某种能够模糊其货币控制的手段时,上述结果才是有意义的。也许货币当局可以配置一个需要时间将其升级的落后的计算机系统。另一方面,如果货币当局选择了一个难以控制的中间目标,那么它似乎很难做成任何事事,因为目标确定过程可以在一夜之间被改变。所以,当货币当局能够从令公众更好地了解其行动中获益时,它将十分乐意转向一个易于控制的目标。

6.5　相关研究

迄今为止，我一直将自己的注意力限制在对货币政策的纯信誉约束上。实际上，存在相当多的其他方法可供政府（部分地）约束其行为——当然，有些人会争辩说每一种情形都最终涉及了信誉问题。卢卡斯和斯托齐（1983）以及M.珀森、T.珀森和斯文森
（1987）表明，如果政府能够事先保证偿还其债券，那么也许能够可 259
靠地事先定出最优的税收时间安排和税种构成。（比如，政府可以发行实际债务并且以定期名义偿还表的贷款方式将收益重新贷给公众，从而减少征收铸币税的诱惑。）

科特利科夫、珀森和斯文森（1988）为下述问题提供了一个吸引人的解释，该问题即：为什么即使在对资本征税的诱惑因资本税在短期内没有扭曲效果而很大的情况下，政府也有可能恪守不对资本征过重的税收的承诺。他们提出了一个交叠世代模型，其中的每一代将最优税法“出售”给下一代。对同一代的资本持有者施加了过重税收的老一代将发现，他们没有税法可出售给下一代人。每当某代人与现行法律妥协，其下一代就会建立起自己的税法并将经济拉回到一个有效的路径。科特利科夫、珀森和斯文森的“触发策略”均衡吸引人的地方是，惩罚并不涉及任何福利损失。

如果存在多个政府控制者，也有可能实现事先约定。罗戈夫（1985）说明，如果使用竞争性货币（货币政策）而不是合力控制一种共同货币（固定汇率），一个主权政府的境况可能得到改善。汇

率贬值的威胁可以对一个正在考虑单方面引发通货膨胀的统治者起到缓和作用。个体经济人能够意识到这种缓和作用，结果，此时的时间一致通货膨胀率低于共同货币/固定汇率政策下的通货膨胀率。（可以用同样的理由说明用各州发行的货币代替全国统一货币的合理性。）

6.6　小结

在将信誉引入货币政策模型方面已取得了相当大的进展。但也有不少重要问题尚未得到回答。迄今提出来的模型最困扰我们的一点是：要么均衡对信息结构的变化非常敏感，要么存在多重均衡，甚或两种问题并存。在很多情况下，在获得最令人满意的均衡的过程中似乎存在相当复杂的协调问题，特别当我们考虑到宏观经济环境下的协作问题的规模的时候，情况更是如此。克劳福德（1985）发现，在某些环境下，策略性不确定性——即关于其他经济
260 人将采取何种均衡策略的不确定性——可能和外生因素的不确定性一样重要（这一点还可参见阿克塞尔罗德，1984）。对这一问题人们正在进行大量研究，因而我们很有可能在未来某个时期得到一个更明确的答案。但同时，我们必须谨慎地解释任何严重依赖超对策结构的货币政策建议。称信誉约束完全排除了给货币政策施加法律约束的任何情形——像有些人所说的那样——显然为时过早。

策略性政府政策模型的确代表对早期理性预期模型的一种明显改进——在后一种模型中，政府的行为被当作是外生的。将政

府看作一个黑箱对于某些现象的研究而言可能是建设性的；但作为研究宏观经济政策设计的框架，它就远远不够了。

说　　明

本文较早的一个形式发表于关于公共政策的卡内基－罗彻斯特会议系列1987年春季号（诺思-霍兰出版公司，阿姆斯特丹）。这一研究得到了国家科学基金和阿尔弗雷德·P.斯隆基金的资助。

注　释

〔1〕 见基德兰德和普雷斯科特（1977）以及卡尔沃（1978）、费尔普斯（1967）以及费尔普斯和波拉克（1968）已经预见了当代时间一致性文献的一些基本论题。

〔2〕 费施特曼（1986）讨论了时间一致性和子对策最优性之间的关系。

〔3〕 阿特基森（1986）在一个交叠世代模型中说明了触发策略均衡。

〔4〕 在结构模型中货币有可能产生实际影响，这要么是因为存在局部冲击和整体冲击之间的混淆，要么是因为存在非完全指数化的工资合同。在前一种情形下，总体信息的扩散必定有一个时滞。

〔5〕 论证预期的通货膨胀具有和未预期的通货膨胀相同规模的影响力是困难的（存在“鞋底磨损”成本，它是由持有较低的实际货币余额造成的。
此外，可能存在很难将其恰当指数化的活动，如收入税核算）。我们的分析并 261
不要求预期的通货膨胀带来大的福利后果。

〔6〕 见卡尔沃（1978）、巴罗（1983）或格罗斯曼和范·海克（1986）。

〔7〕 在这一模型的随机形式中，虽然私营部门的经济人仍然能够推测出平均的通货膨胀率，但中央银行也许会令它们产生价格预期误差（见巴罗和戈登1983a，或罗戈夫1985b）。

〔8〕 由于f''、$g''>0$，所以即使我们用一个较弱的条件——如果$\pi_{t-1}\leqslant$

π^e_{t-1}，$\pi^e_t=\tilde{\pi}$；如果是其他情况，则 $\pi^e_t=\pi^*$ ——代替(6.4)式，得到的结果也是一样的。在 6.2 节考察的独家信息情形中，有必要作上述改动。

〔9〕 如果 $f(\cdot)=(\pi-\pi^e-k)^2$，$g(\cdot)=\pi^2$，并且 $\beta=1$，那么 $\tilde{\pi}=0$ 是(6.4)式下的触发策略均衡。

〔10〕 很容易证明，如果惩罚期限是不受限制的，那么当各期的间隔足够小时，我们总能够得到零通货膨胀率。在(6.1)式和(6.2)式中，我任意地将时间间隔定为一期。随着时间间隔趋于零，从背叛中获得的暂时性产出收益将维持越来越短的时间，而惩罚期限可以是不变的[格罗斯曼和范·海克(1986)在一个最优铸币收益模型中指出了这一点]。因此，如果我们试图通过孤岛模型将(6.1)式和(6.2)式理性化，那么我们总能够获得零通货膨胀率，除非在总体信息的扩散方面存在一个离散的时滞。

〔11〕 我们仍然可以以不等式的形式而不是以等式的形式定义一个背叛均衡，但是这并不是在任何对称信息情况下，这一点并不造成带来任何质的不同。

〔12〕 有些学者批评巴罗和戈登的触发策略均衡可能会带来一个"免费搭车"问题。这一批评的根据并不充分。如本章的讨论所表明的，该均衡确实是纳什均衡。如果有必要增加费用来提高私营部门的预期的协调性，那么有可能产生一个"免费搭车"问题。

〔13〕 关于中央银行是否确实拥有任何独家的宏观经济信息这一点是有争议的。如果中央银行的货币需求预测所依据的完全是公开信息，那么私营部门也应该能够得出相同的预测。人们可能争辩说，中央银行能够比公众早得多地了解到有关银行储蓄的数据，该信息要经过相当长的滞后才会透露给公众。当然，如果中央银行对未来的贴现幅度不十分大，那么即使是滞后透露的信息，也足以带来类似 6.1 节所分析的触发策略均衡的均衡。

〔14〕 孔佐内里分析中的凯恩斯主义风格并不是必不可少的要素。巴罗和戈登(1983a)探讨如下的问题，即如何将他们的模型扩展到货币当局不能完全控制通货膨胀率并且控制误差是它的独家信息的情形中。但是，他们并没有在他们的论文中提出正式的结果。

262 〔15〕 有关公众不清楚决策者对限制通货膨胀所赋予的权重的情形。见巴克斯和德里费尔(1985)、霍恩和珀森(1985)、维克斯(1986)以及德里费尔(1986)。有关公众不清楚决策者违背承诺招致的成本的情形,见塔贝利尼(1983)、巴罗(1986)以及罗戈夫(1987)。另外,外汇市场上的应用,见伍德(1987)。

〔16〕 这一分析只需稍作改动就可应用于中央银行在制造通货膨胀的每一期都遭受固定的通货膨胀(违背承诺的)成本的情形。见罗戈夫(1987)。

〔17〕 罗戈夫和赛伯特(1988)也构造了一个政府类型随时间变化的模型,但是他们把该模型应用到了宏观经济政策中的选举周期问题而不是货币政策的可靠性问题中。在他们的模型中。通货膨胀中的一个选举周期构成了一个信号发送过程的一部分——在该过程中,现任政治家们竭力表明他们能够比试图取代他们的挑战者更有效地管理政府。

参考文献

Abreu, D. 1988. On the Theory of Infinitely Repeated Games with Discounting. *Econometrica* 56:383 - 396.

Abreu, D., D. Pierce, and E. Stacchetti. 1985. Optimal Cartel Equilibria with Imperfect Monitoring. Unpublished paper, Harvard University.

Atkeson, A. 1986. Reputation and Time Consistency in a Macro Model. Unpublished paper, Stanford University.

Axelrod. R. 1984. *The Evolution of Cooperation*. New York: Basic Books.

Backus, D., and J. Driffill. 1985. Inflation and Reputation. *American Economic Review* 75:530 - 538.

Barro, R. J. 1983. Inflationary Finance under Discretion and Rules. *Canadian Journal of Economics* 16:1 - 16.

——1986. Reputation in a Model of Monetary Policy with Incomplete Information. *Journal of Monetary Economics* 17:3 - 20.

Barro, R. J., and D. B. Gordon. 1983a. Rules, Discretion, and Reputation in a Model of Monetary Policy. *Journal of Monetary Economics* 12: 101 - 121.

——1983b. A Positive Theory of Monetary Policy in a Natural Rate Model. *Journal of Political Economy* 91:589 - 610.

Benoit, J. P., and V. Krishna. 1985. Finitely Repeated Games. *Econometrica* 53:905－922.

Calvo, G. 1978. On the Time Consistency of Optimal Policy in a Monetary Economy. *Econometrica* 46:1411－1428.

Canzoneri, M. B. 1985. Monetary Policy Games and the Role of Private Information. *American Economic Review* 75:1056－1070.

Crawford, V. P. 1985. Dynamic Games and Dynamic Contract Theory. *Journal of Conflict Resolution* 29:195－224.

263 Cukierman, A., and A. H. Meltzer. 1986. A Theory of Ambiguity, Credibility, and Inflation under Discretion and Asymmetric Information. *Econometrica* 54:1099－1128.

Driffill, J. 1986. Macroeconomic Policy Games with Incomplete Information: Extensions and Generalizations. Unpublished paper, University of South Hampton.

Fershtman, C. 1986. Fixed Rules and Decision Rules: Time Consistency and Subgame Perfection. Unpublished paper, Hebrew University.

Friedman, J. W. 1971. A Noncooperative Equilibrium for Supergames. *Review of Economic Studies* 38:861－874.

——1985. Cooperative Equilibria in Finite Horizon Noncooperative Supergames. *Journal of Economic Theory* 35:390－398.

Fudenberg, D., and E. Maskin. 1986. The Folk Theorem in Repeated Games with Discounting and Incomplete Information. *Econometrica* 54: 533－554.

Green, E. J., and R. H. Porter. 1984. Noncooperative Collusion under Imperfect Price Information. *Econometrica* 52:87－100.

Grossman, H. I., and J. B. Van Huyck. 1986. Seigniorage, Inflation, and Reputation. *Jurnal of Monetary Economics* 18:21－31.

Horn, H., and T. Persson. 1985. Exchange Rate Policy, Wage Formation, and Credibility. *Institute for International Studies*, Seminar Paper No. 325, Stockholm.

Kotlikoff, L. J., T. Persson, and L. E. O. Svensson. 1988. Laws as Assets: A Possible Solution to the Time Consistency Problem. *American Economic Review* 78:662 - 667.

Kreps, D. M., and R. Wilson. 1982. Reputation and Imperfect Information. *Journal of Economic Theory* 27:253 - 279.

Kydland, F. E., and E. C. Prescott. 1977. Rules Rather than Discretion: The Inconsistency of Optimal Plans. *Journal of Political Economy* 85:473 - 492.

Lucas, R. E., and N. Stokey. 1983. Optimal Fiscal and Monetary Policv in an Economy without Capital. *Journal of Monetary Economics* 12:55 - 93.

Milgrom, P., and J. Roberts. 1982. Predation, Reputation, and Entry Deterrence. *Journal of Economic Theory* 27:280 - 312.

Persson, M., T. Persson, and L. Svensson. 1987. Time-Consistencv of Fiscal and Monetary Policy. *Econometrica* 55:1419 - 1431.

Phelps, E. S. 1967. Phillips Curves, Expectations of Inflation, and Optimal Employment over Time. *Economica* 34:254 - 281.

Phelps, E. S., and R. A. Pollak. 1968. Second-Best National Saving and Game-Equilibrium Growth. *Review of Econnmic Studies* 2:185 - 199.

Rogoff, K. 1985a. Can International Monetary Policy Cooperation be Counterproductive? *Journal of International Economics* 18:199 - 217.

——1985b. The Optimal Degree of Commitment to an Intermediate Monetary Target. *Quarterly Journal of Economics* 100:1169 - 1189.

——1987. Reputational Constraints on Monetary Policy: *In* K. Brunner and A. H. Meltzer (eds.), *Carnegie-Rochester Conference Series on Public* 264
Policy 26. Amsterdam: North-Holland.

Rogoff, K., and A. Sibert. 1988. Elections and Macroeconomic Policy Cycles. *Review of Economic Studies* 55:1—16.

Rubinstein, A. 1986. Finite Automata Play the Repeated Prisoner's Dilenlma. *Journal of Economic Theory* 39:83 - 96.

Saloner, G. 1984. Dynamic Limit-Pricing in an Uncertain Environment. Work-

ing paper 342, Massachusetts Institute of Technology.

Stanford, W. G. 1986. On Continuous Reaction Function Equilibria in Duopoly Supergames with Mean Payoffs. *Journal of Economic Theory* 39: 233 - 250.

Tabellini, G. 1983. Accommodative Monetary Policy and Central Bank Reputation. Unpublished paper, University of California, Los Angeles.

Viekers, J. 1986. Signalling in a Model of Monetary Policy with Incomplete Information. *Oxford Economic Papers* 38.

Wood, P. R. 1987. Defending a Fixed Exchange Rate: The Central Bank's Reputation and the Deterrence of Speculative Attacks on Its Foreign Reserves. Unpublished doctoral dissertation, University of Wisconsin.

第七章　时间一致性与政策 265

V. V. 查里

帕特里克·J. 基欧　爱德华·C. 普雷斯科特

财政政策和货币政策的设计是宏观经济学的核心问题。由拉姆齐(1927)的研究发展而来的公共财政理论，是研究最优政策设计的一个很有用的框架。拉姆齐研究了一个静态的、具有多种商品的典型消费者经济。政府以市场价格购买一定数量的商品，并且用比例消费税为这种购买筹资。给定消费税、价格和数量是在一个竞争性均衡上决定的。政府面临的问题是选择一个税率使典型消费者的福利达到最大。很容易扩展拉姆齐的上述框架，在带有不确定性的动态模型中研究财政政策，其方法是将静态问题中的商品重新定义为与状态相关的商品。在这一环境中，政府的政策实际上是一种规则，该规则确定了状态相关税率。给定这样一个政策，竞争性均衡价格和分配被定义为经济状态的函数。于是，政策设计问题变为：选择一个政策，使得定义在由其导致的竞争性分配上的社会福利函数最大化。一个最优政策加上由其导致的竞争性均衡，被称作拉姆齐均衡。

在一个拉姆齐均衡上，消费者在时期初作一劳永逸的决策。还可以这样解释这一均衡：政府作一次性选择在先，消费者根据给

定的政策决策在后。可见,拉姆齐政策求解的是如下环境中的最优政策设计问题:在该环境中,社会掌握着一种承诺方法,能够限制政府未来的行动。但在很多情形下,假定政策是在每一期被选出来的,并且社会没有能力去约束未来的政策,也许更为恰当。人
266 们很可能以为这种情形下选出来的政策与拉姆齐政策是一致的。实际却并非如此。考虑某个时期 t 上的政策选择问题。假设直到这一期政策和分配与拉姆齐均衡一致,但从这一期往后,新的政策选择问题的解与拉姆齐政策存在分歧。基德兰德和普雷斯科特(1977)、卡尔沃(1978)以及费希尔(1980)表明,在财政政策模型和货币政策模型中,拉姆齐政策的这种动态不一致性很常见。这种动态不一致性意味着:在缺乏承诺方法的环境中,拉姆齐政策通常是无关紧要的。显然,如果未来出台的是另外一组政策,理性的个体绝不会依据拉姆齐政策作出自己的选择。

所以,无承诺条件下的政策设计问题的解要求政策必须是序列理性的。也就是说,给定个体经济人最优行事的条件,该政策规则必须使每个时期上的社会福利函数最大化。类似地,个体经济人的最优性要求它们预测未来的政策对于全社会而言是序列理性的。满足这两方面条件的政策规则、分配和价格才能构成一个时间一致均衡。如果拉姆齐均衡有别于时间一致均衡,我们就说存在时间一致性问题。值得一提的是,当人们的偏好随时间变化时,时间一致性问题也可能出现在个体决策问题中(见斯特罗茨,1955)。我们的研究将仅限于偏好具有斯特罗茨意义上的一致性的情形。这样,时间一致性问题的来源不可能是偏好的变化。

在 7.1 节,我们将证明时间一致性问题的来源是经济人之间

的冲突。我们将表明,在所有经济人都分享一个共同目标函数的团队环境中,不存在时间一致性问题。大多数的财政政策模型和货币政策模型,都使用了典型经济人假设以及与典型经济人的效用函数一致的社会福利函数。但是,典型经济人模式不应该使我们误以为这一经济中的个体组成了一个团队。由于这类模型中的个体仅关心自己的消费,因此个体的目标并不一致。结果,即使在典型经济人模型中一般也存在时间一致性问题。

我们将利用两个涉及时间一致性问题的古典例子——资本征税问题和政府赖债问题——探讨时间一致性问题的性质。在 7.2 节,我们将分析费希尔(1980)资本征税模型的一个变形,并在 7.3 267
节分析查里和基欧(1987a)的债务-赖债模型。我们将为每一个例子定义并刻画时间一致均衡。

我们构造的时间一致均衡(基于查里和基欧,1987a、b)不仅允许分配和政策依赖过去的总体(或人均)分配,而且允许它们依赖政府过去的决策史。因此,政策和分配被定义为历史相关函数。这是对将均衡表示为状态相关函数的一般均衡传统的突破,对于我们这里的序列理性要求来说非常关键。无论是政府还是消费者都必须预测当前的决策如何影响未来的结果,历史相关函数的引入可以解决这一预测问题。

对于有限期界模型,序列理性意味着上述问题可以用后向归纳法求解。但是这样一个过程在无限期界模型中是不存在的。实际上,对于无限期界模型,通常存在一个很大的时间一致均衡解集合,并且该集合的特征比较难以刻画。但是,在时间一致均衡上实现的分配的集合却比较容易描述。在 7.2 节,我们将提供一个简单的不等式集合，它可以被用来在资本征税模型中刻画这样的分配。我们将表明，当贴现率足够小时，即便是拉姆齐分配也能得到某个时间一致均衡的支持。

用来在资本征税模型中支持大的时间一致分配集合的政策计划和分配规则，与反复对策中的“触发”策略有密切关系（参见弗里德曼，1971）。大致地讲，对于给定的任意一对政策和分配序列，支持着它们的历史相关政策和分配规则将保证这些序列得以延续，直至出现政府的偏离行为。如果出现了偏离，这些规则将促使经济永远地回到单期的时间一致均衡。虽然这类规则类似反复对策中的触发策略，有必要指出的是，在我们的模型中，个体经济人是竞争性地行事的。特别是，个体经济人不能联合起来“惩罚”政府。反而，在偏离发生过后，个体经济人将选择单期的时间一致分配，因为它们预测政府将选择单期的时间一致政策。而政府将把个体经济人的总体分配规则当作已知，最优地选择这一政策。由于这一性质，我们的一些结果不同于只有“大的”局中人的反复对策中
268 的相关结果。

在7.3节，我们将扩展卢卡斯和斯托齐（1983）的债务模型，允许赖债现象的存在。[1]我们将把政府的赖债行为构造为对债务的税收。我们将考虑该模型的一个有限期界形式。正如人们可能想到的，拉姆齐分配通常不是由一个可持续均衡带来的，因为，与一个拉姆齐分配联系在一起的债务发行在某些时候为正。当继承来的债务是正的，政府就有赖债的动机。个体经济人在认识到这一点之后，将不会在前面的时期购买这类债务。但这一结果并不意味着一个可持续均衡必须是一个连续平衡的预算。政府可以通过

发行负的债券——也就是说，通过购买个体经济人的债权——平滑不同时期的税收扭曲。查里和基欧(1987a)利用一个后向归纳法表明，时间一致分配解决了一个被称作约束拉姆齐问题的规划问题。时间一致分配在预算约束和要求政府盈余的现值在所有未来时刻都非负的一系列约束下，使典型消费者0时期的福利最大化。

我们将在一系列例子中分析时间一致均衡。正如我们将表明的，拉姆齐分配通常不是时间一致的，因而掌握一种承诺方法很有价值。在适当的假设下，这一价值可以用规范化了的可持续均衡效用和拉姆齐效用之间的差值加以表示，并且通过令期界无限长以及贴现因子足够接近单位值，该差值可以被任意缩小。注意到，这一结果在一个有限期界模型中成立，因而不依赖触发策略。这一结果之所以成立，是因为发行负的债务的能力使得此时发生的税收平滑与一个拉姆齐均衡上的发生的一样多。[2]

7.1　时间一致性问题概述

在这一节，我们将政策设计问题构造为一个简单的社会选择问题，并且利用这一框架提供对时间一致性问题的一个概述。我们将比较有承诺环境下的均衡和无承诺环境下的均衡。我们将承诺构造为一种特定的决策时间表：社会首先一劳永逸地选择一种 269
政策，然后个体经济人选择它们要采取的行动。而在无承诺环境中，出现的是序列决策。个体经济人首先选择它们的第一期行动，然后政府选择它的第一期政策，接着个体经济人选择它们的第二期行动，如此继续下去便产生了一个多期经济决策时间表。为了表述上的方便，我们将考虑一个单期的经济。此时，两种时间表都特别简单。在有承诺情形下，政府首先制定一个政策，然后个体经济人作出它们自己的决策。在无承诺情形下，个体经济人首先作出它们的决策，然后政府制定政策。我们将看到所有结果都可被扩展到多期经济中。

在整个这一节我们将考虑如下的特殊情形。假设一个社会由 n 个个体经济人组成，每个经济人 $i(i=1,...,n)$ 从一个行动集 X_i 中选择一个行动 x_i。行动向量 $x=(x_1,...,x_n)$ 被称作一个分配。社会则从一个政策集 Π 中选择一个政策 π。每个经济人的偏好由效用函数 $U^i(x,\pi)$ 给出，而社会的偏好由 $S(x,\pi)$ 给出。我们首先把分配构造为一个纳什均衡的结果，然后把它构造为一个竞争性均衡的结果。

我们将看到，在决定有承诺分配和无承诺分配是否一致——也就是说，在决定是否存在时间一致性问题——的过程中，个体经济人的偏好和社会偏好上共同起到了一个重要作用。我们将表明，如果所有经济人的偏好与社会偏好是一致的，那么可能不存在时间一致性问题。之后我们将给出产生时间一致性问题的必要条件，并在一个简单的通货膨胀和失业模型中阐明这些条件。

7.1.1 团队环境

一个团队被定义为一群分享共同目标的个体。我们将表明，在团队环境中不存在时间一致性问题。具体说来，假设个体经济人的偏好与社会偏好一致。令每个经济人 i 的效用函数是定义在

向量 x 和政策 π 上的某个严格凹且二阶可微的函数 $U(x,\pi)$。令这一函数也是社会目标函数。注意到，个体经济人和社会共同构成了一个团队，虽然团队成员只能控制自己的行动，但它们的选择 270
却都是为了同一个目的。

在有承诺条件下，社会选择一个政策 π，在此基础上，个体经济人同时选择它们的行动。首先考虑一下给定某个政策 Π 时个体经济人的选择。给定一个政策 Π 和所有其他人的决策 $x_{-i}=(x_1,\ldots,x_{i-1},x_{i+1},\ldots,x_n)$，每个经济人 i 求解下述问题：

$$(7.1)\qquad \max_{x_i} U(x,\pi).$$

如果我们假设一个内部解，那么一阶条件是：

$$(7.2)\qquad \frac{\partial U}{\partial x_i}=0.$$

对于一个给定的政策 π，个体经济人的均衡是一个向量 x，这个向量满足：对于每个 i，给定 x_{-i}，x_i 能够解得(7.1)式。对于任意一个这类政策 π，记其带来的均衡分配为 $x(\pi)$。为简单起见，假设对于每个 π 只存在唯一均衡，并且由此得出的函数 $X(\cdot)$ 是可微的。函数 $X(\cdot)$ 被称作结果函数。

于是，社会面临的问题是：给定结果函数 $X(\cdot)$，选择一个政策 π 使其目标函数最大化。也就是说，社会求解下述问题：

$$(7.3)\qquad \max_{\pi} U(X(\pi),\pi).$$

如果我们假设一个内部解，社会的一阶条件是：

$$(7.4)\qquad \sum_{i=1}^{n}\frac{\partial U}{\partial x_i}\frac{\partial X_i}{\partial \pi}+\frac{\partial U}{\partial \pi}=0.$$

我们现在可以定义一个承诺均衡：

定义 一个承诺均衡是一个政策 π^* 和一个结果函数 $X(\cdot)$，它们满足：

(i)社会最大化：给定 $X(\cdot)$，政策 π^* 能够解得社会最大化问题(7.3)；

(ii)个体均衡：对于每一个 π，结果 $X(\pi)$ 是个体经济人的均衡。

271 注意，实际包含在这样一个均衡中的个体决策由 $x^* = X(\pi^*)$ 给出。

在不具备承诺方法的条件下，均衡有所不同。特别是，首先由个体经济人选择一个向量 x，然后社会选择一个政策 π。给定某个分配 x，社会面临的问题是：

$$(7.5)\quad \max_{\pi} U(x,\pi).$$

社会的一阶条件是：

$$(7.6)\quad \frac{\partial U}{\partial \pi}=0.$$

假设对于每个向量 x，(7.6)式定义的政策 π 是唯一的，并且由此导致的政策规则 $\Pi(\cdot)$ 可微。在这一均衡上，给定政策规则 $\Pi(\cdot)$ 和其他个体经济人的决策 x_{-i}，个体经济人 i 求解下述问题：

$$(7.7)\quad \max_{x_i} \mathrm{U}(x,\Pi(x)).$$

每个经济人 i 的一阶条件是：

$$(7.8)\quad \frac{\partial U}{\partial x_i}+\frac{\partial U}{\partial \pi}\frac{\partial \Pi}{\partial x_i}=0.$$

(注意到，我们令每个经济人考虑进其行动对社会选择的政策产生的影响。当个体经济人的数目很大时，这一影响将很小，并且其极限为零。）我们现在可以定义一个无承诺均衡。

定义　一个无承诺均衡是一个个体决策向量 x^* 和一个政策规则 $\Pi(\cdot)$，它们满足：

(i)个体均衡：给定 x^*_{-1} 和 $\Pi(\cdot)$，x_i^* 解得(7.7)式；

(ii)社会最大化：对于任意 x，政策 $\Pi(\cdot)$ 解得(7.5)式。

我们现在可以比较有承诺和无承诺条件下的均衡结果。将式(7.2)和式(7.4)结合起来，我们看到，承诺均衡的结果完全由下式刻画：

(7.9)　对于所有 i，有 $\dfrac{\partial U}{\partial \pi}=0$ 和 $\dfrac{\partial U}{\partial x_i}=0$.

将(7.6)式和(7.8)式结合起来，我们看到，无承诺均衡的结果由下 272
式刻画：

(7.10)　对于所有 i，有 $\dfrac{\partial U}{\partial x_i}=0$，并且 $\dfrac{\partial U}{\partial \pi}=0$.

注意到，(7.9)式和(7.10)式是等价的，它们都是下述问题的一阶条件：

$$\max_{x,\pi} U(x,\pi).$$

在严格的凹性条件下，这一问题的解是唯一的，因此我们建立了如下命题：

命题 7.1　在一个团队环境中不存在时间一致性问题。

如果所有经济人具有与社会相同的目标函数，那么有承诺和无承诺条件下的均衡分配和政策是相同的。

因此，产生时间不一致性问题的前提是在社会和个体经济人之间或者个体经济人之间存在某种利益冲突。

7.1.2 大度的经济人和一个自私的社会

相当多的论文考察了社会偏好与个体偏好不一致的情形。在我们这篇论文中，我们将以下述方式处理这种情形：假设每个经济人的目标函数是$U(x,\pi)$，而社会的目标函数是另外某个函数，比如，$S(x,\pi)$。在这样的假设下，一个承诺均衡可被概括为：

对于所有 i，有$\frac{\partial U}{\partial x_i}=0$,

273 并且 $$\sum_{i=1}^{n}\frac{\partial S}{\partial x_i}\frac{\partial X_i}{\partial \pi}+\frac{\partial S}{\partial \pi}=0.$$

同样，一个无承诺均衡可被概括为：

$$\frac{\partial S}{\partial \pi}=0,$$

并且对于所有 i，有$\frac{\partial U}{\partial x_i}+\frac{\partial U}{\partial \pi}\frac{\partial \Pi}{\partial x_i}=0.$

显然，这两组方程的解通常是不相同的。

使社会偏好与其成员的偏好不一致的假设成立的一个理由是：作出政策选择的是一个自私的政府。正如我们已经看到的，这样一个政府和社会成员之间的目标分歧将带来可导致时间一致性问题的利益冲突。但我们不清楚，为什么社会偏好不能反映其成员的偏好。因此，这里描述的时间一致性问题似乎并不是在民主社会里构造社会选择问题的一种有吸引力的方式。

7.1.3　自私的个体和一个大度的社会

现在考虑个体经济人的偏好可能互不相同的情形。具体地，令经济人 i 的偏好由效用函数 $U^i(x,\pi)$ 给出。注意到，由于每个经济人的效用受其他经济人的决策的影响，因此在这一经济中存在外部影响。我们称社会是大度的，其具体含义是说社会通过使下式最大化求解一个帕累托最优问题：

$$\sum_{i=1}^{n} \lambda_i U^i(x,\pi),$$

其中，$\lambda=(\lambda_1,...,\lambda_n)$是一组福利权重。

在有承诺条件下，每个经济人的一阶条件是：

$$\frac{\partial U^i}{\partial x_i}=0,$$

而社会的一阶条件是：

$$\sum_{i=1}^{n} \lambda_i\left[\sum_{j=1}^{n} \frac{\partial U^i}{\partial x_j}\frac{\partial X_j}{\partial \pi}+\frac{\partial U^i}{\partial \pi}\right]=0.$$

类似地，在无承诺条件下，社会的一阶条件是： 274

$$\sum_{i=1}^{n} \lambda_i \frac{\partial U^i}{\partial \pi}=0,$$

经济人 i 的一阶条件是：

$$\frac{\partial U^i}{\partial x_i}+\frac{\partial U^i}{\partial \pi}\frac{\partial \Pi}{\partial x_i}=0.$$

注意到，在一般情况下这两组解是不相同的；所以，当存在外部性时，通常存在时间一致性问题。

7.1.4 典型经济人模型

在具有典型经济人的竞争性均衡模型中，会出现特别令人感兴趣的一类社会选择问题。这一类问题可以被再现在我们的一般社会选择框架中。对于这一类问题，经济人的目标函数是：

$$U^i(x,\pi)=U(x_i,\overline{x},\pi),$$

其中，$\hat{x}=\sum_{i=1}^{n}x_i/n$ 代表总体人均分配。社会的目标函数是：

$$S(x,\pi)=\sum_{i=1}^{n}U(x_i,\overline{x},\pi).$$

假设个体经济人竞争性地行事，等于假设每个经济人 i 将总体分配 $\overline{x}$ 和政策 π 都当作已知。此外，在无承诺条件下，社会所使用的政策规则 Π 只能依赖于总体分配 $\overline{x}$。而在有承诺条件下，一阶条件简化为：

$$\text{对于所有 } i\text{，有}\frac{\partial U^i}{\partial x_i}=0,$$

$$\text{并且}\quad \sum_{i=1}^{n}\frac{\partial U^i}{\partial \hat{\pi}}\frac{\partial \overline{X}}{\partial \pi}+\frac{\partial U^i}{\partial \pi}=0.$$

275 无承诺条件下，一阶条件是：

$$\sum_{i=1}^{n}\frac{\partial U^i}{\partial \pi}=0\text{，并且}$$

$$\text{对于所有 } i\text{，有}\frac{\partial U^i}{\partial x_i}=0.$$

显然，这两个问题的解通常是不一致的。注意到，如果效用函数不依赖于总体分配 $\overline{x}$，那么这两个问题的解将相同。所以，效用函数对总体分配的依赖构成了经济人之间一个微妙的冲突来源。这一冲突的性质可以通过一个简单的通货膨胀模型得到说明。我们将在7.2节和7.3节考虑更复杂的例子。

7.1.5　经济人之间的冲突在一个简单通货膨胀模型中的体现

在时间一致性文献中，使用的最为广泛的例子也许是关于通货膨胀和失业的一种菲利普斯曲线模型。基德兰德和普雷斯科特(1977)最先使用这一模型说明了时间一致性问题。巴罗和戈登(1983)以及罗戈夫(1987，本书第6章)细化了基本模型。他们的思路是：未预期的通货膨胀给社会带来了收益，而预期的通货膨胀带来了成本。在我们的社会选择框架中，我们可以以下述方式刻画这些特征。

每个经济人选择它的名义工资 x_i(的对数)，而社会(在这里它被等同于货币当局)选择价格水平 π(的对数)。总体分配 $\overline{x} = \sum_{i=1}^{n} x_i/n$ 是经济中的平均名义工资。个体经济人的效用函数由下式给出：

$$U^i(x,\pi)=U(x_i-\pi,\overline{x}-\pi,\pi),$$

而货币当局的效用函数是：

$$S(x,\pi)=\sum_{i=1}^{n}U(x_i-\pi,\overline{x}-\pi,\pi).$$

和前面一样，我们将考虑两种承诺方法。在有承诺条件下，一阶条件简化为： 276

对于所有 i，有 $U_1(x_i-\pi,\overline{x}-\pi,\pi)=0$，并且

$$(7.11)\qquad \sum_{i=1}^{n}\left[U_2(x_i-\pi,\overline{x}-\pi,\pi)\left(\frac{\partial\overline{X}}{\partial\pi}-1\right)+U_3(x_i-\pi,\overline{x}-\pi,\pi)\right]=0.$$

在无承诺条件,一阶条件简化为:

$$U_1(x_i-\pi,\overline{x}-\pi,\pi)=0,\text{并且}$$

$$(7.12)\qquad \sum_{i=1}^{n}\left[U_3(x_i-\pi,\overline{x}-\pi,\pi)-U_2(x_i-\pi,\overline{x}-\pi,\pi)\right]=0.$$

在这一类模型中,作下述假设是很平常的,即:对于一个给定的价格水平 π 和总体名义工资 $\overline{x}$,通过设定名义工资等于价格水平加上一个常数 k,可使经济人 i 的效用 $U_1(\cdot)$ 达到最大。使这一假设成立的一个理由是,高于常数 k 的实际工资将导致较低的就业量从而较低的效用。

当实际工资 $x_i-\pi$ 等于 k 时,$U_1(\cdot)=0$,于是在一个承诺均衡上,$\partial\overline{X}/\partial\pi=1$。由(7.11)式和(7.12)式可知,两个问题的解不相同。注意到,社会关注第二个变量 $\overline{x}-\pi$——即经济中的平均实际工资——非常关键。如果个体经济人或社会的效用函数不依赖于这一变量,那么解将是相同的。巴罗(1985)和罗戈夫(1987,第 6 章)认识到了这一假设的重要性。他们称:如果因为存在外部性或扭曲性税收,自然失业率超过社会最优水平,那么未预期的通货膨胀将给社会带来好处。由于这些特性没有被模型化,因此很难判断这一论点的正确性。我们只能说,要想由这一模型产生出时间一致性问题,就必须存在某种类似的力量。

7.1.6　小结

我们在这一节阐明了三个主要论点:第一,时间一致性问题不
会出现在一个团队环境中。第二,当政府并不追求个体经济人的 277
福利最大化时,会产生时间一致性问题。第三,即使政府是大度的,个体经济人之间的冲突也会带来时间一致性问题。下一节我们将考察两个例子,从而说明外部影响和决策时机之间的相互作用如何造成了时间一致性问题。

7.2　资本征税模型

这一节我们将考察查里和基欧(1987b)在费希尔(1980)提出的模型基础上作了修改的一个资本征税模型。我们首先考虑这一模型的单期形式。

假设经济由许许多多相同的消费者和一个政府组成。存在一个线性的生产技术,在该技术下,资本的边际产品是一个常数 $R>1$,劳动的边际产品是1。消费者在两个明确的时点上——第一阶段和第二阶段上——作决策。它们在第一阶段上作消费-投资决策,在第二阶段上作消费-劳动供给决策。在第一阶段,消费者被赋予 w 单位的初始消费品,它们消费掉其中的 c_1 单位,储存下 k 单位。在第二阶段,它们消费掉 c_2 单位,又生产出 l 单位。第二阶段的收入除去税收的净值是 $(1-\delta)Rk+(1-\tau)l$,其中,δ 和 τ 分别代表资本和劳动的税率。为简单起见,我们假设第一阶段的消费是第二阶段的消费的充分替代品。面对税率 δ 和 τ,消费者将

选择$(c_1,k;c_2,l)$求解下述最大化问题：

$$(7.13)\qquad \max U(c_1+c_2,l),$$
$$\text{s.t.}\quad c_1+k\leqslant w,$$
$$c_2\leqslant(1-\delta)Rk+(1-\tau)l.$$

如果资本税率δ满足$(1-\delta)R=1$,那么消费者对消费的时间安排是无所谓的。我们假设在这种情况下,消费者将储蓄它所有的初始财富。

政府对资本和劳动收入征收比例税,以便为第二阶段既定的人均政府支出G筹资。此时政府的预算约束是：

$$(7.14)\quad G\leqslant\delta RK+\tau L,$$

278 其中,K和L代表人均(或总体)资本量和劳动量。我们假设$G>Rw$,因此即使消费者储蓄它们所有的初始财富并且资本税率被定为1,政府仍然需要对劳动征税。

为表述上的方便,下面我们将用小写字母代表个体变量,用大写字母代表总体变量。这种表示方法是为了强调被各个经济人当作已知的部分。

7.2.1 有承诺条件下的资本征税

在一个有承诺经济中,政府在个体经济人作出决策之前定出税率。很容易给这一环境定义一个均衡。令$x_1=(c_1,k)$和$x_2=(c_2,l)$分别为一个个体消费者第一阶段和第二阶段的分配,令$X_1=(C_1,K)$和$X_2=(C_2,L)$分别为相应的总体分配。记政府政策为$\pi=(\delta,\tau)$。我们现在可以定义一个竞争性均衡。

定义　一个竞争性均衡由一个个体分配(x_1, x_2)、一个总体分配(X_1, X_2)和一个税收政策 π 构成，它们满足：

(i)消费者最大化：给定税收政策 π，个体分配能够解得消费者问题(7.13)式；

(ii)政府预算约束：在总体分配(X_1, X_2)上，政策 π 满足政府预算约束(7.14)式；

(iii)代表性：个体分配和总体分配一致，即$(x_1, x_2) = (X_1, X_2)$。

如果个体和总体分配一致，我们就把这样一个均衡记为(π, X)，其中，$X = (X_1, X_2)$。令 E 是对应着一个均衡的 π 的集合。假设对应 E 中的每一个 π，存在唯一一个与 π 有关的均衡分配 $X(\pi)$。以 $S(\pi, X(\pi))$记政策 π 下的均衡效用值，从而：

$$S(\pi, X(\pi)) = U(C_1(\pi) + C_2(\pi), L(\pi)).$$

我们称(π, x)是一个拉姆齐均衡，如果 π 能够解得： 279

$$\max_{\pi \in E} S(\pi, X(\pi)),$$

并且 $X = X(\pi)$。于是有：

命题 7.2　单期拉姆齐均衡

拉姆齐均衡(π, X)具有第一阶段分配 $C_1 = 0$ 和 $K = w$，以及一个资本税率 $\delta = (R-1)/R$。

证明：如果资本税率满足$(1-\delta)R \geqslant 1$，那么消费者将储蓄它们所有的初始财富；而如果$(1-\delta)R < 1$，消费者将什么也不储蓄。因此，当资本税率被定在任何小于或等于$(R-1)/R$ 的水平上时，它所起的作用和一个总额税相同。显然，从这一税收中获得的收入

越多越有利。由于 $G>Rw$，政府支出大于从这一资本税中可能获得的最大收入；因此，设定 $\delta=(R-1)/R$ 是最优的。面对这一税率，消费者将储蓄它们所有的初始财富。于是劳动税率将被定在一个足以获得其余所需收入的水平上。

7.2.2 无承诺条件下的资本征税

无承诺的情形被描述为：政府一直等到消费者作出它们第一阶段的决策以后才定出自己的政策。所以，决策时间表是：(1)消费者作第一阶段决策，(2)政府定出税收政策，(3)消费者作第二阶段决策。在这一环境下，政府的税率依赖于第一阶段的总体决策情况。因此一个政府政策不再是一对税率 $\pi=(\delta,\tau)$，而是为对应每个可能 X_1，的税率定出的一个规则，比如 $\sigma(X_1)=(\delta(X_1),\tau(X_1))$。为区别这些概念，我们称函数 σ 为一个政策计划，而把一组特定税率 π 简单称为一个政策。

每个消费者的第二阶段决策依赖于第一阶段决策 x_1、第一阶段总体决策 X_1 以及被选择的税收政策。因此，一个消费者的第二阶段决策由一对函数——比如 $f_2(x_1,X_1,\pi)=(c_2(x_1,X_1,\pi),l(x_1,X_1,\pi))$——描述。我们称 f_2 为一个第二阶段分配规则，以区别于一个特定的第二阶段分配 x_2。类似地，总体分配规则 F_2
280 被定义为第一阶段总体决策 X_1 和政策 π 的一个函数，记为 $F_2(X_1,\pi)$。

这一环境下的均衡是用递归方法定义的。首先，给定消费者和政府以往的决策史，定义第二阶段的竞争性均衡。然后我们考虑对称历史 (x_1,X_1,π)，其中的个体分配 x_1 等于总体 X_1。由它导致的分配规则被用来定义政府面临的问题。接下来定义第一阶段的竞争性均衡。将所有这些步骤结合在一起，得出一个我们称作时间一致均衡的均衡。我们定义第二阶段的竞争性均衡如下。

定义　给定历史(x_1, X_1, π)，第二阶段的竞争性均衡由个体分配规则 f_2 和总体分配规则 F_2 构成，它满足：

(i)消费者最大化：给定历史(x_1, X_1, π)，个体分配规则 $f_2(x_1, X_1, \pi)$能够解得：

$$\max_{c_2 l} U(c_1 + c_2, l),$$

$$\text{s.t.}\quad c_2 \leqslant (1-\delta)Rk + (1-\tau)l;$$

(ii)代表性：$f_2(X_1, X_1, \pi) = F_2(X_1, \pi)$.

由于这一均衡是定义在每一个历史上的，所以我们可以用函数 $F_2(X_1, \pi)$概括它。

其次考虑政府面临的问题。在已知以往的总体决策 X_1 并且已知未来决策由规则 $F_2(X_1, \pi)$产生的条件下，政府将选择一个政策，如 $\pi = \sigma(X_1)$，使消费者的福利最大化。所以，政府的目标函数是：

(7.15)　$S(\sigma, F_2; X_1) = U(C_1 + C_2(X_1, \pi), L(X_1, \pi))$，

其中，$\pi = \sigma(X_1)$。给定 X_1 和 F_2，政府必须选择满足其预算约束的一个政策 $\sigma(X_1)$：

(7.16)　$G \leqslant \delta(X_1)RK + \tau(X_1)L(X_1, \sigma(X_1))$.

以 $\sum(F_2; X_1)$ 记所有满足(7.16)式的政策 $\sigma(X_1)$的集合。政府面临的问题是选择一个计划 σ，使得对于每一个 F_1*，$\sigma(X_1)$都能

* 原文有误，似应为 X_1。——译者

在可行政策集合 $\sum(F_2;X_1)$ 上使(7.15)式的效用最大化。

281 最后，考虑消费者在第一阶段面临的问题。每个消费者要选择第一阶段的一个体分配 $x_1=(c_1,k)$，以及第二阶段的行动要遵循的分配规则 f_2。每个消费者把下述情况当作已知：当前的总体分配是某个 X_1，未来的政策是按照计划 σ 制定的，以及未来的总体分配由某个规则 F_2 产生。在这些假设下，第一阶段的竞争性均衡定义类似第二阶段的竞争性均衡定义，因此第一阶段的竞争性均衡由(σ,X_1,F_2)概括。

以上我们用递归方法定义了消费者和政府面临的问题。将上述定义结合起来，便可以定义对于个体和政府都具有序列理性性质的一个均衡。由于这一性质，我们称该均衡是时间一致的。正式定义如下：

定义 一个时间一致均衡是一个(σ,X_1,F_2)，它满足：

(i)消费者的序列理性：(σ,X_1,F_2)是第一阶段的一个竞争性均衡，并且对于每一个历史(π',X'_1)，分配规则 $F_2=(\pi',X'_1)$是第二阶段的竞争性均衡；

(ii)政府的序列理性：给定 F_2，对于每一个历史 X'_1，政策计划 σ 能够解得政府的最大化问题。

于是我们有：

命题 7.3 单期时间一致均衡

单期时间一致均衡具有第一阶段分配 $C_1=w$ 和 $K=0$，以及一个资本税收计划 $\delta(X_1)\equiv1$。

证明：首先考虑政策计划 σ。给定任意的第一阶段总体分配 $X_1=$

(C_1, K)，对政府来说最优的策略是从对现有资本量的征税中获得尽可能多的收入。根据假设，$G > Rw$，所以即使所有的初始财富都被储蓄起来并且由此导致的资本都被充分征税，其收入也少于政府支出。因此，$\delta(X_1) \equiv 1$。面对这样的税收，对消费者来说最优的选择是什么也不储蓄，消费掉它们所有的初始财富。

容易证明，每个消费者在时间一致均衡上的效用水平严格低于它在拉姆齐均衡上的效用水平。

但还有一个重要问题未得到回答：这一例子中的冲突来源是什么？为探讨这一问题，我们可以把我们的模型置于 7.1 节描述的一般社会选择框架中。为此，我们需要把消费者和政府的预算约束纳入偏好中。假设每个经济人的偏好由下式给出： 282

$$U(w - k + (1 - \delta)Rk + (1 - \tau)l, l) + W(K, L, \delta, \tau),$$

其中，如果变量 (K, L, δ, τ) 满足政府的预算约束 $G \leqslant \delta RK + \tau L$，那么函数 W 将等于零；否则，W 将等于某个很大的负数。假设政府偏好为：

$$U(w - K + (1 - \delta)RK + (1 - \tau)L, L) + W(K, L, \delta, \tau).$$

由于我们假设消费者是竞争性地行事的，也就是说，它们认为总体情况不受它们的决策的影响，因此这一模型是 7.1.4 节考虑的典型经济人模型的一个特例。因此，冲突的来源是每个经济人更多地关心它自己的分配而非其他经济人的分配。

7.2.3　有限期界资本征税模型

我们现在考虑一个有限期界资本征税模型。为简单起见，假设资本不能跨期储存，也就是说不存在跨期借贷，并假设政府支出是恒定的。在有承诺的情况下，政府在时期初一劳永逸地选择一组税率。一个竞争性均衡是一系列个体分配和总体分配，它们能够使消费者的福利最大化并且满足政府的预算约束和代表性。这一多期模型的拉姆齐均衡就是单期拉姆齐均衡的有限次重复。

在无承诺的情况下，问题要复杂得多，因为所有决策必须是序列理性的。消费者们必须预测未来税率是如何被选择的，而政府必须预测其当前选择如何影响消费者的未来决策。我们遵循查里和基欧（1987a、b）的做法，将分配和政策构造为以往决策历史的函
283 数，从而求解这一预测问题。正式地讲，一个个体消费者至 t 时期第一阶段为止的历史是：

$$h_{1t}=(x_s,X_s,\pi_s\,|\,s=0,\ldots,t-1),$$

而至 t 时期第一阶段为止的总体历史是：

$$H_{1t}=(X_s,\pi_s\,|\,s=0,\ldots,t-1).$$

类似地，在消费者作出 t 时期第一阶段的决策以后，政府面临的总体历史是：

$$H_t=(X_s,\pi_s\,|\,s=0,\ldots,t-1)\cup X_{1t}.$$

至第二阶段，个体消费者的历史是：

$$h_{2t}=(h_{1t},x_{1t},X_{1t},\pi_t),$$

总体历史则是：

$$H_{2t}=(H_{1t},X_{1t},\pi_t).$$

为了与税率不能被任何一个消费者的决策所改变的假设保持一致，总体历史中不包括个体分配。

分配和政策被定义为历史的函数。令 $f_t=(f_{1t},f_{2t})$ 代表个

体分配函数，该函数将第一阶段和第二阶段的个体历史映射为各个阶段上的决策。令 $F_t=(F_{1t},F_{2t})$ 代表相应的总体分配的函数，该函数将总体历史映射为总体分配。令 σ_t 代表将决策史 H_t 映射为 t 时刻的决策的政府政策函数。

现在，为了定义一个时间一致均衡，我们需要说明分配函数和政策函数如何造就未来历史。下面，我们将仅考虑对称的历史。令 $f^t=(f_t,f_{t+1},\ldots)$ 代表 t 时刻往后的一个个体分配规则序列。令 F^t 和 σ^t 代表相应的总体分配规则和政策计划。给定历史 h_{1t}，函数 f^t、F^t 和 σ^t 将造成如下的个体历史：

$$h_{2t}=\{h_{1t},f_{1t}(h_{1t}),F_{1t}(H_{1t}),\sigma_t(H_{1t},F_{1t}(H_{1t}))\},$$

$$h_{1t+1}=\{h_{2t},f_{2t}(h_{2t}),F_{2t}(H_{2t})\},$$

等等。类似地，从任何初始的总体历史（比如 H_{1t}）出发，函数 F^t 和 σ^t 以相似的方式造就未来历史（$H_t,H_{2t},H_{1t+1},\ldots$）。

考虑 t 时期第一阶段的情况。给定某种历史 h_{1t}，一个个体消 284
费者将选择一个相关的计划 f^t。每个消费者都认定未来的总体分配和政策变化将遵循由 F^t 和 σ^t 造就的历史。由于我们这里只考虑对称的历史，所以：

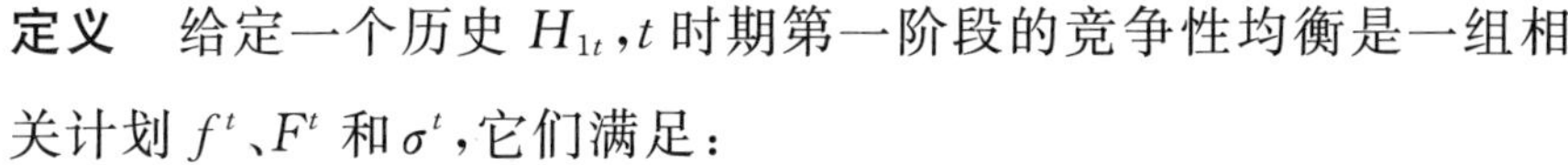

定义　给定一个历史 H_{1t}，t 时期第一阶段的竞争性均衡是一组相关计划 f^t、F^t 和 σ^t，它们满足：

(i)消费者最大化：给定 H_{1t}、F^t 和 σ^t，个体分配规则 f^t 要使下式最大化：

$$\sum_{s=t}^{T}\beta^{s-t}U(c_{1s}(h_{1s})+c_{2s}(h_{2s},l_s(h_{2s}))),$$

$$\text{s. t.}\quad c_{1s}(h_{1s})\leqslant w-k_s(h_{1s}),$$
$$c_{2s}(h_{2s})\leqslant[1-\sigma_s(H_s)]Rk_s(h_{1s})+$$
$$[1-\tau_s(H_s)]l_s(h_{2s}).$$

其中,对于所有 $s\geqslant t$,未来历史由 f^t、F^t 和 σ^t 来决定。

(ii)代表性 $f^t=F^t$:我们可以用一对(σ^t,F^t)值代表这种均衡。类似地,给定一个历史 H_{2t},t 时期第二阶段的一个竞争性均衡是一组相关计划(f_{2t},f^{t+1})、(F_{2t},F^{t+1})和 σ^{t+1},它们满足与上面类似的条件。我们记这种均衡为(σ^{t+1},F_{2t},F^{t+1})。

下面考虑政府 t 时期的情况。给定某种历史 H_t,并假定未来的总体分配是按照(F_{2t},F^{t+1})变动的,政府将选择一个政策计划 σ^t 使消费者的福利达到最大。政府的目标函数是:

$$(7.17)\quad S_t(\sigma^t,F_{2t},F^{t+1};H_t)=U(C_{1t}+C_{2t}(H_{2t}),L_t(H_{2t}))$$
$$+\sum_{s=t+1}^{T}\beta^{s-t}U(C_{1s}(H_{1s})+C_{1s}(H_{1s}),L_s(H_{2s})).$$

给定历史 H_t 和分配规则(F_{2t},F^{t+1}),政府选择的政策计划不仅必须满足它当前的预算约束:

$$G\leqslant\delta_t(H_t)RK_t+T_t(H_t)L_t(H_{2t}),$$

而且,对于所有由(F_{2t},F^{t+1})和 σ^t 带来的总体历史,必须满足它的未来预算约束:

$$G\leqslant\delta_s(H_s)RK_s(H_{1s})+T_s(H_s)L_s(H_{2s}).$$

285 令 $\sum_t(F_{2t},F^{t+1};H_t)$是满足这些预算约束的所有政策计划 σ^t 的集合。于是,政府在时期 t 面临的问题是:选择一个计划 σ^t,使得(7.17)式的消费者福利在所有可行政策组成的集合 $\sum_t(F_{2t}$,

$F^{t+1}; H_t$)上达到最大。

将所有这些定义结合起来,就可以得到不会因时间的变化遭到破坏的一类均衡,因为各种相关计划从构造上就被假定适合任何可能的历史集合。于是我们有:

定义　一个时间一致均衡是一个对(σ, F)值,满足:

(i)消费者的序列理性:对于每一个历史 H_{1t},(σ^t, F^t)是第一阶段的一个竞争性均衡;而对于每一个历史 H_{2t},(σ^{t+1}, F_{2t}, F^{t+1})是第二阶段的一个竞争性均衡;

(ii)政府的序列理性:对于每一个历史 H_t,计划 σ^t 在可行计划集合 $\sum_t (F_{2t}, F^{t+1}; H_t)$上使消费者的福利达到最大。

我们简化记号,并且以 $S_0(\sigma, F)$记在时间一致均衡上的零时刻效用值。

利用后向归纳法很容易刻画时间一致均衡。在最后一期的第二阶段,消费者的决策问题仅依赖当前税率和当前资本存量,该决策与其他历史无关。结果,政府的决策问题仅依赖当前的资本存量。于是,最后一期的均衡与单期均衡相同,并且与历史无关。下一步考虑 $T-1$ 期的问题。显然,不管是政府的决策还是私人的决策都不会对 T^* 期的结果产生任何影响。因此,$T-1$ 期的问题也是静态的,并且其结果与单期情形中的相同。将这一推导过程重复多次,我们将发现:对于有限期界情形,时间一致均衡是唯一

* 原文有误,似应为 $T-1$。——译者

的，并且它就等于一系列单期时间一致均衡。

7.2.4 无限期界的资本征税模型

在有承诺条件下，可以直接刻画均衡。无限期界拉姆齐均衡
286 就是将命题 7.2 中单期拉姆齐均衡重复无限次。注意到，这一均衡是有限期界拉姆齐均衡序列的极限。

在无承诺条件下，刻画均衡集合的方法没有那么简单。一种方法是对有限期界时间一致均衡序列求极限。由这一方法确实能够产生出时间一致均衡。但是，还有很多其他的时间一致均衡，不是任何有限期界均衡序列的极限。实际上，时间一致集合非常大，并且很难刻画它们的特征。

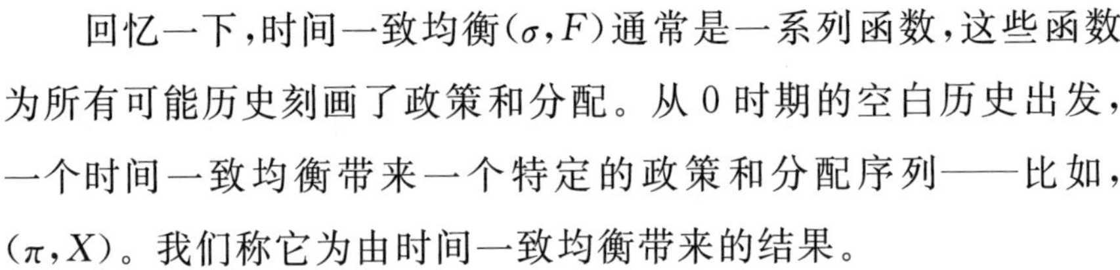

回忆一下，时间一致均衡(σ,F)通常是一系列函数，这些函数为所有可能历史刻画了政策和分配。从 0 时期的空白历史出发，一个时间一致均衡带来一个特定的政策和分配序列——比如，(π,X)。我们称它为由时间一致均衡带来的结果。

刻画这类结果集合的方法是建立在阿布勒(1984)对反复对策所作的开创性研究基础之上的。但是在我们的模型中，经济人是竞争性地而不是策略性地行事的，因此我们需要重述阿布勒的论证。我们将证明，一个政策和分配序列可由某个时间一致均衡带来，当且仅当该序列可由一个被称作复归自给自足均衡的特定时间一致均衡带来。然后我们将利用这一结果表明，任意一个序列是一个时间一致均衡的结果，当且仅当它满足两个条件：第一，该序列在 0 时期上是一个竞争性均衡；第二，该序列必须满足某些简单不等式。

我们将分三步进行：首先，我们将定义自给自足均衡以及复归自给自足均衡。其次，我们将证明任意的一个政策和分配序列可以由某个时间一致均衡带来，当且仅当它可由复归自给自足均衡带来。第三，我们将利用这一结果提供对时间一致的政策和分配的简单描述。

自给自足均衡(σ^a, F^a)是如下定义的。对政府来说，不管直到t期的历史如何，计划$\sigma_t^a(H_t)$刻画了命题7.3的单期时间一致计划。对个体经济人来说，不管直到t期的历史如何，分配规则$F_{1t}^a(H_t)$和$F_{2t}^a(H_{2t})$刻画了单期时间一致分配规则。容易证明，这些
政策计划和分配规则构成了一个时间一致均衡。查里和基欧 287
(1987b)证明了如下的命题。

命题7.4　自给自足是最差的时间一致均衡

任意时间一致均衡(σ, F)的效用水平$S(\sigma, F)$，必须大于或等于自给自足均衡的效用水平$S(\sigma^a, F^a)$。

证明：我们在这里大致说一下证明的思路。为了建立上述命题，我们需要表明对于任意一个均衡(σ, F)，下述不等式成立：

$$S(\sigma, F) \geqslant S(\sigma^a, F) \geqslant S(\sigma^a, F^a).$$

两个不等式都依赖有关竞争性均衡的一个事实，即对于任意时期t，第二阶段的劳动供给决策和消费决策能够解得同一个静态问题。根据这一事实，政府从σ偏离到σ^a是可能的，因为对于任意的均衡分配规则F，σ^a满足政府的预算约束。于是，政府的序列理性将带来第一个不等式。

接下来，如果分配规则F定义了某个时期t上的正储蓄，那么

第二个不等式也成立,因为扭曲性税收正在被总额税所取代。如果规则 F 定义了所有时期上的零储蓄,那么由 F 和 F^a 导出的分配是相同的。

下一个命题使用了经过改造的自给自足计划,即所谓的复归自给自足计划。对于任意一个政策和分配序列(π,X),只要它在过去曾被选择过,那么复归自给自足计划(σ^r,F^r)刻画了该序列的延续;否则,它们定义了返回到自给自足状态的计划(σ^a,F^a)。因此,假如给定 t 期上的历史 H_t,这一政策计划描述了如下的情况:如果税率$(\pi_0,...,\pi_{t-1})$是根据 π 和$(X_0,X_1,...,X_{t-1})$选出来的,并且 X_{1t}是根据 X 选出来的,那么应该选择由 π 定义的税率 π_t。如果上述条件不能得到满足,那么就回到自给自足的税率规则 σ^a。复归自给自足的分配规则 F^r 也是类似地定义的。

下面我们考察一些任意的(π,X)序列以及与它们相关的复归自给自足计划。当政府回到自给自足的状态上时,我们有必要定义单期效用。假定 t 期第一阶段的分配 X_{1t}是根据 X 选出来的,令 $U^d(X_{1t})$为自给自足规则下的最大效用值。容易表明:

288

$$U^d(X_{1t})=\max_{(T,C_2,L)}U(C_{1t}+C_2,L),$$

$$\text{s.t.}\quad C_2\leqslant 1(-\tau)L,$$

$$\frac{U_l}{U_c}=(1-\tau),$$

$$G\leqslant RK_t+\tau L.$$

于是我们有:

命题 7.5　时间一致均衡的结果

任意一对序列(π,X)是一个时间一致均衡的结果，当且仅当：

(i)(π,X)是 0 时期上的一个竞争性均衡；

(ii)对于每一个 t，下列不等式成立：

$$\sum_{s=t}^{\infty}\beta^{s-t}U(X_s)\geqslant U^d(X_{1t})+\frac{\beta}{1-\beta}U(X^a),\tag{7.18}$$

其中，X^a 代表自给自足均衡分配。

证明：首先假设(π,X)是时间一致均衡(σ,F)的结果。消费者的序列理性要求(π,X)是 0 时期的一个竞争性结果。通过一个类似命题 7.4 的论证过程可知，政府偏离自给自足计划 σ^a 是可能的。此外，根据命题 7.4，自给自足均衡是最差均衡。那么显然，对于每一个时期 t，政府的效用必须至少和(7.18)式的右边一样大。

接下来假设某个任意的成对序列(π,X)满足(i)和命题 7.5 289
的(ii)。我们需要表明，与该序列有关的复归自给自足计划(σ^r,F^r)构成了一个时间一致均衡。考虑这样一个历史，在该历史下直到 t 时期都没有出现对(π,X)的偏离。由于(π,X)在 0 时期上是一个竞争性均衡，因此显然，该序列在 t 时期往后也是一个竞争性均衡。因此，这样的历史满足消费者的序列理性。现在考虑政府面对分配规则 F^r 时的情形。(7.18)式的右边给出了政府从任意偏离中所能获得的最高效用。我们已经证明，对于这类历史，σ^r 对于政府来说是序列理性的。

下面考虑在 t 时期之前发生过偏离的历史。复归自给自足规则(σ^r,F^r)定义了自偏离发生以来的自给自足情形。显然，自给自足的政策和分配构成了 t 时期上的一个竞争性均衡。最后，面对自给自足的分配规则，政府发现选择自给自足的政策是最优的。因此，(σ^r, F^r)是一个时间一致均衡。

由这一命题可以立即推出一个类似反复对策中的民间定理的一个结果（参见富登伯格和马斯金，1986）。

命题 7.6 支持拉姆齐分配

存在某个贴现因子$\underline{\beta}\in(0,1)$，使得对于所有 $\beta\in(\underline{\beta},1)$，拉姆齐分配可以得到一个时间一致均衡的支持。

证明：回忆一下，所有时期上的拉姆齐分配都是一样的。记任意一个时期的拉姆齐分配为 X^*。根据命题 7.5，我们只需证明 X^* 满足不等式(7.18)。经过整理，我们需要表明：

$$(7.19)\quad \frac{\beta}{1-\beta}[U(X^*)-U(X^a)]\geqslant[U^d(X_1^*)-U(X^*)].$$

由于拉姆齐分配产生的效用水平严格高于自给自足分配的效用水平，(7.19)式的左面是正的。由于(7.19)式的左面随着贴现因子接近 1 而无限单调递增，所以命题成立。

命题 7.5 和 7.6 表明，无限期界时间一致均衡的集合远大于有限期界均衡的极限的个数。这一结果主要依赖于下述事实，即政策规则和分配规则都被允许依赖于历史。如果规定这两个规则都不能依赖当前时期以前的历史，那么唯一的时间一致均衡将是有限期界均衡的极限。我们没有理由关注这类规则。

类似的结果在重复对策中也很常见。但我们的模型在一个重要方面不同于重复对策：个体经济人是竞争性地而不是策略性地行事的。比如，在复归自给自足均衡上，当政府有偏离行为时消费 290
者并不“惩罚”它；消费者宁愿选择自给自足的分配，因为在它们不能控制未来的总体分配和政策的情况下，选择这些分配是最优的。

7.3　一个有限期界债务和赖债模型

在 7.2 节的多期资本征税模型中，我们假设资本在每一期都被完全折旧，因而经济人不能借或贷。在技术上，这意味着不存在像资本或债务这样的将一个时期与另一个时期联系起来的状态变量。此外，我们假设了一个线性的生产函数，因此均衡价格的计算变得简单了。这些特性简化了我们对模型的分析，因而该模型成了研究带有时间一致性问题的多期模型的一个入门工具。但是，大多数令人感兴趣的宏观经济模型都带有实物状态变量，并且均衡价格的计算并不那么简单。本节的主要目的就是提供这类模型的一个介绍，并阐明出现的一些问题。我们将通过研究一个简单的债务和赖债模型来达到这个目的。另一个次要目的是要表明，即使在这一简单模型中，判定是否存在一个时间一致问题也不是一件容易的事情。我们将特别表明，虽然 7.1 节描述的个体经济人之间的冲突对于时间一致性问题的产生来说是必要的，但它们却不是充分的。

我们将考察一个类似普雷斯科特(1977)、巴罗(1979)以及卢卡斯和斯托齐(1983)所提出的模型的有限期界债务模型。在该模

291 型中,政府的消费是随时间波动的,并且维持这一消费的收入来自对劳动征收的扭曲性税收。政府还可以对债务征税。任何针对债务的税收都被看作是部分的赖债,而一个100%的税收被看作是完全的赖债。为简单起见,我们假设不存在资本。

在承诺均衡上,政府利用债务平滑来自不同时间上的劳动所得税的扭曲。在政府消费随时间波动的情况下,最优性意味着拉姆齐政策不能使预算在每一期都得到平衡。在无承诺均衡上,正是平衡预算的不可得造成了时间一致性问题。特别是,在无承诺时,每当未清偿政府债务为正,政府就有动力去赖债以便减少扭曲性劳动所得税的数量。但是当未清偿债务为负时,政府没有赖债的动机。查里和基欧(1987a)利用这一事实表明,时间一致均衡能够解得某种被称作约束拉姆齐问题的规划问题。该问题说的是:在预算约束和要求政府盈余的现值在所有未来时期都非负的一系列约束下,最大化典型消费者0时期的福利。

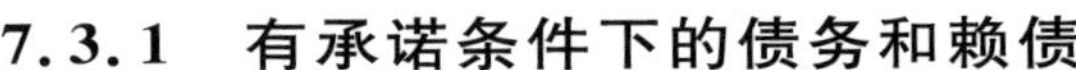

7.3.1 有承诺条件下的债务和赖债

假设一个经济中充满了很多相似的能够活到 $T+1$ 期的经济人。每个时期有两种商品:劳动和一种消费品。另外,存在一种将一单位劳动转化为一单位产出的规模收益不变的技术。产出供私人消费或政府消费。记每期的人均政府消费水平为 G_t,它是外生的。令 c_t 和 l_t 代表个体的消费水平和劳动水平,并且令 C_t 和 L_t 代表这些变量的总体(或人均)价值。一个总体分配 $(C,L)=\{C_t, L_t\}_{t=0}^{T}$ 是可行分配,如果它满足:

(7.20) $C_t+G_t=L_t.$

每个经济人的偏好由下式决定：

$$(7.21)\quad \sum_{t=0}^{T}\beta^{t}U(c_t,l_t),$$

其中，U 是递增、凹而有界的，并且 $0<\beta<1$。

令 p_t 是以抽象的计量单位表示的 t 时期的消费品价格，而把价格向量记为 $p=\{p_t\}_{t=0}^{T}$。由于规模收益不变的技术将一单位劳动转化为一单位产出，所以工资率等于消费品价格。我们假设政府收入仅来自对劳动收入征收的一种比例税。令 τ_t 代表施加于 t 时期劳动收入的税率，而 $\tau=\{\tau_t\}_{t=0}^{T}$ 代表这类税率的序列。于是，典型消费者的预算约束是：

$$(7.22)\quad \sum_{t=0}^{T}p_t[c_t-(1-\tau_t)l_t]=0.$$

注意到，我们将消费者 0 时期的预算约束写成了现值形式。292
隐含在这一约束中的是消费者持有的政府债务序列。通过明确地写出这一序列，我们可以明了政府对债务征税（或赖债）的动机。

遵循卢卡斯和斯托齐(1983)的思路，我们允许政府债务由各种期限的债务构成。在每个时期 t，政府未清偿的净债权为 $t-1B=\{_{t-1}B_s|_{s=t}^{T}$，其中，$_{t-1}B_s$ 是对 s 时期商品的债权$\}$。政府在时期 t 发行的新债权导致了一个净债务状况$_tB$（我们可以把$_tB$ 看作是一种单一债券，该债券带有随时间变化的息票支付）。我们将赖债处理为对未清偿债务的税收。令 $\delta_t\in[0,1]$代表对 t 期未清偿债务的税收。令$_tq_s$ 是 s 期到期债权在 t 期上的价格。令 t 期未清偿债务的税前价值为 $\sum_{s=t}^{T}{}_tq_{s\,t-1}B_s$。政府 t 期的预算约束是：

$$(7.23)\quad p_t[\tau_tL_t-G_t]+\sum_{s=t+1}^{T}{}_tq_s\,{}_tB_s=(1-\delta_t)\sum_{s=t}^{T}{}_tq_s\,{}_{t-1}B_s,$$

其中，${}_{-1}B \equiv 0$.

对总体分配$\{C_t, L_t\}_{t=0}^{T}$的类似的序列预算约束是：

$$(7.24)\quad p_t[C_t - (1-\tau_t)L_t] + \sum_{s=t+1}^{T} {}_tq_s\ {}_tB_s = (1-\delta_t)\sum_{s=t}^{T} {}_tq_s\ {}_{t-1}B_s,$$

其中，${}_{-1}B \equiv 0$。显然，在一个竞争性均衡上，在消费品价格和债权价格之间存在一个套利关系，即${}_tq_t = p_t$，并且对于所有 $s \geqslant t+1$，有：

$$(7.25)\quad {}_tq_s = p_s(1-\delta_{t+1})(1-\delta_{t+2})\ldots(1-\delta_s).$$

在这一经济中，一个个体经济人的分配是消费和劳动的一个向量，记为 $x = \{x_t\}_{t=0}^{T}$，其中，$x_t = (c_t, l_t)$。一个总体分配也是类似地定义的，记为 $X = \{X_t\}_{t=0}^{T}$，其中，$X_t = (C_t, L_t)$。一个政府政策由劳动所得税率、债务税率以及记为 $\pi = \{\pi_t\}_{t=0}^{T}$ 的债务发行构成，其中，$\pi_t = (\tau_t, \delta_t, {}_tB)$。于是我们有：

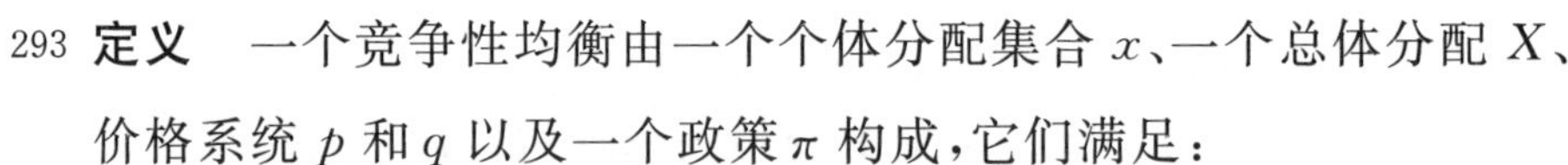

293 **定义** 一个竞争性均衡由一个个体分配集合 x、一个总体分配 X、价格系统 p 和 q 以及一个政策 π 构成，它们满足：

(i)消费者最大化：给定 π、p、q 和 X，个体分配 x 在(7.22)式的约束下(7.21)式最大化；

(ii)对总体分配的序列约束：总体分配 X 对于每个 t 都满足(7.24)式；

(iii)对政府政策的序列约束：政策 π 对于每个 t 都满足(7.23)式；

(iv)无套利：价格系统 p 和 q 对于所有 t 都满足(7.25)式；

(v)代表性：$x=X$。

注意到，序列约束(7.23)式和(7.24)式意味着可行性条件(7.20)式。

我们将简单说明一下无套利条件和对总体分配的序列约束。通过考虑进每个消费者的阶段性预算约束序列，我们可以从消费者最大化条件中推出这些条件。在这些阶段性预算约束中，既有对政府的债权也有对其他消费者的债权。于是消费者最大化意味着无套利条件。于是，由私人债务的市场出清条件和代表性条件可以推出对总体分配的序列约束。为了表述上的方便，我们简单地将这些条件当作均衡定义的一部分。

在任意均衡上，个体分配和总体分配是一致的，因此我们将这样一个竞争性均衡表示为(π,X,p,q)。令 E 代表一个政策集合，该集合中的每个政策都对应一个均衡。假设对于 E 中的每个 π，存在一个唯一的分配 $X(\pi)$（使这一点成立的充分条件是消费和闲暇是正常物品）。一个政策 π 下的均衡效用值由下式给出：

$$S(\pi,X(\pi))=\sum_{t=0}^{T}\beta^{t}U(C_t(\pi),L_t(\pi)),$$

如果 π 能够解得 $\max_{\pi\in E}S(\pi,X(\pi))$，并且 $X=X(\pi)$、$p=p(\pi)$以及 $q=q(\pi)$，我们称(π,X,p,q)是一个拉姆齐均衡。

在这一模型中，我们允许政府对劳动和债务征税。如我们将在无承诺均衡中看到的，通过对债务征税赖债的企图将带来时间一致性问题。但令人感兴趣的是，在拉姆齐均衡上，对债务征税的 294

能力是无关紧要的；并且，从分配的角度看，唯一有关的是对劳动的税收。具体说，这一经济的拉姆齐均衡与卢卡斯和斯托齐(1983)所研究的不允许政府对债务征税的拉姆齐均衡是一致的。这是因为，允许政府对债务征税并没有扩大在某个政府政策下所能够获得的分配的集合。于是我们有：

命题 7.7 债务模型的拉姆齐均衡

拉姆齐均衡上的消费分配 C 和劳动分配 L 是下述问题的解：

$$\max \sum_{t=0}^{T} \beta^{t} U(C_t, L_t),$$

s. t.

$$(7.26) \quad C_t + G_t = L_t,$$

$$(7.27) \quad \sum_{t=0}^{T} \beta^{t} R_t = 0.$$

其中，$R_t \equiv U_c C_t + U_l L_t$ 是以边际效用单位衡量的政府 t 期上的盈余。

证明：首先，此处的可获得分配集合与政府令债务税率恒等于零的经济中的相同。为证实这一点，注意到：在 δ_t 对于某些 t 可能为正的条件下，如果(π, X, p, q)是一个均衡，那么当 $\hat{\tau}_t = \tau_t$、$\hat{\delta}_t = 0$、${}_t\hat{B}_s = {}_tB_s(1-\delta_{t+1})\ldots(1-\delta_s)$，并且当${}_t\hat{q}_s = p_s$ 时，$(\hat{\pi}, X, p, \hat{q})$对于所有 s 和 $t(s \geq t+1)$来说也是一个均衡。其次，注意到在任意一个竞争性均衡上，消费者的一阶条件意味着：

$$(7.28) \quad p_t = \beta^{t} U_c(C_t, L_t),$$

并且

(7.29)　$(1-\tau_t)=-U_1(C_t,L_t)/U_c(C_t,L_t).$

将(7.28)式和(7.29)式代入消费者的预算约束(7.22)式，我们得到(7.27)式。显然，有很多债务序列$\{{}_tB\}_{t=0}^{T}$和债务税收序列$\{\delta_t\}_{t=0}^{T}$。满足序列预算约束(7.23)式和(7.24)式。

拉姆齐问题的一阶条件是(7.26)式、(7.27)式以及对于所有 295
t，有：

$$(7.30)\quad (1+\lambda_0)(U_c+U_l)+\lambda_0[C_t(G_t)(U_{cc}+U_{cl}) \\ +L_t(G_t)(U_{\alpha}+U_{ll})]=0,$$

其中，λ_0 是(7.27)式的拉格朗日乘子。显然，能够解得这一问题的分配仅依赖于政府消费 G_t 的当前值和乘子λ_0。忽略乘子，我们以 $R(G_t)$记拉姆齐分配下的(以边际效用单位衡量的)政府盈余的价值。

在拉姆齐计划中，政府在各个时期上最优地平滑扭曲。我们将提供一个参数形式的例子，在该例子中，对扭曲的平滑伴随着不随时间变化的税率。

例 7.1 令 U 由下式给出：

$$U(C,L)=\frac{C^{1-\alpha_1}}{1-\alpha_1}-\alpha_3\frac{L^{1-\alpha_2}}{1-\alpha_2}.$$

注意到 $\alpha_3\geqslant 0$，并且根据凹性条件我们有 $\alpha_1\geqslant 0$ 和 $\alpha_2\leqslant 0$。假定 U 是加性可分的，我们可以将(7.30)式的一阶条件重新整理，得到：

$$(1-\lambda_0)\tau_t+\lambda_0\left[\frac{C_tU_{cc}}{U_c}-(1-\tau_t)\frac{L_tU_{ll}}{U_l}\right]=0.$$

在上式中我们忽略了对 G_t 的依赖，并且令 $\tau_t=1+U_t/U_c$。将

U 的导数代入这一等式以后，我们看到税率不随时间变化，并且独立于政府当前的消费水平。此外，容易表明，如果 $\alpha_1(1-\alpha_1)\geqslant\alpha_2(1-\alpha_2)$，拉姆齐计划下的盈余 $R(G_t)$将随着 G_t 下降。我们将在后面的一些模型中分析拉姆齐计划的这一性质。

7.3.2　无承诺条件下的债务和赖债

在一个无承诺环境中，我们不能再保留如下的假设：所有的经济人都在时期初作一劳永逸的决策，然后简单地在适当的时候执行这些决策。实际上，我们需要保证这些决策是序列理性的。在
296 决策的时间顺序上，我们刻画了如下序列决策：政府在时期初选择一个政策，然后消费者选择它们的消费决策和劳动供给决策。如在第 2 节中说明的，政府将政策看作是总体历史的一个函数，对于这一模型而言，该历史由过去的总消费、劳动和债务持有决策以及过去的政策构成。因此，政府在 t 时期面临的总体历史是：

$$H_t=(X_s,\pi_s\mid s=0,\ldots,t-1).$$

消费者将它们 t 期的消费、劳动以及债务持有决策看作是它们的个体历史的函数。在这样一个历史中，不仅包括以往的个体决策、以往的总体决策和以往的政策决策，而且包括政策选择 π_t。个体历史由下式给出：

$$h_{1t}=(x_s,X_s,\pi_s\mid s=0,\ldots,t-1)\cup\pi_t,$$

而总体历史 H_{1t} 为：

$$H_{1t}=(X_s,\pi_s\mid s=0,\ldots,t-1)\cup\pi_t.$$

为了与我们使用的典型经济人模型保持一致，我们只考虑对称的历史。

对于这一经济而言，一个时间一致均衡由一个体分配规则 f、一个总体分配规则 F、一个政策计划 σ 和满足某种序列理性条件的价格系统 p 和 q 构成。一个个体分配规则是一个函数序列 $f=\{f_t\}_{t=0}^{T}$，其中，f_t 将每个个体的历史 h_{1t} 映射为一个经济人对消费和劳动的当前选择。同样，一个总体分配规则是一个函数序列 $F=\{F_t\}_{t=0}^{T}$，其中，F_t 将每个总体历史 H_{1t} 映射为消费和劳动的一个总数量。一个政策计划 σ 是一个函数序列 $\sigma=\{\sigma_t\}_{t=0}^{T}$，其中，$\sigma_t$ 将每个历史 H_t 映射为对劳动、债务和新债券的税收。最后，价格系统 p 和 q 是函数序列 $p=\{p_t\}_{t=0}^{T}$ 和 $q=\{{}_tq\}_{t=0}^{T}$，其中的 p_t 将每个历史 H_{1t} 映射为 t 时期的消费品价格，${}_tq$ 将每个历史 H_{1t} 映射为债务价格向量 $\{{}_tq_s\}_{s=t}^{T}$。现在，和 7.2 节中的函数一样，给定任意的个体历史 h_{1t}，相关计划 f^t、F^t 和 σ^t 能够促成未来的个人历史。比如，一个经济人 $t+1$ 期上的历史是：

$$h_{1t+1}=\{h_{1t},f_t(h_{1t}),F_t(H_{1t}),\sigma_t(H_t),\sigma_{t+1}(H_{1t},F_t(H_{1t}))\},$$

等等。类似地，给定任意的总体历史，相关计划 F^t 和 σ^t 将以显而易见的方式促成未来的总体历史。 297

在一个时间一致均衡上，我们通过假设政策计划、分配规则和价格函数对于每个总体历史构成了一个竞争性均衡，模型化了消费者的序列理性。在这一均衡上，每个消费者都被假设为是竞争性地行事的，因为它假定政策和价格的演化并不受其行为的影响。特别是，由于未来的政策和价格是由总体历史决定的，因此竞争性地行事意味着每个消费者都相信它的行为对总体历史没有影响。

消费者在 t 期面临的问题是：对于某些给定的函数 F^t、σ^t、p^t 和历史 h_{1t}，如何选择 f^t 使下式最大化：

$$(7.31)\quad \sum_{s=t}^{T} \beta^{s-t} U(c_s(h_{1s}), l_s(h_{1s})),$$

它的预算约束是：

$$(7.32)\quad \sum_{s=t}^{T} p_s(H_{1s})\{c_s(h_{1s} - [1-\tau_s(H_s)])l_s(h_{1s})\}$$

$$= [1-\delta_t(H_t)] \sum_{s=t}^{T} {}_t q_s(H_t)_{t-1} B_s.$$

在这样一个竞争性均衡上，分配规则 F^t 必须满足下面的一系列约束：对于所有 $s \geqslant t$，有

$$(7.33)\quad p_s(H_{1s})\{C_s(H_{1s}) - [1-\tau_s(H_s)]L_s(H_{1s})\}$$

$$+ \sum_{r=s+1}^{T} {}_s q_r(H_{1s})_s B_r(H_{1s})$$

$$= [1-\delta_s(H_{1s})] \sum_{r=s}^{T} {}_s q_r(H_{1s})_{s-1} B_r(H_{1s-1}).$$

于是我们有：

定义 给定一个历史 H_t，一个由个体分配规则 f^t 和总体分配规则 F^t、价格函数 p^t 和 q^t 以及政策计划 σ^t 构成的序列对于 t 时期的消费者而言是序列理性的，如果该序列满足：

(i)消费者最大化：给定 F^t、p^t、q^t 和 σ^t，f^t 在(7.27)式的约束下解得(7.26)式的消费者最大化问题；

(ii)对总体分配的序列约束：对于所有 $s \geqslant t$，F^t 满足(7.24)式；

(iii)无套利：价格系统 p^t 和 q^t 满足：

$$ {}_s q_r(H_{1s}) = p_r(H_{1r})[1-\delta_{s+1}(H_{s+1})]\ldots[1-\delta_r(H_r)]. $$

并且，对于所有满足 $r \geqslant s \geqslant t+1$ 的 r 和 s，有 ${}_s q_s(H_{1s}) = p_s(H_{1s})$；

(iv)代表性：$f^t = F^t$.

值得注意的是，在这一定义中，未来历史 h_{1s}、H_{1s} 和 H_s 是由 σ^t、f^t 和 F^t 促成的。由于代表性是序列理性定义的一部分，所以我们将这些函数概括为$(\sigma^t, F^t, p^t, q^t)$。

下面考虑政府的问题。在 t 时期上，政府在面对一个总体历史 H_t 的条件下，认为未来的总体分配和价格是按照函数 F^t、p^t 和 q^t 变动的。很重要的一点是，与个体消费者相比，政府能够通过影响总体历史而影响未来的分配和价格。政府 t 时期的目标函数是典型经济人在 F^t 和 σ^t 下 t 时期之后的效用，即：

(7.34)　$S_t(\sigma^t, F^t; H_t) = \sum_{s=t}^{T} \beta^s U(C_s(H_{1s}), L_s(H_{1s})).$

给定一个历史 H_t，政府 t 期的选择集合是 t 时刻之后的政策计划 σ^t 的集合，这些计划满足下面的政府预算约束：

(7.35)
$$ p_s(H_{1s})[\tau_s(H_s)L_s(H_s) - G_s] + \sum_{s=t+1}^{T} {}_s q_r(H_{1s})\,{}_s B_r(H_s) = [1-\delta_s(H_s)] \sum_{r=s}^{T} {}_s q_r(H_{1s})\,{}_{s-1} B_r(H_{s-1}) $$

其中，对于所有 $s \geqslant t$，未来历史是通过 σ^t 和 F^t 由 H_t 产生出来的。我们记这一选择集合为 $\sum(F^t, p^t, q^t; H_t)$。于是我们有：

定义 一个时间一致均衡是一个(σ,F,p,q)，它满足：

(i)消费者的序列理性：对于每一个历史 H_{1t}，函数序列$(\sigma^t, F^t, p^t, q^t)$对于消费者而言是序列理性的；

299 (ii)政府的序列理性：对于每一个历史 H_t，政策计划 σ^t 在集合 $\sum(F^t, p^t, q^t, H_t)$上使(7.34)式中的消费者的福利最大化。

我们可以用一个逆推的方法刻画这一模型的时间一致均衡。回忆一下，在 7.2 节的资本征税模型中，我们使用了一个能够将多期时间一致均衡简化为一系列静态均衡的方法。简化的关键是不存在连接各个时期的状态变量。在我们这一模型中，政府债务就是这样一个状态变量。这一性质加上政府消费随时间波动的事实，意味着时间一致均衡不那么容易被简化。在此处，逆推的方法可以被用来表明时间一致均衡能够解得一个约束拉姆齐问题——在该模型中，债务发行具有非正约束。具体说，查里和基欧(1987a)表明，如果允许存在各种期限的债务，那么下述命题将成立：

命题 7.8 债务模型的时间一致均衡

唯一的时间一致均衡上的分配能够解得约束拉姆齐问题，该问题即选择$\{C_t, L_t\}_{t=0}^{T}$求解下述问题：

$$\max \sum_{t=0}^{T} \beta^t U(C_t, L_t),$$

$$\text{s.t} \quad C_t + G_t = L_t,$$

$$\sum_{s=t}^{T}\beta^{t}[U_cC_t+U_lL_t]=0.$$

并且对于所有 $s=0,1,\ldots,T$，有：

$$(7.36)\qquad \sum_{s=t}^{T}\beta^{s}[U_cC_s+U_lL_s]\leqslant 0.$$

注意到，这一问题就是命题 7.7 的拉姆齐问题，只是有了额外约束(7.36)式。这些约束保证每个时期上的债务发行是非正的。

时间一致均衡能够解得这样一个问题的原因非常简单。考虑最后一个时期 T。如果政府继承了正的债务，它显然有赖债的动机，以便使它必须征收的扭曲性劳动所得税数量最小化。但是，如 300
果政府继承了负的债务，使它对个体经济人拥有债权，那么它将没有动机对债务征税。由此我们可以推知，在任意时期 t 上，不管以往的历史如何，政府将赖掉正的债务却不对负的债务征税。根据无套利条件，如果政府发行正的债务，其价格将为零。利用这一事实，加上消费者的一阶条件以及政府的预算约束序列，我们能够用递归方法推导出约束(7.36)式。

我们将提出一些例子说明时间一致均衡的性质。在这些例子中，我们假设时间为无限。[正如查里和基欧(1987a)表明的，即使对于无限期界，约束拉姆齐问题的解也是能维持的结果。]在 7.2 的例子中，拉姆齐分配是时间一致的。

例 7.2 令 $T=\infty$。假设对于偶数 t，有 $G_t=0$；对于奇数 t，有 $G_t=\gamma$。令 $R(G_t)$ 是拉姆齐计划的剩余函数。令 U 类似(7.3.1 节)例 7.1 中的 U，因而 $R(G_t)$ 是递减的。由此得到的结果是：在

拉姆齐计划下，预算在每个两期周期上都是平衡的。因此：

$$R(0)+\beta R(\gamma)=0.$$

由于 $R(G_t)$ 是递减的，$R(0)$ 是正的而 $R(\gamma)$ 是负的。对于偶数 t，有 $\sum_{r=t}^{\infty}\beta^r R(G_r)=0$；对于奇数 t，有 $\sum_{r=t}^{\infty}\beta^r R(G_r)=R(\gamma)<0$。由于债务发行是负的，拉姆齐分配能够解得约束拉姆齐问题。因此，拉姆齐分配是时间一致的。

下一个例子是例 7.2 的一个小变形。其中也存在一个时间一致性问题，但是，承诺方法的价值在此处不是很大。

例 7.3 令 $T=\infty$。假设对于偶数 t，有 $G_t=\gamma$；对于奇数 t，有 $G_t=0$。令 U 类似例 7.1 中的 U。令 $R(G_t)$ 代表上述假设下政府消费的剩余函数。在拉姆齐计划下，预算在每个两期周期上都是平衡的：

$$R(\gamma)+\beta R(0)=0.$$

对于偶数 t，有 $\sum_{r=t}^{\infty}\beta^r R(G_r)=R(0)>0$；而对奇数 t，有 $\sum_{r=t}^{\infty}\beta^r R(G_r)=0$。因此，拉姆齐分配不能解得约束拉姆齐问题，这里存在一个时间一致性问题。我们可以如下计算由时间一致性问题带
301 来的福利损失的上限。考虑如下的政策，该政策在第 0 期平衡预算，然后从第 1 期开始遵循约束拉姆齐分配。从例 7.2 中我们知道，从第 1 期开始，上述政策给出了该例的拉姆齐分配。这一计划和拉姆齐计划之间的最大效用差值等于平衡第一期预算过程中的效用损失。

在例 7.3 中，一种承诺方法的价值的上限取决于单期的效用损失。查里和基欧(1987a)考察了政府支出为随机时的承诺方法

的价值。他们利用拉姆齐分配和约束拉姆齐分配之间的预期效用差值衡量了这一价值，并且通过除以 $\sum_{t=0}^{\infty}\beta_t$ 规范化了这一差值。这一规范化将衡量到的数值转化成了一种贴现平均效用。

在比较拉姆齐分配和约束拉姆齐分配的过程中，我们使用了两个假设。第一个假设是关于政府消费的随机过程的：

假设 7.1　政府消费遵循一个具有严格为正的元素的平稳马尔科夫过程。此外，由于对于所有 γ，$P\{G_{t+1}\leqslant\gamma|G_t\}$ 是 G_t 的递减函数，所以该消费具有持续性。

注意到，持续性条件要求较高的 t 期政府消费价值带来更高的 $t+1$ 期随机的政府消费价值。

第二个假设是关于拉姆齐计划上的剩余函数 $R(G_t)$ 的。

假设 7.2　$R(G_t)$ 随着 G_t 递减。

这一假设要求税收的价值比政府消费的价值更为平滑。回忆一下，例 7.1 中的参数效用函数满足这一假设。查里和基欧(1987a)证明了如下的命题。

命题 7.9　承诺方法的价值

给定假设 7.1 和 7.2，对于任意的 $\varepsilon>0$，存在某个期限长度 $T<\infty$ 和某个贴现因子 $\beta<1$，使得拉姆齐分配和约束拉姆齐分配之间的规范化了的效用差值最大为 ε。

302 这一命题意味着对于一类令人感兴趣的经济而言,(以规范化了的效用衡量的)承诺的价值并不十分大。

总之,在这一节我们表明了:(1)状态变量的引入复杂化了时间一致均衡的计算,(2)经济人之间的冲突并不能保证时间一致性问题的存在,(3)承诺方法的价值在债务-赖债模型中可能相当小。

7.4 小结

目前有越来越多的文献涉及时间一致性问题和它对宏观经济政策的影响。在这一章,我们并没有综述有关文献而是试图为时间一致性问题提供一种思路。根据我们的观点,经济人之间的冲突是造成时间一致性问题的关键。由于很多文献都使用了典型经济人模型,这种冲突的性质被忽略掉了。我们说明了如何将两种典型经济人模型(资本征税模型以及债务和赖债模型)放入社会选择理论框架中——在该框架中,这种冲突的性质被明确了。通过扭曲性税收获得收入的最优征税模型具有这样的性质,即每个经济人可以通过迫使其他人承担更多的提供公共物品的责任而使自己的境况得到改善。这种冲突在政策出台时机影响分配的论点形成过程中起到了决定性作用。

我们还为资本征税模型以及债务和赖债模型提供了一个周密的时间一致均衡定义。正确地定义一个时间一致均衡,要求我们考虑历史相关分配和价格函数,它们对于恰当地刻画决策者和经济人的预测问题来说是至关重要的。特别是,以这种方式定义均衡，可以保证我们不落入这样的圈套，即把政策当作关于未来计划的一系列“宣告”，并且认为每个宣告都得到了个体经济人的充分信任。通过考察债务和赖债模型，我们可以明了用这种思路构造序列理性遇到的问题。在每个时期，政府将赖掉继承来的债务并宣告它以后永远不会再这么做。如果个体经济人相信这种表白，那么它们将购买政府发行的债券，并且毫无例外地在未来失望。
因此，在这一思路下不会有任何均衡存在。而利用历史相关函数 303
我们可以避免这类问题。

我们有必要再次强调，社会绝不可能在承诺均衡或时间一致均衡之间进行选择。承诺方法就像阿罗-德布鲁模型中的制鞋技术——它们要么可以得到，要么不可以得到。特别是，承诺方法本身不是可供选择的目标。这一事实对于规则类政策还是斟酌类政策的争论具有重要意义。

现在有这样一种倾向，即把规则描述为在有承诺条件下选出来的政策，而把斟酌类政策描述为在无承诺条件下选出来的政策。在我们看来，社会不能在有承诺或无承诺之间进行选择，因而社会也不能在规则类或斟酌类政策之间进行选择。但我们认为在这一争论的背后存在更深刻的问题。我们在这里将政策描述为由社会选出，但现实的政策选择必须委托给特定的机构或个体。于是，社会面临的问题与其说是在不同的政策规则中进行选择，不如说是设计政策被选出来的过程。更正式地讲，这是机制设计问题（参见赫维茨，1973；迈尔森，1979 以及哈里斯和汤森，1981）。从这一角度看，规则类还是斟酌类的争论实际是到底应该赋予政策制定者多少权力的争论。如果我们想就这个争论取得进展，就必须致力于将机制设计问题结合进总量模型中。

说　　明

本章的观点仅属于作者，不代表明尼阿波利斯联邦储备银行或联邦储备体系的观点。

注　释

〔1〕利用卢卡斯和斯托齐的模型所作的进一步的研究，见阿莱西纳和塔贝利尼(1987)、珀森和斯文森(1984)，M. 珀森、T. 珀森和斯文森(1987)以及罗杰斯(1987)。

〔2〕布洛和罗戈夫(1988)在他们的一篇很有意思的论文中，探讨了在一个开放经济环境中允许发行负的债务所带来的影响。

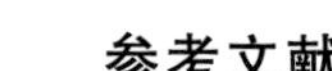

参考文献

304 Abreu. D. 1984. Infinitely Repeated Games with Discounting: A General Theory. Discussion paper 1083, Harvard University.

Alesina, A., and G. Tabellini. 1987. A Positive Theory of Fiscal Deficits and Government Debt. Unpublished paper, Carnegie-Mellon University.

Barro, R. J. 1979. On the Determination of the Public Debt. *Journal of Political Economy* 87(5, pt. 1): 940－971.

——1985. Recent Developments in the Theory of RuIes versus Discretion. Working paper 12, University of Roehester.

Barro, R. J. and D. B. Gordon. 1983. Rules, Discretion, and Reputation in a Model of Monetary Policy. *Journal of Monetary Economics* 12(1): 101－121.

Bulow, J., and K. Rogoff. 1988. Sovereign Debt: Is to Forgive to Forget? Unpublished paper, Stanford University.

Calvo, G. A. 1978. On the Time Consistency of Optimal Policy in a Monetary Economy. *Econometrica* 46(6):1411 - 1428.

Chari, V. V., and P. J. Kehoe. 1987a. Sustainable Plans and Debt. Research Department Working paper 354, Federal Reserve Bank of Minneapolis.

——1987b. Sustainable Plans. Research Department working paper 377. Federal Reserve Bank of Minneapolis.

Fischer, S. 1980. Dynamic Inconsistency, Cooperation, and the Benevolent Dissembling Government. *Journal of Economic Dynamics and Control* 2(1):93 - 107.

Friedman, J. W. 1971. A Non-cooperative Equilibrium for Supergames. *Review of Economic Studies* 38(113):1 - 12.

Fudenberg, D., and E. Maskin. 1986. The Folk Theorem for Repeated Games with Discounting or with Incomplete Information. *Econometrica* 54(3): 533 - 554.

Harris, M., and R. M. Townsend. 1981. Resource Allocation under Asymmetric Information. *Econometrica* 49(1):33 - 64.

Hurwicz, L. 1973. The Design of Mechanisms for Resource Allocation. *American Economic Review* 63(2):1 - 30.

Kydland, F. E., and E. C. Prescott. 1977. Rules Rather Than Discretion: The Inconsistency of Optimal Plans. *Journal of Political Economy* 85(3): 473 - 491.

Lucas, R. E., Jr., and N. L. Stokey. 1983. Optimal Fiscal and Monetary Policy in an Economy without Capital. *Journal of Monetary Economics* 12(1): 55 - 93.

Myerson, R. B. 1979. Incentive Compatibility and the Bargaining Problem. *Econometrica* 47(1):61 - 73.

Persson, M., T. Persson, and L. E. O. Svensson. 1987. Time Consistency of Fiscal and Monetary Policy. *Econometrica* 55(6):1419 - 1431.

Persson, T., and L. E. O. Svensson. 1984. Time-Consistent Fiscal Policy and Government Cash-Flow. *Journal of Monetary Economics* 14(3): 365

—374.

305 Prescott, E. C. 1977. Should Control Theory be Used for Economic Stabilization? *In* K. Brunner and A. H. Meltzer(eds.), *Optimal Policies, Control Theory and Technology Exports*, Carnegie-Rochester Conference Series on Public Policy 7. Amsterdam: North-Holland, pp. 13–38.

Ramsey, F. P. 1927. A Contribution to the Theory of Taxation. *Economic Journal* 37:47–61.

Rogers, C. A. 1987. Debt Restructuring with a Public Good. UnDublished paper, Georgetown University.

Rogoff, K. 1987. Reputational Constraints on Monetary Policy. *In* K. Brunner and A. H. Meltzer(eds.), *Bubbles and Other Essays*, Carnegie-Rochester Conference Series on Public Policy 26. Amsterdam: North-Holland, pp. 141–182. (A version of this paper appears in this volume.)

Strotz, R. H. 1955. Myopia and Inconsistency in Dynamic Utility, Maximization. *Review of Economic Studies* 23:165–180.

第八章　几种不同的货币模型以及它们对公开市场政策的作用的含义 306

尼尔·华莱士

这一章我将考察几种不同的货币模型，意在考察它们所揭示的公开市场政策——即政府可以运用的不同的有价证券策略——的影响。被考察的这些模型都有一个共同点，即在这些模型中名义利息为正的没有拖欠危险的证券与名义利息为零的政府货币能够并存。换句话说，政府货币可以具有收益率优势。被用来造就出这种收益率优势的机制并不新鲜：它们是效用函数中的货币、预付约束以及法律规定。我将在两种原型模型中考察这些机制，其中一个模型是无限寿命典型经济人模型，另一个是交叠世代模型。虽然这些促成政府货币收益率优势的机制经常遭到批评，但是我下面考察的这些模型仍将被人们继续使用，因为它们（以及与它们相似的模型）似乎是唯一可供经济学家们描述各种公开市场政策福利后果的简单而又足够完整的模型。

在总结这些福利后果以前，我必须对这里要研究的一类政策作更具体的描述。在存在收益率优势的模型中，不同的政府有价证券策略意味着不同的有价证券利润流，或说，意味着不同的政府利息支付流。正因为如此，要想完整地描述一项政策，就要对这些

利润如何被使用作出描述。我将在保持政府实际消费和实际直接
307 税收(从而实际净利息赤字)不变的条件下,考察不同的有价证券策略。[1]在这类政策中,政府的有价证券收益越高,未偿付的政府债务的下降率越大,从而,通过降低通货膨胀率,政府货币的实际收益上升。

我之所以关注这一类政策,是出于三方面的原因:第一,由于长期以来人们只是针对我下面考察的某些模型研究这一类政策,所以他们没能强调所有模型的一些共同结论。第二,由于这些政策并不要求调整直接税收,因而它们的实施涉及的仅是政府和公众之间的自愿交换。第三,这类政策允许政府通过自己的贷款行为在它的货币和带来更高收益的资产之间套利,并通过这种方式将收益差别缩小。[2]这种套利行为显然是这些模型要研究的一种政策类型,因为它类似个人或私营机构在模型允许私人发行的债务在经济中发挥(类似模型中政府货币所发挥的那种)作用时将采取的行动。也就是说,如果模型允许私人提供的负债带来效用或允许这类负债在预付模型中起到和现金一样的作用,或者如果模型排除法律规定,那么私人将采取类似政府采取的行动。

我将进一步给政策施加两种限制。第一,我给实际净利息赤字施加非负约束,这一约束排除了由直接税收维持的通货紧缩。第二,我假设外部货币具有正的初始名义存量,并要求政策与这一正的存量一致——这是保证现行货币系统被维持下去的一种方式。

虽然本书研究的是经济周期问题,但是我将完全从静态模型和非随机模型以及静态政策的角度进行分析,因为这样一个分析

足够说明模型之间的主要相似点和差异点。特别是，我不打算强调时间一致性问题，本书的其他部分已涉及了这一问题。

在我下面考察的所有模型中，非货币资产收益率和货币收益率之间的差值是扭曲性的。虽然在典型经济人模型中，这一收益率差值越小，经济人的效用水平越高，但我上面的两条限制不会允许这一差值被彻底消除。我将表明，对于这类模型而言，带着一些政府贷款的政策要优于没有这种贷款的政策。由交叠世代模型得出的结果与此类似，但由于两方面的原因，该结果不那么直截了当：第一，我们研究的那类政策在这些模型中具有分配效应；第二， 308
政策效果部分地取决于模型是否允许稳定状态的均衡利率是非正的。

对于我们这里研究的政策而言，其定性结果似乎不依赖于收益率优势在不同模型中被造就出来的方式。但我们不应该认为这一点意味着如何解释收益率优势通常是不重要的。对于别的政策问题，不同的模型可能得出相当不同的结论。另外，对不同的政府有价证券带来的效果，这些模型都得出了相同的结论，这很可能是因为所有模型在产生收益率优势的方式上都存在着一个共同缺陷。这一问题将在结论中得到简单讨论。

8.1　货币、债券和稳定状态的铸币收益

下面报告的很多结果与政府操纵有价证券获得收益的可能性有直接关系。我下面就从政府现金流约束和政府发行的两种负债——货币和债券——的稳定状态需求的某些一般特征出发讨论

这种可能性，从而开始我们的分析。

我把政府的现金流约束写成：

(8.1) $D = p_t(M_{t+1} - M_t) + p_t(S_t B_{t+1} - B_t)$，

其中：

D = 恒定的人均非负实际净利息赤字；

p_t = 以 t 时期的消费品计算的一单位货币在 t 时期的价格；

M_t = t 时期初的人均货币存量；

$M_{t+1} - M_t$ = 人均存量在 t 时期的增量；

S_t = 以货币计算的一种债券（对 $t+1$ 时期的一单位货币所作的不拖欠保证）的价格；

$S_t^{-1} - 1$ = t 时期的名义利率；

B_t = 以 t 时期的货币量计算的 t 时期到期债券的人均面值。

我将自始至终视 D 为既定。假设 $t = 1$ 是初始日期，并且将 M_1 和 B_1 视作满足 $M_1 + B_1 > 0$ 的给定的初始条件。

309 我假设 $m_t = p_t M_{t+1}$ 和 $b_t = p_t S_t B_{t+1}$ 分别是货币和债券的人均实际价值，并且令 $r_t^m = p_{t+1}/p_t$ 和 $r_t = p_{t+1}/p_t S_t$ 分别是货币和债券的实际收益。于是这些变量在 $t \geqslant 1$ 时期的常数值（以去掉下标表示），在所有 $t \geqslant 1$ 的时期满足(8.1)式，当且仅当它们满足：

(8.2) $D = m + b - p_1(M_1 + B_1)$，

(8.3) $D = (1 - r^m)m + (1 - r)b$。

对于这些常数序列，(8.2)式在 $t = 1$ 时等价于(8.1)式，而(8.3)式在 $t \geqslant 2$ 时等价于(8.1)式。由此得到的一个结论是，只要这些常数值满足(8.3)式、并能够由(8.2)式导出一个正的 P_1，那么它们就可以成为一个货币均衡。

在我们讨论的(没有增长的)静态模型中,一个静态均衡(即 m_t、b_t、r_t 和 r_t^m 都为常数的均衡)是帕累托最优的,当且仅当收益满足:

(8.4)　$r^m = r \geqslant 1.$

(8.4)式中的等式是我们所熟悉的货币收益等于其他资产收益的条件,不等式也是我们所熟悉的利率至少等于增长率的条件。

我们可以立即对(8.2)至(8.4)式和 $p_1 > 0$ 之间可能存在的一致性或不一致性得出某些结论。经由(8.2)式,$D \geqslant 0$、$M_1 + B_1 > 0$ 这两个假设加上 $P_1 > 0$ 的条件,意味着 $m + b > D \geqslant 0$。只要 $r = 1$,最后这一不等式和(8.3)式与(8.4)式是一致的。在无限寿命典型经济人模型中,r 值在静态均衡点上超过 1,所以(正如我们在前面注意到的),在我们所研究的政策中没有哪一个政策能够使(8.2)至(8.4)式都得到满足。但是通过足够的政府贷款,$r - r^m$ 可以被压缩得很小。在某些交叠世代模型中,(8.2)至(8.4)式是相互一致的。

8.2　无限寿命典型经济人原型模型

我的目的是抽取出不同模型对公开市场操作的含义,因此利用各种模型比较简单的原型形式就足以了。我这里使用了在我看来最为简单的能够与最优性的必要条件——货币收益和其他资产收益之间的相等性——保持一致的带货币效用函数模型和预付模型。

310 ### 8.2.1 效用函数中的货币

下面我描述了一个(没有生产活动的)纯粹的交换经济,该经济中的典型经济人的效用由 $\sum_{t=1}^{\infty}\beta^{t}u(c_t,m_t)$给出。其中,$c_t$ 是模型中的唯一的商品在 t 时期的消费量,m_t 是 t 到 $t+1$ 时期之间人们手中持有的实际余额,而 $\beta\in(0,1)$。对于 u,我假设存在 m_t 的一个饱和水平 m^*,使得对于所有(c_t,m_t),都有 $u(c_t,m^*)\geqslant u(c_t,m_t)$。在 $c_t>0$ 以及 $m_t\in(0,m^*)$的条件下,u 是可微、递增[除了 $u_2(c_t,m^*)=0$ 的情况]、严格凹的;并且对于任何固定的 c_t 和 $v_2<0$,随着 $m_t\to 0$,有 $v(c_t,m_t)\equiv u_2(c_t,m_t)/u_1(c_t,m_t)\to\infty$(读者可以自己判断,如果 u 对于所有 m_t 都是递增的,那么下面的结果将如何变化)。经济人在每个时期拥有的消费品数量是不变的,记之为 w,并且他将带着正的名义货币存量进入第 1 期。

我将自始至终假设经济人的行为是竞争性的。现在,经济人在下述约束下通过选择 c_t、m_t 和 b_t(将在 $t+1$ 期偿付的 t 期实际贷款)序列,使贴现以后的效用达到最大——该约束即:对于在 $t\geqslant 1$,有

(8.5) $c_t+m_t+b_t\leqslant w+r_{t-1}^{m}m_{t-1}+r_{t-1}b_{t-1}$.

我们假定(8.5)式等号右边的表达式在 $t=1$ 时为既定,并假设 r_t^m 和 r_t——它们分别是货币和贷款的实际总收益——的序列是正的和有界的。此外,为了保证约束集是紧的,我限定 m_t 和 b_t 只能来自有界集,但通过某种选择,可以令这些集合的边界不起约束作用。

我将均衡定义为 $t\geqslant 1$ 时的 c_t、m_t、b_t、p_t、S_t、M_{t+1} 和 B_{t+1} 序列,这些序列的边界受到了适当限制,并且除了 b_t 和 B_{t+1},它们都是

非负的。c_t、m_t 和 b_t 的序列要能够使经济人的效用最大化、满足(8.1)式,并使市场出清条件:$c_t = w - D$、$m_t = p_t M_{t+1}$ 和 $b_t = p_t S_t B_{t+1}$ 在 $t \geqslant 1$ 时成立。我现在能够描述一些静态均衡以及它们对政府有价证券的依赖情况了。

当 m_t 和 b_t 的边界不起作用时,下列标准的一阶条件对于求解经济人决策问题的最大值而言是充分必要的——这些条件即:(8.5)式以等式成立,并且

(8.6)　$c_t: \beta^t u_1(c_t, m_t) = \lambda_t$,

(8.7)　$m_t: \beta^t u_2(c_t, m_t) = \lambda_t - \lambda_{t+1} r_t^m$,

(8.8)　$b_t: 0 = -\lambda_t + \lambda_{t+1} r_t$,

其中,λ_t 是对应(8.5)式的正的乘子。用(8.6)式去除(8.7)式, 311
并利用(8.8)式替代 λ_t/λ_{t+1},我们会发现(8.6)至(8.8)式意味着:

(8.9)　$v(c_t, m_t) = 1 - r_t^m / r_t$.

于是根据模型的构造,对应任何满足下列条件的常数 $m>0$、$r^m>0$ 和 b,都存在一个静态均衡——这些条件即:$v(w-D, m) = 1 - r^m/r$[此即 $c_t = w - D$ 时的(8.9)式]、(8.3)式、$r = 1/\beta$ 以及 $m + b > D$。其中的不等式得自(8.2)式,是保证货币的初始价值 p_1 为正的条件。

一般地,如果 D 太大就不存在这样一个均衡。所以我进一步假设对于 $b=0$ 存在一个静态均衡,并表明由此带来的一个结果是:对于某些 $b<0$,存在其他的效用更高的均衡。我下面将给出一个正式的证明。

命题 8.1　假设在 $b=0$ 时存在一个静态货币均衡,并且令 $\theta = b/$

m。此时，存在 $a\in(0,1)$，使得对于任何 $\theta\in(-a,0)$ 都有一个静态均衡存在。此外，在这一区间上，m 的最大均衡值和效用的最大均衡值随着 θ 递减。

证明：我首先将(8.3)式重新写成：

$$(8.10)\quad 1-\frac{r^m}{r}=\frac{r-1}{r}+\frac{D}{mr}+(\frac{r-1}{r})\theta\equiv g(m,\theta,r),$$

其中，$\theta\equiv b/m$。于是，m 和 b 满足 $v(w-D,m)=1-r^m/r$、(8.10)式和 $r=1/\beta$，当且仅当它们满足：

$$(8.11)\quad v(w-D,m)=g(m,\theta,1/\beta).$$

我将 θ 看作是一个参数，并且首先针对 $\theta\in(-1,0)$ 的情况考虑(8.11)式的解。

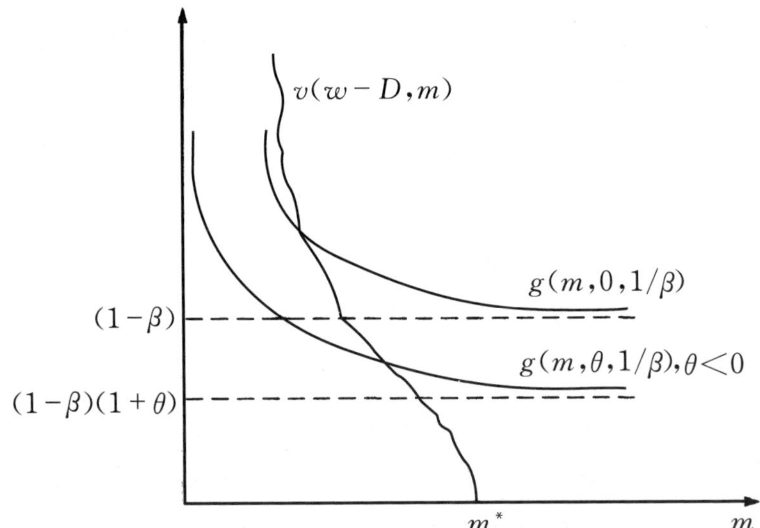

图 8.1　方程(8.11)在固定 θ 值下的解

图 8.1 描绘了 $m\in(0,m^*)$(即 m 处于相关区域)时的 $\theta(w-D,m)$。由于 $g(m,0,1/\beta)>0$，因此如果(8.11)式在 $\theta=0$ 时有解，

那么必定存在一个小于 m^* 的最大解。此外,在该解的附近有 $g_1 > v_2$。由于 $g_2 > 0$,并且由于对于 $\theta \in (-1,0)$ 有 $g(m,\theta,1/\beta) > 0$,所以,在 $\theta = 0$ 时存在一个解意味着对于所有这样的 θ 都存在一个解,并且最大解是随着 θ 递减的。

现在考虑这些满足 $m+b>D$ 的条件的最大解的子集。图8.2将(8.11)式的解描述为 θ 的一个函数。可以看出,$\theta=0$ 时的最大解超过了 D,这符合 $\theta=0$ 时存在一个解的假定。图 8.2 还画出了 313
曲线 $m+b=D$,它等价于 $m=D/(1+\theta)$。这后一曲线的右上部分区域满足不等式 $m+b>D$。于是区间 $(-a,0)$ 如图 8.2 所示。

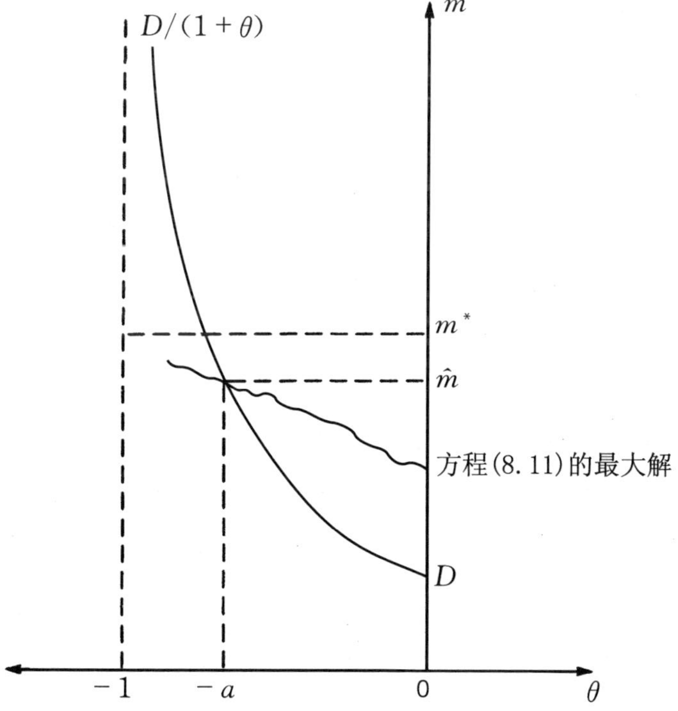

图 8.2　方程(8.11)和 $m+b>D$ 的解

注意到，对于(8.11)式的所有解而言，效用是随着 m 递增的；因此，对应着$(c_t, m_t) = (w - D, \hat{m})$的效用，是在我们所研究的政策下达到的静态均衡的效用的最小上界。此外，存在任意接近这一上限的静态均衡。根据(8.2)式，任意接近 $\hat{m}$ 意味着货币的初始价值 p_1 任意接近零。

既然均衡是与 θ 挂着钩的，那么就存在这样的可能性，即对于一个给定的 θ,(8.11)式有多个解。不过，要避免这种情形是很容易的。我们可以直接以 $1 - r^m/r = 1 - S$ 的大小描述政策，其中的 S 是 S_t 的一个常数值。换句话说，唯一地决定着给定的一个均衡 m 的政策，可以被表述为对名义利率的一种选择：政府只需宣布它愿意在某个既定的名义利率水平上贷款(和借款)。当然，以这种方式表述政策，并不能绕开不存在最优政策的情形。特别是，如果 $D = 0$，那么在 $S \in (\beta, 1)$的范围内，效用是随着 S 递增的；而在 $S = 1$(零名义利率)时，却不存在一个静态货币均衡。

8.2.2 预付约束

在我下面描述的模型中，一个典型经济人仍然试图最大化贴现的瞬时效用。但是现在，瞬时效用取决于经济人 t 时期对一种(购买到的)商品的消费量 c_t，以及他在 t 时期的闲暇 $w - y_t$。其中，w 是以潜在的产量衡量的经济人恒定的劳动能力，y_t 是 t 时期的产量。于是经济人的偏好由 $\sum_{t=1}^{\infty} \beta^t u(c_t, w - y_t)$给出，其中，$\beta \in (0,1)$，$u$ 是递增、严格凹并且二阶可微的函数。此外，$v(x_1, x_2) \equiv u_2(x_1, x_2)/u_1(x_1, x_2)$，它随着 x_1 递增，随着 x_2 递减。函数 v

还满足如下的条件：对于任何固定的 $x_2>0$，随着 $x_1\to 0$，有 $v(x_1, x_2)\to 0$；对于任何固定的 $x_1>0$，随着 $x_2\to 0$，有 $v(x_1, x_2)\to\infty$。

所谓模型的预付性质是说，经济人不能用从 t 时期的产品出售中获得的收入，支持 t 时期对消费品的购买。我利用赫尔普曼 314
(1981)和卢卡斯(1982)的研究成果假设经济人面临三种约束：

(8.12)　$\widetilde{m}_t+b_t\leqslant r_{t-1}^m m_{t-1}+r_{t-1}b_{t-1}$,

(8.13)　$c_t\leqslant\widetilde{m}_t$,

(8.14)　$m_t\leqslant y_t+(\widetilde{m}_t-c_t)$.

上面的第一个不等式，是每个时期初出现在货币-证券市场上的约束(我们用 $\widetilde{m}_t$ 记货币-证券市场关闭时人们手中持有的货币)。市场关闭以后，消费品的购买便在(8.13)式的约束下发生，而产品的出售和带到 $t+1$ 期的货币 m_t 的积累则在(8.14)式的约束下进行着。(8.14)式中隐含着一个对称条件，即购买商品面临的价格和出售商品面临的价格是相同的。为了保证约束集是紧的，我仍然假设经济人面临正的和有界的收益序列，并且只能选择有界的 $\widetilde{m}_t$、b_t 和 m_t 序列。

相应于这一模型的均衡是由 $t\geqslant 1$ 时的 c_t、y_t、$\widetilde{m}_t$、m_t、b_t、p_t、S_t、M_{t+1} 和 B_{t+1} 序列构成的。这些序列受到了适当限制，并且除了 b_t 和 B_{t+1}，它们都是非负的。c_t、y_t、$\widetilde{m}_t$、m_t 和 b_t 要在(8.12)至(8.14)式的约束下使效用最大化、使(8.1)式成立，并且要使如下的市场出清条件成立：$c_t=y_t-D$、$m_t=p_tM_{t+1}$ 和 $b_t=p_tS_tB_{t+1}$。和前面一样，我将描述一些静态均衡以及它们对政府有价证券的依赖情况。

当数量选择的边界条件不起作用时，下列一阶条件对于求解经济人问题的最大值而言是充分必要的，它们是：约束条件(8.12)

至(8.14)式以及

(8.15)　$c_t: \beta^t u_1(c_t, w-y_t) = \lambda_{2t} + \lambda_{3t}$,

(8.16)　$y_t: \beta^t u_2(c_t, w-y_t) = \lambda_{3t}$,

(8.17)　$b_t: -\lambda_{1t} + r_t\lambda_{1,t+1}$,

(8.18)　$\widetilde{m}_t: -\lambda_{1t} + \lambda_{2t} + \lambda_{3t} = 0$,

(8.19)　$m_t: r_t^m\lambda_{1,t+1} - \lambda_{3t} = 0$,

315 其中,λ_{1t}、λ_{2t}和λ_{3t}分别是对应(8.12)、(8.13)和(8.14)式的非负乘子。在去掉(8.15)至(8.19)式中的乘子以后,我们得到:

(8.20)　$v(c_t, w-y_t) = r_t^m/r_t$.

我们再次看到,根据模型的构造,对应任何满足下列条件的常数$r^m>0$和$m=y>0$,都存在一个使(8.12)至(8.14)式以等式成立的静态均衡——这些条件即:$v(y-D, w-y) = r^m/r<1$[其中的等式是$c_t = y-D$时的(8.20)式]、(8.3)式、$r=1/\beta$和$m+b>D$。

为避免对v作另外的假设,我再次假设对于$b=0$存在一个静态均衡,并证明由此带来的一个结果是:对于$b<0$,存在其他的静态均衡。实际上,命题8.2的表述等价于命题8.1的表述。

命题8.2　假设在$b=0$时存在一个静态均衡,并且令$\theta=b/m$。此时,存在一个$a\in(0,1)$,使得对于任何$\theta\in(-a,0)$都有一个静态均衡存在。此外,在这一区间上,m的最大均衡值和效用的最大均衡值随着θ递减。

证明:对于一个给定的θ,$y=m$、$r=1/\beta$、(8.3)式以及$v(y-D, w-y)=r^m/r$的条件能够立即得到满足,当且仅当m满足:

(8.21)　$v(m-D, w-m) = 1-g(m, \theta, 1/\beta)$

$$=1-\beta D/m-(1+\theta)(1-\beta).$$

由于对于任意的 $\theta>-1$(或 $m+b>0$),都有 $g(m,\theta,1/\beta)>0$,所以,任何满足 $m+b>D$ 的(8.21)式的解都意味着 $r^m/r<1$。因此,我基本上可以像分析带货币效用函数模型一样进行我下面的分析,即求解使(8.21)式最大化并且满足 $m+b>D$ 的 m 值。

图 8.3 刻画了(8.21)式的左边和右边。由于 $1-g(m,\theta,1/\beta)$ 是随着 θ 递减的,因此,在 $\theta=0$ 时存在一个 $m>0$ 的解意味着:对于任意的 $\theta\in(-1,0)$[3],(8.21)式至少有一个解;并且 θ 越小,最大解越大。 316

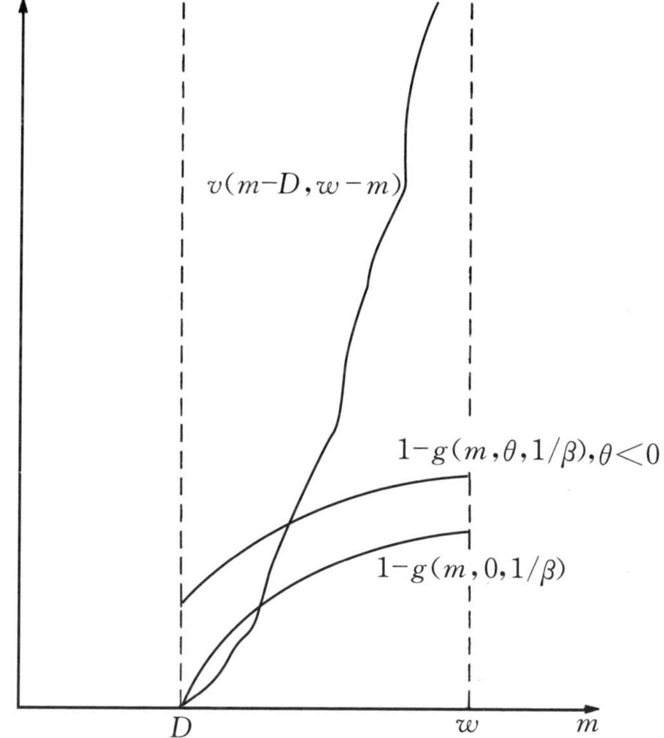

图 8.3　方程(8.21)在固定 θ 值下的解

这些结果意味着图 8.2 可以被应用到这个模型中，只是 m^* 现在必须被解释为是 $v(m^*-D,w-m^*)=1$ 的解，并且原来被标为“(8.11)式的最大解”的曲线应该被重新标为“(8.21)式的最大解”。这一新解释表明(8.21)式有解，并且对于某些 $a\in(0,1)$ 而言，条件 $m+b>D$ 对于任何 $\theta\in(-a,0)$ 都成立。此外，由于(8.21)式的最大解在这一区间上是随着 θ 递减的，并且由于 $u(m-D,w-m)$ 在 $m\in(0,m^*)$ 上随着 m 递增，所以我们立即可知，对应着(8.21)式的最大解的效用是随着 θ 递减的(和在带货币效用函数模型中一样，我们可以将政策表述成名义利率的形式，从而获得这一最大解)。

因此，不管是在带货币效用函数模型中还是在预付模型中，更多的政府贷款带来了更低的通货膨胀率(更高的实际货币收益)，以及更高的初始价格水平。在这些模型中，初始价格水平与人们的福利没有关系，但是更高的实际货币收益能够提高福利。

8.3 交叠世代模型

没有遗产动机的交叠世代模型所允许的可能结果集合，要比典型经济人模型所允许的集合丰富，因为在交叠世代模型中，不同
317 的政策通常(至少在不同代人之间)造成分配效应。其结果，即使在非常简单的、纯交换经济形态的交叠世代模型中，稳定状态的实际利率也可以依赖政府的有价证券。此外，如我们早已所知，实际利率在某些交叠世代模型中可以是负的。我下面将考察一些简单

模型，其中的收益率优势分别由效用函数中的货币、预付约束和法律规定促成。

8.3.1　效用函数中的货币

考虑一个定义在 $t \geqslant 1$ 的时期上的静态的、纯交换的、每期只有一种商品的交叠世代模型，其中的经济人具有两期寿命。每个两期寿命的经济人的偏好由 $U(c_1, c_2, m) = u(c_1, c_2) + v(m)$ 给出，其中的 c_i 是人们在生命第 i 期的消费，m 是从生命第 1 期带到第 2 期的实际货币持有量（以这种方式假设 U 加性可分，简化了我们的分析）。我假设 u 可微、递增、在 c_1 和 c_2 都是正常物品的情况下严格拟凹，并假设 v 是可微的。此外，假设存在 $m^* > 0$，使得对于所有 m 都有 $v(m^*) \geqslant v(m)$，并且对于 $m \in [0, m^*]$ 有 $v'(m) > 0$。每个满足上述条件的经济人在生命的第 i 期都被赋予 $w_i > 0$ 单位的消费品。当 $t = 1$ 时，每个处于生命第 2 期的经济人都被赋予 w_2 单位的第 1 期商品和 $M_1 > 0$ 单位的货币，他们试图使其对第 1 期商品的消费实现最大化。

在任何 $t \geqslant 1$ 的时期上，一个两期寿命经济人的行为都可被看作是选择 (c_1, c_2, m, b)（b 是实际贷款额）使 U 达到最大。他受到的约束是：

(8.22)　$c_1 + m + b \leqslant w_1$，

(8.23)　$c_2 \leqslant w_2 + r_t^m m + r_t b.$

此外，除 b 以外的所有变量都有非负性约束。由于 b 无约束，所以从其对 U 的变量的约束方式上看，上面的一对条件等价于下面的单一条件：

(8.24)　$c_1 + c_2/r_t \leqslant w_1 + w_2/r_t - m(1 - r_t^m/r_t)$.

318 要在(8.24)式的约束下使 U 最大化，下列一阶条件和等式形式的(8.24)式是充分必要的：

(8.25)　c_1：　$u_1(c_1, c_2) = \lambda_t$,

(8.26)　c_2：　$u_2(c_1, c_2) = \lambda_t / r_t$,

(8.27)　m：$v'(m) = \lambda_t(1 - r_t^m/r_t)$,

其中，λ_t 是对应(8.24)式的非负乘子。

和前面一样，我将讨论静态均衡如何依赖政府有价证券。但在这里我将仅考虑 $D=0$ 的情况，并且仅说明存在货币余额接近饱和水平 m^* 的均衡。注意到，在 $D=0$ 时，一个由标量(c_1, c_2)、r、r^m、m、b、和 p_1(除了 b 它们都是正的)构成的静态均衡，要使得(c_1, c_2, m)满足下述要求：在(8.24)式的约束下使 U 实现最大化、使(8.1)式成立，并使得 $c_1 + c_2 = w_1 + w_2$。下面的命题考虑了两种情况：(a)负实际利率的情形，(b)非负实际利率的情形。

命题 8.3　假设 $D=0$。情形(a)：如果 $u_1(w_1, w_2)/u_2(w_1, w_2) < 1$，那么对于所有 t 都存在一个满足 $m_t = m^*$ 的均衡。情形(b)：如果 $u_1(w_1, w_2)/u_2(w_1, w_2) \geqslant 1$，那么存在一个满足 $m_t = m < m^*$，并且使 m 任意接近 m^* 的均衡。

证明：对于这一模型来说，货币均衡条件 $m + b > 0$ 通过(8.22)式等价于 $c_1 < w_1$。这一条件和市场出清条件 $c_1 + c_2 = w_1 + w_2$ 合在一起，意味着任何静态货币均衡都处在斜率为 −1 的直线上，并且如图 8.4 所示，都处于初始财富的左上部分。

情形(a)：存在 $r = r^m = 1$ 以及$(c_1, c_2, m) = (c_1^*, c_2^*, m^*)$的均

衡，其中，(c_1^*, c_2^*)是 $u_1(c_1, c_2)/u_2(c_1, c_2) = 1$ 和 $c_1 + c_2 = w_1 + w_2$ 的唯一解。而对应的 b 的选择，要满足等式形式的(8.22)式。于是，(8.25)至(8.27)式成立，并且(8.23)式以等式成立。此外，将(8.22)式和(8.23)式结合在一起，能够使(8.3)式成立。货币的初始价值可得自(8.2)式。

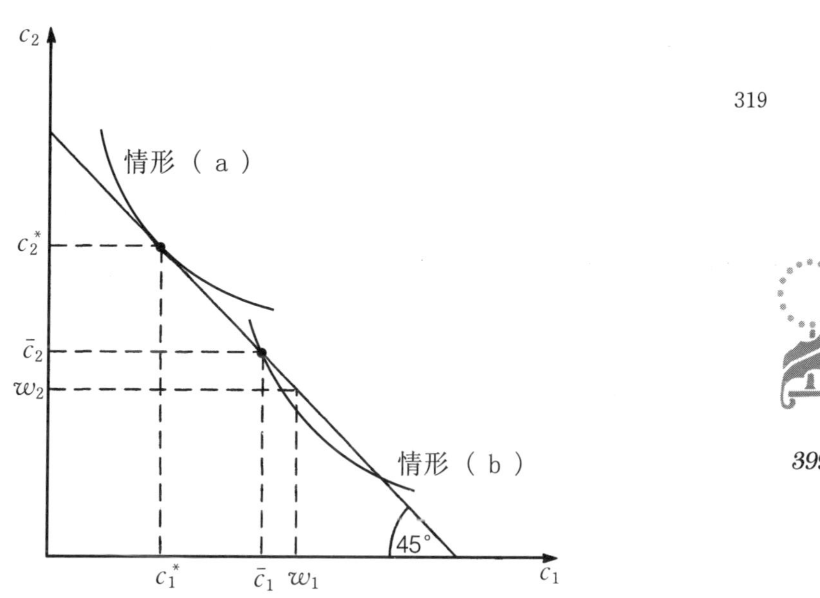

319

图 8.4　交叠世代模型中的可能消费偏好

情形(b)：假设$(\bar{c}_1, \bar{c}_2)$满足 $\bar{c}_1 < w_1$ 和 $\bar{c}_1 + \bar{c}_2 = w_1 + w_2$。那么由假设可知 $\bar{r} = u_1(\bar{c}_1, \bar{c}_2)/u_2(\bar{c}_1 + \bar{c}_2) > 1$，该条件意味着 $\bar{c}_1 + \bar{c}_2/\bar{r} < \overline{w}_1 + \overline{w}_2/\bar{r}$。于是我现在可以表明，如果 $\bar{c}_1$ 足够地接近 w_1，那么对于$(c_1, c_2, r) = (\bar{c}_1, \bar{c}_2, \bar{r})$，存在使(8.24)式和(8.27)式以等式成立的 m_t 和 r_t^m 的常数值，从而存在一个均衡。我将继续使用图 8.5，并且令 $x_t = (1 - r_t^m/\bar{r})$。对于固定的

$(\bar{c}_1, \bar{c}_2, \bar{r})$，满足 $m_t>0$ 和等式形式的(8.24)式的(x_t, m_t)的轨迹是一个等轴双曲线，该曲线随着 $\bar{c}_1 \to w_1$，而趋近轴线。图 8.5 绘出了满足(8.27)式[和(8.25)式]的(x_t, m_t)的轨迹。因此，随着 $\bar{c}_1 \to w_1$，两种轨迹在 $m_t \to m^*$ 的一个点上相交。给定 m_t 和 x_t，b 要被选择来满足等式形式的(8.22)式，和在情形(a)中一样，(8.23)式以等式成立。而(8.22)式和(8.23)式意味着(8.3)式成立。

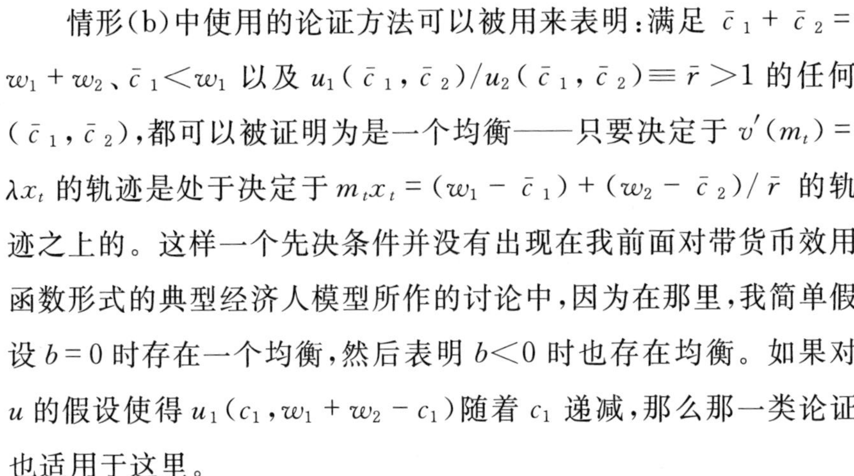

情形(b)中使用的论证方法可以被用来表明：满足 $\bar{c}_1 + \bar{c}_2 = w_1 + w_2$、$\bar{c}_1 < w_1$ 以及 $u_1(\bar{c}_1, \bar{c}_2)/u_2(\bar{c}_1, \bar{c}_2) \equiv \bar{r} > 1$ 的任何$(\bar{c}_1, \bar{c}_2)$，都可以被证明为是一个均衡——只要决定于 $v'(m_t) = \lambda x_t$ 的轨迹是处于决定于 $m_t x_t = (w_1 - \bar{c}_1) + (w_2 - \bar{c}_2)/\bar{r}$ 的轨迹之上的。这样一个先决条件并没有出现在我前面对带货币效用函数形式的典型经济人模型所作的讨论中，因为在那里，我简单假设 $b=0$ 时存在一个均衡，然后表明 $b<0$ 时也存在均衡。如果对 u 的假设使得 $u_1(c_1, w_1 + w_2 - c_1)$随着 c_1 递减，那么那一类论证也适用于这里。

这一模型中的政策能够影响实际利率，因为均衡的消费分配并没有被给定的初始分配所固定。由于每个时期都存在年轻人和老年人，因而能够产生分配效应。这些效应反过来在所有能够带来非负实际利率的均衡之间造成非可比性。特别是，虽然每个两期寿命经济人的终生效用都随着(图 8.4 中的)直线 $c_1 + c_2 = w_1 + w_2$ 上的点朝着东南方向移动并在情形(a)中接近(c_1^*, c_2^*)或在情形(b)中接近(w_1, w_2)而递增，但初始时期的老年人对第一期商品

320

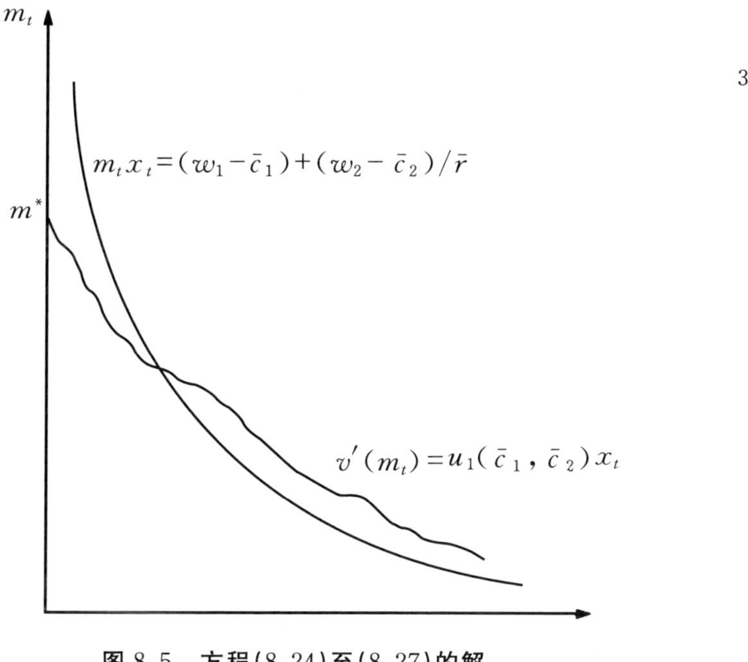

图 8.5　方程(8.24)至(8.27)的解

的消费是递减的。消费的这种下降是由初始货币存量价值的降低引起的,这种降低在模型中影响到了经济人的效用。

8.3.2　预付约束

伍德福德(1987)提出了一个预付形式的交叠世代模型,该模型假设在每一代中都有很多相似的三期寿命经济人。每个经济人的偏好是 $u(w-y, c_1, c_2, c_3)$,其中,c_i 是人们在生命第 i 期对一种(购买到的)商品的消费量,w 是在生命第 1 期拥有的闲暇,y 是一种商品的第 1 期产量中未被人们消费的数量。此外,假没不存在跨时技术。对于我的研究目的来说,假设 u 递增并严格拟凹就足 321

够了。

模型的预付性质与8.2.2节描述的预付形式的典型经济人模型一样。特别是，每一期的交易都是在(8.12)至(8.14)式的约束下进行的。也就是说，首先，存在一个能够在(8.12)式的约束下对货币和贷款进行交易的市场。其次，消费品的购买在(8.13)式的约束下发生，而产品的出售和用于下一期的货币的获得受到(8.14)式的约束。虽然年轻人、中年人和老年人在每一期都受到这些约束，但由于参与者们拥有的财富和年龄不同，他们各自的需求模式多少有些特殊。

对于年轻人来说，(8.12)式的右边等于零。因此，根据(8.13)式，他们必须借债，并且其数量必须足以维持他们年轻时想要的消费。老年人没有能力借款，同时也不想贷款，因此，年轻人的任何借款必须与中年人或政府的贷款相当。

我仍然假设$D=0$，并主要讨论政府贷款对使得人们的终生效用达到最大的分配所能起到的支持作用，以及不同政策给稳定状态带来的后果。但在这里必须记住的是，除非存在某种初始条件，稳定状态并不等于均衡状态。具体说，如果这一经济是定义在$t\geqslant1$的时期上的，那么仅当$t=1$时期的中年人和老年人之间存在某种特定的初始财富分配，并且中年人在效用不可分的情况下被赋予(y,c_1)的一个特殊实现，一个特定的稳定状态才会成为一个均衡状态。

假设$(y_1^*,c_1^*,c_2^*,c_3^*)=z^*$是下述问题的解：在$y=c_1+c_2+c_3$（$y\in[0,w]$，$c_i\geqslant0$）的约束下，使$u$达到最大。另外，令$M$是外部货币的名义存量（即没有政府借款或贷款时存在的存量），并且令

p^*满足$p^*M=c_2^*+2c_3^*$。如果政府时刻准备以零名义利率借款或贷款，那么很容易发现：p_t：p^*、$r_t=1$并且z^*是该模型的一个稳定状态。在零名义和实际利率上，一个年轻人面临的市场约束——即他在生命的每一期面临的(8.12)至(8.14)式——等价于$y\geqslant c_1+c_2+c_3$。因此，z^*是使效用最大化的一个选择。如果每一期都如此，那么这样的选择也将出清商品市场。结果，存在多种单一的有价证券组合能够支持z^*，并使市场出清。其中之一是让每个年轻人从政府那里借c_1^*/p^*单位的货币（在中年时期偿还），并 322
且让每个中年人既不借也不贷。另一种可能情况是让每个年轻人从一个中年人那里借来c_3^*/p^*，再从政府那里借来$(c_1^*-c_3^*)/p^*$。或更一般地讲，政府贷款可以任意大于或等于这最后一个数量。

如果政府不贷款，并且如果$c_1^*<c_3^*$，那么正如刚才说明的，$p_t=p^*$、$r_t=1$并且z^*是一个稳定状态。如果$c_1^*<c_3^*$，那么在没有政府贷款时，$p_t=p^*$和$r_t=1$不能成为一个稳定状态。面对这样的收益，一个中年人想要的贷款不会大于c_3^*/p^*，而一个年轻人想要的借款不会少于c_1^*/p^*。如果一个稳定状态想在这些条件下存在下去，那么它必须具有一个恒定的货币价值($r_t^m=1$)和一个恒定的$r_t>1$——这意味着名义利率为正。在$r_t^m=1$时，r_t越高，以闲暇衡量的c_1越昂贵，而以闲暇衡量的c_3则越便宜。c_2和闲暇之间的交易比例取决于r_t^m。特别是，此处的经济人与预付形式典型经济人模型中的经济人一样，认为自己能够在任何一个正的名义利率上用一单位闲暇换来小于一单位的当前消费。

由于任何稳定状态都满足$y=c_1+c_2+c_3$，因此蕴含在任何不

同于 z^* 的稳定状态中的终生效用都小于 z^* 中蕴含的效用。这一结论类似我在带货币效用函数形式的交叠世代模型中得到的结论，只是在那里，对于任意的相同初始条件，每个稳定状态都是一个静态均衡——这一结果促使我们得出具有非负实际利率的稳定状态都是非可比均衡的结论。而在这里，类似的结论是：从一个给定的初始条件出发，不同的政策会带来非可比均衡。我猜想对于能够带来如下均衡的政策而言，情形也是如此——这些均衡收敛于具有非负名义利率或实际利率的稳定状态。

最后，伍德福德模型很容易被转化为另外一种模型，由该模型得出的结论类似由具有非负利率的带货币效用函数形式的交叠世代模型得出的结论。如果除了年轻人，中年人也被赋予可用来创造价值的闲暇，那么模型描述的是一个天然具有非负实际利率的经济。在这样一个经济中，政府贷款不会带来零名义利率。有关这一方面，该模型类似预付形式的典型经济人模型。

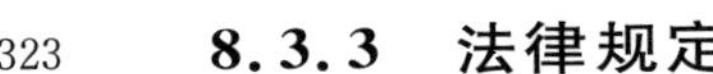

323 8.3.3 法律规定

在不少论文中，人们将交叠世代跨时理论与用法律规定解释货币的收益率优势的理论结合在了一起(参见华莱士，1983)。由此产生的结果是，给定一个带来收益率优势的法律规定集合，法律规定模型所揭示的不同的政府有价证券的作用类似那些假设了天然的收益率优势的模型所揭示的作用。我将通过比较两类结论讨论这种相似性，一类结论得自两个采用了法律规定解释的模型，另一类得自我们前面描述的带货币效用函数形式和预付形式的交叠世代模型。

布赖恩特和华莱士(1984)描述了一个模型,基本上类似于 8.3.1 节的带货币效用函数形式的交叠世代模型,所不同的是货币不是效用函数中的一个变量。在他们的模型中,法律规定说的是:被假定为相似的每一代成员不能在他们自己内部融通债券,因此,他们不能分享政府发行的大面额债券。由于他们之间不能融通,套利行为并不能排除零名义利率的货币和具有正利息的债券共存的可能性。

布赖恩特和华莱士表明,如果一个正赤字可以在零政府借款($b_t=0$)下存在下去,那么存在与债券的发行有关的超帕累托静态均衡。正如我们刚才注意到的,债券是大面额证券,它们和可分割货币一起意味着储蓄者面临非恒定的储蓄收益表,也就是说,在该表上收益随着储蓄数量递增。这一特点使得发行债券的计划优于只靠货币维持的办法。这样的超帕累托均衡能够带给债券负的但是高于货币收益的收益。均衡的超帕累托性是指它们给每个两期寿命的经济人带来了更高的效用,并且通过赋予初始货币持有量更高的价值,给初始时期的老年人带来了更多的消费。更高的货币价值来自(8.2)式中 $m+b$ 的更高均衡值。

我想类似的结果也会出现在带货币效用函数形式和预付形式的交叠世代模型中。在带货币效用函数模型中,一个类似的情形是:对于净利息赤字为正而没有政府借款的情形,存在一个具有负 324
实际利率的均衡。此外,还将存在有一些政府借款并给每个两期寿命经济人带来更高效用以及额外储蓄的静态均衡。额外的储蓄意味着初始时期的老年人可以有额外的消费。在伍德福德模型中事情就没有这么简单了,因为对于给定的初始条件,稳定状态不是

均衡状态。但在净利息赤字为正而没有政府借款的情形下，由伍德福德模型可以产生出具有负实际证券利率的稳定状态。此外，似乎存在其他的有一些政府借款的稳定状态——这些政府借款给每个三期寿命的经济人带来了更高的效用。在这里起到关键作用的共同特性是：有些债券可以以负的实际利率出售。

萨金特和华莱士(1982)考察了多少有些不同的法律规定，所使用的是在同一代人中间存在某种特殊的多样性的模型。他们假设法律规定阻止私人借款者发行小规模的债券(这是一种票面限制)，并假设存在一个低储蓄人群——由于法规的限制，这些人只能持有政府发行的货币。此外也有一些不受法规限制的储蓄者。这后一类储蓄者和私人借款者在一个私人信贷市场上相互交易，并且在某些参数和某些政策下，可以给一个与政府货币市场完全分开的信贷市场带来正的名义利率。

在静态的萨金特-华莱士模型中(原模型假定借款者阶段性地获得财富)，我们很容易表明，我们所考察的政策可以带来不同的均衡——这些均衡的货币实际收益和证券实际收益都有所不同。[4]在信贷市场上，政府贷款倾向于降低实际利率而提高实际货币收益。伴随这些影响的是市场参与者面临的明显的分配效应：政府贷款的数目越大，信贷市场上的借款者和货币持有者的境况越好，贷款者的境况越差。和在其他交叠世代模型中一样，这一类政策能否消除两个市场的收益差别，取决于经济是不是一个非负利率经济。

出现在萨金特-华莱士模型中的由不同政策带来的影响，也会出现在假设了多样性的带货币效用函数形式和预付形式的交叠世代模型中，使得有些人在大多数利率上都是借入者，有些人则在大多数利率上都是贷出者。因此，政府有价证券在萨金特-华莱士模 325
型中所起的重要作用不应归于该模型的法律规定特性，而应归于多样性假设——它带来了更丰富的分配效应。

8.4　结束语

至此，我考察了一小部分模型对一类特殊政策的反应。这里我想回顾一下这些政策，并对有关模型作出评价。

假设实际净利息赤字不变而考察不同的政府有价证券，是在保持财政政策不变的情况下讨论货币政策作用的一种方法。另一种也许更为标准的方法是保持实际总利息赤字不变。按照该方法，政府有价证券的任何变化都伴随直接税收的变化，后者可以抵消政府利息支付流的隐含变化。如果能够征收总额税，这类实验作起来非常简单。实际上，此时的公开市场操作不再对我们这里考察的模型起作用，因为，给定一个有一些政府借款或贷款的均衡，便存在另一个没有政府借款或贷款的均衡，以及一个不同的总额税流，后者使所有能够影响福利的变量都不发生变化。而如果不允许征收总额税，这样一个实验便不那么简单了。但是，保持净利息赤字不变能够简化分析这一点仍然是成立的。如果有些直接税收被固定下来作了分析背景，那么它们似乎只能是总额税——如果是其他税种，那么它们带来的影响和收益将依赖于政府有价证券。根据这一前提，我们这里研究的政策提供了将政府的有价证券的作用分离出来的一种方法。一般地，脱离财政政策而（在公

开市场操作意义上)研究货币政策是不可能的。

我们考察的这些模型分享了两个共同点,使它们易于被应用到公开市场政策分析中。这两点即:货币和债券都是确定的资产;存在一个可以对货币和债券进行交易的集中市场。显然,在货币和债券不是确定资产的模型中,公开市场操作根本不起作用。同样明显的是,在缺乏货币和债券的一个集中市场的模型中,公开市场操作是不可能得到实施的。虽然我们似乎“看到”了这两种特
326 性——即货币和债券是确定资产,并且存在能够对它们进行交易的市场——但我们仍然有理由对这些特性同时出现在被考察的模型中的巧合提出怀疑。[5]

在货币理论中有一个经久不衰的论点,认为应该从交易(或交换)的发生存在困难这个角度理解“货币”的作用。所谓缺乏同时的双向需求的观点暗示了这种困难——该观点设想的是类似一对一的、孤立的会面,而不是集中的市场。与这一观点对应,有一个很有用的有关各种模型(或环境)——从交换很难发生的模型(如哈里斯,1979)到交换非常容易发生以致货币和债券不能成为确定资产的模型(如华莱士,1981)——的序列概念。

我们有理由对带货币效用函数模型和预付模型提出疑问,因为它们似乎既从交换很难发生的情形中吸收了一些特征——比如“货币”的确定资产作用——又从交换很容易发生的情形中吸收了一些特征——比如“货币”和债券的集中市场。而对交换不易发生的模型所作的几次研究尝试(哈里斯,1979;汤森,1980;弗里曼,1985)都没有表明两种特性是并存的。

法律规定理论部分地受到了上述发现以及带货币效用函数模

型和预付模型在回答下述问题时遭到的失败的启示：带货币效用函数模型中的“货币”，是否只能是政府的供给物？它能不能成为私人发行的物品？在预付模型中，是什么阻碍着货币-债券市场上的私人安排取代对政府货币的需求？回答这些问题很重要，因为当那些模型带来正的名义利率时，私人中介机构似乎应该能够获利——在模型中，这些机构一方面在货币-债券市场上贷款，一方面通过发行可与零利息政府货币竞争的债务借款。法律规定理论采取了一种极端的立场，认为这种由私人提供的债务完全能够与政府供给的货币展开竞争。这种理论受到了怀疑，因为它设想的模型是极端的：在该模型中，交换非常容易发生以致除非用明确的法律规定进行干预，货币和债券都不可能成为确定资产。

抛开上面所有这些怀疑，这里的模型对公开市场操作的启示 327
409
都源于下述事实：在所有这些模型中，政府对货币拥有一种垄断权。在两个前提条件下，所有模型都称政府应该以很低的名义利率贷款来便宜地供给货币。政府的这种做法实际上意味着用产生利息的内部货币替代不产生利息的外部货币。两个前提条件之一涉及的是净利息赤字。如果存在这样一个赤字，那么为这一赤字筹资的要求将限制上述替代实现的程度，因为赤字要求对外部货币征税。另一个前提条件涉及我们前面讨论到的分配效应。

最后，对于货币政策的潜在周期作用，我的研究表明：在保持净利息赤字不变的条件下，政府有价证券的变动将影响实际收益率。因此，存在令各种属于这一类型的决定性政策发挥周期性影响的余地。这一余地在我们考察的原型模型中是有限的，因为它们在很大程度上是纯交换经济模型。但既然实际收益在这些模型中会受到影响，那么显然，在更一般的模型中，生产将对这类政策做出反应（这样一个反应确实出现在预付模型中）。因此，根据这些模型，我们没有理由认为各种决定性货币政策都是中性的这一结论是标准结论。

致　　谢

我在这里感谢明尼苏达大学和明尼阿波利斯联邦储备银行的同事们以及明尼苏达大学的研究生们，他们对我的初稿提出了建设性的意见。我还要感谢明尼阿波利斯联邦银行为我提供的财政支持。本章发表的观点属于我个人，不代表明尼阿波利斯联邦储备银行或联邦储备体系的观点。

注　释

〔1〕 对不同假设带来的结果的讨论，见沃尔多(1985)。

〔2〕 在这一类政策中包括政府用其有价证券收益支付货币利息的政策。见弗里德曼(1960)以及萨金特和华莱士(1985)。

〔3〕 注意到，命题 8.2 中的假说（即 $b=0$ 时存在一个静态均衡的假说）
328 的唯一作用是保证对于某些 $m>D$，函数 $1-g(m,0,1/\beta)>v(m-D,w-m)$。由于在 $m=D$ 的点上，$1-g(m,0,1/\beta)=0$，并且该函数关于 m 的二阶导数为负（如图 8.3 所示），因此可以用有关 v 在 $v(0,w-D)$ 附近的形状的假设——比如，用 $v''>0$ 的假设——代替该假说。

〔4〕 原模型可被用来研究这样一种（属于我们这里研究的政策类型的）政策：中央银行消除了名义利率中的一个决定性波动（一个季节性波动），并

从其有价证券中获得平均为零的收益。

〔5〕 并不是每个人都假定存在一个能够对货币和债券进行交易的集中市场。我们经常会看到这样的评论，即在某些国家不能实施公开市场操作，因为那里没有这样一个集中市场。

参考文献

Bryant, J. , and N. Wallace. 1984. A Price Discrimination Analysis of Monetary Policy. *Review of Economic Studies* 51(2):279 – 288.

Freeman, S. 1985. Transactions Costs and the Optimal Quamntity of Money. *Journal of Political Economy* 93(1):146 – 157.

Friedman, M. 1960. *A Program for Monetary Stability*. New York: Fordham University Press.

Harris, M. 1979. Expectations and Money in a Dvnamic Exchange Model. *Econometrica* 47(6):1403 – 1419.

Helpman, E. 1981. An Exploration in the Theory of Exchange-Rate Regimes. *Journal of Political Economy* 89(5):865 – 890.

Lucas, R. E. , Jr. 1982. Interest Rates and Currency Prices in a Two-Country World. *Journal of Monetary Economics* 10(3):335 – 359.

Sargent, T. J. , and N. Wallace. 1982. The Real-Bills Doctrine versus the Quantity Theory: A Reconsideration. *Journal of Political Economy* 90(6):1212 – 1236.

——1985. Interest on Reserves. *Journal of Monetary Economics* 15(3):279 – 290.

Townsend, R. M. 1980. Models of Money with Spatially Separated Agents. *In* J. H. Kareken and N. Wallace(eds.), *Models of Monetary Economies*. Minneapolis: Federal Reserve Bank of Minneapolis, pp. 265 – 303.

Waldo, D. G. 1 985. Open Market Operations in an Overlapping Generations Model. *Journal of Political Economy* 93(6):1242 – 1257.

Wallace, N. 1981. A Modigliani-Miller Theorem for Open-Market Operations. *American Economic Review* 71(3):267 – 274.

——1983. A Legal Restrictions Theory of the Demand for "Money" and the Role of Monetary Policy. *Federal Reserve Bank of Minneapolis Quarterly Review* 7(1):1-7.

Woodford, M. 1987. Credit Policy and the Price Level in a Cash-in-Advance Economy. *In* W. A. Barnett and K. J. Singleton (eds.), *New Approaches to Monetary Economics*. New York: Cambridge University Press, pp. 52-66.

索　　引*

* 索引中页码为原书页码,见本书边码。——编者注

人名译名对照表

Abraham　亚伯拉罕
Abramowitz　阿布拉莫威茨
Abreu　阿布勒
Ahmed　艾哈迈德
Alan　艾伦
Alesina　阿莱西纳
Altonji　阿尔顿吉
Altug　阿尔特戈
Ando　安多
Araujo　荒城
Arrow　阿罗
Aschauer　阿绍尔
Atkeson　阿特基森
Attfield　阿特菲尔德
Auerbach　奥尔巴克
Axelrod　阿克塞尔罗德
Azariades　阿扎里亚德斯

Backus　巴克斯
Bagwell　巴格韦尔
Bailey　贝利
Bar-Ilan　巴尔-艾兰
Barro　巴罗
Barsky　巴斯基
Bean　比恩
Becker　贝克尔
Ben-Zion　本-蔡恩
Benjamin　本杰明
Bennett　贝内特
Benoit　伯努瓦
Bernanke　伯南克
Bernheim　伯恩海姆
Bils　比尔斯
Black　布莱克
Blanchard　布兰查德
Blinder　布林达
Bob　鲍勃
Boes　博伊斯
Boskin　博斯金
Bover　鲍维
Breeden　布里登
Brock　布罗克
Browning　布朗宁
Brown　布朗
Brumberg　布伦伯格
Bryant　布赖恩特

Buchanan 布坎南
Buiter 布伊特
Bulow 布洛
Bumol 鲍莫尔
Burmeister 伯迈斯特

Calvo 卡尔沃
Campbell 坎贝尔
Canzoneri 孔佐内里
Carroll 卡罗尔
Cass 卡斯
Chang 张
Chari 查里
Chen 陈
Christiano 克利斯蒂亚诺
Clarida 克拉丽达
Cochrane 科克雷恩
Cox 考克斯
Crawford 克劳福德
Cuddington 卡丁顿
Cukierman 丘基尔曼

Daly 戴利
Danthine 丹蒂恩
Danyang Xie 谢丹阳
Darby 达比
David 戴维
Davis 戴维斯
Deaton 迪顿
Delong 德龙
Diamond 戴蒙德
Dixit 迪克西特
Dobell 多贝尔
Donaldson 唐纳森
Dotsey 多特西
Drazen 德拉任
Driffill 德里费尔
Duck 杜克

Easterlin 伊斯特林
Edward 爱德华
Eichenbaum 艾肯鲍姆
Ekeland 埃克兰德
Esposito 埃斯波西托
Ethier 埃瑟
Evans 埃文斯

Fair 费尔
Fama 法马
Feinstein 范斯坦
Feldstein 费尔德斯坦
Fershtman 费施特曼
Ferson 弗森
Fischer 费希尔
Flavin 费莱文
Flemming 弗莱明
Freeman 弗里曼
Friedman 弗里德曼
Fudenberg 富登伯格

Gallman 高尔曼
Garber 加伯
Gary 加里
Geary 吉尔里
Goodfriend 古德弗兰德
Gordon 戈登
Graybill 格雷比尔
Greenwood 格林伍德
Green 格林
Greg 格雷格
Griliches 格里利切斯
Grossman 格罗斯曼

Hadjimatheou 哈奇马特奥
Hahn 哈恩
Hall 霍尔
Hamilton 汉密尔顿
Hansen 汉森
Harris 哈里斯
Hart 哈特
Hayashi 林
Hayek 哈耶克
Helpman 赫尔普曼
Hercowitz 赫尔科威茨
Heston 赫斯顿
Hicks 希克斯
Hodrick 霍德里克
Horn 霍恩
Huberman 休伯曼
Huffman 赫夫曼
Hurd 赫德
Hurwicz 赫维茨
Huyck 海克

Intriligator 英特里利盖特

Jacobson 雅各布森
Johnson 约翰逊
Jones 琼斯
Jorgenson 乔根森
Judd 贾德

Kaldor 卡尔多
Kanaya 金谷
Katz 卡茨
Kehoe 基欧
Kendrick 肯德里克
Kennan 凯南
Kenneth 肯尼思
Kimball 金布尔
King 金
Kochin 科钦
Koopmans 库普曼
Kormendi 克尔门迪
Kotlikoff 科特利科夫
Kravis 克拉维斯
Kremers 克雷默斯
Kreps 克雷普斯
Krishna 克里施纳
Krugman 克鲁格曼

Kuhn　库恩
Kuznets　库兹涅茨
Kydland　基德兰德
Kyle　凯尔

LaHaye　拉艾
Larry　拉里
Lars　拉斯
Lebergott　莱博戈特
Leimer　莱莫
Lesnoy　莱斯诺伊
Levhari　列夫哈利
Lilien　莉莲
Lindsey　林赛
Litterman　利特曼
Long　朗
Loungani　劳恩甘尼
Lucas　卢卡斯
Luenberger　吕恩伯格

MacDonald　麦克唐纳
MaCurdy　麦克迪
Maddison　麦迪逊
Mankiw　曼昆
Manuelli　真野惠里
Mariano　马里亚诺
Marshall　马歇尔
Marty　马蒂
Marvin　马尔文
Maskin　马斯金
Matthews　马修斯
McCallum　麦卡勒姆
McDowell　麦克道尔
Meade　米德
Meador　米多尔
Meguire　梅格瓦
Mehra　梅拉
Melino　梅利诺
Meltzer　梅尔策
Merrick　梅里克
Michael　迈克尔
Milgrom　米尔格罗姆
Miller　米勒
Mirman　米尔曼
Miron　迈伦
Mishkin　米什金
Modigliani　莫迪利亚尼
Mood　穆德
Mork　莫克
Muellbauer　米尔鲍尔
Mundell　芒德尔
Musgrave　马斯格雷夫
Muth　马思
Myerson　迈尔森

Neil　尼尔
Nelson　纳尔逊
Nerlove　纳洛夫
Norsworthy　诺斯沃西

O'Driscoll 奥德里斯科尔
Odling-Smee 奥德录-斯米
Ohkawa 大川
Oi 大井
Ostroy 奥斯特罗伊

Patrick 帕特里克
Paul 保罗
Persson 珀森
Phelps 费尔普斯
Philippe 菲利普
Phillips 菲利普斯
Pierce 皮尔斯
Pigou 庇古
Pitchford 皮奇福特
Plosser 普洛塞
Pollak 波拉克
Porter 波特
Poterba 波特巴
Prescott 普雷斯科特

Ramsey 拉姆齐
Razin 拉金
Razin 拉津
Rebelo 里贝罗
Ricardo 李嘉图
Richard 理查德
Robert 罗伯特
Roberts 罗伯茨
Rockafellar 洛卡菲勒
Rogerson 罗杰森
Rogoff 罗戈夫
Romer 罗默
Rosenberg 罗森伯格
Rosovsky 罗索夫斯基
Rotemberg 罗腾博格
Rubinstein 鲁宾斯坦
Runkle 朗克尔
Rush 拉什

Sadka 萨德卡
Sahasakul 佐朝来
Saloner 萨洛纳
Sampson 桑普森
Samuelson 萨缪尔森
Sanford 桑福德
Sargent 萨金特
Scheinkman 沙因克曼
Schmitz 施密茨
Schmookler 施穆克勒
Schwartz 施瓦兹
Schwert 施沃特
Seater 西特
Selden 塞尔登
Sergio 塞吉奥
Shapiro 夏皮罗
Shell 谢尔
Sheshinski 谢欣斯基
Shiller 希拉
Shinotsuka 筱冢

Shleifer 施莱弗
Sibert 赛伯特
Sims 西姆斯
Singleton 辛格尔顿
Siow 西乌
Slater 斯莱特
Smith 史密斯
Solow 索洛
Stacchetti 斯塔克蒂
Stanford 斯坦福
Sterling 斯特林
Stiglitz 斯蒂格利兹
Stockman 斯托克曼
Stock 斯托克
Stokey 斯托齐
Strotz 斯特罗茨
Stuart 斯图尔特
Summers 萨默斯
Sundstrom 森德斯特龙
Svensson 斯文森
Swan 斯旺

Tabellini 塔贝利尼
Tamura 田村
Tanner 坦纳
Temem 特蒙
Tohin 托宾
Torsten 托斯特恩
Townsend 汤森
Tucker 塔克

Upton 厄普顿
Uzawa 宇泽

Van 范
Vassilakis 瓦西拉基斯
Verrecchia 韦雷基亚
Vickers 维克斯
Von Weizsacker 冯・韦茨扎克

Wagner 瓦格纳
Waldo 瓦尔多
Wallace 华莱士
Walsh 沃尔什
Watson 沃森
Weil 韦尔
Weiss 韦斯
Weitzman 韦茨曼
West 韦斯特
Woodford 伍德福德
Wood 伍德
Working 沃金

Yarrow 亚罗
Yotsuzuka 与津头嘉
Young 扬

Zeldes 泽尔德斯

后　　记

本书是新古典宏观经济学的论文集，8篇论文的作者都是颇具影响的西方经济学家。新古典宏观经济学近20年来在西方经济学界所产生的重大影响，已引起国内学者相当的关注。翻译此书的目的，就是为我国经济学工作者提供一部较为系统而权威地阐述新古典宏观经济学理论的著作。

十分感谢我的导师吴易风教授，是他建议我翻译此书并支持我完成整个翻译工作的。高鸿业教授在百忙之中两次抽出时间耐心解答了疑难问题，在此深表谢意。还要感谢商务印书馆给予译者的充分信任。

作为译者，我力图准确把握原文内容并以适当的方式加以表达。但由于学力有限，书中定会存在词不达意甚至误译的地方，恳请专家学者批评指正。

译者　方松英

1997.2

图书在版编目(CIP)数据

现代经济周期理论/(美)罗伯特·巴罗编;方松英译.—北京:商务印书馆,2017

(汉译世界学术名著丛书:120年纪念版:珍藏本)

ISBN 978-7-100-14911-2

Ⅰ.①现… Ⅱ.①罗… ②方… Ⅲ.①经济周期理论 Ⅳ.①F037

中国版本图书馆CIP数据核字(2017)第157533号

汉译世界学术名著丛书
(120年纪念版·珍藏本)
现代经济周期理论
〔美〕罗伯特·巴罗 编
方松英 译

商 务 印 书 馆 出 版
(北京王府井大街36号 邮政编码100710)
商 务 印 书 馆 发 行
南京爱德印刷有限公司印刷
ISBN 978-7-100-14911-2

2017年12月第1版 开本710×1000 1/16
2017年12月第1次印刷 印张29
定价:110.00元